权威·前沿·原创

皮书系列为
“十二五”“十三五”国家重点图书出版规划项目

BLUE BOOK

智库成果出版与传播平台

汽车与保险蓝皮书

BLUE BOOK OF
AUTOMOBILE AND INSURANCE

中国汽车与保险大数据发展报告（2020）

REPORT ON DEVELOPMENT OF CHINESE AUTOMOBILE AND INSURANCE BIG DATA (2020)

中国汽车技术研究中心有限公司
中国银行保险信息技术管理有限公司 ／研创

社会科学文献出版社
SOCIAL SCIENCES ACADEMIC PRESS (CHINA)

图书在版编目（CIP）数据

中国汽车与保险大数据发展报告. 2020 / 中国汽车技术研究中心有限公司，中国银行保险信息技术管理有限公司研创. --北京：社会科学文献出版社，2020. 11
（汽车与保险蓝皮书）
ISBN 978-7-5201-7551-7

Ⅰ. ①中… Ⅱ. ①中… ②中… Ⅲ. ①汽车保险-研究报告-中国-2020 Ⅳ. ①F842. 634

中国版本图书馆 CIP 数据核字（2020）第 209196 号

汽车与保险蓝皮书
中国汽车与保险大数据发展报告（2020）

研　　创／中国汽车技术研究中心有限公司
　　　　　中国银行保险信息技术管理有限公司

出 版 人／谢寿光
责任编辑／丁　凡

出　　版／社会科学文献出版社·城市和绿色发展分社（010）59367143
　　　　　地址：北京市北三环中路甲 29 号院华龙大厦　邮编：100029
　　　　　网址：www. ssap. com. cn
发　　行／市场营销中心（010）59367081　59367083
印　　装／天津千鹤文化传播有限公司

规　　格／开 本：787mm×1092mm　1/16
　　　　　印 张：27. 25　字 数：408 千字
版　　次／2020 年 11 月第 1 版　2020 年 11 月第 1 次印刷
书　　号／ISBN 978-7-5201-7551-7
定　　价／198. 00 元

《中国汽车与保险大数据发展报告（2020）》
编　委　会

主要编撰者简介

郑继虎 中汽数据有限公司党委书记、总经理，C-ECAP 管理中心常务副主任，汽车与保险大数据产业联盟秘书长。曾主持或参与完成多项国家级重要科研课题，在专业技术领域形成一定影响力。

单 鹏 中国银行保险信息技术管理有限公司总监，曾任原中国保监会辽宁监管局办公室副主任、辽宁省保险行业协会副会长兼秘书长、中国保险行业协会副秘书长。

摘　要

《中国汽车与保险大数据发展报告（2020）》是由中国汽车技术研究中心有限公司、中国银行保险信息技术管理有限公司共同组织研创的，由汽车与保险行业多位资深从业人员，通过大数据分析，共同撰写的全面论述中国汽车与保险大数据发展现状及趋势的权威著作。

全书包括总报告、汽车大数据篇、保险大数据篇、大数据产业融合篇以及附录5个部分。

自我国实施国家大数据战略以来，大数据产业经历了爆发式的发展，汽车与保险大数据产业取得了长足进步。在此背景下，本书以“中国汽车与保险大数据发展现状及展望”为主题，详细论述了中国汽车与保险大数据的发展历程、发展现状以及面临的问题与挑战，并结合当前形势提出未来发展思路。本书以汽车全产业链大数据融合为背景，围绕汽车产品大数据、市场大数据、后市场大数据展开，从产品创新、市场引领、后市场提质等多角度进行了全面、深入的分析。

综观全书，从基于大数据应用的实例研究入手，深入分析了大数据在汽车行业、保险行业各个细分领域的应用，同时对我国大数据发展存在的问题与挑战进行了客观分析并提出相应建议。本书对汽车行业、保险行业及其他相关行业的大数据建设与应用具有重要的参考价值和研究意义。

关键词： 大数据战略　汽车行业　保险行业

目　录

Ⅰ　总报告

Ⅱ　汽车大数据篇

Ⅲ 保险大数据篇

Ⅳ 大数据产业融合篇

V 附录

皮书数据库阅读**使用指南**

总 报 告

General Report

B.1

中国汽车与保险大数据发展现状及展望

刘英男　杨 欧*

摘 要： 2020年政府工作报告指出："重点支持既促消费惠民生又调结构增后劲的'两新一重'建设。""新基建"立足高新科技，主要涉及信息化和新能源领域，重点覆盖5G基站建设、新能源汽车充电桩、大数据中心等七大领域。其中，大数据是国家未来重点建设的方向，是信息数字化的基础，从国家政务到各大行业，新兴产业的未来发展将大量依赖数据资源。加强大数据在汽车、保险等行业领域的深入应用，促进跨产业大数据融合创新，是推动实现数据价值化、数字产业化、产业数字化的强劲助力。本报告立足大数据产业相关政策，聚焦汽车及保险产业，一方面对我国大数据、汽车大数据、

* 刘英男，中汽数据有限公司数据平台部部长；杨欧，中汽数据有限公司数据平台部市场研究经理。

保险大数据发展现状进行梳理；另一方面，结合国内外大数据发展经验，预测我国汽车与保险大数据产业未来发展方向并提出发展建议。

关键词： 大数据 汽车产业 保险产业 新基建

一 中国大数据产业发展现状分析

（一）政策赋能，驱动大数据产业健康持续发展

自2012年国务院正式印发《“十二五”国家战略性新兴产业发展规划》以来，2013～2020年，《关于促进信息消费扩大内需的若干意见》《促进大数据发展行动纲要》《关于组织实施促进大数据发展重大工程的通知》《大数据产业发展规划（2016－2020年）》等大数据相关政策措施陆续发布。从顶层设计、标准规范、技术方向、实施落地等多角度出发，对生态环境大数据、农业大数据、水利大数据、城市大数据、医疗大数据、交通旅游服务大数据等产业的发展进行战略性的引导，赋能大数据融合创新、加速大数据成功落地应用。

2019年，工信部、国家机关事务管理局、国家能源局联合发布《关于加强绿色数据中心建设的指导意见》，促进大数据与“绿色发展”深入融合，积极推进大数据在新能源标准体系建设与资源监管中的应用，打造绿色创新的技术性产品与解决方案，为绿色数据中心的建设提供支撑。另外，工信部出台《电信和互联网行业提升网络数据安全保护能力专项行动方案》，强化数据安全的重要性，通过集中开展数据安全合规性评估、专项治理和监督检查，督促基础电信企业和重点互联网企业强化网络安全全流程管理，及时整改消除重大数据泄露、滥用等安全隐患，推动大数据产业提质增效。

2020年以来，新冠肺炎疫情向全球蔓延，我国立足大数据价值最大化，积极推进大数据在疫情防控、工业创新等方面的应用，《关于做好个人信息保护利用大数据支撑联防联控工作的通知》《关于公布支撑疫情防控和复工复产复课大数据产品和解决方案的通知》发布，充分利用大数据技术创新、模式创新、应用创新，支撑疫情防控工作，并取得了重大成效。再者，为加强大数据价值管理、提升数据质量、加速工业智能化发展进程，工信部先后发布《工业数据分类分级指南（试行）》《关于工业大数据发展的指导意见》，对数据标准、数据产品市场化方向做出了指示，为激发大数据市场活力、提升数据应用价值提供支撑。

表1　2019～2020年我国大数据相关政策

时间	政策名称	政策发布部门
2019年2月	《关于加强绿色数据中心建设的指导意见》	工信部、国家机关事务管理局、国家能源局
2019年7月	《电信和互联网行业提升网络数据安全保护能力专项行动方案》	工信部
2020年2月	《工业数据分类分级指南(试行)》	工信部
2020年2月	《关于做好个人信息保护利用大数据支撑联防联控工作的通知》	中央网信办
2020年4月	《关于公布支撑疫情防控和复工复产复课大数据产品和解决方案的通知》	工信部
2020年5月	《关于工业大数据发展的指导意见》	工信部

资料来源：根据公开资料整理而得。

（二）技术赋能，助推我国大数据产业高速发展

近年来，伴随着大数据采集、大数据预处理、大数据存储、大数据分析等大数据生命周期中核心技术的进步与Hadoop、Spark、Pentaho BI等平台工具的成熟化应用，以及5G、工业互联网、人工智能等产业的发展，2020年，大数据产业迈入纵深发展阶段，迎来快速发展的机遇期。2019年，中国大数据市场产值达到8500亿元，未来，大数据技术应用将进一步加深，

预计2020年，大数据产业规模有望突破10000亿元。

大数据时代，如何通过高性能机器学习算法进行数据分析，从而为实际业务场景提供服务与指导，进而促进数据价值变现是最终目标。首先，智能化可穿戴设备以及移动互联网与物联网技术的发展为拓展数据采集技术渠道提供了支撑，人、机、物、环境等动静态数据通过智能手环、腕带、手表、智能钥匙扣、自行车等智能化设备进行采集，汇聚成庞大的数据资源体系。其次，GFS（Google File System）、HDFS（Hadoop Distributed File System）等文件系统奠定了大数据存储技术的基础，保障大量数据的存储与快速、安全调取。最后，OLAP（Online Analytical Processing）与数据挖掘（Data Mining）等深度神经网络等新兴技术为提升大数据应用效率与精准度开辟了新时代。随着大数据资源的不断累积与大数据技术的发展，数据价值将进一步被挖掘，数字化未来将被重新定义。

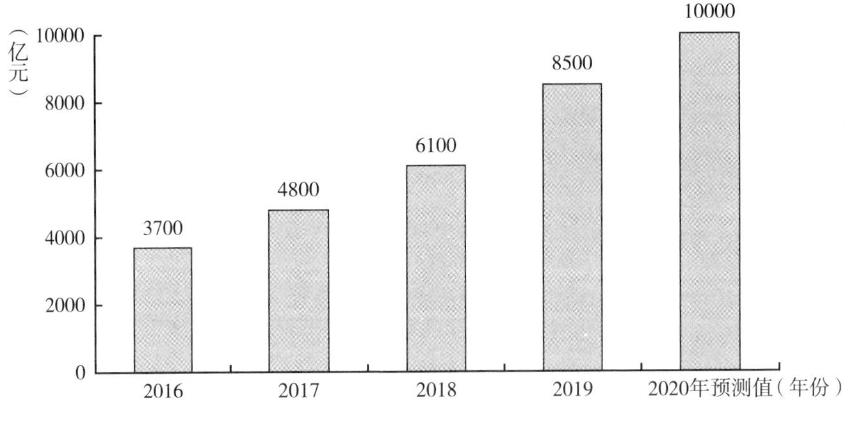

图1　2016～2019年我国大数据产业规模及2020年预测值

资料来源：根据公开资料整理而得。

（三）市场赋能，推进大数据在各领域落地应用

1. 政务领域——大数据助力政府服务模式优化转型

2018年，国务院办公厅印发《进一步深化“互联网+政务服务”推进

政务服务“一网、一门、一次”改革实施方案》，我国政府职能逐步实现由“管理型”向“放管服”新模式转变。大数据技术是智慧政务平台建设的关键技术，对电子政务领域意义重大。首先，随着“一站式服务模式”成为新时代政府的工作重点，效率至上成为政府服务发展的新方向，大数据技术通过对海量信息的自动归类与分析，很大程度上缩短了政府事务服务时间、提升了服务精准度，为政府服务的优化提供了支撑。其次，随着我国政府信息公开化体系建设的完善，优化政府网站是促进政府与群众密切沟通的重要保障，大数据技术通过自动分析与预测，实现了政府与群众沟通渠道的扩展与关键信息运转效率提升，很大程度地优化了政府网络。最后，大数据技术是增强政府危机管理的预警能力和应急能力的关键因素，新冠肺炎疫情期间，我国通过大数据技术的应用实现了对居民信息的自动化监测与医疗资源的优化配置，大大提高了政府的工作效率，保障防疫工作的顺利进行。

2. 金融领域——大数据加速金融行业转型升级

近年来，随着大数据、云计算、区块链、人工智能等新技术与金融业务的深度融合，金融行业释放出新的活力和应用潜能，在交易欺诈识别、精准营销、信贷风险评估、消费信贷、供应链金融、股市行情预测、股价预测、智能投顾、骗保识别、风险定价等涉及银行、证券、保险等多领域的具体业务中得到广泛应用，为金融行业的转型升级提供支撑。

3. 工业领域——大数据助推工业互联网建设

工业大数据包含企业信息化数据、工业物联网数据以及外部跨界数据，为助力释放工业大数据应用价值、促进工业大数据融合创新、加快工业互联网建设进程，2020 年 7 月，工信部印发了《工业互联网专项工作组 2020 年工作计划》（以下简称《计划》）。《计划》提出了 2020 年发展工业互联网的 54 项任务，从提升基础设施能力、构建标识解析体系、建设工业互联网平台、突破核心技术标准、培育新模式新业态、促进产业生态融通发展、增强安全保障、推进开放合作、加强统筹推进、推动政策落地十个方面出发，为工业互联网的建设指明方向。随着政策体系的完善，工业互联网发展将驶入快车道。在工业互联网快速发展的新时代，为顺应时代发展的潮流、提升企业竞争力，越来越多的企业加入数字化转型队伍，通过积极整合大数据资源，构建数字化平台，助力实现企业研发、设计、采购、生产、销售、运营等各个环节数据资源价值最大化。

二　汽车大数据发展综述

（一）全球市场略有波动，中国市场由“量变”转为“质变”

汽车工业是一个资金密集型、技术密集型、劳动密集型的现代化产业。发展至今，汽车制造业已经形成一条庞大的产业链，成为世界上规模最大、产值最高的重要产业之一，在全球制造业中占有相当大的比重。从全球汽车产业发展来看，世界汽车市场总体走势平稳，但受到中国市场的影响，2019年世界汽车销量为9032万辆，同比下降3%，全球汽车市场整体出现下行压力。2020年上半年，由于新冠肺炎疫情对汽车消费需求的影响，全球汽车销量继续下降，为3215万辆，同比下降29%，下降幅度较大。从全球各国销量来看，2019年，发达国家市场表现相对较好，美国、日本、德国、法国市场总体表现较强，以中国和印度为代表的发展中国家的市场表现不佳。

然而，2020年以来，受新冠肺炎疫情影响，全球汽车市场需求骤降，日产销量严重下滑，工厂开工率也大幅下降，经营形势相对严峻，全球汽车销售受到影响。随着中国疫情得到控制，各车企陆续开启复工复产，进入正常生产运营。2020年上半年，中国汽车市场销量1023万辆，占全球汽车市场份额的32%，中国市场成为众多车企全球各大区域销售的重要增长点。

总的来看，新冠肺炎疫情在对汽车市场带来短期冲击的同时，也带来了变革与新机遇。汽车产业上下游原材料供应商、零部件企业、主机厂等企业需调整和强化自身实力，充分利用大数据技术，积极搭建供应、研发、制造、营销、售后等运营体系，以应对国六标准切换、新能源补贴退坡、消费结构演变等一系列事件，让企业在高质量发展中取得未来市场竞争的胜利。

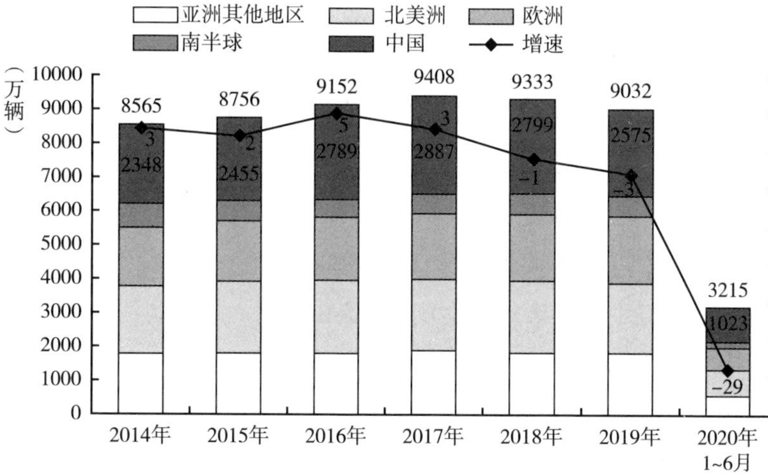

图 2　2014 年至 2020 年 6 月世界主要汽车市场汽车销量及增速

资料来源：根据公开资料整理而得。

（二）政策科技齐发力加速产品创新，数字化转型赋能企业竞争力提升

伴随着新技术、新模式、新业态的形成，以及互联网思维、绿色发展、未来思维等理念的成熟，汽车市场转型升级来到全新的十字路口，汽车产品智能化、个性化成为新的趋势。智能网联汽车产业是汽车、电子、信息通信、道路交通运输等行业深度融合的新型产业，是汽车产品创新发展的必然结果。目前，特斯拉、奥迪、宝马等众多企业均推出了智能驾驶汽车产品，预计到 2035 年全球智能驾驶汽车销量将超过 1000 万辆。到 2022 年全球联网汽车的市场保有量将达 3. 5 亿辆，市场占比达到 24%，具有联网功能的新车销量将达到 9800 万辆，市场占比达 94%，智能网联汽车发展潜力巨大。

在我国，随着各项政策的逐步落地及体系优化，汽车产业体系不断完善、品牌质量逐步提升、关键技术不断突破，智能网联汽车产业进入快速发展车道。然而，由于标准法规及配套基础设施不完善，我国智能网联汽车商业化落地进程受到阻碍。为此，2020 年，国家及地方相关部门纷纷出台《智能汽车创新发展战略》《汽车驾驶自动化分级》《2020 智能网联汽车标准化工作要点》等指导文件，为智能网联汽车转型升级指明方向。

当下，云计算、大数据、无人驾驶、人工智能等新兴技术快速普及，同时国家对智能服务产业的发展也持续积极引导，汽车行业成为最先数字化转型的重点行业之一。以数据驱动业务，实现新的增长点，既是汽车产业链企业提升竞争力的关键手段，又是产业升级的必由之路。智能制造和新零售是汽车企业数字化转型落地的方向。其中，智能制造围绕“人、货、场”三个方面，通过完成采购、供应、生产、库存、物流等环节的集成化，并充分挖掘大数据价值，打通智慧工厂、生产过程和能源、物流网等环节来提升产品品质、降低成本、柔性化生产和提升效率。新零售以消费者体验为中心，整合消费者基本数据、行为数据、消费数据等数据资源并分析消费者群体、个体需求特征，形成以消费者数据驱动的泛零售状态，助力汽车产品与产业升级，助推汽车产业由面向“制造”向面向“用户的出行服务”转变。

（三）跨行业互联深化大数据应用，跨产业融合助推多元化发展

受用户需求和政策红利的双重推动，中国汽车市场表现出强劲走势，加上新造车势力的加入以及共享车、网约车、租赁车等多元化出行方式的变化，汽车市场进入全新的竞争模式。“去中间化”是大数据、人工智能的重要特点，因此，促进汽车数据、交通数据、消费者数据、互联网数据等融合，并对数据进行多维度对比和交互分析意义重大。其一，数据融合为用户的态度和行为分析提供了可能，解决由于数据的滞后和局限无法准确及时地把握市场趋势的问题；其二，数据融合助力精准拓展营销渠道，通过对渠道成本、可达性、转化率的精准模拟，促进渠道建设优化；其三，数据融合助力开发应用产品，通过对各类数据进行整合分析，打造消费者价值矩阵，搭建消费者与产品研发之间的桥梁，以精准化、个性化、定制化的服务充分满足消费者需求。

三 汽车保险大数据发展综述

（一）互联网重塑我国汽车保险行业发展新格局

目前，我国汽车保险市场发展相对成熟，且在汽车行业政策与消费红利期的双重支撑下，汽车保有量持续增长，车险投保率不断提高。但由于商车费改持续深化，新车费率下调、旧车费率持续下降以及新车销量的持续负增长，我国车险行业市场增长能力有限。2019 年，全国车险保费收入 8189 亿元，占整个财产险保费的 63%，同比增长 4.5%，增速较低。但是，总体来说，随着我国汽车市场的发展，车险保费仍将保持持续增长。

从赔付率角度来看，部分财险公司为抢占市场份额采取放宽承保条件的政策，导致承保质量偏低，机动车辆保险出现“高返还、低费率”的现象。但随着商业车险费改的执行，车险综合赔付率明显下降。预计未来，随着政策持续发力、市场不断规范、人员素质的不断提高，我国车险行业将健康有序发展，呈现出险频次下降、案均赔款上升的趋势。

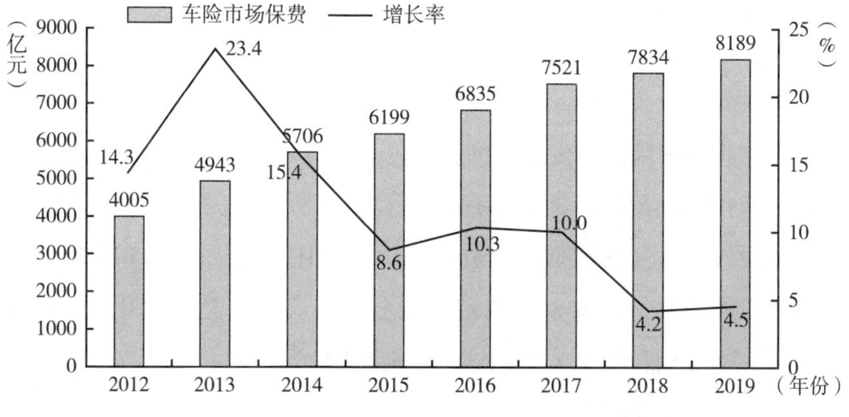

图 3　2012～2019 年全国车险保费收入及增长情况

资料来源：根据公开资料整理而得。

随着互联网的发展，车险的互联网化也开始发展，2015 年我国互联网车险保费收入 716 亿元，增速为 48.1%，增速较快。然而，互联网的发展也带来互联网车险竞争格局的变化，截至目前，共有 70 余家保险公司已开展互联网财产保险业务，通过产品创新、商业模式创新等逐渐影响着市场，互联网车险业务发展趋缓、保费收入整体走低。2019 年，互联网车险业务保费收入为 275 亿元，同比下降 25.6%。

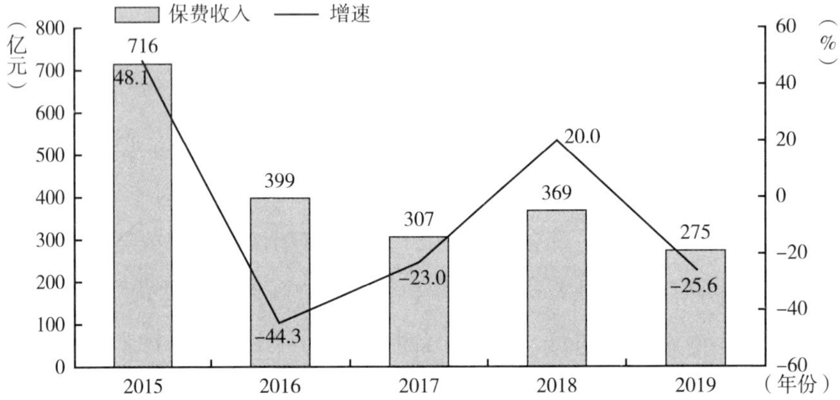

图 4　2015～2019 年全国互联网车险保费收入及增速

资料来源：根据公开资料整理而得。

从互联网车险收入在互联网财产险总收入中占比来看，2015～2019 年，由于险企加快非车险业务发展和创新，民众保险保障意识提升，互联网车险场景化特征较弱以及政府对车险手续费、车险费率、竞争加强监管等，我国互联网车险收入在互联网财产险总收入中的占比持续下滑。2015 年互联网财产险迎来蓬勃发展之时，互联网车险业务占比曾高达 93.20%。而 2019 年，互联网车险保费收入在全国互联网财产险保费收入中占比仅为 32.74%，下降幅度较大。

（二）数字化助力保险行业转型升级

保险科技是金融科技的重要应用分支，随着大数据、人工智能、区块链等技术的发展，保险行业全面升级。在车险服务领域，各大车险服务企业不断深化数字化改革、加强科技赋能，推出智能车险、区块链电子证照等新兴业务，实现向科技车险、数据车险、生态车险转型，重塑汽车保险市场格局。

2020 年 5 月，银保监会下发《关于推进财产保险业务线上化发展的指导意见》，明确提出到2022 年，短期健康险、车险、意外险、家财险等业务领域线上化率达到 80% 以上。6 月，银保监会下发的《加快财产保险业高质量发展三年行动方案（2020－2022 年）（征求意见稿）》，强调了从改进业态模式、深耕细分市场、推动服务创新、提升数字科技水平等方面出发，推动行业向精细化、科技化、现代化转型发展。上述两份文件的发布表达了监管部门对科技赋能及业务线上化发展的指导思想，并从线上服务模式创新、丰富线上推广及服务渠道、搭建智能化平台、加强消费者权益保护等方面为保险行业数字化转型及线上线下融合发展指明了方向。

四　汽车与保险大数据产业发展前景展望

随着大数据观念、技术和应用的不断普及，基于大数据的个性化、智能化应用场景逐渐颠覆了人们的想象和认知，大数据正成为推动社会变革的重要力量。汽车与保险产业是国民经济的重要组成部分，互联网行业是推进各产业快速发展的重要抓手，在汽车与银行保险行业转型升级的关键时期，深化大数据创新应用，促进汽车、银行保险、互联网等大数据深入融合是优化汽车产业结构的重要抓手。为推进数据价值化、数字产业化、产业数字化、数字化治理，发挥数据的基础资源和创新引擎作用，开拓汽车与银行保险大数据产业发展新路径，需从大数据场景化、跨产业融合创新、数字化转型方面入手，推进泛产业融合、优化产业格局，助推汽车与保险大数据产业智能化、数字化发展。

（一）数据场景化，场景数字化，构建开放共享的汽车与保险业务生态圈

总的来说，大数据发展主要分为基础数据服务、数据场景化构建、人工

智能三个阶段，而场景化是大数据最大的魅力。在汽车与保险大数据场景化中，主要是基于“数据融合”与“业务融通”两个维度分别进行资源整合与应用场景搭建。深耕汽车产业原材料供应、产品研发、生产制造、产品营销、后市场服务等全生命周期应用场景，以及保险产业客户管理、客户画像、组织架构管理和保险反欺诈等全流程应用场景，以数据分析与业务分析为手段，打通数据流与业务流、促进数据与业务的融合贯通，在数据场景化与场景数字化中不断优化产业生态。

（二）跨产业融合，跨领域合作，助力汽车与保险大数据产业发展增速

产业融合对推动我国各行业高质量发展具有重要意义，是改善制造业质量、实现差异化竞争、增强企业盈利能力的重要手段。长期以来，我国各行业企业普遍存在产品同质化严重的问题，造成企业市场竞争“价格至上”及行业发展受阻等问题。因此，助力拓宽汽车与保险行业发展路径，寻找新的发展动能，需立足大数据时代，加强汽车产业、保险产业、互联网行业等融合发展，通过技术创新、产品创新、模式创新等整体提升产业竞争力。

（三）立足数字化转型，打造开放共享的“输血，造血，再造血”发展模式

数字化是把客观物理世界转化成有规律可循的数字模型，助力企业打造新的商业模型，从而创造效益。当今社会，随着消费者需求的个性化及多样性、多变性、多维度变化，数字化转型成为必然。机器学习、人工智能、5G 等技术高速发展，为数字化赋予新的内涵。海量用户基于各类应用场景，产生海量数据资源并催生出新的应用模式。新的应用模式通过人、车、环境等又产生新的数据，为规划设计新的场景模式赋能，如此循环往复，通过“输血、造血、再造血”的系统化发展赋能企业、产业、社会电动化、智能化、网联化、共享化发展进程。

汽车大数据篇

The Automobile Big Data

B.2 大数据视角下中国乘用车市场发展趋势研究

刘春辉　冯 杰　杨少武*

摘　要： 自2018年以来，中国乘用车市场呈现连续负增长，由增量向存量转变。2020年上半年受新冠肺炎疫情影响，宏观经济下行压力加大、消费者购买力及购买意愿明显下降，乘用车市场需求受到较大抑制。本文以大数据为基础深度解析中国乘用车市场发展走势，挖掘乘用车市场结构性亮点，并从多角度对未来乘用车市场发展环境进行研判，分析各项因素对市场走势的影响，最终对2020年乘用车市场销量进行预测。

* 刘春辉，中汽数据有限公司市场数据部高级经理；冯杰，中汽数据有限公司市场数据部研究经理；杨少武，中汽数据有限公司市场数据部研究经理。

关键词： 乘用车市场 大数据 汽车后市场

一 中国乘用车市场整体发展分析

（一）新冠肺炎疫情下中国乘用车市场延续低迷态势，多措并举促进市场逐步回暖

在宏观经济持续下行以及中美贸易摩擦反复的大环境下，乘用车市场消费信心不足，同时国六排放标准提前实施、新能源汽车补贴大幅退坡等诸多因素抑制市场需求释放，2019 年我国乘用车市场需求表现低迷，全年 12 个月销量均呈现同比下滑，乘用车累计销售 2144 万辆，同比下降 9.6%，降幅较 2018 年提升 5.5 个百分点。OICA 数据显示，全球乘用车市场自 2018 年以来出现下行压力，2019 年市场规模为 6434.2 万辆，同比降幅较 2018 年扩大 6.3 个百分点，中国市场的持续低迷一定程度上影响全球乘用车市场增长。从全球占比来看，2019 年中国乘用车销量占全球总量的比例已连续两年下降，但仍以 33.3% 的全球销量占比连续十一年蝉联全球第一；从市场增速来看，2019 年美国乘用车销量同比下降 11.1%，中国乘用车市场表现虽不及全球市场，但仍好于美国市场。

进入 2020 年，新冠肺炎疫情席卷全球，世界经济以及国内经济受到显著冲击，经济下行压力持续提升，居民收入下降、就业承压等因素再度显现，同时出行和消费受限，以及中美贸易摩擦持续升级抑制国内经济发展，导致消费者购买力下降以及消费信心不足，乘用车市场呈现高位下滑。但随着新冠肺炎疫情得到有效控制，国内经济逐步回暖，同时国家及地方出台的各项促消费的政策落地实施，乘用车市场需求也呈现复苏，一季度受新冠肺炎疫情抑制的市场需求加速释放，一定程度上扭转市场颓势，中国汽车工业协会数据显示，截止到 2020 年 6 月中国乘用车市场销量为 787 万辆，同比下降 22.4%。

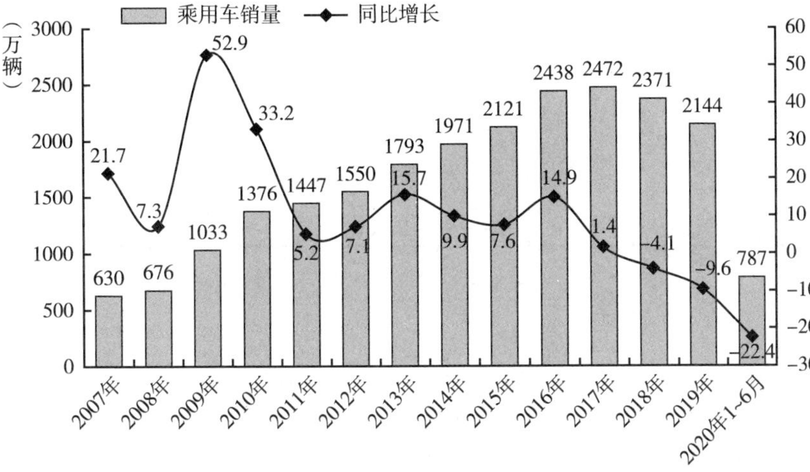

图 1　2007 年至 2020 年 6 月中国乘用车市场表现

资料来源：中国汽车工业协会。

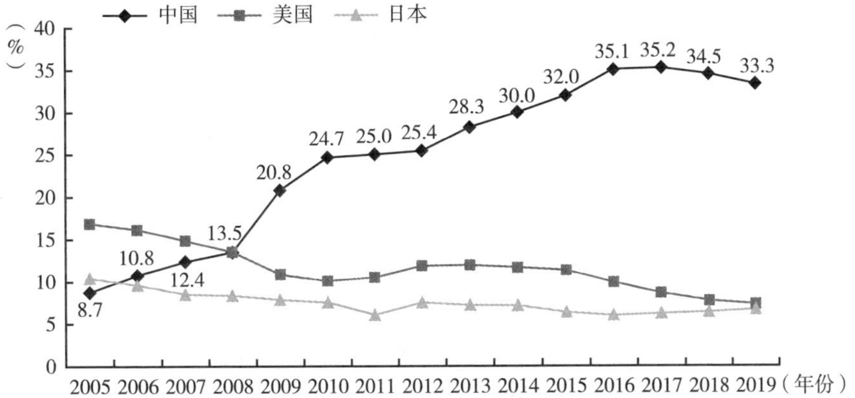

图 2　2005～2019 年中、美、日乘用车销量占全球的比重

资料来源：国际汽车制造协会（OICA）。

（二）新冠肺炎疫情下市场增速波动显著，疫情防控形势好转后企业持续加快生产补库存

从月度走势来看，2020 年上半年受新冠肺炎疫情影响，乘用车市场增速波动显著。2020 年 1～3 月，春节因素叠加疫情防控导致我国乘用车市场

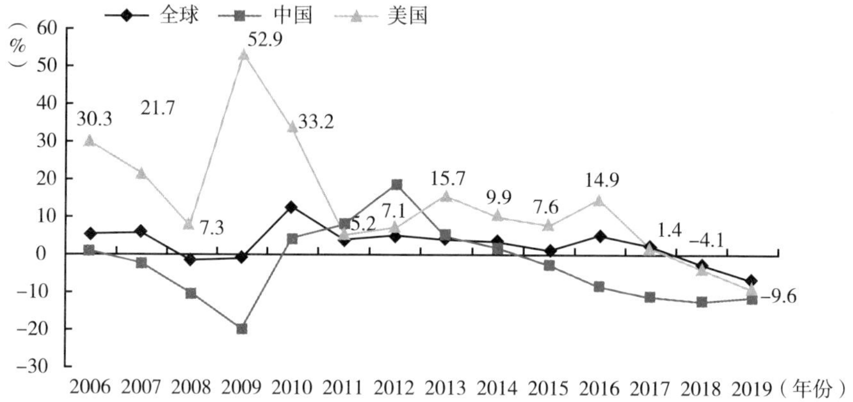

图3　2006～2019年全球及中、美乘用车销量增速表现

资料来源：OICA。

需求明显下降，整体市场呈现高位下滑态势，尤其是2月，降幅高达81.7%，创历史新低；4～6月，随着国内疫情防控形势的好转及国家和地方层面一系列促消费政策的出台，刚性需求消费得以释放，市场增势呈现好转，5月恢复正增长，6月增幅有所收窄，主要源于上年国六切换促销带来的提前消费冲高同期销量。

从库存数据看，疫情在国内控制住后出行的刚性需求对乘用车市场有一

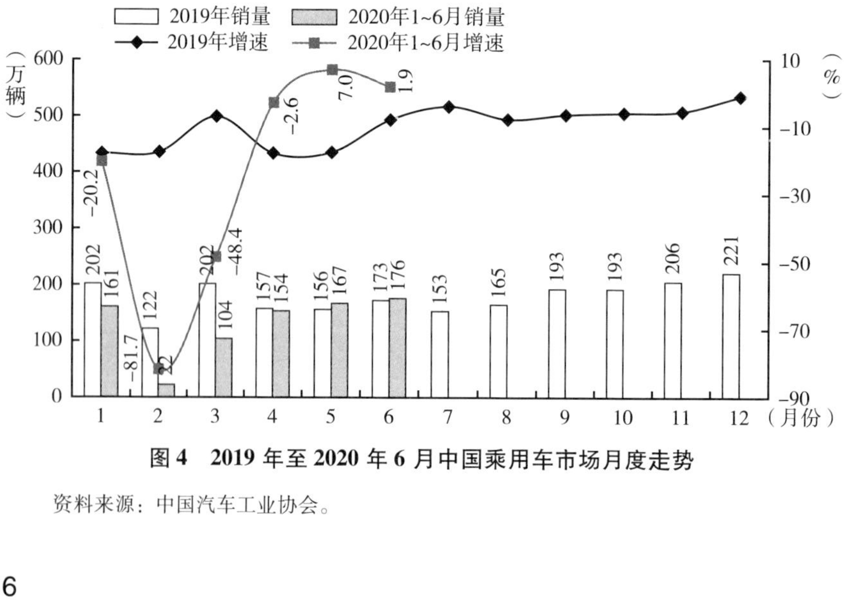

图4　2019年至2020年6月中国乘用车市场月度走势

资料来源：中国汽车工业协会。

定的拉动效果，企业市场预期较好，持续加快生产补库存，行业库存总量逐月增加；但终端需求环比持续提升，市场恢复较好，整体存销比自 2020 年 3 月开始连续降低，截止到 6 月末存销比降至 2.4。分企业看，随着疫情影响逐渐减弱，日系企业及豪华品牌恢复较快，存销比远低于行业平均水平，尤其是广汽丰田和一汽丰田，存销比分别仅为 0.7 和 0.9，而南北大众上半年表现不佳，库存量维持高位；自主品牌企业中长城汽车、长安汽车库存管控较好，存销比低于行业平均水平。

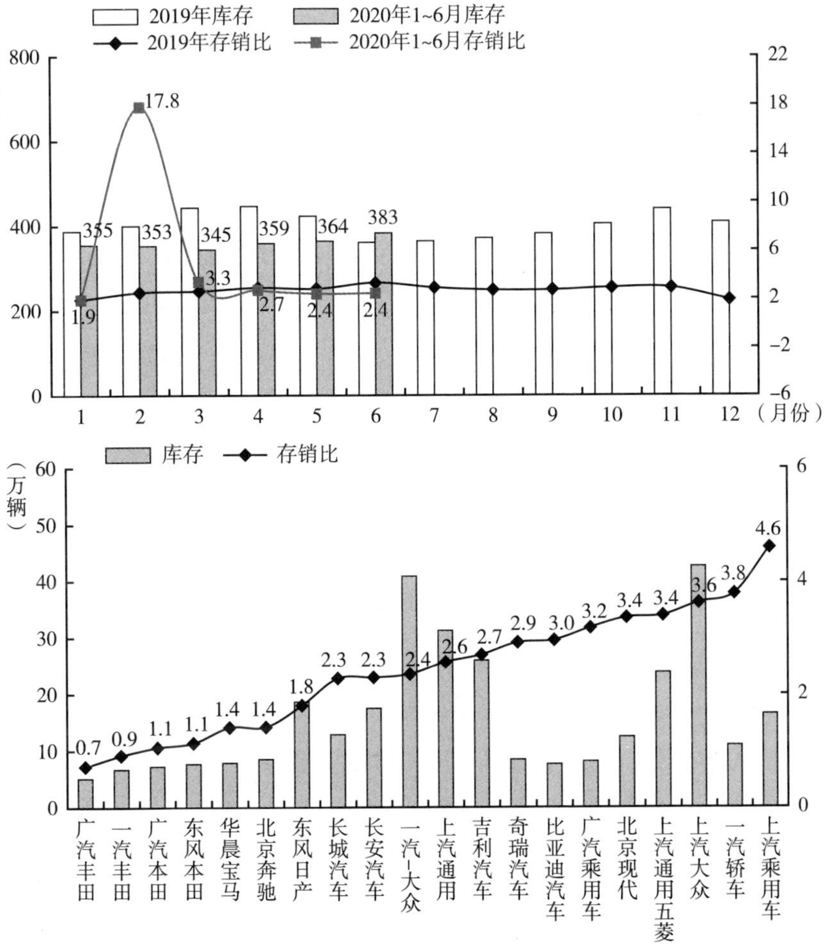

图 5　2019 年至 2020 年 6 月中国乘用车库存及主流车企库存变化情况

资料来源：中汽数据有限公司。

（三）2020年上半年汽车行业经营全面承压

国家统计局数据表明，2020年上半年，汽车行业全行业营收总额为3.44万亿元，同比下滑8%；全行业利润总额为1904亿元，同比下滑20.7%。对比发现，汽车行业利润下行幅度远大于营收下行幅度，表明汽车行业盈利难度加大。汽车销售利润率为5.53%，显著低于往年同期水平。汽车制造业营收以及盈利能力的下降，主要原因在于2020年初暴发的新冠肺炎疫情给行业带来冲击。尽管国内疫情防控措施得当，二季度汽车行业生产需求恢复较快，但是仍旧低于往年同期水平。具体来看，2020年上半年汽车市场消费端遭受显著冲击。新冠肺炎疫情导致经济增量缩水，居民实际收入减少，居民对于可选消费品的消费能力以及消费意愿显著下降，上半年乘用车销量同比显著下行。生产端，受新冠肺炎疫情的影响，一季度生产基本上停滞，尽管二季度国内工业生产逐渐回暖，但停工停产以及需求减少显著增加了汽车制造的单位成本并提升了盈利难度。综上所述，在需求下行、生产边际成本提升、盈利难度加大等多种因素的共同作用下，2020年上半年汽车行业经营全面承压。

二　中国乘用车市场结构性亮点分析

（一）低级别市场下滑态势显著，高级别市场需求恢复较快

2020年上半年乘用车市场终端销量相对上年大幅减少，各细分市场均呈现下滑态势，尤其是A0级和A级轿车、A0级和A级SUV的销量下滑幅度最大。A级轿车绝对减量高达115.4万辆，拖累市场恢复增长，主要源于朗逸、科沃兹、捷达等主销车型的销量下滑，同时新能源补贴退坡导致自主新能源车型竞争力下降，也是A级市场下滑显著的重要原因；A级SUV绝对减量次之，高达51.1万辆，长安CS75、探岳等车型的畅销难以弥补哈弗H6、奇骏、途观L等明星车型的低迷表现。相比之下，消费升级下高端消费需求释放较快，C级SUV、C级轿车等高级别细分市场的销量下降幅度较

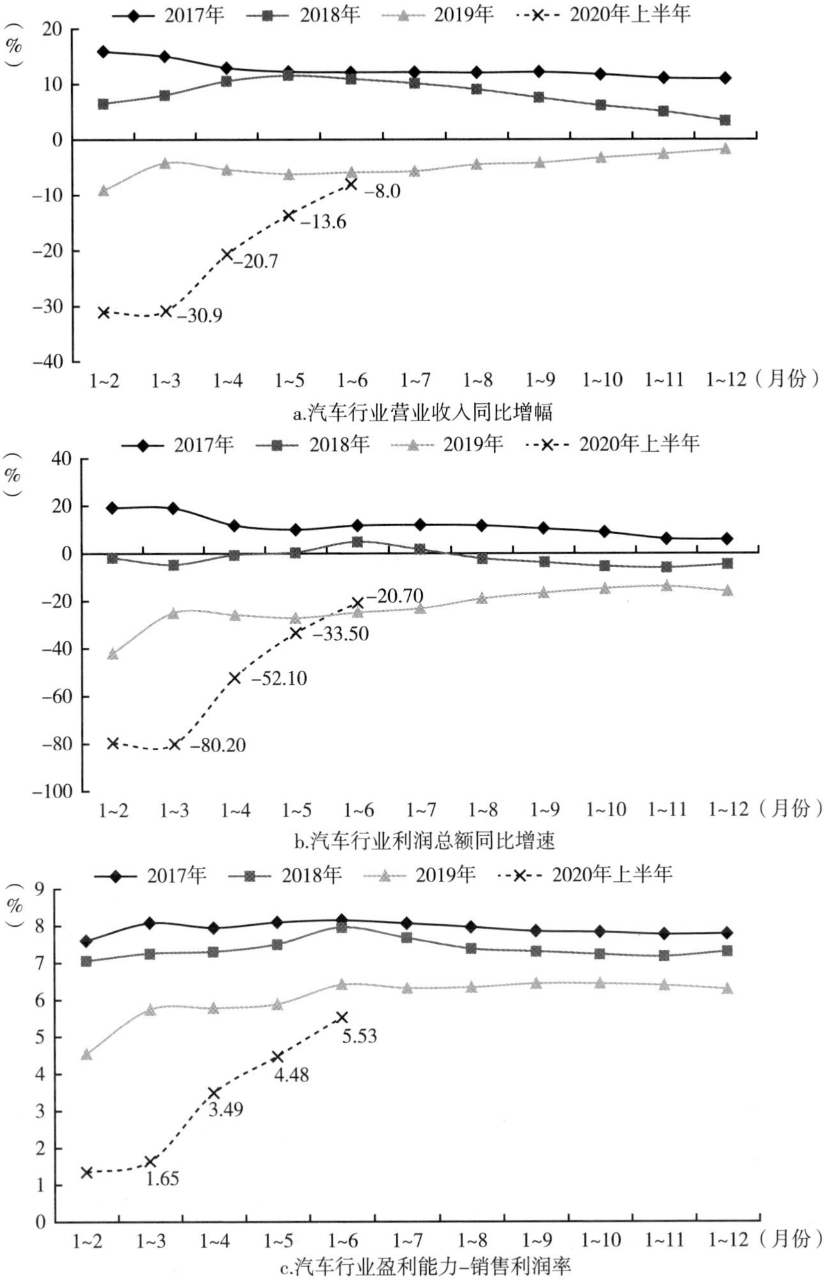

图6　2017年至2020年6月汽车行业营业收入、利润与盈利情况

资料来源：国家统计局。

小，奥迪 A6L 市场表现强势，销量逆势增加 2.9 万辆，凯迪拉克 CT5 及理想 ONE 等新产品强势突围，为市场增长带来新动力。

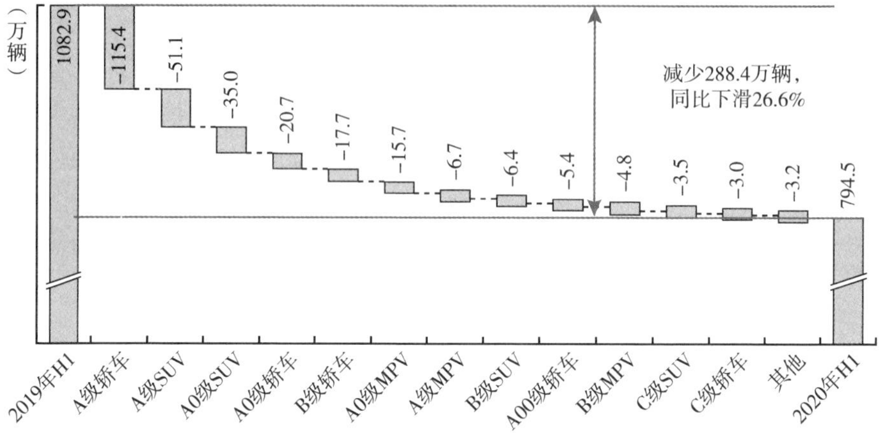

图 7　2019 年上半年及 2020 年上半年乘用车市场内部结构特征

资料来源：中汽数据有限公司终端零售数据。

（二）新车驱动叠加消费升级，SUV 市场持续向好

2020 年 1 ~6 月，SUV 市场累计销售 369 万辆，同比下降 20.8%，降幅

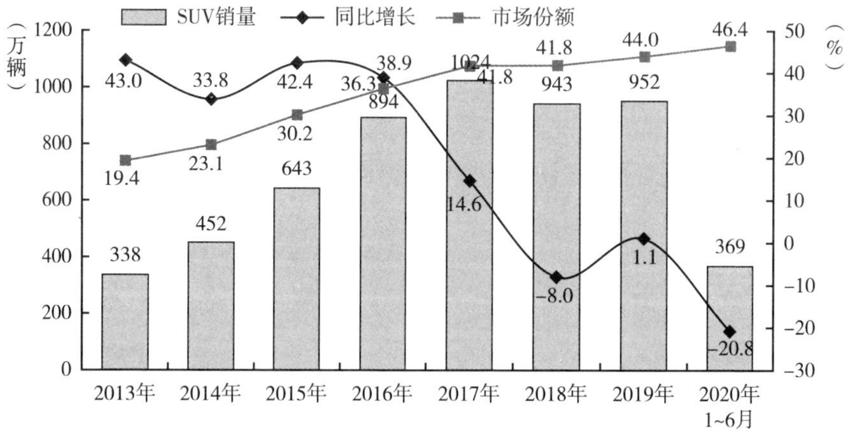

图 8　2013 年至 2020 年 6 月 SUV 市场增长情况

资料来源：中汽数据有限公司终端零售数据。

小于轿车（-30.3%）和MPV（-20.8%），市场份额则延续近年持续增长的态势。新冠肺炎疫情期间，用途更加多样化的SUV成为消费者被抑制的需求释放后的首要选择，市场份额再创新高，上半年市场份额达到46.4%。

从需求端来看，在整体乘用车市场受新冠肺炎疫情影响需求低迷的背景下，自主SUV受影响较大，多数主流SUV呈现高位下滑，但欧系一汽-大众、日系广汽本田旗下部分全新SUV市场表现突出，豪华品牌奔驰、宝马、奥迪旗下多款SUV在消费升级带动下实现高速增长。

表1 2020年1~6月主流SUV市场表现

单位：辆，%

主流车型	1~6月累计销量	占SUV市场份额	增速
哈弗H6	112794	3.1	-21.0
长安CS75	103168	2.8	51.9
本田CR-V	81452	2.2	-18.7
奔驰GLC级	79663	2.2	7.7
博越	77041	2.1	-3.2
探岳	75581	2.0	74.0
丰田RAV4	72584	2.0	-4.7
途观L	70125	1.9	-30.0
奇骏	68394	1.9	-36.3
哈弗M6	64220	1.7	3.9
奥迪Q5L	59715	1.6	7.6
逍客	58950	1.6	-23.6
本田XR-V	58433	1.6	-23.3
宝马X3	57527	1.6	3.1
皓影	54446	1.5	—

资料来源：中汽数据有限公司终端零售数据。

从供给端来看，新车型带来的净增长是SUV市场持续向好的重要因素。中汽数据有限公司新车数据显示，2020年上半年共推出150款全新SUV车型，超过11个车型累计销量在万辆以上。其中广汽本田皓影表现出色，上半年累计销量超过5万辆；一汽-大众加强SUV产品布局，推出捷达VS5、VS7等新车型抢占细分市场；自主品牌长安、吉利等也纷纷推出高性价比SUV车型，不断提升市场竞争力。

表2　2020年1~6月主流SUV新车销量及市场份额走势

单位：辆，%

主流新车型	1~6月累计销量	占SUV市场份额	贡献率
皓影	54446	1.5	13.6
欧尚X7	35768	1.0	9.0
捷达VS5	34412	0.9	8.6
荣威RX5 MAX	25997	0.7	6.5
途铠	23071	0.6	5.8
宝骏RS-3	21682	0.6	5.4
奔驰GLB级	20161	0.5	5.1
威兰达	18329	0.5	4.6
锐际	14003	0.4	3.5
吉利icon	12155	0.3	3.0
捷达VS7	11902	0.3	3.0

说明：贡献率是指该车型在SUV新车增量中所占的比例。

资料来源：中汽数据有限公司终端零售数据。

（三）区域市场结构变化显著，中、东部地区迎来巨大挑战

分区域市场来看，2020年上半年中、东部区域市场表现不及整体市场，该区域经济较为发达，人口流动量大，新冠肺炎疫情防控形势更为严峻，尤其是北京疫情复发，抑制市场需求释放，中部区域叠加6月汛情影响，购车需求迎来巨大挑战；低基数下西部和东北地区终端零售量同比下降22.7%和19.2%，降幅小于东部和中部地区，对整体车市需求的稳定和回升起到拉动作用。

（四）低级别城市受新冠肺炎疫情影响较小，销量下滑幅度最小

分城市级别来看，2020年1~6月，六线城市表现相对较好，终端零售量同比下滑22.6%，下滑幅度最小。首先，疫情期间低级别城市防控相对宽松，市场需求率先得到释放，叠加上年同期低基数影响，市场增速恢复较快。其次，低级别城市消费潜力巨大。低级别城市人口基数大，人均汽车保有量低，随着居民生活水平的不断提升，低级别城市的消费潜力有望进一步释放。

（五）日系、欧系乘用车领跑市场，自主、韩系乘用车持续承压

受新冠肺炎疫情及整体市场低迷影响，2020年各系别乘用车市场均出

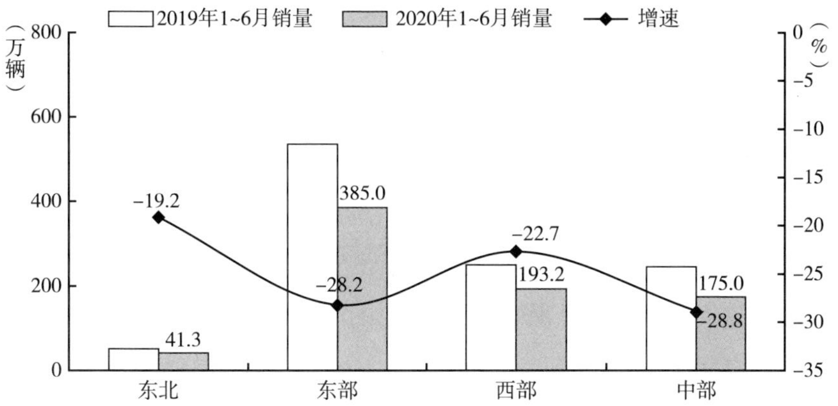

图 9　2019 年 1 ~6 月、2020 年 1 ~6 月全国各区域乘用车市场增长情况

资料来源：中汽数据有限公司终端零售数据。

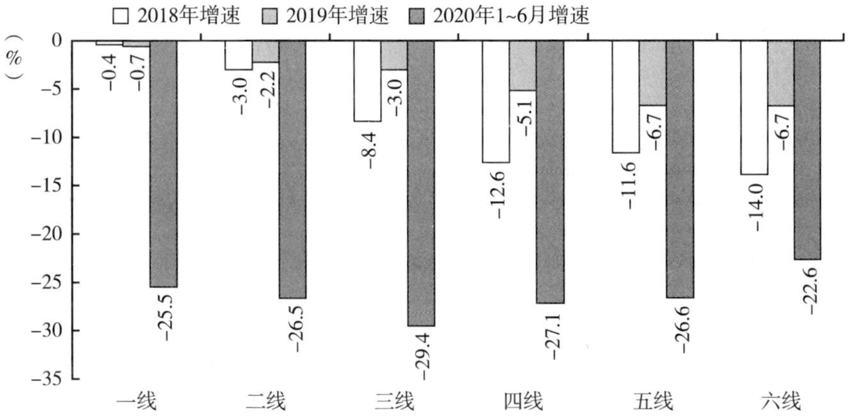

图 10　2018 年至 2020 年 6 月一至六线城市乘用车市场增长情况

资料来源：中汽数据有限公司终端零售数据。

现下滑，但降幅存在明显差异。日系、欧系汽车市场表现相对较好，美系较为平稳，自主和韩系承压。具体来看，日系品牌汽车销量上半年同比下降 18.7%，市场份额稳步提升，疫情影响下消费者购车更为理性，日系品牌凭借其长期积淀的良好用户口碑竞争优势显现；欧系同比下滑 21.2%，降幅同样低于乘用车市场整体水平，主要得益于德系中 BBA 等豪华品牌的逆势增长；美系品牌则表现较为稳健，国产特斯拉 Model3、福特锐际等新产品的上市对销量拉动作用明显，市场份额降低 0.4 个百分点。

2020 年上半年，自主品牌表现欠佳，市场份额不断被挤占，原因一是合资品牌加快 SUV 布局，使自主品牌在该细分市场的优势下降；二是新冠肺炎疫情对中低收入群体的购车需求冲击明显，进而影响了自主品牌的销量。而韩系品牌在上半年营销策略调整后虽实现销量回暖，但在市场低迷的大背景下 1 ~6 月仍同比下滑 39.6%。

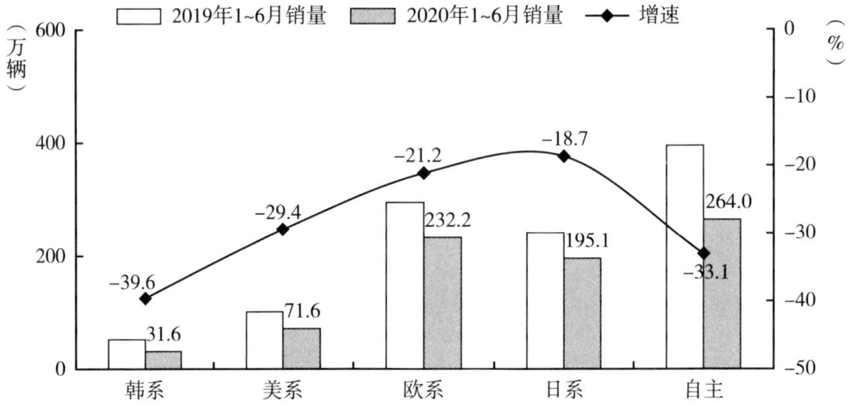

图 11　2019 年 1 ~6 月、2020 年 1 ~6 月各系别乘用车市场增长情况

资料来源：中汽数据有限公司终端零售数据。

（六）豪华车市场快速回暖，品牌竞争日益加剧

2020 年 1 ~6 月豪华车市场终端销售 146.7 万辆，同比下滑 4.5%，受新冠肺炎疫情影响相对较小，远小于非豪华车 30.3% 的降幅，市场份额由 2019 年同期的 14.2% 大幅提升至 18.5%。这一方面得益于消费升级趋势下居民对豪华车的首购、换购意愿不断提升；另一方面新冠肺炎疫情过后宝马、奥迪、沃尔沃等多家豪华车企纷纷开展降价促销活动，产品价格下探使得消费者购买豪华车的门槛逐步降低，助力豪华车市场快速回暖，率先实现增速转正。

从豪华车型市场销量来看，其品牌竞争日益加剧。其中，第一阵营竞争依然胶着，奔驰、宝马、奥迪旗鼓相当、难分伯仲，2020 年 1 ~6 月销量均超过 30.0 万辆，合计市场份额达 66.5%，主力地位难撼。奔驰累计销量达 35.0 万辆，同比下滑 2.8%，但凭借其轿车车型奔驰 A 级、C 级、E 级，SUV 车型奔驰 GLB 级、GLC 级和 GLE 级六款热门车型，市场份额较上年同期提升 0.4 个百分点，牢牢占据豪华车市场榜首；宝马在旗下 5 系、3 系、1 系等轿车产品，以及 X3、X1、X5 等 SUV 车型的带动下，以 32.4 万辆的累计销量位列第二，同比下滑 5.2%；奥迪上半年表现相对较好，累计销量达 30.1 万辆，同比下滑 3.2%，旗下奥迪 A6L 表现十分亮眼，销量同比大幅增长 63.8%，A6L、Q5L、A4L、A3、Q3、Q2L 六款明星车型销量累计超过 28 万辆，成为带动奥迪份额增长 0.3 个百分点的主力军。

第二阵营中，2020 年上半年雷克萨斯超越凯迪拉克，同比增长 4.8%，成为前六名中唯一正增长品牌；凯迪拉克受上年国五明星车型 XTS、ATS－L降价促销的高基数影响，销量大幅下滑，同比降幅高达 33.7%；沃尔沃位列第六，与上年同期排名持平，销量下滑 3.6%；红旗、特斯拉在上年低基数的影响下，依托红旗 HS5、特斯拉 Model 3 的高销量表现，增幅均超过 100.0%，并首次跻身豪华品牌前八名，上升势头明显。

（七）新冠肺炎疫情和补贴退坡双重作用下，新能源乘用车市场表现不及预期

2020 年 1 ~6 月，新能源乘用车市场呈现高位下滑，累计销量为 30.9 万辆，同比下降 45.4%，而传统能源乘用车市场同比下降 25.6%，降幅小于整体乘用车市场，新能源乘用车的市场低迷拖累整体乘用车市场，在乘用车中的比例较上年同期下降 3.9 个百分点。2020 年 1 ~6 月新能源乘用车市场表现不及预期主要源于补贴大幅退坡，自 2019 年 6 月底补贴正式退坡以来，市场已连续 12 个月呈现高位下滑。另外，新冠肺炎疫情也影响了新能源汽车市场表现。疫情期间消费者对乘坐网约车和出租车存在安全忧虑，多选择私家车出行，以出租车、网约车为主要出行方式对公市场需求显著萎缩。

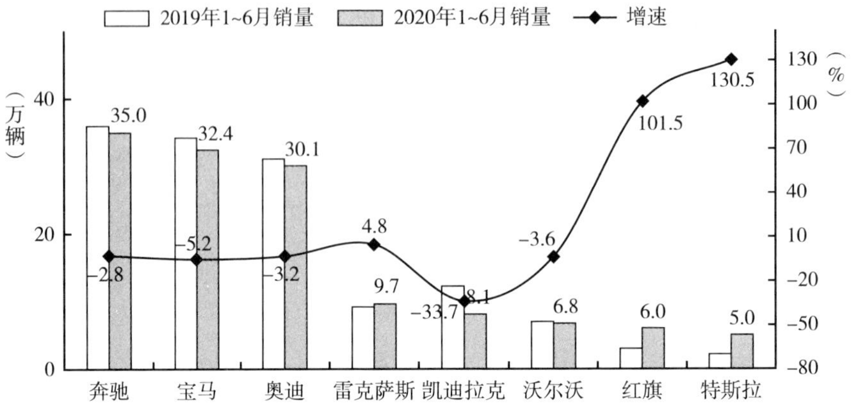

图 12　2019 年 1 ~ 6 月、2020 年 1 ~ 6 月豪华品牌乘用车市场增长情况

资料来源：中汽数据有限公司终端零售数据。

此外，国内成品油价格处于低位，燃油车的使用成本降低，更加凸显新能源乘用车的成本劣势，降低了新能源乘用车的竞争力，导致市场需求不足。

从技术类型来看，纯电动乘用车累计销量为 23.4 万辆，同比下降 48.4%，是拖累新能源乘用车市场高位下滑的重要因素；插电混动乘用车累计销量为 7.5 万辆，同比下降 33.6%，得益于新造车势力理想汽车带来的净增长以及合资企业的产品布局，市场表现好于纯电动乘用车。

（八）消费升级趋势明显，价格20万元以上新能源汽车市场发展向好

2020 年上半年，受新冠肺炎疫情影响，各价格段新能源汽车市场同比增速均呈现不同幅度下滑，但在居民消费升级、购买力提升的大背景下，本次疫情进一步提升了居民对安全性、健康性及生活品质的关注度，带动价格 20 万元以上新能源汽车市场发展向好。从市场份额来看，价值 20 万元以上新能源汽车市场份额整体呈逐年上升态势，2020 年 1 ~ 6 月，除 25 万 ~ 35 万元价格段市场份额呈 0.05 个百分点微幅下滑外，其他价格段市场份额均有所增长，其中 35 万元以上价格段市场份额增幅最大，较上年同期提升

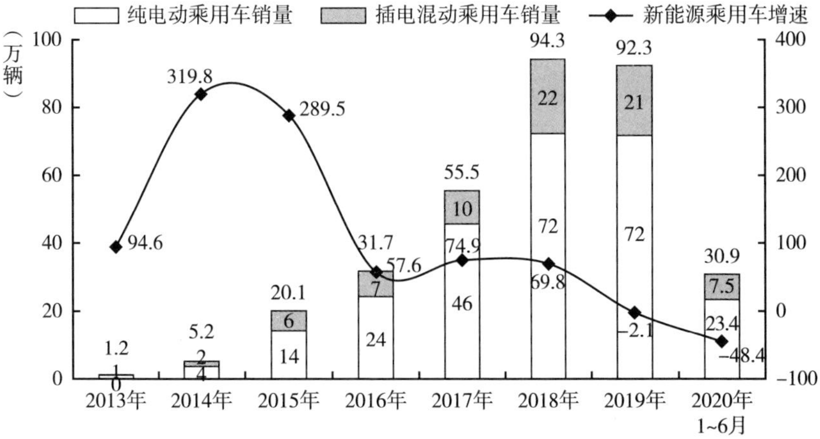

图 13　2013 年至 2020 年 6 月新能源乘用车市场销量及增长情况

资料来源：中汽数据有限公司终端零售数据。

2.4 个百分点；20 万 ~25 万元区间市场份额同比提升 0.8 个百分点；而 5 万元以下及 5 万 ~10 万元区间市场份额则分别呈现 1.5 个和 2.9 个百分点的下滑，汽车市场消费升级趋势明显。

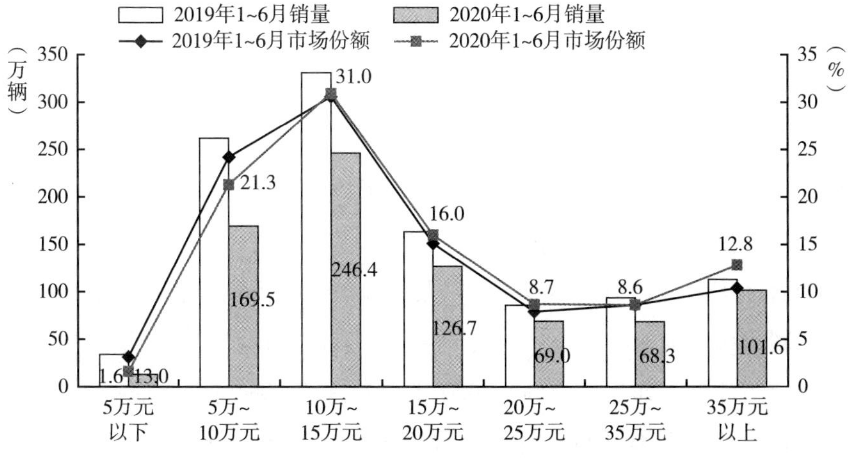

图 14　2019 年 1 ~6 月、2020 年 1 ~6 月各价格区间新能源汽车市场表现情况

资料来源：中汽数据有限公司终端零售数据。

三　中国乘用车市场发展环境分析

（一）经济环境：经济触底反弹，外部政治经济不确定性增大

在新冠肺炎疫情影响下，2020 年一季度我国经济受到显著冲击，生产和需求双双回落，GDP 同比下行 6.8%。随着疫情得到控制，复工复产、复商复市进程的持续推进，我国经济二季度持续边际转暖，二季度 GDP 同比增长 3.2%，上半年 GDP 累计下行 1.6%。

具体来看，2020 年上半年经济虽然稳步复苏，但生产端恢复快于需求端。从生产端来看，工业增加值在二季度均已实现正增长，工业品出厂价格环比改善，工业品价格下行压力逐渐减小，生产端持续修复。从需求端来看，基建投资快速恢复，地产投资展现韧性，拉动投资快速恢复。消费需求持续边际改善，尤其是地产和汽车的表现亮眼。但 3 月以来疫情在全球蔓延，全球新冠肺炎确诊病例持续增加，美欧等主要经济体及新兴市场相继受到疫情影响。上半年全球经济在新冠肺炎疫情的影响下全面收缩。在此情形下，外需持续承压，相关生产以及贸易行业就业情况吃紧，拖慢我国需求恢复进程。

宏观政策方面，此次疫情以来，我国财政政策积极有为，重点关注基建投资及民生就业领域，助力内需恢复；货币政策保持宽松，持续进行结构性调整，充分保障实体经济的流动性。

随着经济内生动力的不断强化以及政策效应的不断释放，下半年经济将持续回暖，市场需求将在下半年持续恢复。基建投资将作为全年经济增长的有力支撑。政府工作报告提到，2020 年拟安排地方政府专项债券 3.75 万亿元，重点支持“两新一重”建设。政府工作报告还明确了财政赤字规模比上年增加 1 万亿元，并发行 1 万亿元抗疫特别国债。财政政策将有力带动基建投资的增长。同时，地产投资将持续展现韧性。展望下半年，在前期积压的交房压力下，新开工项目将持续支撑房地产投资，房地产市场强韧性将持

续。但我国“房住不炒”的宏观调控基调没有改变，因此房地产投资难以出现大幅回弹。而上半年消费端拖累整体消费需求的主要是餐饮服务业与限额以下商品零售。其主要受到疫情带来的恐慌情绪和收入压力的影响。随着国内疫情逐渐得到控制，经济运行逐渐恢复，政策保障就业，消费者恐慌心理减缓，消费存在较大修复空间。

但海外政治经济不确定仍将影响我国经济增长。当前海外疫情仍在持续蔓延，未来全球疫情持续时间和影响深度仍难以估测。但可以肯定的是，全球经济增量资源收紧，我国面临的技术、贸易、投资等方面的国际规则调整的压力将加大。需持续关注中美关系以及其他海外政治经济环境变化给我国的外需、生产、就业等方面带来的输入性影响，且短期内外部环境的恶化难以改变，持续抑制市场需求。在此情形下，中共中央政治局会议指出“加快形成以国内大循环为主体、国内国际双循环相互促进的新发展格局”，着力减轻经济发展的对外依赖，激活高质量发展的强劲内生动力，提升经济发展的稳定性和自主性。

综合来看，尽管修复进度受到海外政治经济环境影响，但是我国经济的恢复趋势不会改变，全年经济增速预期处于1% ~3%区间，基准情形下，全年经济增长2%左右。

（二）政策环境：多项政策刺激下，市场需求有望继续释放

突如其来的疫情打乱国内汽车行业生产销售秩序，加剧行业低迷的严峻形势，为刺激汽车市场消费，推进行业平稳发展，政府多措并举，从国家层面到地方层面，围绕汽车消费出台多项扶持措施，政策主要集中在扩大消费、挖掘潜力、缓解压力、市场升级等方面。

扩大消费方面，疫情下多地政府陆续出台围绕汽车消费的指导意见及具体举措，其中新车购置补贴成为政策主要发力点，佛山市则成为全国首个出台新车购置补贴金额政策的城市，但由于地方补贴力度有限，且部分政策设定限定条件，整体来看，对市场回暖有一定拉动作用，但效果有限。另外，限购城市在国家层面指导下出台放宽限购政策来刺激消费，2月广东鼓励广

州、深圳进一步放宽汽车摇号和竞拍指标，随后杭州、天津、上海、北京等城市在强烈的呼声下已明确增加号牌指标，助力整体市场汽车消费。

挖掘潜力方面，老旧汽车报废更新和促进二手车发展都是盘活新车销售的重要手段。北京、广州、重庆等地相继出台政策鼓励汽车以旧换新，在强化环境保护的同时，通过存量释放，带动市场新购需求，推动区域发展，其中北京新一轮的报废更新方案更受业界关注，其方案实施周期更长、补助范围更广，刺激效果更为显著，同时对其他城市起到较好的示范效应。此外，2020 年 4 月财政部、税务总局下调增值税，由按 2% 征收率改为减按 0.5% 征收增值税，为二手车的规模化、标准化经营铺平道路，也为二手车经销企业创造更大的发展机会，同时有望给国内汽车消费带来较大的拉动作用。

缓解压力方面，国六排放标准延期执行及新能源补贴平缓退坡、继续免征购置税等政策有助于中小车企调整生产计划以及经销商库存清理，可有效降低企业压力，这也体现出国家对汽车产业的重视。

市场升级方面，双积分管理办法修正版及智能汽车创新发展战略的发布再次表明新能源及智能网联是汽车行业的转型升级重心。双积分最终修改确定，引导行业节能降耗的同时倒逼车企提高新能源汽车产量；智能汽车发展政策还在不断探索完善，制定标准化的技术引导，助力中国抓住产业智能化发展战略机遇，从两方面发力共同加快国内汽车市场转型升级。

总体来看，2020 年上半年国家及多省市已出台多个汽车行业相关政策，未来，或将有更多省市继续跟进，汽车市场需求有望进一步释放，各汽车企业应紧跟各地政策风向，制定精准营销策略。

（三）市场环境：存量竞争下，换购、二手车、豪华车及农村市场成为新机遇

1. 市场由增量向存量转变，换购及豪华车市场需求将加速释放

目前中国乘用车市场已由增量时代向存量时代转变，市场逐步进入增换购驱动阶段。根据中汽数据有限公司换购数据，2016 年至今，换购市场增速均高于整体零售市场，其中，2019 年换购新车量为 929.2 万辆，同比增

长3.2%，换购对新车零售的贡献度约为43%，换购对新车销售增长的驱动作用逐渐提升。而换购推动下消费升级趋势越发明显，进而加速豪华车市场需求释放，2020年1~6月豪华车市场销量同比下降4.5%，降幅显著好于整体乘用车，自4月开始市场恢复正增长，引领整体市场逐步复苏。2020年下半年，前期后延的换购需求将加速释放，同时消费升级的高端换购需求仍将持续释放，利于下半年市场回暖。

2. 后市场成为重要利润增长点，二手车促进新车需求释放

2015年以来，中国汽车后市场一直保持两位数以上增长，根据汽车后市场协会数据，2019年中国汽车后市场规模达到1.33万亿元，同比增长11.5%，在中国新车市场趋向平稳以及保有量和平均车龄稳定增长的形势下，汽车后市场将成为未来重要的利润增长点，未来发展潜力巨大。同时在市场由增量向存量转换过程中，二手车促进消费总量提升的同时也促进结构升级，根据中汽数据有限公司二手车数据，2020年1~6月，中国二手乘用车交易量为654.2万辆，同比增长3.3%，未来随着二手车利好政策加速落实，二手车市场规模将延续增长态势，进一步提升汽车市场流通性和活跃性，加速新车向中高端升级，促进新车需求释放。

3. 市场加速下探发展，低级别及农村市场或迎来新机遇

根据中汽数据有限公司终端零售数据，2020年1~6月，五、六线城市市场增速表现优于高级别城市，部分企业已逐步实现营销渠道下探，市场加速下探发展趋势显著。与此同时，城镇居民收入不断提高，改善通勤方式的诉求增加，农村购买力增长的重要性逐步凸显，而且乡镇地区置业压力小，购车意愿增强，未来市场前景广阔。国家也明确多举措促进农村汽车消费，新能源下乡等政策已陆续落地实施，在一系列政策的鼓励下，低线城市及农村市场的消费需求被刺激，下沉地区的乘用车销量也将迎来新一波提升。

4. 首购需求趋于大型化、高端化，换购需求呈现品牌和产品的双升级

在消费升级驱动下，首购需求的产品升级趋势愈加明显，B级以上大尺寸车型市场份额逐渐提升，同时为满足消费者对驾乘舒适性、便利性、安全性的要求，高级功能配置汽车销量占比也快速提升，产品配置趋向高端化。

换购需求的消费升级体现为品牌和产品级别的全方位升级，更加注重品牌塑造、价值传递等，同时在购车决策过程中的关注点逐步由性价比向品牌口碑和体验转移，在产品层面和服务层面都越来越重视体验。首购、换购需求的变化一方面带动豪华车市场需求快速提升，另一方面拉动市场整体购车价格呈上升态势。

四　中国乘用车市场发展趋势预判

受新冠肺炎疫情影响，2020 年上半年国内经济受到显著的下行冲击，部分人群收入水平下降，同时必需消费品的价格上涨、基础生活消费水平提升，消费者购买力明显不足，导致对汽车需求出现“力不从心”的局面，但随着国内疫情得以有效控制，企业复工复产有序推进，居民生活秩序逐步恢复，以及国家“六稳”“六保”政策的落地，将支撑下半年中国经济的持续向好，消费者购买力和购买意愿将有效回升，乘用车市场需求呈现逐步回暖的态势。与此同时，国家陆续出台的鼓励限购放宽、国六 PN 限值过渡期延长、促进老旧车淘汰、新能源汽车补贴延长等一系列促进汽车消费政策，以及多个省市实施的购车补贴、放宽限购等政策的逐步落地也将进一步提振汽车市场需求。从供给端看，2020 年上半年受疫情影响，车企各类线下营销传播活动受阻，新品上市进程放缓。进入下半年，企业为完成全年销量目标将加大市场营销力度，加速新品发布上市节奏，持续刺激市场需求释放。

综合以上分析，2020 年中国乘用车市场将呈现“低开高走”的局面，在中国经济稳定恢复、促消费政策刺激逐步见效、新产品迭代等利好因素作用下，上半年受疫情影响抑制的消费需求有望在下半年加速释放，叠加上年 6 月国六切换后的市场低基数，2020 年下半年中国乘用车市场有望实现正增长，全年终端零售量达到 1980.4 万辆，同比下滑 8.6%。

B.3
大数据视角下中国商用车市场发展特征及趋势研究

武彦杰　唐宝安　贾术艳*

摘　要： 随着我国经济发展步入工业化中后期，商用车市场也由快速增长阶段过渡到结构调整阶段。运力补充、结构调整成为现阶段我国商用车市场发展的主要特征。本报告基于商用车市场历年数据表现和2020年市场发展环境，对商用车市场发展特征进行研究，综合经济环境、政策环境、市场环境等因素变化，预判商用车未来发展走势，为商用车市场发展和各主体经营决策提供有价值的参考。

关键词： 商用车市场　大数据　结构优化

一　前言

1956年至今，我国商用车市场已经历发展初期、成长期、快速发展期、结构调整期四个阶段，目前市场保有量规模已达到近3000万辆。随着我国经济发展步入工业化中后期，中国商用车市场也由快速发展期过渡到结构调整期。2016年GB1589实施后，商用车市场需求总体维持在高位，国六排放升级、老旧车淘汰、治超治限、环保治理等因素成为商用车发展的内生动

* 武彦杰，中汽数据有限公司市场数据部高级主管；唐宝安，中汽数据有限公司市场数据部高级技术经理；贾术艳，中汽数据有限公司市场数据部研究经理。

力，运力补充、结构调整是当前我国商用车市场发展的重要特征。

2020 年上半年，受疫情影响，我国商用车市场呈"V"形轨迹运行。2 月在春节假期和疫情双重影响下，销量达到近年来最低值，3 月以后我国疫情逐步缓解，经济环境持续改善，重大工程项目陆续开工，企业复工复产、电商物流、城乡居民消费等加速扩张运力刚需，拉动商用车市场持续回暖；老旧车淘汰、超载治理及"大吨小标"问题规范等政策加快实施，进一步刺激存量市场更新需求释放，促进商用车上半年实现销售 212.8 万辆，同比增长 3.7%，其中重卡、微卡市场销量创历史新高。在经济、政策、产业和技术等多种因素驱动下，2020 年我国商用车市场将迎来新的发展机遇，需求有望达到新的历史高位。

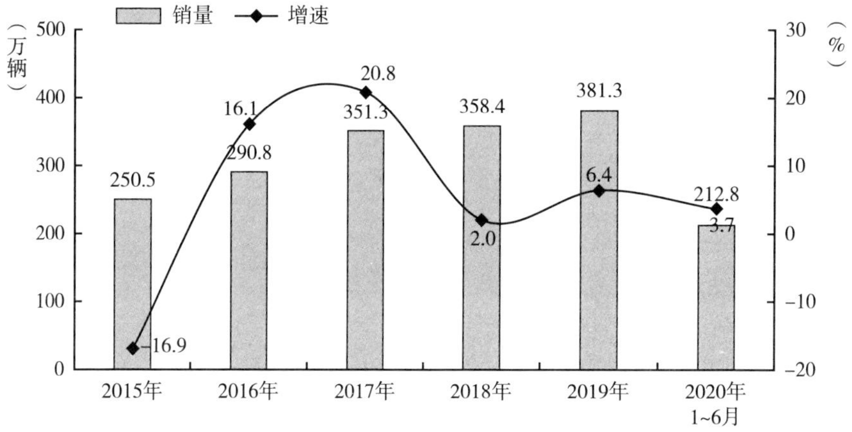

图 1　2015 年至 2020 年 6 月商用车销量及增长情况

资料来源：中汽数据有限公司终端零售数据。

二　基于大数据的商用车市场发展特征分析

（一）中重卡：政策筑底刺激中重卡超预期增长，物流类车辆创历史新高

2016 年新 GB1589 实施后，中重卡市场在一系列治超措施、老旧车淘

汰、阶段性基建投资等政策因素影响下，需求保持高位运行。2015～2019年中重卡市场年均复合增长率达到19.7%，2017年后销量连续三年超过100万辆，市场保有量规模达到838.7万辆。2020年1～6月，在国三车淘汰力度加大、基建项目陆续开工、治超趋严、新冠肺炎疫情期间被抑制的购车需求集中释放等多项因素综合影响下，中重卡销量达到77.1万辆，同比增长19.1%。下半年政策方面的影响将持续深化，带动市场增量释放和存量更新，同时低油气价格一定程度上也会带来一定的市场机会，预计全年中重卡车型销量将在2019年高基数基础上再度实现增长，创历史新高。

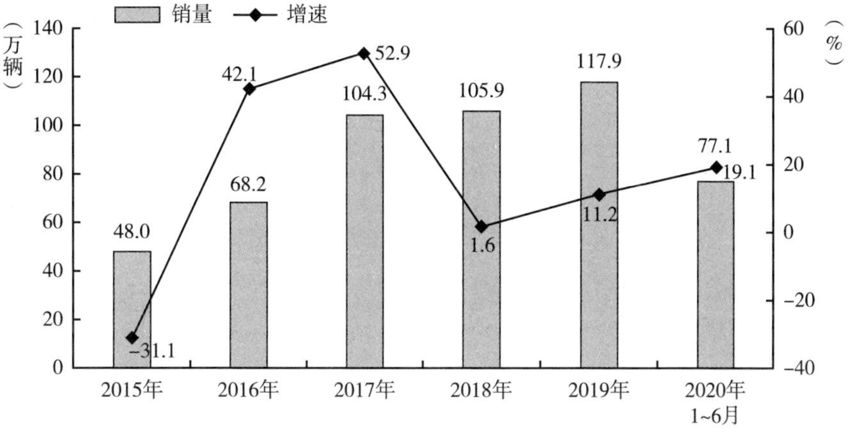

图2　2015年至2020年6月中重卡市场增长情况

资料来源：中汽数据有限公司终端零售数据。

从需求结构来看，2020年，中长途运输车辆的增换购需求直接刺激物流类牵引车、载货车销量同比大涨，其中牵引车销售贡献度达到46%，为2020年中重卡市场增长的主要动力。自卸车市场在大量基建项目开工，渣土车安全治理、环保治理拉动下，从4月开始呈增长趋势，连续两月增幅超过50%，上半年累计同比实现正增长。专用车市场受城镇化建设推进、老旧车置换、超载治理、基建投资等多种因素叠加影响，销量规模高位运行，市场占比达到25%。随着新GB1589标准的实施、高效物流模式的发展，牵引车运输高效性优势明显提升，中重卡市场牵引车占比将快速增长，预计

2020 年下半年牵引车销量将维持高位运行，市场贡献度继续走高，载货车份额将被进一步挤压。随着城镇化持续推进、基建投资逐步落地，自卸车、专用车市场销量将继续维持阶段性增长。

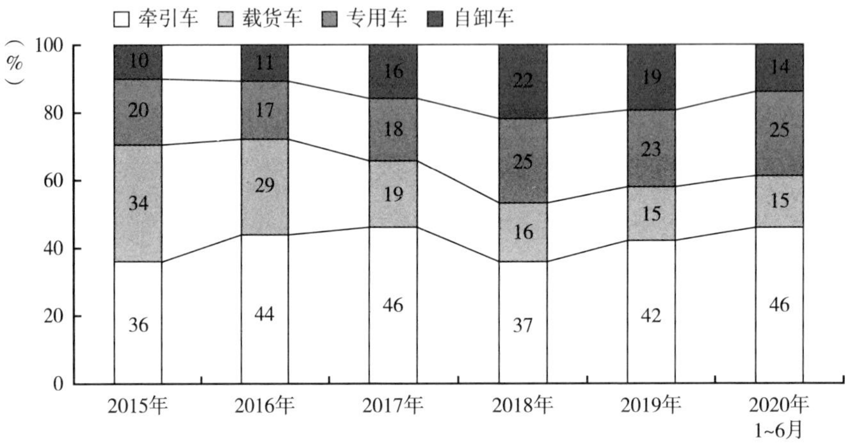

图 3　2015 年至 2020 年 6 月中重卡细分车型结构演变趋势

资料来源：中汽数据有限公司终端零售数据。

（二）轻卡：需求前低后高，产品呈现多元化发展特征

2020 年初新冠肺炎疫情的暴发，导致原本属于轻卡传统旺季的节后市场过于冷清，销量出现大幅下滑。随着疫情得到有效防控，复工复产有序开展，居民消费需求稳步回升，尤其是后疫情时期网上购物需求的增长，带动冷链、绿通等物流市场快速发展，促进轻卡需求持续释放。同时，治超和环保政策持续推进带来运力补充和换购需求，也对轻卡形成重要支撑。截止到 2020 年 6 月，轻卡累计销售 90.6 万辆，同比下滑 1.5%，已基本恢复至上年同期水平。随着疫情对各行业的影响逐步修复，叠加政策的持续刺激作用，下半年轻卡市场仍有一定的释放空间，预计全年销量同比增长 13% 左右。

随着城镇化进程加快、物流市场快速发展，中小型城市内、城市与城市

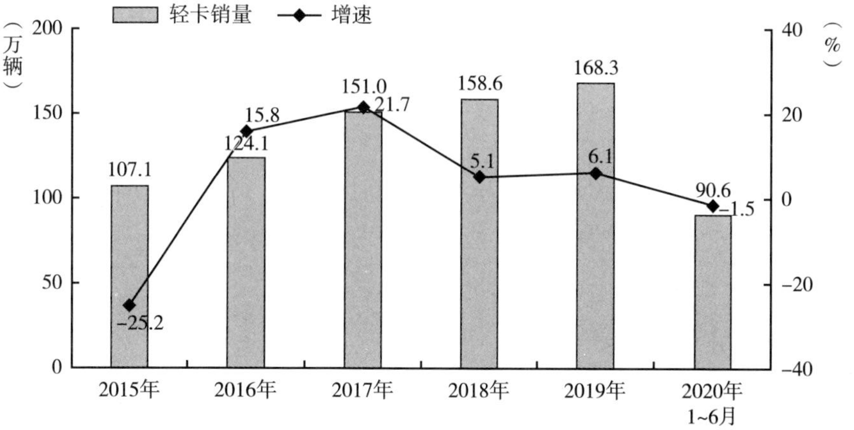

图4　2015 年至 2020 年 6 月轻卡市场表现

资料来源：中汽数据有限公司终端零售数据。

间以及城市与周围郊县的中短途物流配送需求日益增长，定位“最后一公里”短途货运的小轻卡，凭借进城限制少、配送运输更灵活、兼具成本和载重优势等特点，深受创业车主以及打工农民的青睐，市场规模持续扩大。此外，随着政策不断深化、用车环境持续改善以及部分群体消费观念转变，叠加新技术、新理念的应用，高端化、乘用化皮卡市场获得快速发展，皮卡整体市场呈现多元化发展特征。

节能减排方面，自 2019 年 7 月部分地区提前实施轻型车国六排放标准以来，主流车企积极布局国六轻卡产品，新产品陆续上市，助推国六轻卡销量一路走高，2020 年 1 ~6 月国六产品累计销量占轻卡整体市场的 25. 3% 。另外，国家积极引导商用车产业绿色发展，尤其鼓励在轻型货车产品上应用推广。近年来，随着基础设施不断完善、技术水平持续提升，纯电动轻卡物流车得到较快发展。进入 2020 年，以物流车为主要需求的纯电动轻卡由补贴政策拉动逐步转向路权政策拉动，但由于使用便利性仍然受到一定限制，且纯电动轻卡物流车以组织客户为主，市场销量进入低位且波动的时期，对整体轻卡市场的贡献度不足 1% 。

（三）微卡：城镇化发展带动总量平稳增长，国六车型需求稳步提升

近几年，微卡市场在城镇化发展、城乡消费水平提升以及电商物流发展带动下，总体呈现平稳增长态势。2020 年上半年，在疫情的冲击下，微卡市场销量先下滑、后复苏，在消费增长、老旧车淘汰置换政策等拉动下，销量达到 31. 8 万辆，超过历史同期水平，同比增长 2. 5%，对商用车市场需求的支撑作用不断增强。

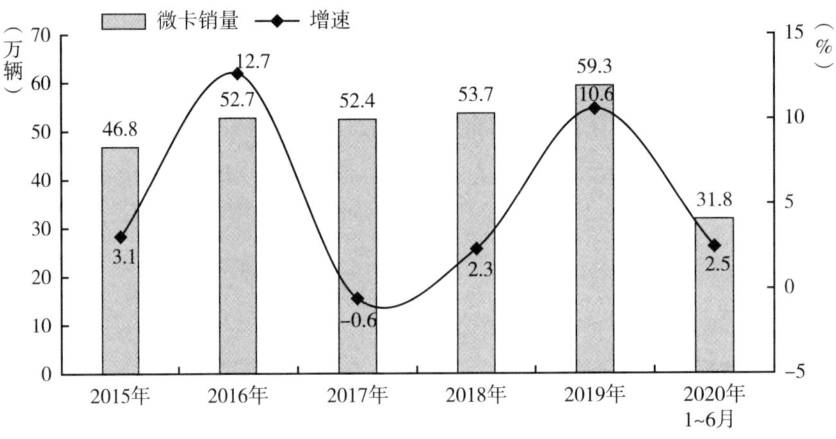

图 5　2015 年至 2020 年 6 月微卡市场增长情况

资料来源：中汽数据有限公司终端零售数据。

从区域结构来看，2020 年上半年微卡需求量较大的区域集中在华东和西南区域，东北、华北、西北、西南区域微卡需求量均超过上年同期水平。其中西南、西北区域销量增幅最大，体现出上半年疫情对区域需求造成的差异化影响，东部区域以及华南区域受疫情影响较大，且持续时间较长，消费低迷抑制微卡需求；西部区域受疫情影响较小，城镇化加快发展拉动微卡需求增长。

从微卡数据表现来看，国六占比快速提升是 2020 年微卡市场的重要特征之一。按照《轻型汽车污染物排放限值及测量方法（中国第六阶段）》要

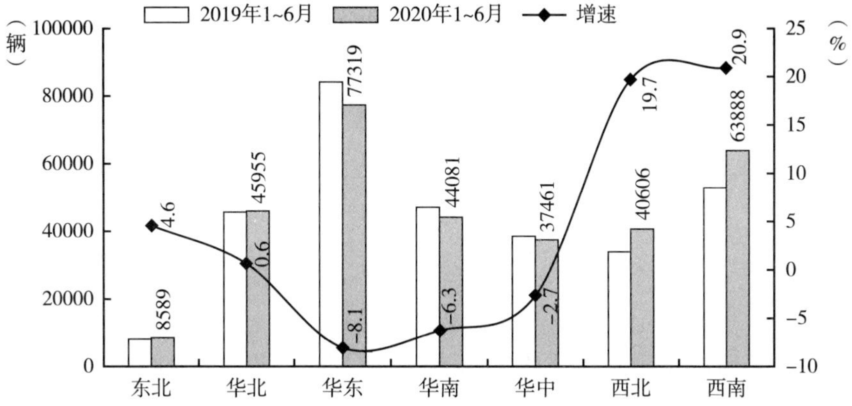

图6　2019 年 1 ~ 6 月、2020 年 1 ~ 6 月各区域微卡需求情况

资料来源：中汽数据有限公司终端零售数据。

求，从 2020 年 7 月 1 日起全国范围内实行轻型车国六排放标准。虽然受疫情影响，轻型车国六标准推迟实施，但从微卡市场来看，从 2019 年下半年开始，国六标准微卡销量和占比持续增长，目前国六标准微卡占比已达到 85% 以上，预计 2020 年底微卡市场将全面实现国六标准。

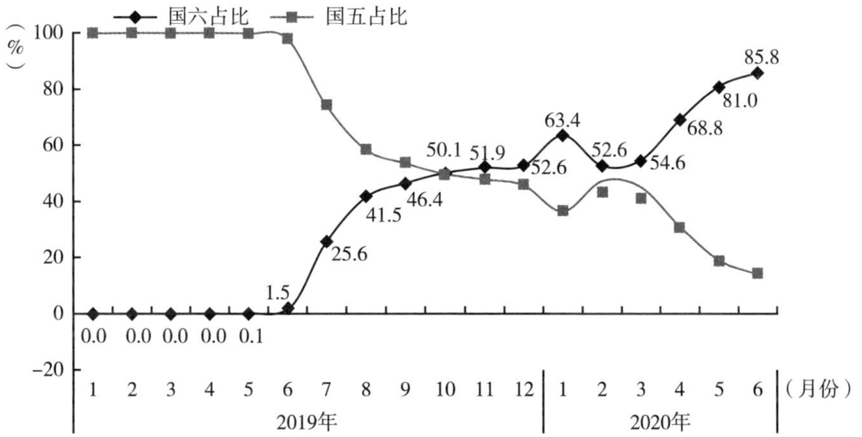

图7　2019 年至 2020 年 6 月国五、国六标准微卡占比

资料来源：中汽数据有限公司终端零售数据。

（四）大中客：疫情影响导致增长动力不足，销量持续下滑

2015～2016年，受新能源补贴利好政策的影响，新能源公交客车销量激增，带动大中客市场销量增长。2017～2020年，新能源客车补贴标准持续下调，对大中客市场需求产生的负面影响较大。高昂的购车费用与大幅缩水的财政补贴，导致公交公司和客运公司购置新能源客车的意愿降低，同时公交市场需求透支、地方财政承压等问题逐渐显现，新能源客车销量增长乏力，大中客市场销量持续下滑。2020年一季度，国内新冠肺炎疫情暴发，大中客车生产作为劳动力密集型产业，受到新冠肺炎疫情的影响较大，同时作为重要市场的南方地区又受到洪汛的影响，大中客市场需求再受冲击，2020年1～6月，大中客市场销量下滑幅度高达47.0%。

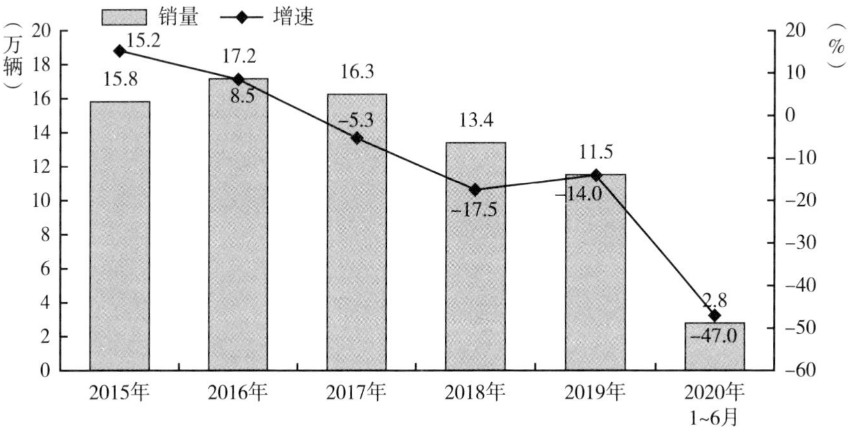

图8　2015年至2020年6月大中客市场表现

资料来源：中汽数据有限公司终端零售数据。

从需求特征来看，大中客公交销量逐年上升，比重不断上涨。2015年后公交客车比重超越公路客车，成为大中客的主导市场。从分析来看主要受以下几个方面因素影响：一是政府“鼓励公交出行”，助推“公交都市”建设；二是受新能源补贴政策的刺激，新能源公交集中采购存在积极因素；三是国内城镇化水平提高，城市规模不断提升；四是由于高铁、航空发展，公

务车消费限制及私家车保有量的上升，公路客车比重持续下降。后期随着各区域新能源产业的发展以及环保标准的提升，大中客公交新能源化将是其发展的重要机遇。

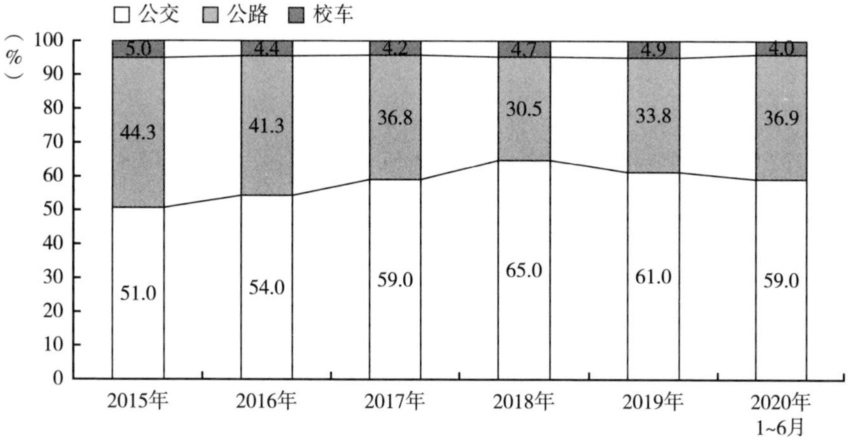

图 9　2015 年至 2020 年 6 月大中客细分车型结构演变走势

资料来源：中汽数据有限公司终端零售数据。

近几年，政府一直采用新能源购置补贴、车辆运营补贴、免购置税、免车船税、为地方政府设立推广任务目标等方式推动新能源客车市场发展。截至 2020 年 6 月，公交客车市场得益于各级政府的财政支持与大力推广，新能源公交的比重已经高达 97%，基本上对常规能源公交实现了替代。而在公路客车市场，由于受限于运营成本高、充电配套设施不完善，新能源公路客车仅服务于市内团体通勤市场（以政府、事业单位为主），受众群体较小，发展严重受限，新能源公路客车比重仅为 4.7%。

（五）轻客：物流化趋势明显，出口成为拉动轻客销量的重要途径

近年来，受公共交通日益完善、网约车蓬勃发展、私家车快速普及、“453 号”文件实施、微客大型化、MPV 低端化等一系列因素的叠加影响，2016～2019 年，轻客销量持续下滑。2020 年受新冠肺炎疫情影响，

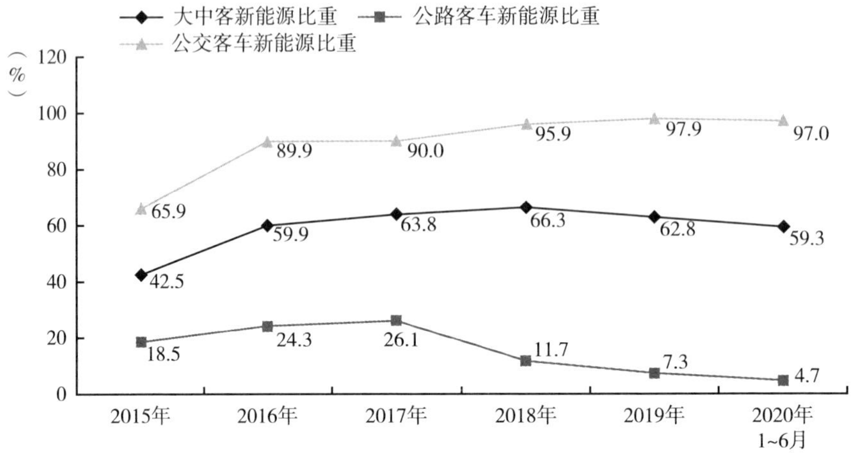

图 10　2015 年至 2020 年 6 月大中客市场新能源汽车比重

资料来源：中汽数据有限公司终端零售数据。

轻客需求在卫健用车、物流市场需求支撑下，1 ~6 月销售 10. 6 万辆，同比下滑 14. 2%，虽然降幅较 2019 年有所扩大，但明显小于客车市场整体降幅。

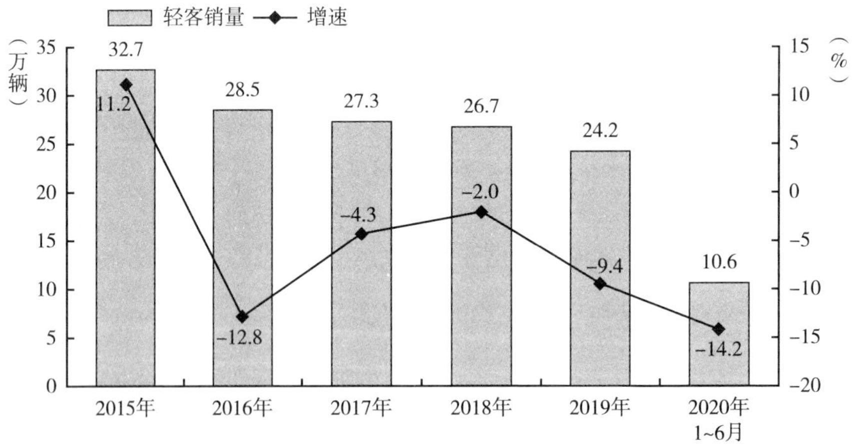

图 11　2015 年至 2020 年 6 月轻客市场表现

资料来源：中汽数据有限公司终端零售数据。

2020 年 1 ~6 月，从轻客内部需求结构看，窄体轻客和中巴市场份额持续萎缩，宽体轻客市场份额达到 75.5%，较 2019 年全年提高 11.7 个百分点。消费升级、轻客物流高效化以及欧系轻客价格下探，仍会促进宽体轻客销量上涨，预计下半年宽体轻客销量及市场份额将持续高位运行。受疫情影响，各地旅游开放规模有限，中巴市场将持续萎缩；窄体轻客在工信部“453 号”文件对小微型面包车安全性能要求的影响下，市场回暖难度大；特种改装车市场需求相对稳定。随着经济活动的恢复，网上购物的快速发展，城市物流用途的轻客销量有望保持增长；后疫情时期公共卫生体系的建设，也将进一步支撑救护、医疗、环卫等改装车需求增长。

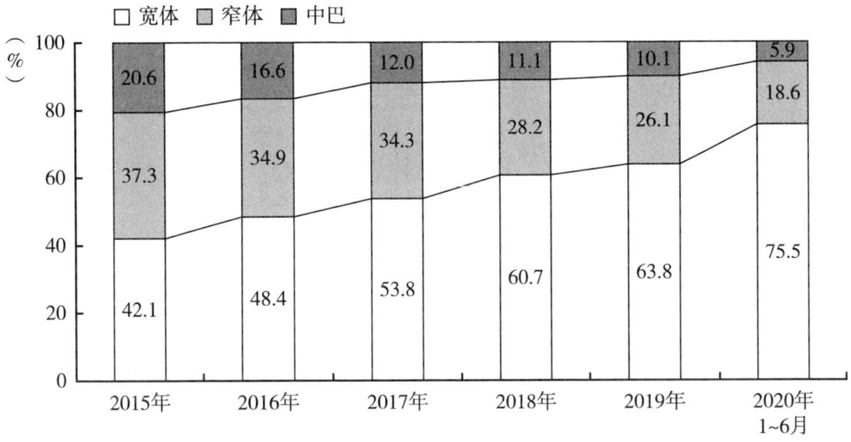

图 12　2015 年至 2020 年 6 月轻客需求结构变化

资料来源：中汽数据有限公司终端零售数据。

随着国内轻客细分市场竞争日趋激烈，轻客整车企业加大了海外市场的拓展力度，2019 年中国轻客海外市场销售 4 万辆，同比增长 17.0%，出口占整体轻客销量 14.0%。2020 年 1 ~4 月中国轻客出口销售 1.2 万辆，同比增长 22.4%，增幅进一步扩大，出口占整体轻客销量 16.8%。新冠肺炎疫情的全球暴发激发了物资运输、防疫救护车的需求，轻客出口量 4 月出现激增，带动市场高增长。随着“一带一路”倡议被更多国家响应、参与，将会有更多的中国企业走出去，积极布局海外市场，成为轻客销量的重要增长点。

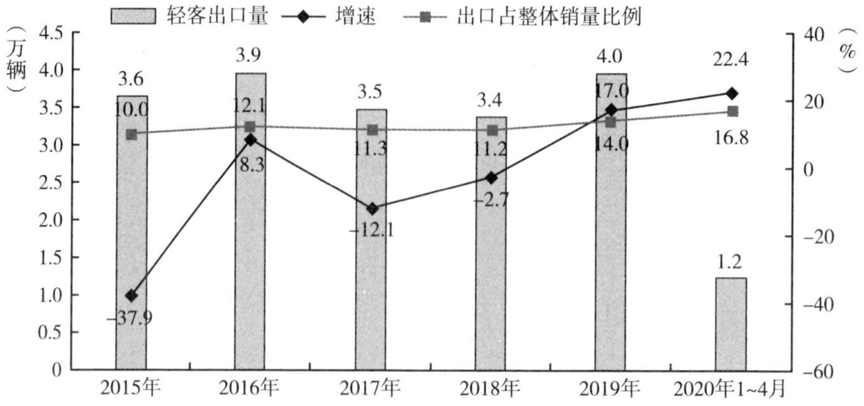

图 13　2015 年至 2020 年 4 月轻客出口市场表现

资料来源：海关出口数据。

三　新冠肺炎疫情影响下中国商用车市场发展环境分析

（一）经济环境：疫情影响逐步缓解，国内供需环境稳健运行

2020 年新冠肺炎疫情的发生，对我国经济发展产生较大影响，GDP 增速先降后升。一季度疫情对我国经济发展产生的负面影响较大，全国 GDP 同比下降 6.8%，供需两端均出现显著下行，三大产业负增长，尤其是第二产业受停工停产影响下滑幅度最大。在此背景下，一季度商用车销量同比下滑 28.4%。3 月之后，随着国内在短时间内有效遏制住疫情蔓延，供需两端经济活动加快恢复，基建投资逐步复苏，大宗商品市场供需两旺，工程建设及物流运输需求快速增长，使商用车销量连续出现大幅反弹，增速由负转正。

目前，企业复工复产全面实现，市场需求日益复苏，国内生产生活秩序逐步恢复正常，国内疫情防控工作的重点逐步转为外防输入。虽然国内经济环境趋稳，但全球形势不容乐观，外部疫情输入风险以及贸易、投资、金融、产业链、人员跨境流动等对我国经济增长和社会发展带来新挑战。供给端，我国商用车高端化、高排放标准要求发展，部分零部件依赖国外技术，虽然短期内具备一定的替代方案，但随着海外疫情蔓延，长期来看仍会造成一定的负面影响。需求端，2019 年国内经济出口和进口依存度分别为 17%、14%，外贸直接和间接带动就业人数 1.8 亿，占全国就业总数 20% 以上。而 2020 年海外疫情的发展形势，将会直接影响我国出口经济，进而影响国内消费能力、收入预期和消费意愿。积极应对疫情对全球汽车供应链、市场需求的冲击，也是对我国汽车产业发展提出的新课题。

展望下半年，国内经济增速有望回到潜在增长水平。为持续快速恢复国内经济稳定，积极的财政政策、货币政策以及产业扶持政策仍将是国家推动经济增长的重要手段。在全球疫情压力之下，下半年政策因素对中国经济基本面将发挥主导作用。以投资为先导，以消费为支撑，国内总需求将进入修复轨道。虽然全球疫情仍具有较强的不确定性，但内需的强有力的支撑以及政策效应的释放，下半年国内经济持续反弹的可能性较大。

（二）政策环境：双向发力维持基本面，政策组合积极引导产业发展

2020 年新冠肺炎疫情发生后，国家和地方陆续出台了一系列政策措施，以达到严格防控疫情、刺激经济恢复、扶持企业发展、保障民生等目的。2020 年 2～3 月，国务院、国家发改委、交通运输部、财政部、工信部等围绕企业复工复产、工程开工、物流运输保障、税费减免等方面，相继出台政策，提高各行各业应对疫情的能力和信心。3 月 13 日，国家发改委、工信部、中宣部、财政部、商务部等二十三个部门联合印发《关于促进消费扩容提质加快形成强大国内市场的实施意见》，对疫情冲击下汽车消费、物流运输、城乡市场的发展起到了重要作用。3 月 31 日，李克强总理主持召开国务院常务会议，提出要再提前下达一定规模的地方政府专项债，加快重大项目和重大民生工程建设，并将年底到期的新能源汽车购置补贴和免征车辆购置税政策延长 2 年，同时采取以奖代补方式，支持京津冀等重点地区淘汰国三及以下排放标准柴油货车，并对二手车经销企业销售旧车，从 5 月 1 日至 2023 年底减按销售额 0.5% 征收增值税。除了以上政策外，交通运输部、

生态环境部、财政部等还出台了高速车辆免费通行政策、轻型车国六排放标准延期、企业减税降负等政策。各区域为促进区域经济发展也陆续出台了鼓励汽车消费、发展新能源等相关政策，为商用车市场的发展提供了巨大的鼓励，不仅为商用车相关产业营造了宽松的市场环境，同时也提振了市场信心。

疫情影响下，2020 年经济形势下行压力较大，对商用车市场需求有一定负面影响。但各项政策集中实施发力，使商用车无论存量市场还是增量市场都获得了发展机遇。2020 年底前，京津冀及周边地区、汾渭平原淘汰国三及以下排放标准营运中型和重型柴油货车 100 万辆以上，为 2020 年商用车市场发展带来较大的增长潜力。同时按轴收费、治超治限以及《全国安全生产三年行动计划》的发布，进一步构建了上牌治超、货源治超、路面治超三位一体的道路运输治理环境，促使单车运力下滑，超载运力释放，拉动货车市场新购车需求。2020 年各项政策的发力，为商用车市场的发展营造了积极的增换购环境，助推商用车需求持续提升。

（三）市场环境：公路运输市场需求仍具备回升潜力，基建投资加快复苏

受新冠肺炎疫情影响，2020 年上半年我国物流行业景气指数也呈现“先降后增”的态势，2 月物流活动严重受阻，物流景气指数出现大幅回落。随着疫情防控取得显著成效，物流市场运行加快复苏，物流业景气指数持续保持平稳回升的态势。各细分行业均保持在扩张区间，其中，铁路运输业、道路运输业和水上运输业业务总量指数明显回升；受电商促销季和线上消费需求活跃的影响，快递业务量继续保持快速增长，物流市场规模水平持续提升。从后期走势看，国家层面“六稳”“六保”工作措施持续落实，经济运行进一步加大恢复动力。在此背景下，预计公路运输市场需求仍具备回升潜力，保持对公路物流车辆的需求。从需求结构来看，物流行业面临进一步改革优化，逐步向规模化、信息化、智能化的现代化物流发展，对高效率货物配送需求增多；同时随着超载治理推进，载货车运力和收益水平下降，进一步促进载货车向牵引车转化。

另外，2020 年传统基建叠加新基建，基建投资市场发展再添活力。地方政府专项债券大幅扩容，财政赤字规模适度提升，国家及地方多项资金向基建项目倾斜，以及基建项目外资准入进一步放宽，对基建投资资金来源形成支持，并撬动相应项目配套信贷。全国各省区市陆续发布重点项目投资计划以及新基建规划，以投资带动区域经济发展。预计 2020 年下半年基建投资将加快回升，对商用车市场起到较强的支撑作用。

四　中国商用车市场发展趋势展望

新冠肺炎疫情的暴发打乱了全球经济的发展节奏，使中国经济发展面临较多的不确定因素，对我国商用车市场发展也将带来一定影响。但随着国内疫情影响逐步缓解，国外输入性风险得到有效防控，国内经济活跃度将稳步回升，消费增长带动物流市场快速发展，持续拉动物流车需求释放。同时考虑国三车淘汰政策、治超深化以及基建投资为市场带来的增长机会，预计 2020 年商用车市场同比增长 16% 左右。

从卡车市场来看，外部环境以及政策发力带动的需求增长，仍将推动其发展平稳向好。其中中重卡在政策筑底支撑下，销量仍然存在增长空间，存量更新是其发展的主要驱动力。轻卡换购需求仍有一定释放空间，集约化和平台化的快速发展以及运输场景的进一步细分，促进轻卡产品结构持续优化。微卡市场受居民消费、电商物流、农村基础设施建设以及“地摊经济”、新零售、新基建等新经济形式的推动，仍将保持平稳增长态势。积极因素的利好和市场良性发展，促使卡车市场对商用车需求的支撑作用进一步增强。

客车市场在下半年客运经济复苏、旅游业加快发展、年底采购需求等支撑下，需求潜力有所释放，尤其是公交和轻客领域，下半年增长空间显现。虽然受宏观环境的影响，大中客市场增长动力有限，但随着国内城镇化水平的提升以及区域新能源公交需求增长，公交客车市场依然具有一定的上升潜力。轻客市场将在城市物流、专业化用车以及高端商务车领域持续发力，开拓市场空间。未来客车市场需求容量将逐步趋于稳定，专业化分工更加明确。

B.4 基于消费者洞察的新能源乘用车发展趋势分析

——从汉的产品定义说起

王 飞*

摘 要： 发展新能源汽车是国家战略，是中国汽车产业实现弯道超车的必由之路，研究新能源汽车发展趋势及特点，有助于政府、行业及主机厂因时、因势施策，促进行业健康长久发展。本文将通过对保险大数据的分析，寻找影响新能源汽车发展的主要因素，判断当前市场的发展态势及内在驱动力，进一步通过对新能源汽车消费者调研数据的分析，了解新能源汽车消费者的购买决策路径，挖掘新能源汽车消费者的关注点及痛点；同时透过解析汉 EV 产品定义，探讨新能源汽车发展趋势：用产品满足用户的需求，用技术解决用户的痛点，才是新能源汽车发展的长久之道。

关键词： 新能源乘用车 保险大数据 消费者洞察 汉 EV 产品定义

发展新能源汽车是国家战略。2012 年 7 月，国务院发布“十二五”国家战略性新兴产业发展规划，明确到 2015 年新能源车累计产销量力争达到 50 万辆，2020 年累计产销量超过 500 万辆；2016 年 12 月，国务院发布

* 王飞，比亚迪集团乘用车产业群战略市场部总监。

“十三五”国家战略性新兴产业发展规划，再次明确到2020年新能源汽车累计产销超过500万辆，并且实现2020年当年产销200万辆以上。根据中国汽车工业协会公布的数据，截止到2015年底，我国新能源汽车累计销量超过45万辆，基本达成到2015年新能源汽车累计产销50万辆的目标，截止到2020年上半年，我国新能源汽车累计产销已超过400万辆，与累计产销500万辆的目标差距已经很小了。

但是受补贴退坡、新冠肺炎疫情、限购放松等因素的影响，2020年上半年新能源汽车产销量出现断崖式下跌，当年产销200万辆的目标预计较难实现。根据中国汽车工业协会公布的数据，2020年1~6月新能源汽车产、销量分别为39.7万辆和39.3万辆，目标完成率不足20%，市场进入暂时的调整期，但是中长期来看，新能源汽车市场潜力依旧巨大。根据《新能源汽车产业发展规划（2021－2035年）》征求意见稿，到2025年、2030年新能源汽车销量分别占当年汽车总销量的25%和40%。无疑当前市场已经由政策驱动转向政策、市场双驱动，由卖方市场迅速转向买方市场，更加关注新能源汽车消费者需求。因此有效解决消费者在产品使用中的痛点，将是赢得客户及市场的有效手段，也是新能源汽车发展的长久之道。

一　当前新能源乘用车市场走势

我国新能源汽车在国家的大力扶持下，产销量已达百万级规模，但2019年7月补贴退坡后，市场出现断崖式下跌。2020年在叠加新冠肺炎疫情等多重因素的影响下，新能源乘用车市场延续2019年下滑趋势，且降幅进一步扩大，上半年降幅达44%（见图1）。

销量结构也发生了明显的变化，2020年上半年，对私销量占比达72%，远超2019年53%的占比（见图2）。

同时新能源乘用车个人消费市场快速回暖，2020年上半年累计销量超过21万辆，同比下降17%（见图3），表现优于新能源汽车整体情况，且降幅仍在逐月收窄。

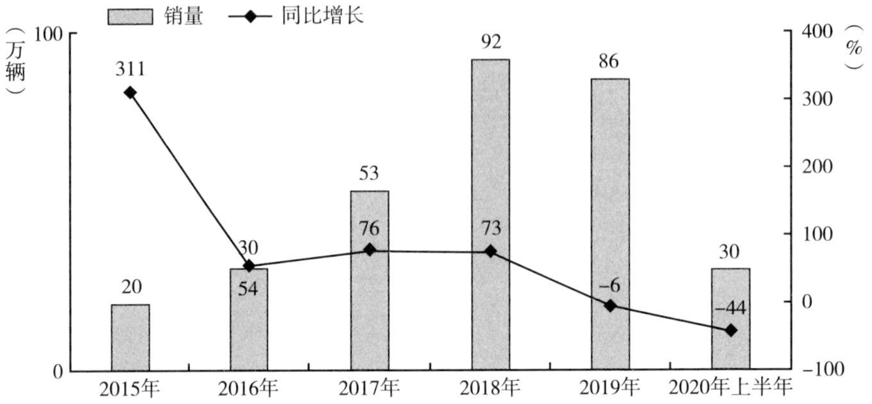

图1　2015年至2020年上半年新能源乘用车销量走势

资料来源：中汽中心中汽数据有限公司。

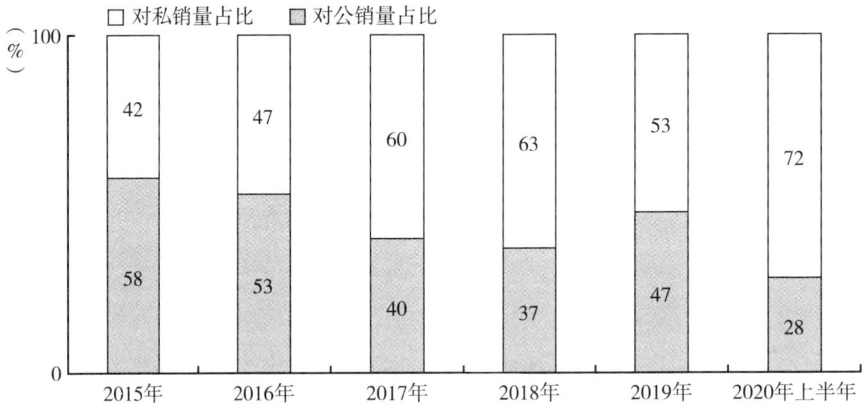

图2　2015年至2020年上半年新能源乘用车销量结构走势

资料来源：中汽中心中汽数据有限公司。

剔除2019年6月退坡前冲量因素，在整体下滑的背景下，2020年4～5月个人新能源汽车销量实现了逆势增长（见图4），且月度销量走势呈阶梯式提升，个人所属销量成为拉动市场增长的主要动力。

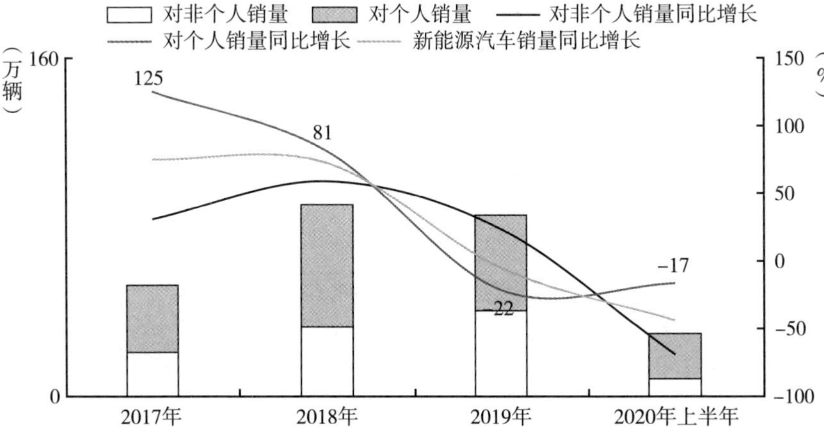

图3　2017年至2020年上半年新能源乘用车对个人、非个人销量走势

资料来源：中汽中心中汽数据有限公司。

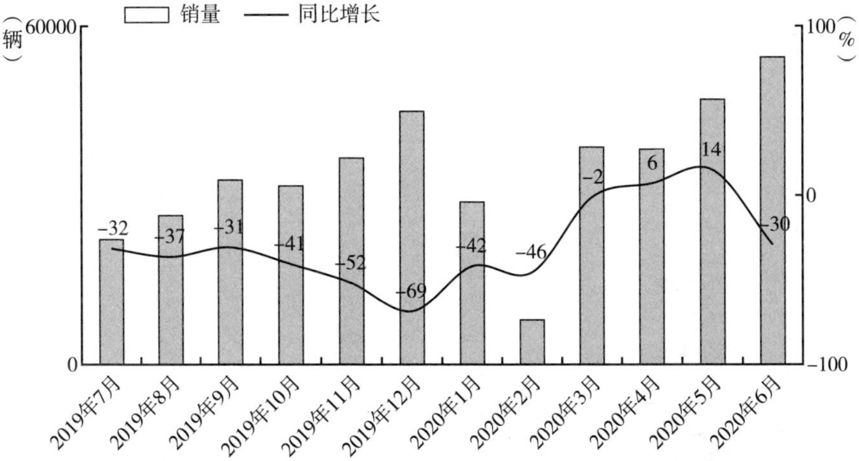

图4　2019年7月至2020年6月新能源乘用车个人所属销量走势

资料来源：中汽中心中汽数据有限公司。

从车型级别看，2020年上半年中大型新能源乘用车销量占比已高达42%，反观2019年仅为16%（见图5）。

从车型价格段分布来看，2020年上半年售价30万元以上新能源汽车对个人销量超过3.3万辆，同比增长123%，而20万元以下车型销量同比降

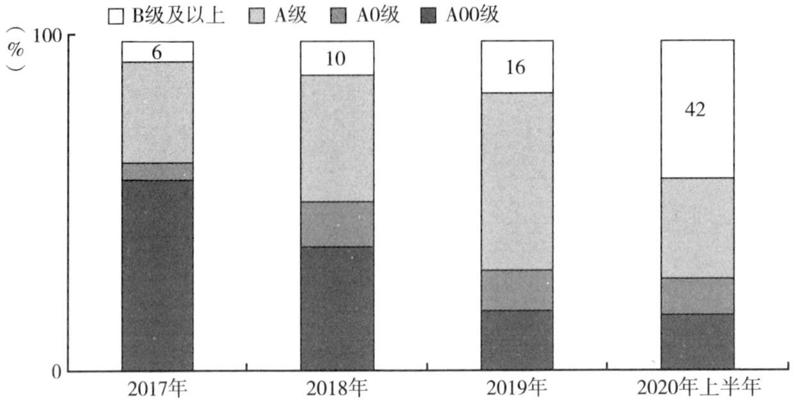

图 5　2017 年至 2020 年上半年新能源乘用车各级别占比走势

资料来源：中汽中心中汽数据有限公司。

幅超过 40%，售价 20 万元以上新能源乘用车占对个人销量比重超过 40%（见图 6、图 7）。

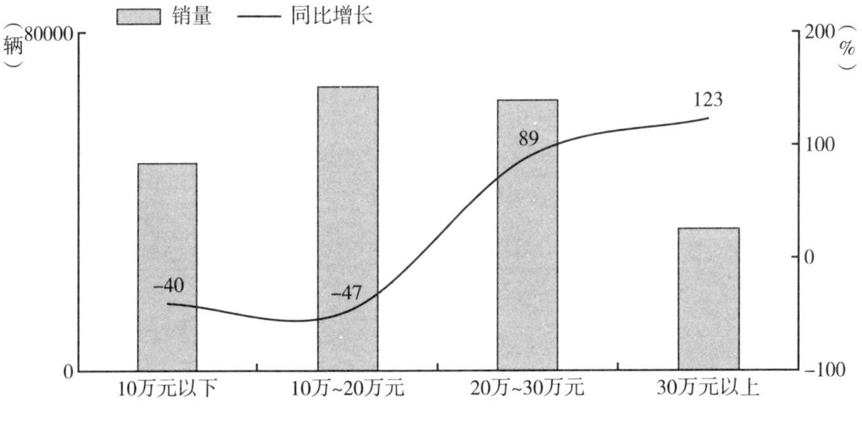

图 6　2020 年上半年新能源乘用车对个人销量走势（各价格段）

资料来源：中汽中心中汽数据有限公司。

新能源乘用车 20 万元以上售价车型中，特斯拉 Model 3、蔚来 ES6、理想 ONE 及宝马 5 系 le 等车型对个人销量表现抢眼（见表 1），成为拉动新能源市场增长的主力。

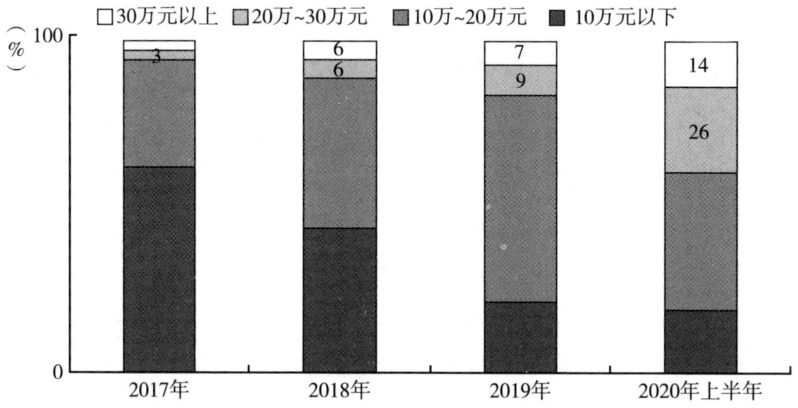

图7　2017年至2020年上半年新能源乘用车对个人销量各价格段占比走势

资料来源：中汽中心中汽数据有限公司。

表1　2020年H1新能源乘用车主要车型销量表现（所有权为个人）

单位：辆，%

新能源乘用车销量TOP8车型(所有权为个人)		
子车型	销量	同比增长
特斯拉 Model 3	41814	—
蔚来 ES6	10112	4455
理想 ONE	8411	—
宝马5系le	8395	51
帕萨特 PHEV	4573	-48
全新一代唐 DM	3687	-72
蒙迪欧 PHEV	2474	260
途观 L PHEV	2094	-65

资料来源：中汽中心中汽数据有限公司。

二　新能源乘用车客户的关注点及痛点

通过保险大数据的分析，我们可以看到自2019年以来新能源汽车市场呈现出两个特征：一是过去担任市场销量主力的微型和紧凑级新能源乘用车销量都出现了不同程度的下滑，从而带来了市场的整体下滑；二是售价20

万元以上中高端车市场却出现了123%的逆势增长。客观地说，行业在过去几年快速发展中，相关补贴的诱惑使人们忽略了新能源汽车的许多问题，随着补贴的退坡，这些短板逐步暴露出来，影响了更多消费者选择新能源汽车的信心；相反，随着技术的发展和电池成本的下降，售价20万元以上的中高端产品以更好的产品力，逐步解决了新能源汽车使用中的痛点，逐渐显露出自身的产品竞争力，而不再依赖政策的扶持。

2018年的新能源汽车调研数据显示，用户考虑购买新能源汽车的比例高达71.9%，在新能源汽车销量还在高歌猛进之际，2019年用户对于新能源汽车的接受度显著降低了21.5个百分点至50.4%（见图8）。

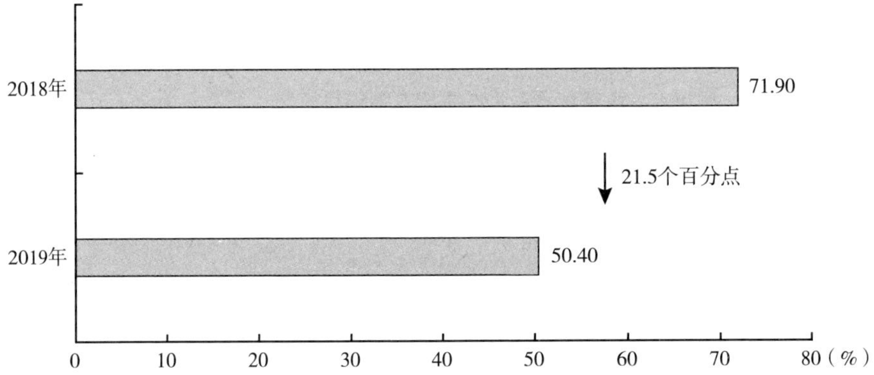

图8　2018年、2019年新能源汽车购买意向人群占比

资料来源：汽车之家大数据。

新能源汽车接受度大幅下降主要因为新能源汽车频频爆发的自燃事故带来了大量的负面舆情，让潜在消费者对新能源汽车的安全性产生了质疑。根据汽车之家大数据，相比2018年，2019年媒体对新能源汽车自燃等安全事故的提及次数增加了14倍。2019年5月至8月中旬，共报道79起安全事故，涉及车辆96辆，几乎平均1.5天就有一起烧车事故发生。除了安全性受到质疑，新能源汽车存在的一些固有的短板，也随着新能源汽车保有量的增加不断暴露出来：续航里程不能达到用户期望；电池的全生命周期和整车生命周期不匹配；整车安全包括车身安全等亟待进一步提高等诸多问题。为了了解用户在购买新能源汽车时的关注点，以及购车后待解决的抱怨点，各主机厂和市场研究机构通过大数据和问卷调研，得到了很多有指导意义的结论。例如，德勤在2019年的研究报告中指出，自主品牌新能源汽车消费者关注的因素依次为：续航里程、电池使用寿命、车身安全性等（见图9）。

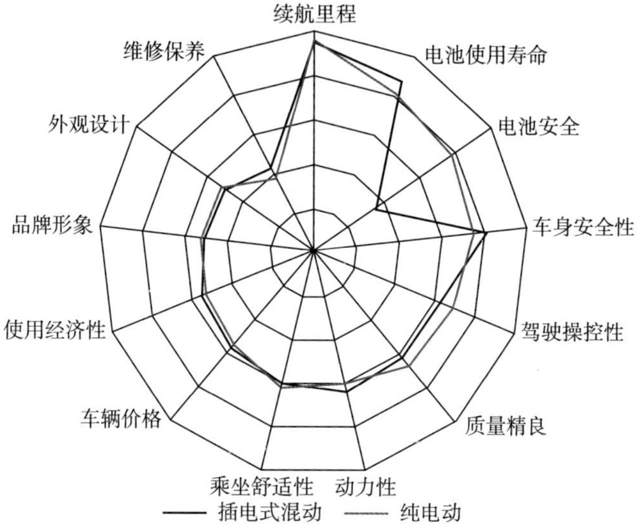

图9　自主品牌新能源汽车消费者关注的因素

资料来源：《德勤2018中国自主品牌汽车白皮书》。

用户首先关注的是续航里程。新能源汽车自产业化以来，电池的续航问题就一直是行业发展的瓶颈，近几年随着电池技术的发展，例如高能量密度材料和CTP成组技术的应用，纯电动汽车的一次充电里程已经基本达到了燃油车的水平，消费者使用过程中的“里程焦虑”有所缓解。结合用户日常使用场景分析，“里程焦虑”的根本原因在于充电基础设施的不完善。数据显示，2018~2019年纯电动乘用车销量和私人桩增量仍有巨大差距。物业方面，无法获得直接经济效益，小区物业公司配合建桩的积极性不高，再加上部分车主没有固定停车位，导致私人桩配建困难，因此私人车主仍然需要寻找公共充电桩进行日常的能源补给。而笔者在消费者调研中发现，仅依赖公共充电桩进行日常充电还有很多的痛点。

首先，充电桩问题。比如充电桩数量过少（见图10），很多用户在前往充电站后发现充电桩全被占用，需要长时间排队；充电站设立位置偏僻，车主将车辆放置到充电站后，往往要步行数百米才可以和公共交通接驳；另外诸如充电桩损坏、充电接口不兼容、燃油车占用充电车位等问题，也严重降低了消费者使用新能源车的体验，加剧了潜在新能源用户的“里程焦虑”感。

图10　2016~2019年车桩比走势

资料来源：艾瑞咨询《2020年中国公共充电桩行业研究报告》。

从全国来看，充电桩的地域分布不均，让广大的经济欠发达地区和低线城市难以启动新能源汽车消费。京津冀、长三角和珠三角区域为新能源汽车消费重点区域，公共充电桩又为新能源汽车的基础配套设施，故其公共充电桩的建设普遍较多。西北、东北和西南部分地区则分布较少。截至2019年12月，广东、江苏、北京和上海为公共充电桩保有量最多的城市，数量均超过5万台（见图11）。

为了进一步解决新能源用户的痛点，推动行业快速发展，笔者认为不能一味地通过增加电池电量来增加续航里程，而应该通过低风阻技术和轻量化技术来实现。笔者呼吁政府主管部门推出更加有力的措施，促进充电基础设施适度超前地发展，保障新能源车市场“车”和“桩”的数量匹配。

其次，电池使用寿命问题。2013年前后，第一批纯电动车进入市场，6

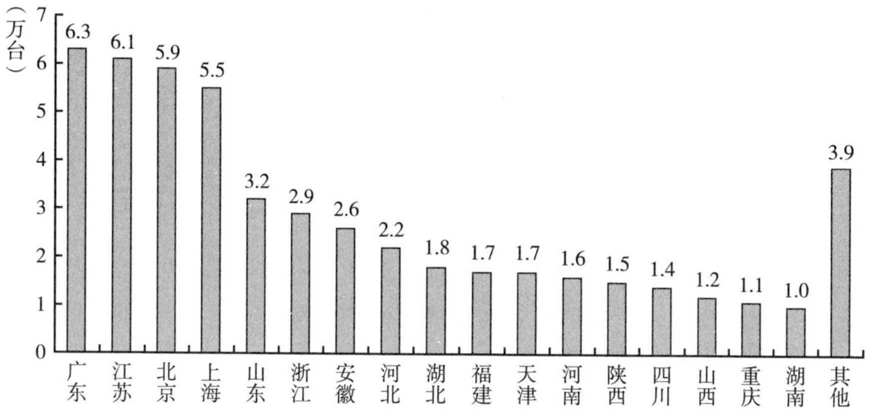

图 11　2019 年中国部分省（区、市）公共充电桩保有量

资料来源：充电联盟 & 艾瑞咨询。

年多过去，这批纯电动车的电池寿命在 2019 年进入“大限”。第一批进入市场的纯电动车，电池的使用寿命大多进入衰竭阶段，对于这些车主而言，无论是换车还是换电池都不是一个理想的结果。虽然，经过数年发展，电池技术不断进步，寿命也不断地被拉长，可隐患仍然存在。至少在电池技术未迎来真正的“迭代”的时刻，对于购买纯电动车的消费者而言，电池也成为一个要考量的问题。对于早期的电动汽车用户，他们手中的车辆在使用几年后，动力电池普遍存在容量衰减的情况。笔者在某次调研中了解到，某用户 2013 年底购买的某品牌纯电动小汽车，生产商号称该车续航里程 200 公里，购车价减去补贴，实际支付大约 10 万元。随着时间的推移，该车的续航里程不断下滑，开始的几年，该车春秋季能开 180 公里左右，夏冬季续航在 150 公里。2018 年初，这辆车的续航里程开始显著地逐月衰减，到 2019 年已经不足 100 公里。用户去该品牌 4S 店检修，工作人员告诉他该车电池寿命将尽，要么置换新车，要么换电池。换整套电池总成的价格大约 4 万元，因为年代久远，该款电池不一定有货。这样的案例并非个例。

除了老生常谈的续航问题和电池问题外，新能源汽车由于电池组的存在，在进行碰撞安全测试的时候，与普通燃油车存在一些不同之处，新能源汽车以锂电池作为动力源，通过控制系统、驱动系统驱动车辆，其结构主要由这三大系统组成。其中电池组由几十个动力电池共同供电，其质量往往超过整车质量的20%，一般设置在车辆的靠背板后下方或者备胎位置，车载充电器、电动机控制器也安装在行李舱中。所以，新能源电动车辆后部具有较大的质量，而前部碰撞变形吸能空间非常紧张，这使得新能源汽车在发生正面碰撞时安全性能受到威胁。而电池组在碰撞之后，很有可能会发生着火或者是爆炸等情况，所以消费者在选择新能源汽车时，会更加关注汽车的车身安全和碰撞安全（见图12）。

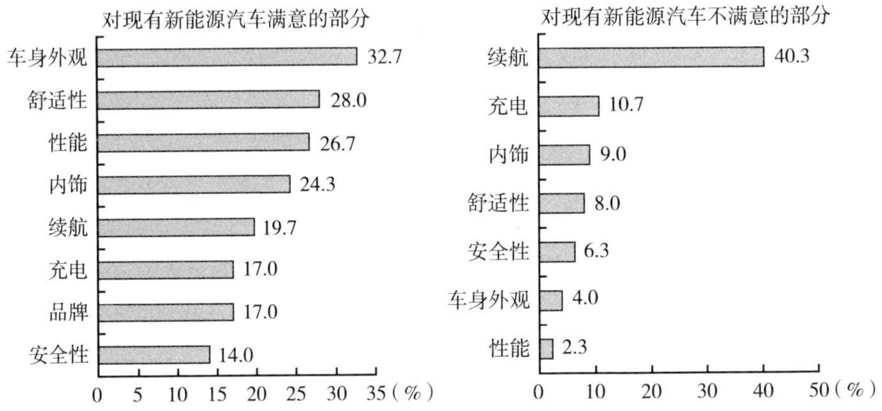

图12　新能源汽车客户满意度调研

资料来源：中汽中心中汽数据有限公司。

新能源汽车市场发展初期，补贴带来的购车成本缩减，以及许多城市对新能源汽车免“限行限购”的政策，能够让部分用户选择“无视”以上这些问题。2020年补贴一旦取消，这些隐患将会集中地暴露，成为新能源汽车短期销量下滑的根本原因。

三　汉EV产品定义解析

汽车产品定义的核心是满足消费者需求，优秀的新能源车企不仅擅长发现消费者痛点，还能够预知新痛点，最重要的是，拥有解决痛点的实力，特斯拉 Model 3、蔚来 ES6、理想 One、小鹏 P7 无一不是关注并解决了部分痛点而成为销量表现亮眼的车型，而汉同样是为全面解决消费者的痛点而来，围绕消费者痛点，汉定义为集“安全、性能、豪华”三大标杆于一体的新能源旗舰轿车，一经推出便受到了消费者高度的关注，接下来本文将从安全、性能、豪华三个方面解析汉的产品定义。

（一）安全

任何时候“安全第一”都毋庸置疑，安全是汽车最基础、最重要的产品属性，没有安全，新能源汽车其他优势将荡然无存，消费者也许不会仅仅因为安全做出购买决策，但绝对会因为不安全而拒绝一辆车。新能源汽车安全主要集中在电池安全和车身安全，汉从一开始即被定义为最安全的新能源轿车，围绕电池安全和车身安全，通过技术创新、工艺优化，实现最安全的电池和领先行业的车身强度。

1. 电池安全

电池安全主要取决于电芯材料，目前动力电池普遍采用锂离子电池，其中以磷酸铁锂（$LiFePO_4$）作为正极材料的磷酸铁锂电池凭借其稳定的材料特性成为现阶段行业公认的最安全的锂离子电池，其具有放热启动温度高、放热慢、产热少、材料在分解过程中不释放氧气不易起火四大优势，一直以来广泛应用于电动公交车、电动旅游车等高度重视安全性能的行业领域。

但同样由于电池稳定的材料特性，其整体能量密度较低，技术突破难度大，为了解决这一难题，比亚迪通过结构创新、制造工艺升级等措施，开创性地推出了“刀片电池”，电池呈长且薄的刀片状结构，将电池单体直接固定在边框上，成为支撑电池包的梁，在成组时跳过模组和梁，减少了冗余零部件后，能量密度突破 140 瓦时/千克，体积能量密度也提升了 50% 以上（见图 14）。

刀片电池不仅提高了体积能量密度，而且提升了电池包整体的散热效率、整体刚度，将有效减少电池包变形导致内部线路或者插接件挤压、磨损等引起的事故，通过有着动力电池安全试验界“珠穆朗玛峰”之称的针刺

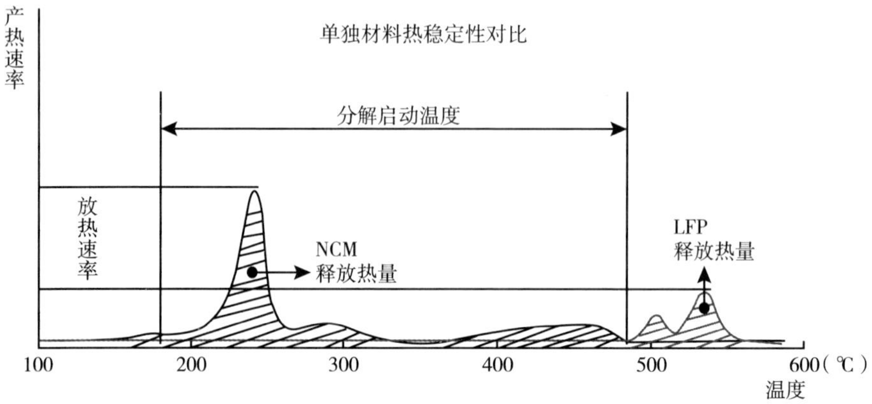

图 13　锂离子电池热稳定性对比

资料来源：弗迪电池。

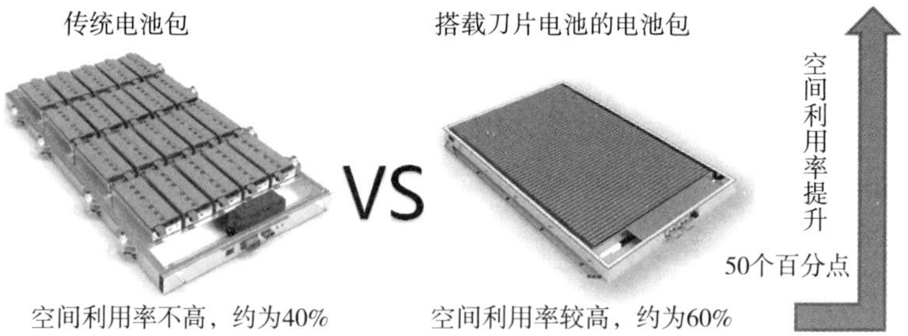

图 14　刀片电池与传统电池包空间利用率对比

资料来源：弗迪电池。

测试，结果显示刀片电池无明火、无烟，表面温度仅为 30℃ ~60℃，安全性得到了有力证明。

表 2　不同动力电池针刺测试结果

三种动力电池针刺测试结果对照			
电池类型	三元锂电池	磷酸铁锂块状电池	刀片电池
测试结果	剧烈燃烧 表面温度超过 500℃	无明火、有烟 表面温度 200℃ ~400℃	无明火、无烟 表面温度 30℃ ~60℃

资料来源：弗迪电池。

2. 车身安全

汽车车身除了是汽车零部件的载体之外，最主要的作用是保护驾驶员和乘客安全，车身安全是消费者对汽车安全最直接的感知，新能源汽车车身重心、电池布置等不同，对车身安全提出了更高、更特殊的要求。

车身安全主要取决于车身的结构设计和材料强度，尤其是重要防护部位的材料强度，车身材料按照材料类型、制作工艺、强度等维度可以分为普通钢、高强钢、超高强钢、铝合金、碳纤维等，前、后保险杠骨架以及 A 柱、B 柱等重点部位主要采用强度最高的超高强钢，目前主流超高强钢主要是热成型钢，热成型钢板技术是指将钢板经过 950°C 的高温加热之后一次成型，又迅速冷却从而全面提升钢板强度的技术，其抗拉强度超过 1000 兆帕，相当于每平方厘米可以承受 10 吨以上的压力，极大地提升了发生撞击时的安全性能，尤其在正面和侧面撞击时，可有效减少驾驶舱变形，保护驾乘人员的安全。超高强钢起初应用于航空和航天领域，现已广泛民用，尤其是汽车行业，可以说高强钢和超高强钢在车身上的应用程度，直接代表了汽车车身的安全程度，以下为目前市面上几款主流车型的高强钢应用情况（见图 15）。

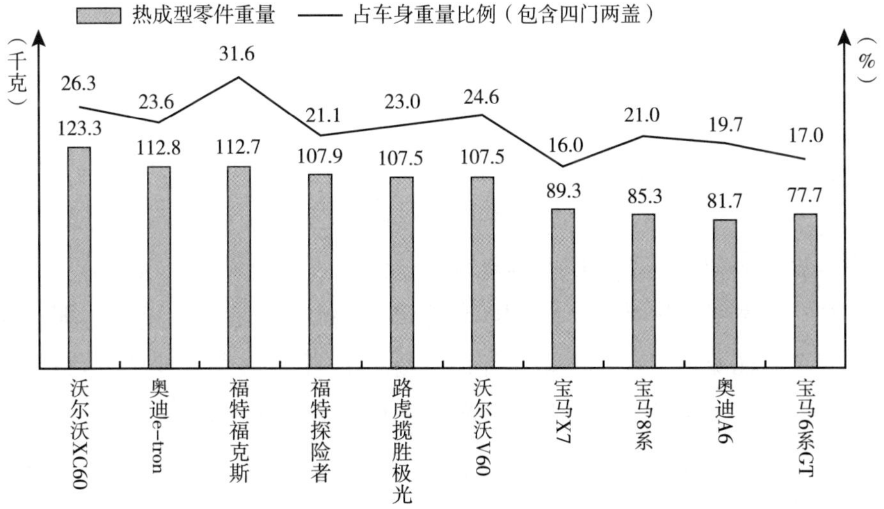

图 15　热成型钢应用情况

资料来源：第三方检测数据。

汉以C－NCAP五星评价（最优）和C－IASI优秀评级（最优）为目标，基于全新一代LCB平台打造高安全性能车身结构，白车身本体高强度钢占比80%以上，前后防撞梁、A\B\C柱等关键部位均采用抗拉强度超过1500兆帕的热成型钢材，使用总量达100千克，并针对电池包保护专门设计了“4横5纵”高强度结构，同时配合合理的载荷传递路径设计，全方位保护乘员和电池包安全。

（二）性能

汽车性能是影响消费者日常使用的主要产品属性，也是各车企打造差异化、个性化以及展现技术实力的着力点，在消费者做出购买决策过程中起主要作用，与传统燃油汽车不同，新能源汽车除了动力性能，续航能力也是消费者关注的主要方面。

1. 动力性能

电动驱动系统具有动力线性、扭矩大的特性，在动力方面天生具有一定优势，但是优秀的汽车不仅要跑得快，还要开得稳、停得住，这考验的是车企的核心技术能力。在产品定义阶段，汉将动力性能指标定义为世界一流：0～100公里/小时加速4秒内、100～0公里/小时制动距离35米内。

汉充分发挥了新能源汽车的优势，搭载的刀片电池拥有极强的放电功率，可以稳定输出800安培的超大电流，全球首次搭载的高性能高集成碳化硅MOSFET电机控制模块将电控系统的过流能力提升58%，匹配比亚迪极致智能电四驱动力系统，让电机将功率与扭矩发挥到极致，实现最大功率363千瓦，最大扭矩680牛顿·米，百公里加速仅需3.9秒，是中国加速最快的量产新能源轿车。同时汉搭载了博世最新一代IPB智能集成制动系统，在急刹车时，产生最大制动力的时效提升3～4倍，同时匹配了布雷博定钳和高性能轮胎，汉的麋鹿测试成绩达到了80公里/小时，是中国中大型轿车麋鹿测试最佳成绩，100～0公里/小时制动距离达到了惊人的32.8米，是全球同级别新能源轿车百公里制动最短距离。

表 3　主要车型动力性能

车型	0～100 公里/小时加速(秒)	100～0 公里/小时制动距离(米)
比亚迪 汉	3.9	32.8
特斯拉 Model 3	3.4	36.42
小鹏 P7	4.3	35.29

资料来源：官方数据、汽车之家实测数据。

2. 续航能力

续航能力是新能源汽车诞生以来行业发展的重要标准和国家政策推动的主要指标，发展初期新能源汽车具有续驶里程短、充电速度慢、充电不便利等缺点，经过消费者调研和行业产品对比，汉的产品定义将续航能力目标设定为单次充电最大续航 600 公里以上（基本达到传统燃油汽车续航水平）。

表 4　2016～2020 年新能源汽车补贴政策

单位：万元/辆

<table>
<tr><th colspan="6">2016～2020 年新能源(纯电动)汽车补贴标准变化－续航里程</th></tr>
<tr><th>续航里程(公里)</th><th>2016 年</th><th>2017 年</th><th>2018 年</th><th>2019 年</th><th>2020 年</th></tr>
<tr><td>100≤R<150</td><td>2.5</td><td>2</td><td>0</td><td rowspan="3">0</td><td rowspan="4">0</td></tr>
<tr><td>150≤R<200</td><td rowspan="2">4.5</td><td rowspan="2">3.6</td><td>1.5</td></tr>
<tr><td>200≤R<250</td><td>2.4</td></tr>
<tr><td>250≤R<300</td><td rowspan="3">5.5</td><td rowspan="3">4.4</td><td>3.4</td><td rowspan="2">1.8</td></tr>
<tr><td>300≤R<400</td><td>4.5</td><td>1.62</td></tr>
<tr><td>R≥400</td><td>5</td><td>2.5</td><td>2.25</td></tr>
</table>

资料来源：工信部。

续航里程主要取决于电池电量和综合能耗，提升汽车可搭载最大电量的主要方法是提升电池的能量密度，汉搭载的刀片电池体积能量密度大幅提升，电池电量达到 76.9 千瓦时。同时，汉在研发阶段着重提升车主实际用车场景下的真实续航能力，进行了低风阻、低拖滞等降低综合能耗的设计。

汽车车速超过 100 公里/小时的高速工况中，70% 的阻力来自风阻，汉凭借优越的整车造型设计和气动配置极大降低了车身风阻系数，风阻系数只有0.233，可以极大降低高速能耗。

正常行驶过程中，刹车卡钳和刹车盘之间会产生轻微接触摩擦，从而产生制动拖滞力矩，增加了行驶中的能量损耗，汉搭载的IPB集成式制动系统和低拖滞卡钳，可通过精准控制实现刹车片与刹车盘的超低拖滞，进一步减少能量损失。针对中国典型城市工况中刹车频繁的特征，搭载超高效率的CRBS（再生制动功能）能量回收系统，可回馈的最低速度为2公里/小时，可以覆盖90%以上的城市工况场景，制动时能量回收提升10%以上，完美应对城市拥堵路况。同时汉完整地实现了三道密封以及全车玻璃保温解决方案，气密性和保温效果极佳，尤其是联合福耀玻璃公司量身定制的双银镀膜挡风玻璃，在保持可见光透过率大于70%（法规强制要求）的基础上，可以阻隔55%以上的太阳能和99%以上的紫外线，隔热效果是传统汽车玻璃的1.5倍，可以有效降低空调系统的使用强度和频率。

汉从用户的真实用车场景出发，通过技术实现高电量、低能耗，实现NEDC续航里程超过600公里，更有媒体在续航实测中里程成绩超过了700公里。

充电便利性是消费者购车时考虑的另一个主要因素，汉搭载100千瓦大充电功率，充电30%～80%仅需25分钟，同时可以适配全国50万台各品牌公共充电桩，极速补电，出行无忧。

表5　汉EV续航里程媒体实测成绩

单位：公里

汉EV挑战真实续航最终里程成绩			
超长续航版(NEDC:605公里)		四驱高性能版(NEDC:550公里)	
网易汽车	700.6	搜狐汽车	581.6
新浪汽车	661.7	EV世纪	572.6
58汽车	660.7	太平洋汽车网	546.1
易车网	605.9	腾讯汽车	538.9
电动邦	592.3	汽车之家	513.2
汽车洋葱圈	589.2		

资料来源：第三方检测数据。

（三）豪华

随着中国汽车工业的发展和进步，消费升级趋势愈发明显，汽车作为当代必备的大宗商品之一，消费者不再满足于其基本功能，对驾乘品质提出了更高的要求，“豪华”是汉的第三个产品属性定义。

1. 外观内饰

外观内饰直接体现了车企的造型设计能力水平，汉综合国际设计团队的先进理念与中国传统元素全新打造家族设计，更加符合中国消费者的审美需求。作为旗舰车型，汉对内饰的产品定义是越级、豪华，为了给消费者带来绝佳的视觉和触觉感受，在内饰不同部位分别采用了真皮、真木、真铝材质。

· Nappa 真皮：汉选用与人类肌肤之间的触感最舒适、真实感最强的巴西进口 A 级黄牛皮，经过三个环节 20 多道工序，以其优良的透气性和适宜的软硬度带来超越一般皮质的舒适感，并且接近纯天然的选材和工艺杜绝了有害气体的产生。

· 欧洲白栓木：汉选取德国法兰克福西部树龄在 80 年以上的白栓木，经过 12 道工序的精雕细琢，满足复杂的造型要求，汉内饰材料为实木，在自然光线下，从每一个角度都能看到不同的细节，木色调随着光感若隐若现，整体效果稳重低调。

· 真铝材质：采用顶尖的拉丝和丝网印刷制作工艺，呈现出质地绝佳的视觉和触觉效果。

2. NVH、音响系统

NVH 给汽车用户的感受是最直接和最表面的，但其背后的工艺却隐藏得非常深且复杂，NVH 优化主要是控制噪声和振动的产生、阻隔噪声与振动的传递。NVH 优化贯穿汉的整个设计研发过程，通过打造高刚度车身、控制驱动总成振动、布置声学材料、采用静音轮胎等设计，提升整车密封隔声性能，在超低风阻设计的加持下，打造出图书馆级 NVH 静谧空间。

现在的汽车不仅是一个交通工具，更是一个娱乐终端，优秀音响系统带来的听觉感受是提升豪华感和驾乘品质的重要方面，经过 Dirac 精心调试过的 11 扬声器音响系统，结合图书馆级 NVH 静谧空间为消费者带来极致的听觉享受。

3. 气味安全

随着汽车的广泛普及和使用频率的增加，消费者乘车的时间越来越长，车内空气质量安全开始受到更多消费者的关注。汉的气味性产品定义要求做到行业最佳水平，主要采用真皮内饰和原生隔音棉杜绝有害气体产生，同时还采用了液体喷涂阻尼材料代替沥青阻尼板，可以有效减少车内空气污染和异味，与 PM2.5 绿净系统、负离子发生器、高温消毒杀菌等配置功能共同作用，为车内提供清新舒适安全的驾乘环境。

综上所述，汉从消费者实际需求和实际用车场景出发，以多年的技术积累和创新为基础，通过“安全、性能、豪华”三个方面的产品定义、设计，开创了全球新能源汽车技术和品质的新标准。上市后仅 5 天汉即新增 1 万个订单，累计订单数已经突破 3 万个，上市即热销充分说明汉与消费者需求高度契合，赢得了消费者的高度认可。作为中国旗舰轿车，汉传递出的中国之美、中国力量，不仅让中国消费者感到自豪、自信，也将让世界叹为观止。

四　总结及建议

2019 年以来受多重因素的影响，国内新能源汽车发展遭遇了前所未有的增长压力。根据中汽协公布的数据，2019 年全年新能源汽车产、销量分别下降 2.3% 和 4%，出现了近 10 年来的首次负增长。2020 年上半年，在新冠肺炎疫情冲击的叠加影响下，新能源汽车更出现了产销大幅下滑的严峻态势，特别是以网约车为代表的公共出行用车市场更是下滑幅度超过 90%，包括动力电池、零部件、整车企业在内的整个产业链持续承压。但是从结构上来看仍不缺乏亮点，以特斯拉 Model3 为首的价格 20 万元以上的新能源汽车市场呈现持续的高速增长，拉动整体新能源私家车消费市场持续回暖。市场的态势已经悄然发生改变，行业已由政策驱动进入政策和市场双驱动，卖方市场转变为买方市场，如何有效应对市场的变化？一方面需要紧扣消费需求，解决使用痛点，制造满足消费者需求的产品；另一方面政策上仍需加大引导，构建良好的新能源汽车消费、使用环境。第一，传统补贴模式退坡造成产业驱动断档，需要新的驱动模式跟进。传统的财政补贴模式因无法造血和不可持续等限制，已经处于退坡阶段，但近一年来的行业滞胀，反映出产业的驱动力严重不足，急需新的引导方式实现与传统补贴退坡的平稳接续。第二，购置成本高，急需新的产业模式平衡。当前新能源汽车较传统燃油车仍不具有成本可比性：动力电池造成整车购置成本过高，同时动力电池和整车全生命周期成本摊销相较价值增值并不同步，存在错配，消费者承担过重的购置成本、动力电池全生命周期权责利不统一的问题，也是新能源汽车需求不足、市场下行的原因。第三，续航焦虑持续存在，使用不便仍是制约市场成熟的客观因素，急需补齐短板。公安部最新发布的数据显示，截止到2020年上半年全国新能源汽车保有量超过400万辆，而国家能源局发布的数据显示，截止到2020年6月底，全国充电桩保有量仅为132.2万个，其中公共充电桩仅为55.8万个，车桩比超过3∶1，同时在实际使用过程中往往存在燃油车占用充电车位或充电桩不能使用，种种问题导致新能源汽车充电不方便，续航焦虑持续存在。最后，新能源消费预期不足。全球多个国家及地区制定了燃油车禁售时间表，而我国仅有海南省公布了全面禁油的计划，整体新能源汽车消费预期不足也是市场发展的掣肘。综合以上问题，建议：第一，国家层面给予新能源汽车终端消费者一定补贴，比如终端使用综合补贴或个税抵扣；第二，对全产业链进行创新金融支持，统筹和平衡动力电池全生命周期价值；第三，充电桩建设是新基建的重要组成部分，建议由政府牵头统筹规划，加快充电桩建设；最后建议国家层面能够研究出台国内燃油车禁售时间表，加强新能源消费预期。

B.5
基于大数据的中国乘用车换购研究

李 康 岳素欣 林 帆*

摘 要： 随着保有用户规模的不断扩大及市场发展阶段的逐渐提升，中国乘用车市场正由增量时代走向存量时代，换购市场的重要性日益凸显，换购用户将成为零售市场的重要争夺对象。此外，换购用户的消费升级趋势明显，这意味着相较新购用户，换购用户将为汽车企业带来更大的市场收益。因此，如何满足换购用户的消费需求已成为汽车企业在未来市场竞争中难以回避的重要问题，对于正在谋求升级的自主品牌而言更是如此。针对这一问题，本文指出，在存量竞争时代，汽车企业应调整运营思路，致力于提高本品用户忠诚度、吸引他品用户流入、缩短换购周期，从这三个角度入手部署长远发展战略，迎接新一轮发展机遇。

关键词： 换购 品牌忠诚度 消费升级

一 中国乘用车市场情况概览

中国的乘用车保有量逐年增加，至2019年已达到2.1亿辆的规模，增

* 李康，中汽数据有限公司市场数据部高级技术经理；岳素欣，中汽数据有限公司市场数据部工程师；林帆，中汽数据有限公司市场数据部分析员。

速为9.4%，虽较2018年略有提升，但整体来看或难再现高速增长，市场拓展需要另辟蹊径。

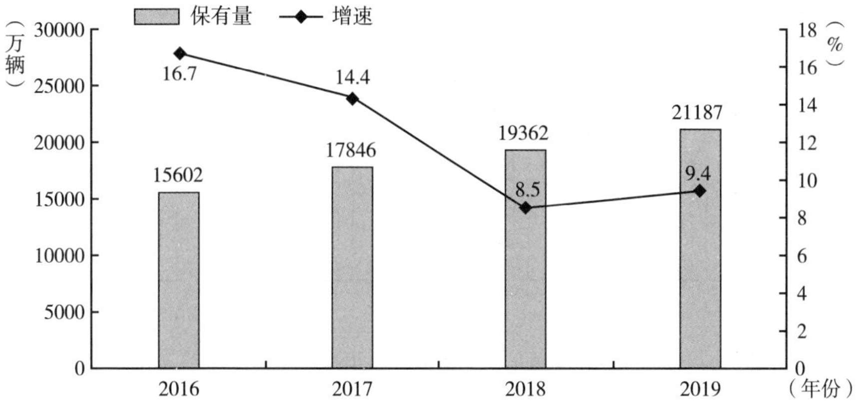

图1　2016～2019年中国乘用车保有量及增速

资料来源：中汽数据有限公司。

中国乘用车市场由增量时代向存量时代转变的背景下，换购用户对乘用车市场发展的贡献日益凸显。据测算，2020年上半年换购用户带动新车销量达285万辆，占整体零售规模的35.9%。分月来看，除2月份受疫情影响，换购需求未有效释放外，3～6月的换购率均较2019年明显提升，换购用户对于零售市场的贡献度进一步增强（见图2）。根据当前的乘用车市场发展阶段及发展趋势，换购新车的规模及其对零售市场的贡献度还将不断上升，因而车企需要投入更多精力挖掘并满足换购用户需求。

二　乘用车换购市场中的消费升级特征

（一）车型级别升级成为首选，并以此带动品牌级别升级

换购用户车型级别与品牌级别上升的需求明显。2019年和2020年1～6月，车型级别上升比例分别是63.4%、58.8%，品牌级别上升比例分别为

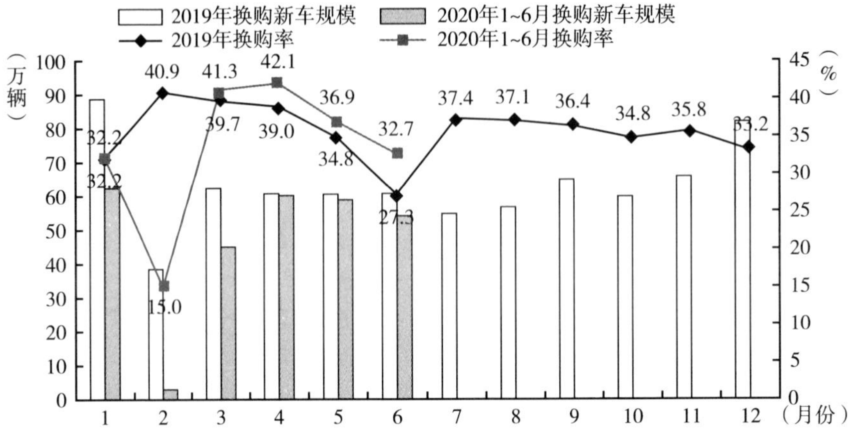

图2　2019 年至 2020 年 6 月中国乘用车市场换购新车规模及换购率

说明：换购率 = 换购新车量/零售量。
资料来源：中汽数据有限公司。

43.0%、39.4%（见图3）。可见换购用户对于车型级别升级的需求更为强烈，追求更大空间、更高舒适度的趋势明显。但消费者对于品牌的关注度也不容忽视，品牌在很大程度上代表着消费者对于自身品位的表达、对于社会地位的追求。从购车决策过程来看，消费者往往会先选择心仪的几款车型，而在相似车型的最后抉择中，品牌通常会成为关键影响因素，由此看来车型级别升级对品牌级别升级具有一定的带动作用，车企需要在品牌建设方面长期努力。

1. 合资品牌的流入流出比不断增强

中汽数据有限公司数据显示，2018 年至今，合资品牌对于自主品牌和合资品牌用户都存在着较强的吸引力，2020 年 1 ~6 月自主品牌与合资品牌流向合资品牌的比例分别为 48.2%、57.3%。同时豪华品牌流向合资品牌的比例也呈逐年上升趋势，2020 年 1 ~6 月达 25.3%。豪华品牌通常在产品、品牌、服务等各方面都处于汽车市场的领先地位，豪华品牌用户换购愿意选择合资品牌，说明部分合资品牌的综合能力建设水平已十分出色。此外，与 2019 年相比，2020 年 1 ~6 月自主品牌和合资品牌流向自主品牌的

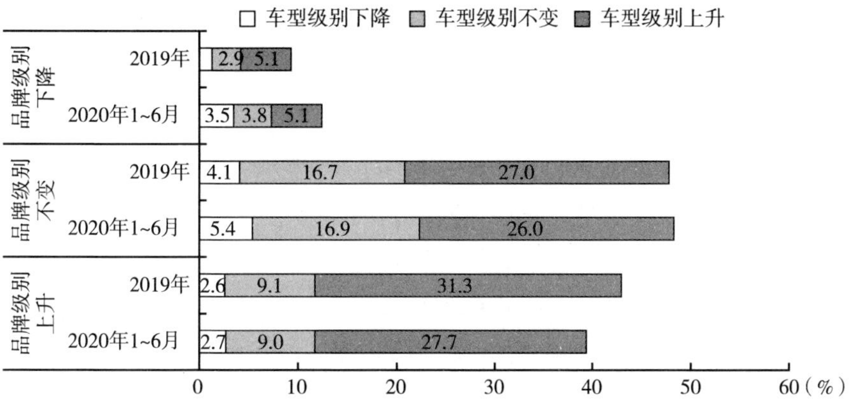

图 3　2019 年至 2020 年 6 月乘用车市场换购升级路径

资料来源：中汽数据有限公司。

比例也有所提升，在一定程度上表明自主品牌与合资品牌的差距正逐渐缩小，自主品牌向上发展之路初见成效。

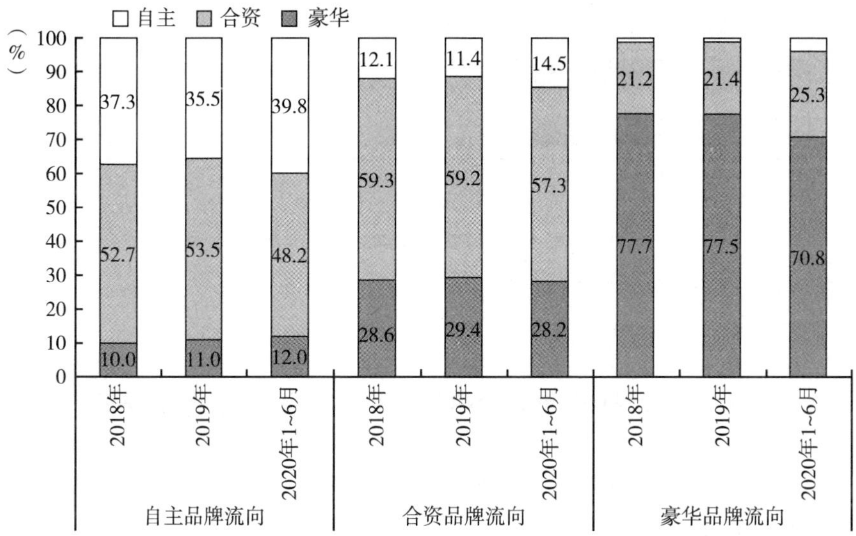

图 4　2018 年至 2020 年 6 月乘用车各品牌类别换购流向

资料来源：中汽数据有限公司。

2. A 级及以下车型用户换购时首选 A 级车，B 级、C 级车型用户换购时首选同级别车型

A 级及以下车型的用户在换购时首要选择 A 级车，52.4% 的 A00 级车、56.0% 的 A0 级车与 48.3% 的 A 级车型用户在换购后流向 A 级车型。B 级与 C 级车型的用户在换购时优先选择同级别的车型（见图 5）。A 级及以下级别用户的换购选择体现了消费者对于更大空间的追求，而 B、C 级用户的换购选择说明消费者对于车内空间的追求是有一定限度的，不会在换购环节盲目追求更高的车型级别，而是会进行多方面综合权衡，比如车型级别不变，而更侧重于品牌级别升级。

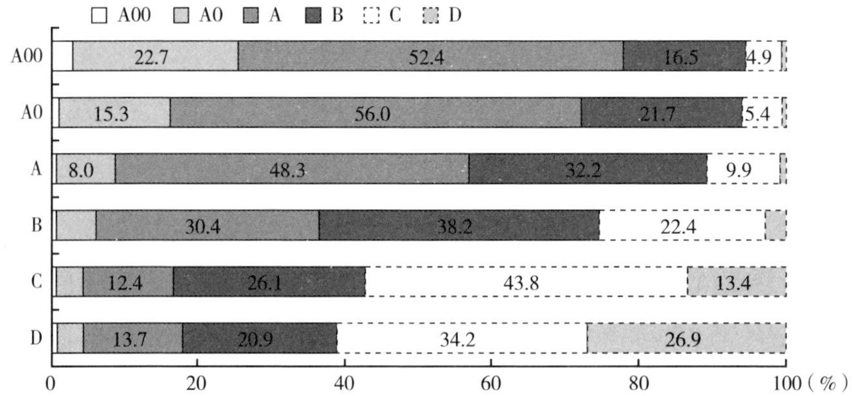

图 5　2020 年 1 ~6 月乘用车各车型级别换购流向

资料来源：中汽数据有限公司。

（二）整体市场换购前后价格增幅明显，细分市场差异较大

整体来看，历年乘用车用户换购后车相较换购前车均存在较大的价格增幅，直接体现消费升级特征。2020 年 1 ~6 月换购后车均价达 25.0 万元，价格增幅为 72%。同时可以看到，换购后车相较前车的价格增幅呈下滑趋势，这主要是两方面因素造成的。一方面，用户的消费能力不断提升，拉动换购前车价格的上涨，另一方面，近年来合资品牌与豪华品牌为抢占市场份

额，价格下探明显，一定程度上影响了换购后车价格的不断提升。二者共同作用造成了价格增幅的下降。

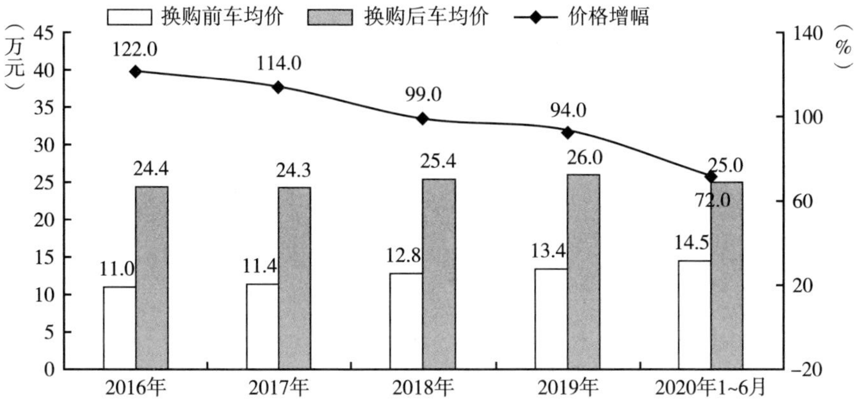

图6　2016 年至 2020 年 6 月整体乘用车市场换购前后价格升级趋势

资料来源：中汽数据有限公司。

分品牌类别来看，2020 年 1 ~6 月豪华、合资、自主品牌的换购前后平均价差为 10 万元左右，豪华、合资品牌的价格增幅分别为 17.6%、68.6%，自主品牌受换购前车价位较低的影响，价格增幅高达 145.6%（见图 7）。

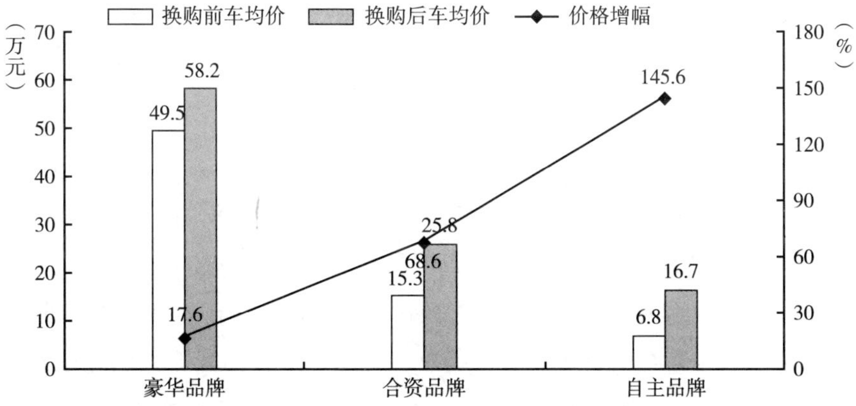

图7　2020 年 1 ~6 月乘用车各品牌类别换购前后价格升级趋势

资料来源：中汽数据有限公司。

三　存量竞争时代下企业运营管理思路

中国的汽车市场经历了早年的快速增长，逐渐由增量竞争时代转向存量竞争时代。在增量竞争时代，汽车企业主要关注首购用户，积极开拓首购用户市场，以新车销售为运营目标，以销量、市场份额等指标来衡量终端运营的效果。而在存量竞争时代，企业原有的新车销售运营衡量指标已不能完全适应当下的运营管理需求，且粗放式的换购业务运营管理不利于企业换购业务的开展，导致存量用户流入不足、既有用户流失严重、换购资源配置有效性不足等问题。企业销售运营评估需要融入忠诚度、他品流入、换购量或换购率等指标，强化厂商对置换业务的精细化管理，促进经销商换购业务运营的高效率开展，具体来看，主要应从以下几方面展开。

（一）提升用户忠诚度，减少用户流失

1. 品牌忠诚度的价值

存量时代背景下，换购用户的重要性日益凸显，提升用户的品牌忠诚度成为企业强化保客营销的重要途径。品牌忠诚用户为企业带来的价值主要体现在以下几方面。

第一，用户在换购环节存在明显的消费升级现象，这意味着换购用户如果能保持忠诚，为企业带来的收益将高于新购用户。第二，换购用户有着较为丰富的用车经验，对于产品、品牌、服务等都提出了更高要求，因而拥有较高的品牌忠诚度本身就代表着市场对于某企业或某品牌的认可，从而成为企业资产的重要组成部分。同时，忠诚用户的口碑效应还相当于免费的传播平台，能够为企业带来更多的潜在用户。第三，随着换购需求的逐步释放，忠诚用户每年能够为企业贡献相对稳定的销量，这部分用户的获取成本较低，长远来看也是较为可观的现实收益。因此提高用户的品牌忠诚度、减少用户流失需要企业长期努力。

2. 全市场品牌忠诚度概览

从整体市场来看，品牌忠诚度呈上升趋势，但仍维持在较低水平，2020年1~6月为11.9%。相对较低的品牌忠诚度意味着不同品牌之间的用户流转相对活跃，中国乘用车市场消费者并未形成稳定的品牌偏好，这为后发品牌争取市场空间提供了良好机遇。

分品牌类别来看，忠诚度整体呈现豪华品牌 > 合资品牌 > 自主品牌的特征。其中，豪华品牌历年忠诚度均为20%以上，受合资品牌换购竞争力提升的影响，2020年1~6月豪华品牌忠诚度有所下滑，为20.9%。合资品牌的忠诚度在11%~13%波动，2020年上半年为12.7%。自主品牌的忠诚度相对较低但呈上升趋势，2020年上半年为7.2%（见图8）。

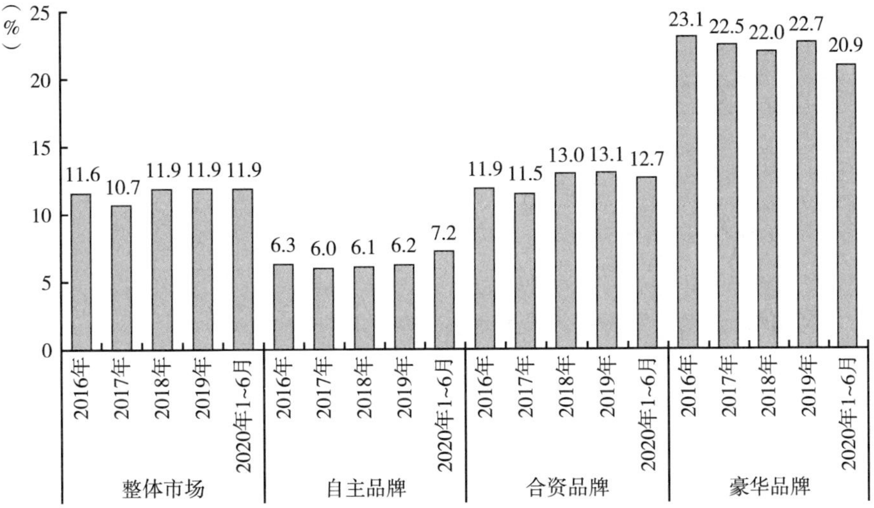

图8　2016年至2020年6月乘用车换购市场忠诚度变化趋势

资料来源：中汽数据有限公司。

3. 系别忠诚度：德系与日系成为换购市场的最大赢家

分系别来看，德系和日系深受换购用户青睐，各系别用户换购后选择德系或日系的比例均达20%以上。德系和日系不仅对于其他系别用户展现出较强的吸引力，也维持了较高的用户忠诚度。2020年上半年德系品牌的系别忠诚度最高，达 49.5%，日系系别忠诚度为 37.4%。相比之下，自主品牌的系别忠诚度表现尚可，40% 的自主品牌换购后流向自主品牌，但自主品牌对于其他系别用户的吸引力相对较弱。随着自主品牌基盘用户换购需求的逐渐释放和换购环节用户的不断流失，如果难以吸引其他系别的用户，自主品牌的换购市场表现将面临较大挑战。

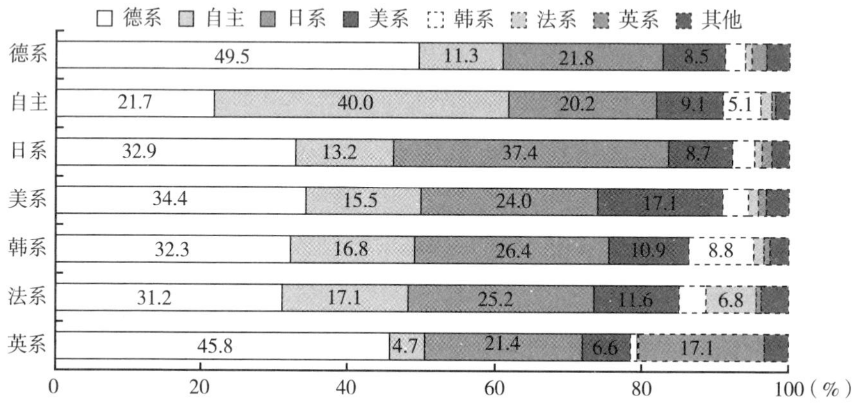

图 9　2020 年 1～6 月乘用车各系别换购流向

资料来源：中汽数据有限公司。

4. 品牌忠诚度：合资品牌与豪华品牌表现较好

合资品牌中，大众品牌的忠诚度领先，2020 年上半年为 23.7%，其次为日系三品牌，主流合资品牌中除现代以外，品牌忠诚度均达 10% 以上（见图 10）。与 2019 年相比，2020 年上半年大众、别克的品牌忠诚度则有所下滑，丰田品牌忠诚度进一步提升，达 20.0%，与大众的差距进一步缩小。

自主品牌中，五菱的品牌忠诚度较为领先，2020 年上半年达 14.3%，其次为宝骏、长安，其余各品牌的品牌忠诚度均为 10% 以下（见图 11）。与 2019 年相比，2020 年上半年多数自主品牌的品牌忠诚度都有所提升，而传祺受换购用户规模逐渐扩大影响，忠诚度有所下滑。

豪华品牌中，2020 年上半年奔驰的品牌忠诚度遥遥领先，达 30.6%，宝马、沃尔沃、雷克萨斯的品牌忠诚度均超过 20%。与 2019 年相比，2020

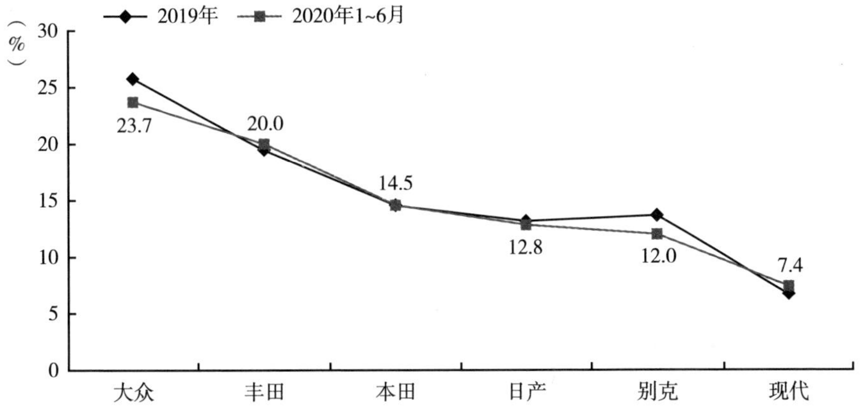

图 10　2019 年、2020 年 1 ~ 6 月乘用车主流合资品牌忠诚度

资料来源：中汽数据有限公司。

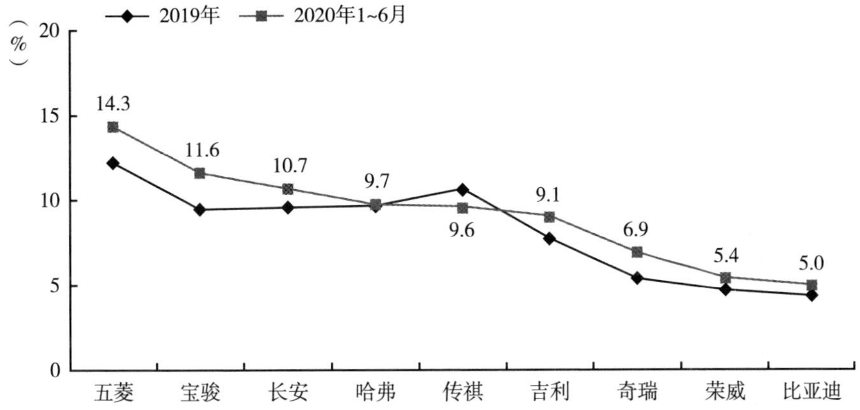

图 11　2019 年、2020 年 1 ~ 6 月乘用车主流自主品牌忠诚度

资料来源：中汽数据有限公司。

年上半年主流豪华品牌的忠诚度均有所降低，特别是奔驰的品牌忠诚度下滑相对明显（见图 12）。

5. 案例分析

本报告从合资品牌、豪华品牌与自主品牌中分别选择一个代表性品牌分析其品牌流向。

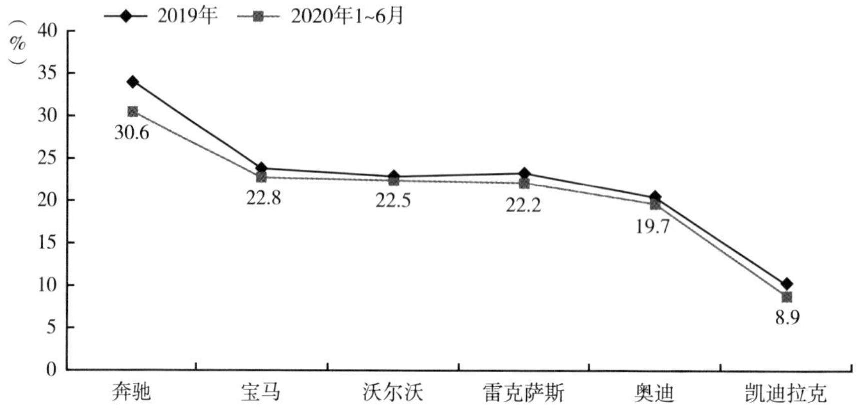

图12　2019年、2020年1~6月乘用车主流豪华品牌忠诚度

资料来源：中汽数据有限公司。

数据显示，2020年上半年A品牌有23.7%的用户换购后流向大众品牌（见图13），其后依次为丰田和奥迪、奔驰、宝马四大豪华品牌。与2019年相比，2020年上半年丰田、奔驰、宝马、本田等品牌对于A品牌用户的换购吸引力有所提升，而大众品牌的吸引力则明显下滑。

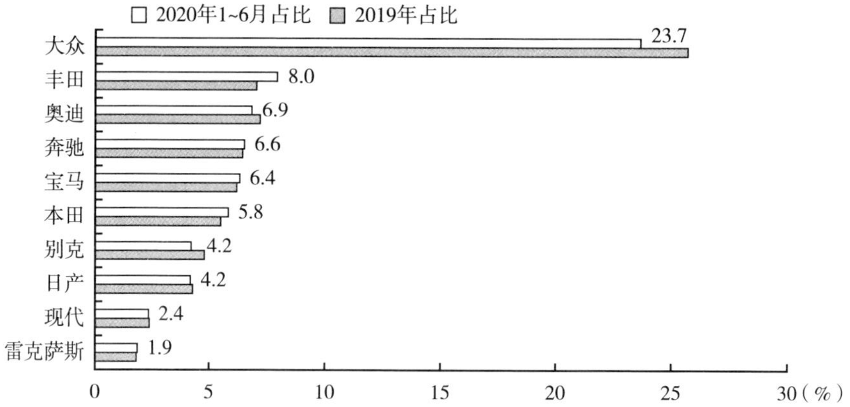

图13　2019年、2020年1~6月合资-A品牌换购流向TOP10

资料来源：中汽数据有限公司。

B品牌的换购用户首选大众品牌，2020年上半年占比达13.0%，其次选择吉利品牌和日系三品牌，其他自主品牌的占比相对较低。与2019年相比，2020 年上半年吉利、长安、哈弗、五菱等自主品牌对于 B 品牌用户的吸引力明显提升（见图 14）。

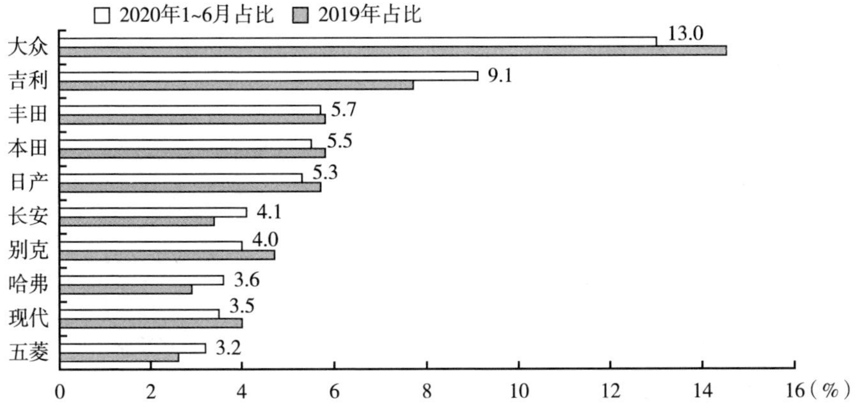

图 14　2019 年、2020 年 1～6 月自主－B 品牌换购流向 TOP10

资料来源：中汽数据有限公司。

C 品牌的换购用户主要流向豪华品牌，其中宝马、奔驰占比较高，均达 18% 以上。同时丰田品牌对于 C 品牌用户的吸引力也不容忽视，且呈上升趋势，2020 年上半年，7.1% 的 C 品牌用户换购后选择了丰田品牌（见图 15）。这是豪华品牌换购用户对于丰田包含产品力、品牌力、服务力等在内的综合实力的肯定。

6. 分省份品牌忠诚度表现

2020 年上半年，广东、山东、江苏、河北、浙江、河南等省份发生换购的规模较为可观，均达 30 万辆以上。东北三省、北京、山西、陕西等省市品牌忠诚度相对较高。值得注意的是，河北、河南、四川等发生换购规模较大的省份，其品牌忠诚度低于全国平均水平，这意味着产生了较大规模的用户流失，这些省份应当成为企业加强换购业务运营管理的重点省份（见图 16）。

（二）吸引他品流入

1. 他品流入的价值

若将换购用户按来源进一步细分为本品用户和他品用户，可以看出，

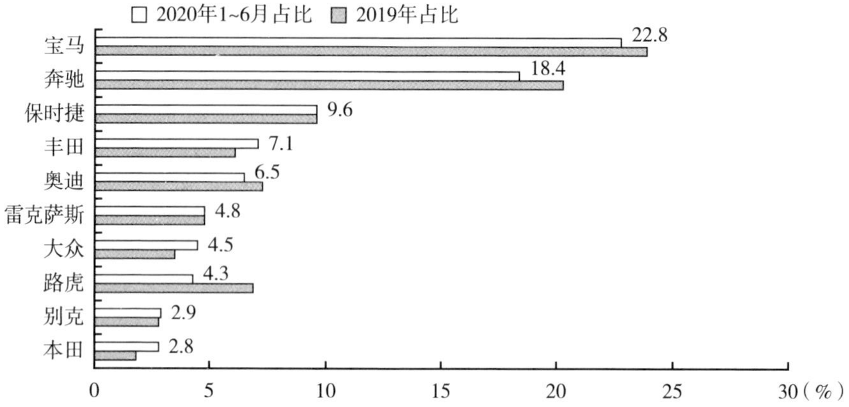

图 15　2019 年、2020 年 1～6 月豪华－C 品牌换购流向 TOP10

资料来源：中汽数据有限公司。

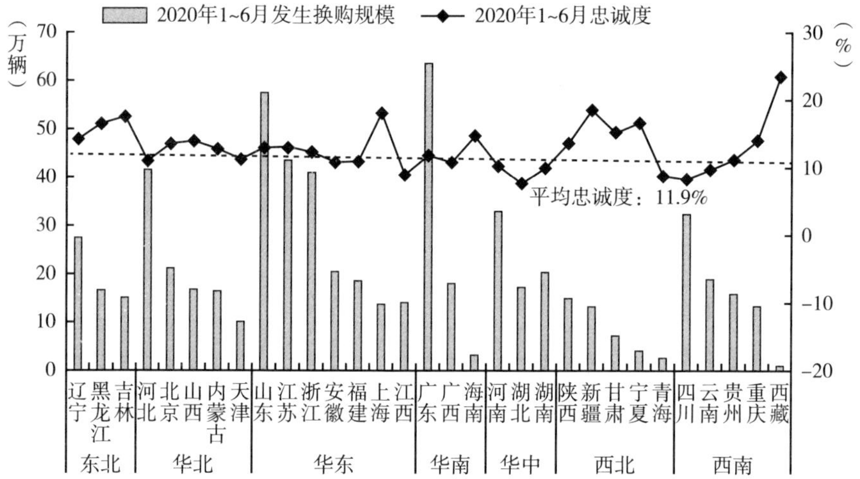

图 16　2020 年 1～6 月分省份乘用车换购规模及品牌忠诚度情况

资料来源：中汽数据有限公司。

2020 年 1～6 月各区域的本品换购率均为 8% 以下，而他品换购率则达 24% 以上（见表 1），即从当前来看，他品流入用户对于换购市场表现做出了更大贡献。如上文所述，忠诚用户对于企业换购市场表现具有举足轻重的作用，但考虑到品牌忠诚度的提升是一项浩大的工程，需要长期倾注资源，但又难以在短时间内见效，相比之下吸引他品用户流入则更容易在短期内产生收益，如实行有针对性的换购补贴政策等。因而，吸引他品用户流入是企业提升换购市场表现的重要抓手。

表1　2019年、2020年1~6月各区域本品与他品换购率

单位：%

区域	2019年		2020年1~6月	
	本品换购率	他品换购率	本品换购率	他品换购率
东北	7.9	36.6	7.4	34.7
华北	6.0	37.0	6.2	37.8
华东	5.3	31.1	5.3	31.9
华南	4.4	25.7	4.6	28.6
华中	3.7	24.9	3.6	26.2
西北	4.7	25.4	4.6	24.7
西南	4.6	29.7	4.6	30.0

说明：本品换购率是本品牌用户贡献的换购新车规模在整体零售规模中的占比，他品换购率是其他品牌用户贡献的换购新车规模在整体零售规模中的占比。

资料来源：中汽数据有限公司。

2. 主流品牌流入流出比表现

自主品牌的流入流出比表现分化较为明显。其中传祺、宝骏的流入流出比表现良好，2020年上半年的流入流出比分别为4.9和3.2，主要原因在于其品牌创建时间较短，基盘用户尚未完全进入换购高峰期，用户以净流入为主。哈弗、荣威和吉利也处于用户净流入的状态，而长安、五菱、比亚迪用户流失较为严重。

合资品牌中，日系三品牌均为用户净流入，相较2019年，2020年上半年主流合资品牌的流入流出比都有不同程度的下滑。

主流豪华品牌的流入流出比均大于1，处于换购用户净流入的状态。但相较2019年，2020年上半年主流豪华品牌的流入流出比有所下滑，尤其是奔驰、凯迪拉克下降幅度较大（见图17）。

3. 主要换购来源车型

目前为中国乘用车市场贡献换购用户的主要车型为五菱之光、凯越、捷

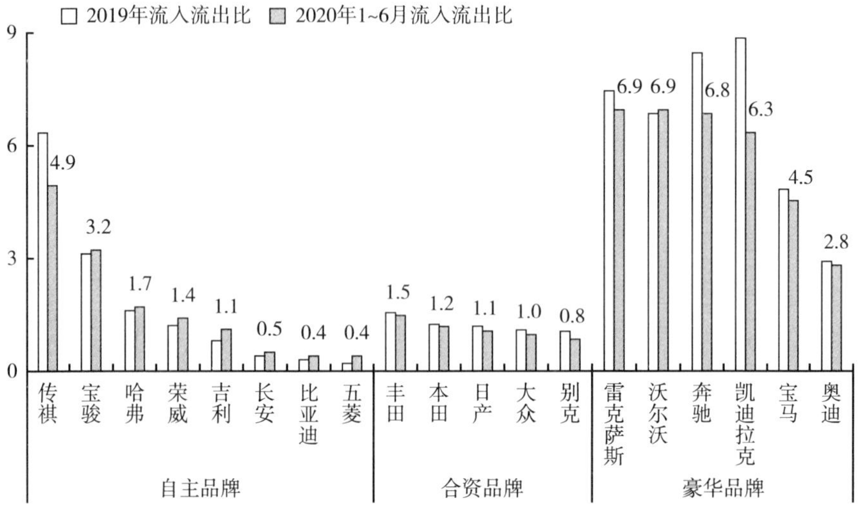

图 17　2019 年、2020 年 1～6 月乘用车主流品牌流入流出比表现

说明：流入流出比为净流入与净流出之比，小于 1 表示该品牌在换购环节用户净流失，大于 1 表示该品牌在换购环节用户净流入。

资料来源：中汽数据有限公司。

达，占比均超 2%。但这些车型的占比均呈下滑趋势，而雅阁、大众 Polo、宝来等车型在换购来源中的占比则逐渐提升。

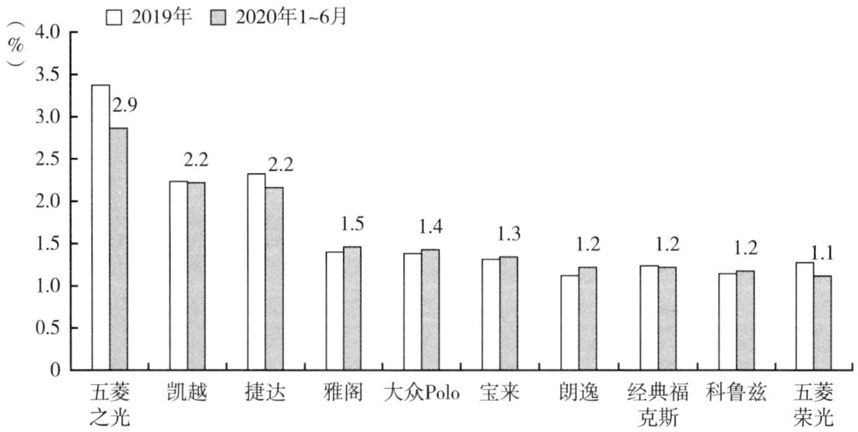

图 18　2019 年、2020 年 1～6 月乘用车换购来源车型 TOP10

资料来源：中汽数据有限公司。

结合主要车型的换购发展阶段来看，2019 年五菱之光、捷达已发生换购的比例较高，达 25% 以上，朗逸、轩逸、速腾等车型后来居上，未发生换购的规模相对领先，将成为未来换购市场的主要争夺对象。换购车型的转变意味着发生换购群体的变迁，如何承接这些车型用户的换购需求将成为车企思考的重点。

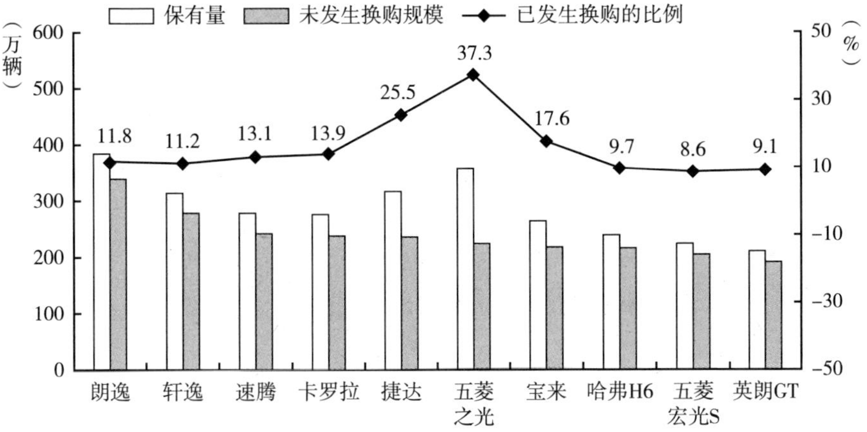

图 19　2019 年乘用车车型保有量 TOP10 与换购情况

资料来源：中汽数据有限公司。

（三）缩短换购周期

有针对性地刺激换购需求释放、缩短换购周期是车企提升换购市场表现的重要手段之一。2020 年 1 ~6 月乘用车用户的换购高峰期为使用后 4 ~10 年，占比达 56.9%，其中核心高峰期为 6 ~7 年，占比 11.6%（见图 20）。

结合 2020 年 1 ~6 月换购周期分布情况和 2019 年保有量分布的情况来看，车龄处于 4 ~10 年的乘用车数量达 9550 万辆，占 2019 年总保有量的 45.1%（见图 21），这部分群体将成为 2020 年最重要的潜在换购群体，也是车企提振自身换购市场表现需要重点关注的人群。

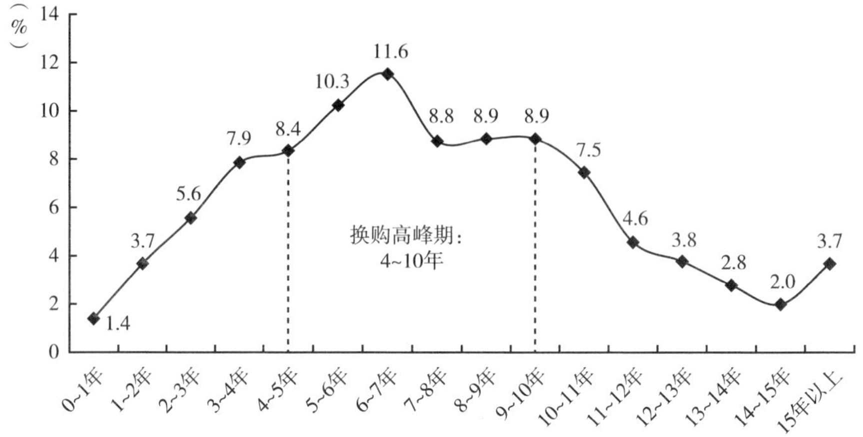

图 20　2020 年 1～6 月乘用车用户换购周期分布

资料来源：中汽数据有限公司。

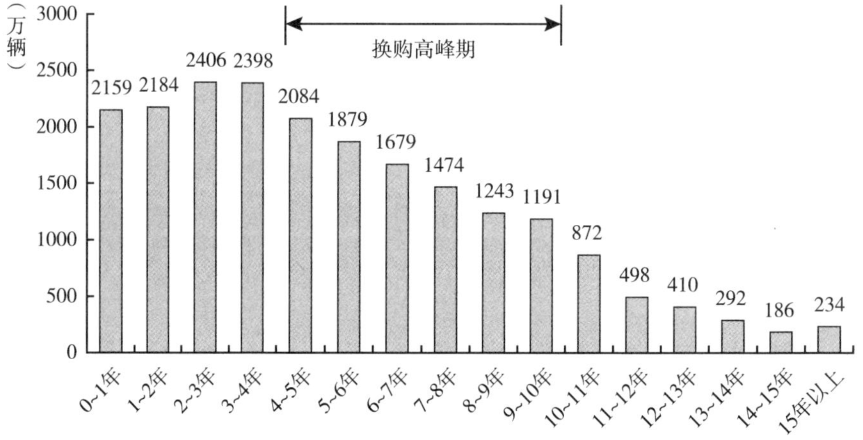

图 21　2019 年乘用车保有量按车龄分布情况

资料来源：中汽数据有限公司。

四 中国乘用车换购市场展望

（一）重点关注换购用户将有利于企业长足发展

近年来，换购用户对零售市场的贡献度一直呈上升趋势，且不难预测未来换购用户的重要性还将进一步提升，这也是市场发展的必然结果。因此，要想适应存量竞争时代发展要求、提升市场表现，企业应重点关注换购用户的分布及其消费需求偏好，这是由换购用户蕴涵的巨大消费潜力和中国乘用车市场发展阶段共同决定的。

（二）存量竞争时代，企业运营管理思路应做出调整

中国乘用车市场正由增量竞争时代步入存量竞争时代，汽车企业应树立长远发展意识，及时调整运营管理思路以应对瞬息万变的市场形势。存量竞争时代下换购用户将成为企业重点争夺的对象，主要应从以下方面入手。

第一，提升用户忠诚度，减少本品用户流失。在存量竞争时代，忠诚用户将对企业的市场表现产生长足的影响。当前豪华品牌用户忠诚度相对较高，而自主品牌面临严峻的挑战，用户流失较为明显。乘用车消费升级趋势不可逆转，换购用户能够带来较大的收益，为降低本品用户流失，企业首先应做好内功，提升产品能力，优化产品布局，才能更好地承接用户的换购需求。

第二，吸引他品流入，提升换购市场竞争力。他品流入对于企业的换购市场做出了重要贡献，为此，企业既要对区域、省份、品牌等宏观层面发生换购的情况进行监测，又要从微观层面关注换购用户的消费偏好，从而有针对性地制定吸引他品用户的运营策略。

第三，缩短换购周期，进一步刺激消费需求。这是为换购市场注入新鲜血液的重要手段。结合换购周期分布及保有量数据可知，目前有相当规模的

用户处于换购高峰期，如何满足这部分用户的换购需求，以及如何刺激尚未进入换购高峰期的用户提前释放需求，成为车企需要思考的重要问题。

存量竞争时代，换购用户必然成为市场争夺的对象。企业应及时调整运营思路，适应市场发展规律，努力提高本品用户的忠诚度、吸引他品用户，刺激用户缩短换购周期，推动企业良性发展。

B.6
大数据视角下中国乘用车区域市场发展现状与机会研究

杨冰融　谢驰航*

摘　要： 在加快形成以国内大循环为主体、国内国际双循环相互促进的新发展格局的背景下，叠加2020年上半年新冠肺炎疫情因素的影响，中国乘用车市场从企业战略到营销战术，从竞争态势到区域格局，都发生着变化，面临新的考验。本文基于对近5年乘用车市场基础数据的分析，围绕中国各区域市场格局变化进行趋势解析，并对重点区域的市场特点进行深度研究，同时结合当前客户消费习惯、终端消费环境和渠道营销模式的变化，对中国乘用车未来区域市场机会进行预测。

关键词： 乘用车　区域市场　大数据

一　中国乘用车区域市场现状

（一）区域市场总体格局

当今世界正经历百年未有之大变局，自2020年初暴发新冠肺炎疫情以来，世界经济经受了前所未有的冲击。从2020年的两会和近期多次中央会

---

* 杨冰融，东风汽车集团有限公司经营管理部乘用车运营分部业务主任；谢驰航，东风汽车集团有限公司经营管理部乘用车运营分部业务主任。

议的精神中，我们也可以看到，国际疫情不断发生变化和国际形势错综复杂，我国仍面临经济下行的较大压力，但形势已经在向好的方向转变。

随着疫情防控形势不断向好，我国进入“内防反弹，外防输入”的常态化疫情管控阶段，2020年二季度，各地的经济也逐渐从疫情中恢复，7月份各地公布的数据显示，有16个省（区、市）GDP上半年实现正增长，随着大中小企业的复工复产、各地商圈产业等复商复市，各地经济逐渐走上正轨。由于国际形势不明朗，世界经济低迷，全球市场委靡的大环境短期内很难改变，我们必须充分发挥国内超大规模市场优势，通过繁荣国内经济带动世界经济复苏，一个以国内循环为主、国际国内双循环相互促进的新发展格局逐渐形成，通过一系列的国家重大发展战略，提高国内的经济内生动力，形成我国在国际竞争格局中的新优势。

中国汽车市场受各地区的经济发展和人口收入水平的制约，各区域乘用车市场近五年表现不均衡。从2016~2019年七大区域（以各主机厂较为常用的划分标准为参考）的市场表现看，华东地区是我国乘用车最大的消费市场，包括上海、江苏、浙江、安徽、山东、福建等经济强省市，其市场份额近年来稳中有增，这与华东地区的经济地位是分不开的，该地区也是中国最为成熟的乘用车市场。华中地区拥有庞大的人口基数，包括湖北、湖南、河南、江西等人口大省，近几年市场份额相对平稳。华南地区包括广东、广西、海南等沿海省份，这里是最早改革开放的地区，拥有东风、日产、丰田、本田、大众、比亚迪等很多品牌的生产基地，是中国乘用车市场发展相对成熟的区域之一，近些年外来输入人口增多，区域经济发展势头较好，市场份额连年增长，2019年较2016年增加了2个百分点。西北地区地广人稀，包含陕西、宁夏、甘肃、新疆、青海等省区，由于人口基数较小，加上收入消费水平整体偏低，其乘用车消费市场仍然处于培育阶段，近几年随着西部大开发等政策的逐步落实，在“一带一路”倡议的影响下，该地区经济逐年向好，其乘用车市场份额有小幅增长。西南地区包含四川、重庆、云南、贵州、西藏等省、区、市，市场基础较好，近几年经济稳步发展，乘用车消费市场稳步提升。华北地区以京津冀和汾渭平原等地区为主，包含北京、天津、山西、内蒙古、河北等省、区、市。近几年为打赢蓝天保卫战，华北地区城市对高排放汽车高标准限行限购，企业治污力度较大，取得了很好的效果，乘用车市场份额有所下滑，连续三年出现负增长。东北地区包括辽宁、吉林、黑龙江三省，近些年该地区人口流出现象明显，新购车群体出现萎缩，市场份额逐年下滑（见图1、图2）。

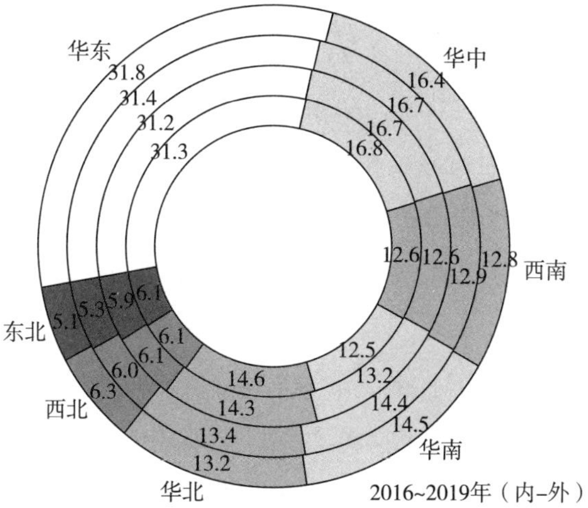

图1　2016~2019年全国各区域乘用车市场份额变化情况（单位：%）

资料来源：中汽数据有限公司终端零售数据。

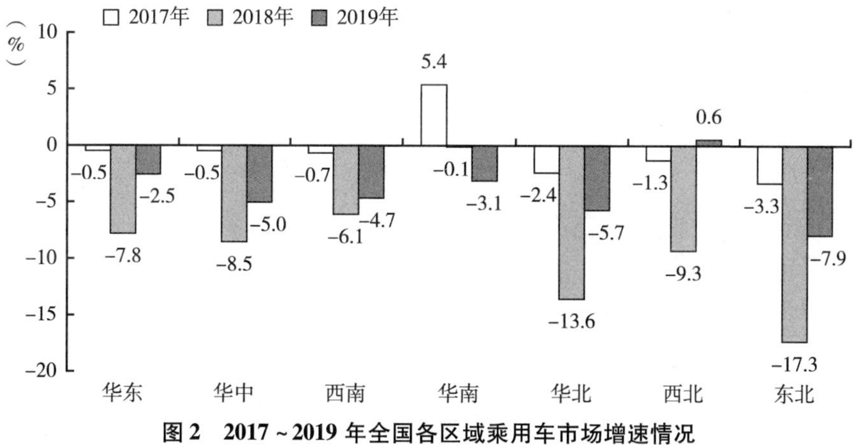

图2　2017~2019年全国各区域乘用车市场增速情况

资料来源：中汽数据有限公司终端零售数据。

（二）乘用车零售市场重点省（区、市）及区域发展现状解析

从第一部分的区域整体格局中，我们可以看到，华东、华南乘用车市场的总体特征是规模大、成熟度高，华中市场消费基础好，增长空间大，西北、西南市场发展前景好，有持续挖掘的潜力，东北、华北地区市场活力不足，需要寄希望于地区经济的复苏，激活市场。总体上北方市场呈现萎缩态势，南方市场体量与活力兼备，乘用车市场“南强北弱”的局面和“向西向南”发展的趋势较为明显。乘用车市场重心的偏移，给北方区域性优势较强的汽车品牌带来严峻的考验。

1. 华东、华南地区在国内乘用车市场的领导地位不会改变

从各省（区、市）的表现看，乘用车销量排名前四的省市均来自华东和华南市场。其中，广东、浙江作为华南、华东的代表省份，市场规模较大，广东年乘用车市场规模近 250 万辆，遥遥领先，占全国市场的近 1/8，2016～2019 年年复合增速为正，浙江乘用车市场年销量排名第 4，市场规模超过 150 万辆（见图 3）。两个地区的市场发展时间长，汽车保有量高，未来在增换购市场上也依然会处于领导地位。

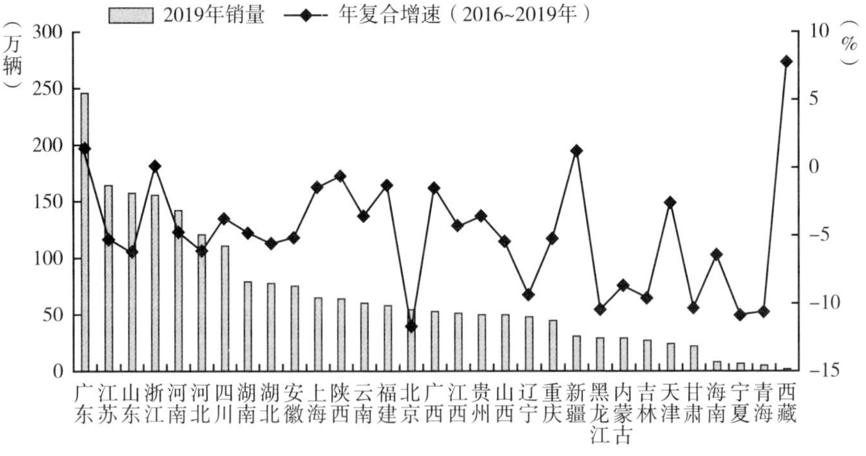

图 3　2019 年全国各省（区、市）销量及 2016～2019 年增长情况

资料来源：中汽数据有限公司终端零售数据。

2. 西南地区市场前景广阔，未来可期

从增长势头分析，云南、四川、重庆、贵州等西南省（区、市）的居民人均可支配收入水平虽然处于全国中下游水平，但是其2019年增速均维持在较高水平，西南地区旅游等消费市场带动的餐饮、住宿等附加服务产业未来仍有广阔的增长空间，支撑经济健康快速发展的有利条件不断积累，持续带动人口落户就业和居民收入水平提高，乘用车市场前景广阔（见图4）。

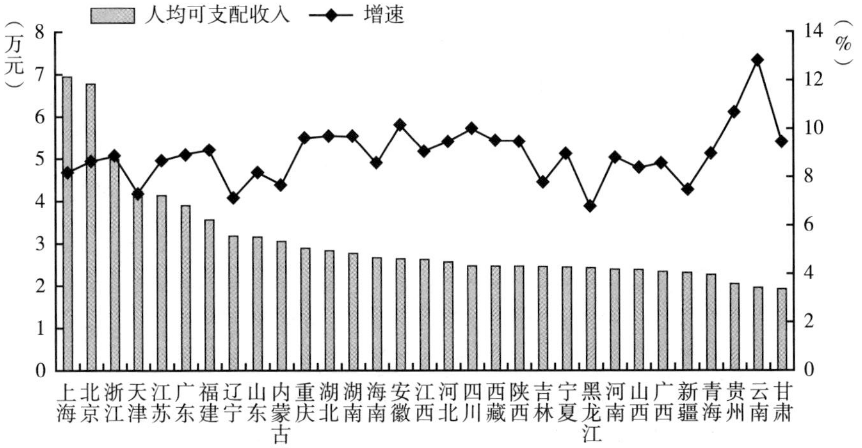

图4　2019年全国各省（区、市）人均可支配收入及增长情况

资料来源：国家统计局。

3. 西北地区乘用车市场重在培育，着眼长远

陕西、甘肃等西北省区的居民人均可支配收入增长态势较好，但是收入水平较低，处于全国排名的尾部。其乘用车市场增速表现同样不乐观，说明西北市场短时间内机会较少，市场处于基础发展阶段，长期看，仍有上升空间。西部地区的发展，是我国全面建成小康社会的关键，也是未来国家战略的重要着力点，随着“一带一路”倡议以及一系列国家战略的实施和长江经济带的区域战略落实，在国家政策的扶持下，中西部地区通过脱贫攻坚走上富裕之路指日可待。随着收入的逐渐增加，生活水平的需求逐渐增加，西部汽车市场将快速增长。

4. 东北地区人口流失成乘用车市场下滑的主要因素之一

从上文可以看出，东北三省的汽车年销量处于全国中下游水平，销量增速远低于大多数省市，其人均可支配收入处于中上游水平，但是收入增速落后于大多数省（区、市），这与人口的流动有一定的关系。从国家统计局公布的2010～2019年10年间常住人口数据来看，辽宁省常住人口从最高时的4391万人减少到2019年的4352万人，减少了39万人；吉林省常住人口从最高时的2753万人减少到2019年的2691万人，减少了62万人；黑龙江省常住人口从最高时的3835万人减少到2019年的3751万人，减少了84万人，如图5、图6、图7所示。东北的有关汽车经销商表示，有一部分外出的人口在南方各省市落户，购车群体也是中年人居多，很多年轻人离开东北后选择不再回东北发展，这也与区域经济产业的就业吸引力有关。

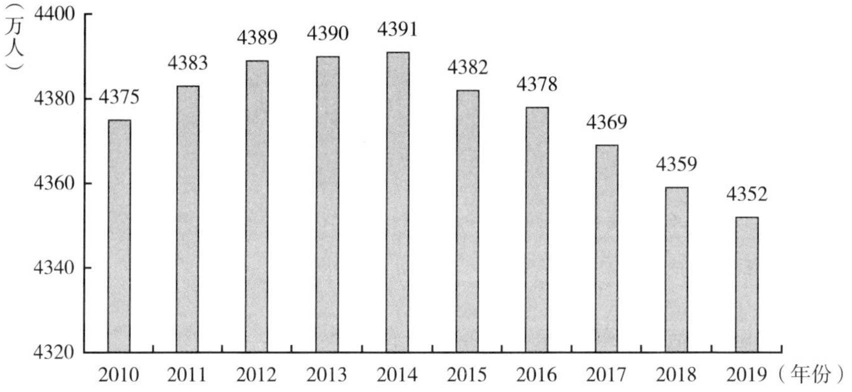

图5　2010～2019年辽宁省常住人口情况

资料来源：国家统计局。

二　中国乘用车区域市场机会分析

2020年5月全国两会上国务院总理李克强代表国务院向十三届全国人大三次会议作的政府工作报告指出，关于区域经济的发展，要加快落实区域

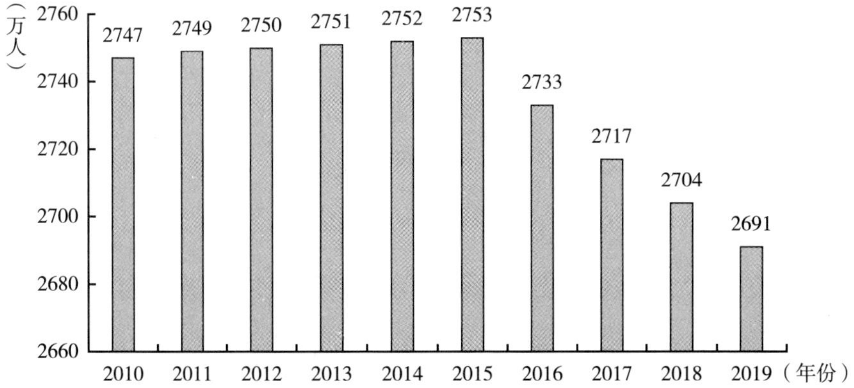

图 6　2010～2019 年吉林省常住人口情况

资料来源：国家统计局。

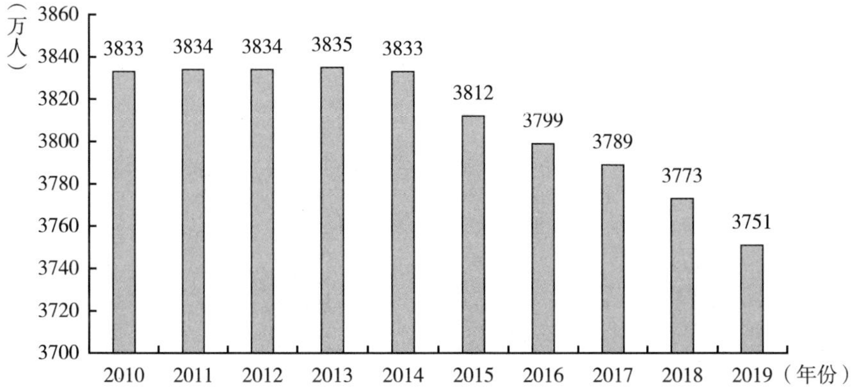

图 7　2010～2019 年黑龙江省常住人口情况

资料来源：国家统计局。

发展战略。继续推动西部大开发、东北全面振兴、中部地区崛起、东部率先发展。深入推进京津冀协同发展、粤港澳大湾区建设、长三角一体化发展。推进长江经济带共抓大保护。编制黄河流域生态保护和高质量发展规划纲要。推动成渝地区双城经济圈建设。促进革命老区、民族地区、边疆地区、贫困地区加快发展。

从国家战略到汽车产业，只有区域的市场做大做强，才能赢得全盘。因此通过充分研究各区域乘用车市场特征，挖掘未来乘用车市场机会。从产业的角度出发，未来的区域市场均衡必然是总目标，在激活国内大市场的总进程中，各品牌围绕自身的条件和发展阶段，认真研究区域市场的战略，从区域突破到区域振兴，都是每个品牌需要研讨的课题，同时结合不同时段不同区域的市场状况，找准短中长期的市场机会，在区域竞争中谋求生存和发展。

（一）一、二线城市及其辐射区等成熟型区域市场机会

从全国汽车市场来看，一、二线城市首购消费市场逐渐趋于饱和，新车消费潜力主要集中在增换购客户。统计数据显示，2017～2019 年，一、二线城市的销量比例逐年升高，也就是说一、二线城市受经济下行影响的程度较小，其增换购的消费需求旺盛，如图 8 所示。

从一、二线城市的品牌销量比例看，合资品牌与豪华品牌的比例逐年增加，意味着增换购中的消费升级明显，未来在我国的一、二线城市中，豪华品牌与合资品牌的市场机会巨大，尤其是中高端产品满足增换购的需求前景可观，同时，对于自主品牌的考验和挑战也会加大，如图 9 所示。

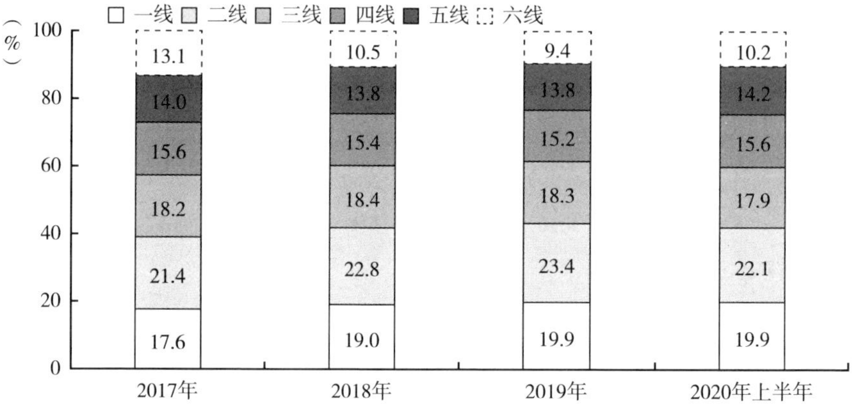

图 8　2017 年至 2020 年上半年全国各线城市乘用车销量比例分布情况

资料来源：中汽数据有限公司终端零售数据。

随着城市的快速发展，一、二线城市的辐射区或卫星城的经济也被带动起来，消费增长也逐渐加快，乘用车首购、增换购市场叠加，往返辐射

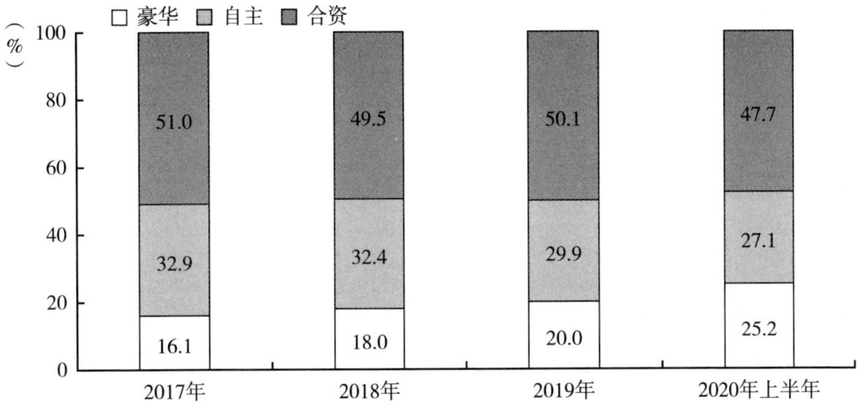

图 9　2017 年至 2020 年上半年全国一、二线城市乘用车分品牌类别销量比例情况

资料来源：中汽数据有限公司终端零售数据。

区与主城区的交通需求增多，私家车的需求加大，未来的市场机会有待挖掘。

（二）低线城市及县域农村等潜力型区域市场机会

随着四、五、六线城市的迅速发展，“小镇青年”越来越成为汽车消费群体中的热门词汇。而小镇青年更多地生活在三线及以下城市中，这类群体的消费需求，已经逐渐成为乘用车低线市场的新“风口”。青年群体作为未来汽车消费的主力军，工作稳定，生活消费压力不大，房产压力相对一、二线城市青年较小，汽车消费意愿更足，对于新兴模式的接受能力更强，很多厂家针对“小镇青年”群体，在产品、广告宣传上有针对性地采取策略。

县域农村市场中，在不同的区域表现为不同的特征。例如，在山东、河南、河北等地区，低速电动车、电动三轮车等代步工具在过去几年保有量大增，随着交通管理规范的逐渐加严，未来这类群体会逐步开启置换汽车的消费浪潮。还有一种情况，就是在有些县城乡镇，购车成为结婚的必备条件或者成为彰显身份的象征，因此，汽车消费的需求在县域农村市场一定会是只增不减。

2020 年新冠肺炎疫情暴发，沿海地区海外出口业务受到影响，很多农村外出务工人员失业，只能留在家乡就近就业创业，因为创业需要有的人会选择购买低价位入门级乘用车，有的为了就近就业、工作交通的需要，这部分返乡创业就业消费群体会在县域农村市场中逐渐成为乘用车消费的主力军。

（三）新兴区域城市群等成长型区域市场机会

我国在推动各区域的经济建设中，提出了很多区域发展战略，依托一些中心城市实施区域发展战略。例如京津冀一体化、粤港澳大湾区、沿长江经济带、长三角一体化发展等，其中，形成了中原城市群、成渝城市群等一系列的区域经济增长极，这些区域一体化发展，对于汽车市场的成长是十分有利的。

长期以来，南部、东部、北部的沿海地区是中国经济重镇，南部有珠三角经济区、粤港澳大湾区，东部有长三角经济区，北部有环渤海经济区，我国的中部地区和西部地区一直很难形成较大规模的城市群或经济体。

以成渝城市群为例，该城市群以重庆、成都为中心，是西部大开发的重要平台，是长江经济带的战略支撑，也是国家推进新型城镇化的重要示范区，培育发展成渝城市群，发挥其沟通西南西北、连接国内国外的独特优势，推动“一带一路”倡议和长江经济带战略契合互动，在西部形成高质量发展的重要增长极。这些新兴的区域城市群会成为未来带动汽车消费市场增长的主要地区，竞争也必然激烈，市场机会和挑战并存。

三　中国乘用车区域市场营销思考及建议

（一）把握数字化转型大趋势，新兴模式有“新”更要有“心”

当前汽车行业加速数字化营销转型，数字化的普及率高，新冠肺炎疫情后消费习惯的变化，进一步推动了汽车销售模式的变革。营销资源向主流数字化新媒体倾斜，手机移动端今日头条、微友圈、抖音等广告投放量大幅增加，厂商单向营销传播模式向客户参与式模式转变，更多的客户自发地将看车、购车、车辆使用的感受在新媒体上分享。客户线上互动与沟通更频繁，线上查询车辆评论、线上询价已成为客户购车前的必修课，客户在线与厂商互动的方式、时间和频次都将大幅增加，包括意向客户选车和保有客户用车的线上平台逐渐完善，客户线上获得和使用团购券、保养券、工时券等越来越频繁。

因此，主机厂与经销商要充分利用大数据资源，在营销模式上创新，要围绕客户消费习惯创新，并且以提高信息效率为目的，在客户需求研究上走心，精准把握客户偏好。在区域客户的研究中，成熟的汽车品牌在不同区域会采取不同的营销策略，这与区域的消费习惯、地方文化、人口结构、特殊需求环境等都有着密不可分的关系。

（二）聚焦下沉，要在渠道建设和营销策略上下沉到位

针对低线城市和县域农村市场的客户，要在网络开发和建设上做到真正下沉，把店开到县里，建到镇上，开到家里，让一些偏远的小城也能轻而易举地熟悉产品、获得服务。

首先要做好渠道建设下沉。各汽车品牌主机厂近几年为抓住低线城市和县域乡镇客户，加快了渠道由地级市向县域市场发展，县域市场的一级网点或直营店越来越多，县域市场逐步形成自有规模化的汽车卖场，多品牌综合展厅向单品牌或双品牌的汽车品牌展厅发展，个别品牌已将渠道网络向乡镇市场布局。

其次在营销策略上要做好下沉。县域和乡镇市场的营销模式简单粗放，广告宣传方式包括刷墙、商超门头合作、班车车体和座套广告、商超和集市静展、乡镇巡展等，提供上门试驾、上门交车等服务，开展定期的巡展维修、上门保养等活动。

四　坚持上游产品为王，也要加强下游的客户体验

客户体验也是连接客户与产品之间的重要桥梁，常常被忽略，这里说的

不仅仅是试乘试驾，而是从看到产品，到真正地去了解产品，感受品牌的文化等“相识相知相爱”的过程。

在做好产品和服务的过程中，不同的区域有不同的诉求特点。在产品上有差异化需求，在客户体验模式上甚至也是两极分化。城市客户注重车辆品牌、时尚、性能，县乡客户注重车辆大气、价格低、配置多；城市客户分布较为集中，交通便利，产品体验重视度高于服务体验（接待、回访、跟踪等），县乡客户分布较分散，交通不便，客户选车时间长，服务体验（平时沟通和交流、上门等）重视度高于产品体验。这就需要各品牌主机厂经销商在不同的区域针对不同的客户采取不同的策略。

B.7
座舱智能化发展趋势下车机交互界面体验特征化分析研究

孟 健 王 镭*

摘 要： 随着汽车智能化与网联化的发展，在成本、供给、市场以及消费等多重因素的影响下，智能座舱产业为汽车价值链带来了新机遇。在此背景下，汽车人机交互（HMI）面对着新的考验，如何在大趋势下保证产品设计的独特性，并且在大环境中脱颖而出成为焦点。本文将通过研究智能座舱环境下人机交互系统发展现状，总结研究热点，探索车机交互界面体验，展望人机交互未来发展模式，助力行业产学研的发展。

关键词： 智能座舱 人机交互 界面体验设计

在汽车行业高速发展的情况下，消费者对汽车产业的重视程度越来越高，消费者对产品的要求也越来越高，“智慧生活、智慧出行”理念也逐渐深入每一个消费者心中，汽车行业也在逐渐适应时代发展趋势，也在朝着电动化、智能化、网联化、共享化发展。汽车在未来将成为最大的智能终端，人们对车的功能定义不再是简单的交通工具，更希望陪伴人们日常出行的汽车在提供便捷、舒适的情况下，能帮助人们愉快地度过整个车程。安全和高

---

* 孟健，中汽数据有限公司产品数据部部长；王镭，中汽数据有限公司产品数据部高级技术经理。

品质一直以来都是汽车驾驶舱设计的要求和准则，根据时代的发展，人们对车的要求不再仅仅是汽车功能上的满足，消费者与车的交互体验也越来越重要。由于5G网络技术的发展，在智慧时代，智慧生活的要求更高，智能驾驶要求适应不同的场景，这也就加快汽车各系统集成和功能整合的发展。L5级自动驾驶需要很长一段时间才能实现，而智能座舱却能在技术上初步满足人们对智能驾驶的要求，从而，汽车智能座舱将会是现在各个企业攻破和完善的领域，智能座舱设计也是汽车设计和创新的重要内容。因此如何通过打造差异化产品，获得消费者青睐对企业来说将会变得至关重要。

一　智能座舱的发展现状及趋势

汽车座舱即车内驾驶和乘坐空间。座舱内以机械按钮为主，能显示简单行车信息，辅助驾驶员实现驾驶功能。随着计算机技术的发展，智能网联技术逐渐向车内发展，有了智能座舱的概念。

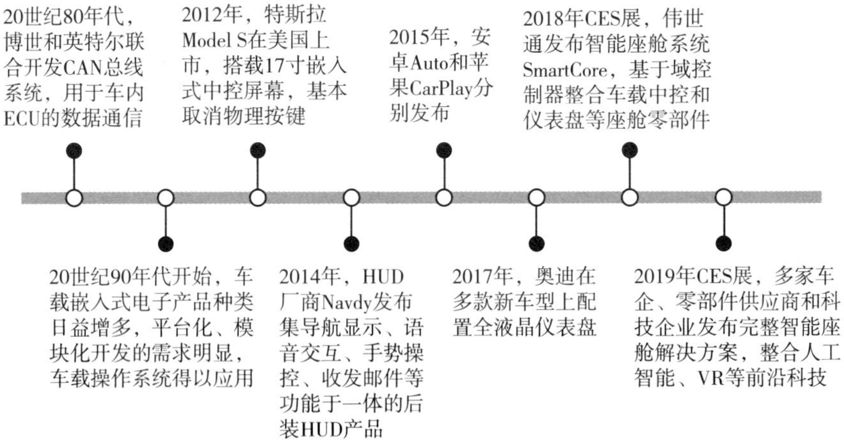

图1　智能座舱发展历程

资料来源：根据公开资料整理而得。

目前业界对智能座舱并没有标准化的定义，但其主要由软件和硬件两大部分组成，软件部分主要有操作系统、基础软件、应用开发（比如实现语音交互，摄像头应用包括手势识别、人脸识别等），硬件部分主要是外围设备，在显示功能上运用HUD、投影、全息技术等，声音功能主要有麦克风、扬声器等，另外还有灯光、摄像头、触摸屏交互等外围设备。智能座舱最大的优势应该是体现在“智”字上面，这就提醒我们智能座舱更需要有一种感知，能够通过对车内环境、车云、车的数据融合，了解和知道车内的人需要什么，才能更好地满足客户的需求。汽车座舱从客户需求角度出发，客户将需求传递给车辆，车辆系统实现相应的功能之后回传信息给用户，满足了用户的功能需求。智能座舱从信息输入、功能实现、信息输出三个方面很好地完成客户服务。

（一）智能座舱信息输入方式的发展

人需要驾驶汽车，就需要通过一系列操作给汽车发出指令。随着科学技术的进步，车辆接收信息的方式也经历了很长时间的变化和改进。在汽车设计技术初步发展阶段，车辆接收信息方式以按键、旋钮为主。随着时代和科技的进步，触摸屏手机的发展，不仅给用户交互带来了改变，同时也给车辆发展带来了需求，促使触控屏向车内发展。但交互方式不仅要考虑方便舒适，也要考虑行车安全，所以并不能设计过多的交互方式，需要相互的妥协和有机的结合，用最适合的交互方式实现不同场景和功能的需求。现实中已经有很多车型设计实体按键因用户记忆复杂，且影响美观，已经被大幅度简化，而在手时时接触的地方——方向盘上保留了部分按键和滚轮交互。

人们日常的交流更多体现在语言沟通上，考虑到智能化的发展要求，语音交互功能将占据重要部分，并会得到广泛的应用。需求信息如何输入车辆？人们习惯语言交流，基于语音交互的便捷性，它将会是车辆信息重要的入口。语音交互在安全、便捷性上占据巨大优势，甚至会有助于提升情感体验。比如在功能实现上，除却车辆操作功能，语音控制可以实现很多功能，还可以用声纹识别用户情绪或者识别用户身份，从而提供一些座椅自动调节、音乐风格等个性化服务。由于人工智能的发展水平限制，目前语音交互还存在一些问题，在语言处理过程中，对上下文语境和语义的理解还存在困难，并且对于自然语言处理是一个很难的过程，需要时间攻克技术壁垒。

除了语音交互，人们也在尝试设计其他交互方式，比如面部识别和手势识别。使用手势发出一系列指令，通过面部识别检测驾驶员身份，从而提供个性化服务，还可以检测驾驶员驾驶状态，对于驾驶分心、疲劳驾驶能起到很好的监督和危险驾驶警示作用，对于交通安全具有重大意义。由于应用场景限制和现阶段手势控制识别准确度低等技术难点，手势交互短期内难以成为主流的交互方式。手势交互更像是企业对新技术的探索或者是用来吸引消费者的一种手段。短期内面部识别的发展以身份识别为主，初步在威马EX5、拜腾等车型上有所应用。但是以发展的眼光来看，面部识别可以识别用户疲劳程度、用户情绪、车内乘客数量等，可以保证行车安全，减少事故率，让驾乘人员更舒适，还提供个性化服务等。面部识别技术值得更多的探索和具有更多的应用价值，应用前景也比较广阔。

（二）智能座舱信息输出方式的发展

汽车信息输出方式在最初发展阶段比较简单，主要有一些仪表盘信息显示和一些语音提示。大约在2000年，汽车上开始设计中控屏，到现在，中控屏几乎成为车辆标配。汽车的智能化发展，促使开发越来越多功能，中控屏也承载着越来越多的信息，如导航信息、ADAS驾驶辅助功能、驾驶模式调节、倒车影像、全景影像，一些车还配备了车联网生态下的在线音乐、视频等功能，为了承载这些快速增长的内容，更大尺寸的屏幕设计也逐渐成为一种趋势。同时，AR技术的发展和融入能够让中控屏具备更富创新和科技感的交互功能。屏幕尺寸在越变越大的同时，屏幕的款式也在不断发生变化。未来车内屏幕主要呈现大屏化、多屏化、便捷化趋势。现在主要发展为以下几种屏幕形式。

（1）旋转屏：横屏竖屏自动适配HMI。旋转屏的价值在于更贴近手机交互的惯性，能够在汽车智能化层面体现和传统汽车有差异的功能和产品特性，可根据软件的应用场景和交互方式提前预判，智能、自动旋转。比如当点开地图或微信时屏幕会自动旋转成竖屏，当打开视频时，屏幕自动旋转成横屏，自动调节亮度。

（2）曲面屏：广汽新能源 Aion LX 车型在中控大屏采用曲面屏的结构，作为全球首款车规级别全贴合冷弯屏，其弯折幅度达到“惊人”的 168 度，其偏向主驾驶的设计，方便驾驶员读取屏幕信息和控制，横向曲面触控大屏极富科技感。从用户体验角度来讲，曲面屏在舒适性和科技性两方面得到发展和延伸，位置角度方便观看和操作，带来内饰交互的舒适性体验，而且偏向驾驶员一侧的设计最大的优势就是在光线强烈的情况下造成的反光也不会对驾驶员造成太大的影响，同时具备极强的科技感。

（3）悬浮屏：爱驰 U5 向大家展示了该品牌的硬核实力，悬浮中控大屏设计，兼顾美感与科技感，将充满情感的设计灵感，融入交互框架和视觉塑造中。悬浮屏带给用户的体验是立体感更强，触感流畅，定位精确；凸显强烈的科技感。最重要的是它还可以根据用户需求做特定的外形，这也是让很多人心动的地方，而且设计简洁大方，更显年轻化。

（4）中控屏多通道交互：随着用户对汽车的功能需求越来越多，为了提高驾驶安全性与体验性，传统的物理按键配合液晶屏，及触屏交互、语音交互、眼动控制交互、远程交互等多通道交互技术综合利用逐步成为汽车 HMI 设计主流。上汽集团荣威在中控屏设计中配合物理按键的设计，手势放大缩小 + 点击，触摸板点击控制，触摸屏点击 + 滑动控制，给人更流畅的体验。多通道交互体验价值在于驾驶员可以根据自己不同驾驶环境有效地、愉快地选择合适的交互操作方式处理当前任务；同时对于层级比较深的菜单而言，语音交互也具有较大的优势，驾驶员可以通过语音控制快速回到自己的位置。

（5）异形屏：异形屏有着比传统显示屏更强的视觉震撼效果，它打破传统显示屏规则形状的限制，以各种各样的造型出现，显示更多的灵动活泼造型，比如小鹏 P7 屏幕造型。异形屏是一种特别的展现形式，基于对传统屏幕的一种改良，打破规则形状限制，展示其独特的魅力；带给人非常强烈的视觉冲击效果和视觉体验。而且，异形屏的尺寸可按照要求来定制，能够更好地适应整体结构；在传统显示屏的基础上，异形屏能够变换各种形状，呈现出不同的效果，在外观上给人更加新颖独特的感觉。

总的来看，智能座舱的发展及未来趋势主要分为四个阶段：电子座舱、智能助理、人机共驾、第三生活空间。电子座舱阶段主要逐步整合电子信息，组成电子座舱域，形成系统分层。智能助理阶段主要是生物识别技术应用，催生驾驶员监控系统迭代，增强车辆感知能力。人机共驾阶段致力于突破语音控制和手势控制技术壁垒，软硬件一体化，实现车辆感知精细化，为驾乘人主动提供场景化的服务，实现机器半自主或者自主决策。第三生活空间阶段，在未来，汽车使用场景将更加丰富，更加以场景为导向。以车辆位置信息为基础，整合信息、娱乐、订餐、互联等功能，为消费者提供更加舒适、便捷的体验。

此外，我们还应该关注座舱发展的两个方面：一是可承担性，技术的应用都有代价，并且会影响最终消费者的成本，考虑到要最大限度满足消费者的需求，需要在技术和成本之间寻求平衡；二是强调用户体验，考虑业务模式的转变，比如逐步从原来的 B2B 模式转向 B2C 模式，认真考虑不同用户群需求的差异化，这也是未来赢得市场和消费者的关键。

二　汽车人机交互系统的发展

汽车人机交互是指人与汽车通过一定的交互方式完成信息交换的过程，主要有语音、手势、人脸识别、AR、全息影像、指纹识别等。语音交互在车内发展已达十几年，新上市车型装配语音交互功能更常见。从功能看，车内语音交互正在从信息娱乐（导航、多媒体等）向车体控制（车窗、天窗、车灯、雨刷、后备厢等）和生活服务（车家互联、车内购物等）方向延伸，语音技术和车机协议、车内生态正在逐渐打通。

手势识别于 2015 年率先搭载于宝马 7 系新一代产品上，2018 年起陆续搭载于君马 SEEK 5、奇瑞 5X、小鹏 G3 尊享版等国内车型，主要用于控制车内屏幕显示系统，如音乐播放、音量调节、地图缩放等，作为安静环境下的补充性交互方式。

人脸识别从 2018 年开始在国内上线，已搭载零跑 S01、星途 TX、WEY VV6、威马 EX5、吉利星越等多个车型，体现出较好的发展潜力。人脸识别目前主要用于个性化设置（座椅位置、氛围灯喜好、后视镜位置、音乐推荐等）以及驾驶员状态检测，奇瑞星途 TX 则支持人脸购买电影票，向人脸支付方向发展。

此外，车窗交互（威马 EX5）、车身交互（北汽新能源 LITE）、静脉识别（零跑 S01）、指纹识别（现代新胜达）、AR 导航（荣威 Marvel X）等新型交互方式陆续上线量产。

（一）国外汽车人机交互系统发展现状

国外汽车人机交互系统主要有宝马 iDrive、奔驰 MBUX、奥迪 MMI、福特 SYNC + 等。

宝马—iDrive7.0 系统：iDrive7.0 使用起来非常简便，具备按键、旋钮、触控、手势、语音、手机 6 种交互方式。宝马 iDrive 是全球首例加入手势交互的系统，能够控制电话、音乐播放、音量、地图、菜单等。

奔驰—MBUX 系统：一套具有学习能力的智能多媒体娱乐系统。MBUX 系统最大的特点是用最接近自然发音的人声进行驾驶应答。

奥迪—MMI 系统：主要由终端操作装置和显示区域两部分组成，终端操作装置是一个依照人体工程学设计具有最佳操作便利性和清晰布局的控制装置，显示区域可以显示娱乐、通信、信息、控制等信息。

福特—SYNC + 系统：手机和数字媒体播放器配备的福特车载多媒体通信娱乐系统，主要有驾驶员服务、交通导航类、手机类、娱乐类四大功能，实用和娱乐功能结合给驾驶员带来驾驶便利性和趣味性。

（二）国内汽车人机交互系统发展现状

国内汽车人机交互系统主要有吉利 GKUI、比亚迪 DiLink、广汽 ADiGO、上汽斑马智行、奇瑞雄狮智云、蔚来 NIO OS、小鹏 Xmart OS 等。

吉利—GKUI 系统：吉利 GKUI 已迭代至 GKUI2019，具备按键、旋钮、触控、语音、手机、HUD、人脸识别、智能手表8种交互方式，其特色有手表交互（与手机交互功能一致，主要为远程控车和车辆信息查询）、人脸识别交互（FACE ID个性化设置）等。全新升级的GKUI19，搭载了AI Cloud、控件交互、全能ID、开发者平台等定制化功能，更满足用户的生活方式和用车习惯，打造全新车载智能网联生态服务。

上汽—斑马智行系统：斑马智行新系统VENUS主打AI语音，仅需一次唤醒，即可实现自然连续对话，并且指令可随时打断，内容可随心切换，不再是冷冰冰的机械指令，不再让用户感觉在与机器互动，人机交互会变得更加贴合人性，人车互动交流起来，就像和朋友说话一样自然。

比亚迪—DiLink系统：DiLink智能网联系统旨在全面连接人、车、生活、社会，主要包含Di云、Di平台、Di生态和Di开放四大能力平台，它具有强大硬件基础、全息全景透明影像、安卓系统兼容手机生态、完善的系统安全、蓝牙遥控驾驶、一键分屏、车载K歌、车载游戏等，为消费者提供智能出行新体验。

广汽—ADiGO系统：ADiGO系统分为“自动驾驶系统”与“智能物联系统”两大功能板块，集合了自动驾驶和物联网以及大数据的车载系统。

蔚来—NIO OS系统：经过调研用户反馈进行的全局优化，简化系统层级，中控屏主界面由3屏调整为1屏。NIO OS系统拥有好看的UI设计、好用的UX交互和更丰富的内容，为用户提供更好的数字化体验。加入更多的屏幕手势操作，通过屏幕手势即可完成所有操作。

小鹏—Xmart OS系统：首次实现L2.5级自动驾驶。总之，国内外汽车人机交互已进入语音、手势、人脸识别等多模态交互阶段，下一步的重点将是功能深化和多模态融合。此外，从车内交互到多场景交互，从“被动交互”到“主动交互”也成为未来的人机交互的发展趋势。

三　人机交互平台搭建

人机交互是人与车之间传递、交换信息的媒介和对话接口，是智能座舱系统的重要组成部分。HMI 人机交互致力于研究驾驶员行为、智能汽车交互设计，用交互设计提升产品体验竞争力，通过用户行为研究，探索潜在要求，以全新的方式提供服务。人机交互体验需模拟汽车交互真实场景，进行汽车驾驶交互场景模拟实验及车内交互模拟实验。将实验的定位设定在交互界面和交互行为的研究上，不仅研究车内的交互界面，还着重研究人在车中的行为方式，以便进行体感交互的研究以及探索更多更新的语音、手势等交互方式在车内的应用。

人机交互功能主要靠可输入输出的外部设备和相应的软件来完成。中国汽车技术研究中心－中汽数据有限公司为深入研究和验证人机交互相关功能体验，建立了人机交互实验室，搭建了基于驾驶模拟器的人机交互平台，主要采用驾驶模拟器进行相关人机交互测评实验，通过眼动仪设备、问卷调研、平台数据、专家访谈等多种形式完成体系框架的数据采集工作，并基于成熟的软硬件测试设备，初步构建出科学、客观、较为完整的人机交互四维评价分级体系。

图 2　中汽数据环幕驾驶模拟器

资料来源：中汽数据有限公司。

中汽数据有限公司于 2014 年建成 HMI 人机交互前瞻概念实验室，主要研究手势、HUD、氛围灯等前瞻概念交互模式的消费者功能需求及体验反馈。2016 年建成量产车人机交互功能测试评价实验室，可基于模拟驾驶平台进行量产车的相关交互性评价实验，其也是目前中汽中心中汽数据有限公司人机交互数据库产品的主要实验数据来源。在此基础上，2019 年中汽数据有限公司继续搭建量产车实验室，实现和 G19 在同一场景下的双车交互，测试研究部分 ADAS 和网联功能，可同步支持量产车评价数据库工作。

基于上述实验成果，中汽数据有限公司在传统交互性评价的基础上，继续扩展到地图导航、生态服务和感性评价三个方面，同时也将智能时代下汽车的情商纳入评价体系中，确立了四维动态评价体系（见图 3）。

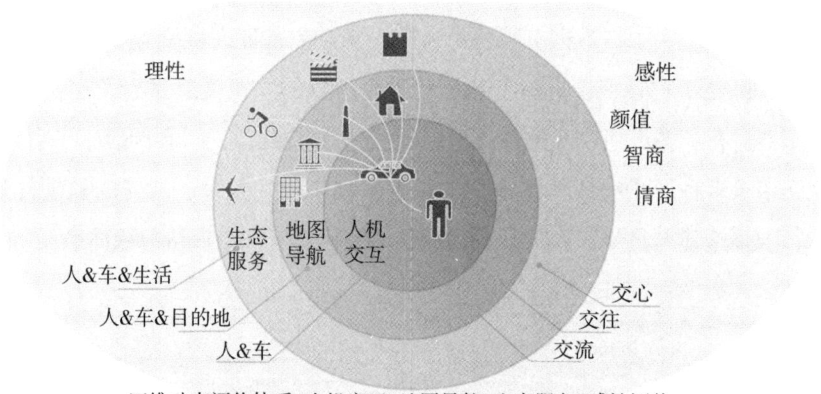

图 3　四维动态评价体系

资料来源：中汽数据有限公司。

人机交互平台的搭建，使得在模拟环境下，根据不同的测试场景，可以测试不同的功能，这也为未来人机交互和智能座舱的发展提供了无限可能。可以根据测试结果，提出建设性建议，从而优化产品，提高产品核心竞争力。

四　人机交互未来发展趋势

（一）从车内交互到多场景交互

车内人机交互一般指的是车内座舱交互，主要有传统交互方式和生物识别方式。传统交互方式主要有物理按键、触控交互；生物识别交互方式主要有语音交互、声纹识别、指纹识别、指静脉识别、人脸识别、虹膜识别等。其他比较热门的交互方式还有语音交互和手势识别交互。

车外交互使用比较多的是智能钥匙。自从2003年NXP推出无钥匙系统之后，蓝牙钥匙、NFC卡片式钥匙、手机钥匙等逐步搭载上车，成为当下主流的车外交互场景之一。此外，还有智能迎宾灯（如Marvel X）、数字大灯交互（如WEY P8 GT）、智能车窗交互（如威马EX5，该功能暂未搭载）、指静脉解锁车门（零跑S01）、指纹识别（第四代胜达）等等，均实现了实车搭载。考虑到市场需求以及成本，部分交互技术目前仅仅是小批量搭载试水，未来随着技术的不断成熟以及市场需求量的增大，相信这些技术会批量化上车并量产。

随着无人驾驶时代的来临，汽车除了和车内用户交流，还要主动地和车外行人、道路上行驶的其他车辆进行交互。而车和外部环境的交互方式，由于距离和噪声的影响，也会有很大不同。未来随着5G技术的逐渐成熟，V2X技术将逐步得到运用，届时车联网技术将成为最重要的车外交互方式之一。

（二）多通道融合交互成为主流交互形式

语音交互作为人类沟通和获取信息最自然便捷的方式，已成为主流交互方式之一。不只语音交互，人脸检测、手势识别、肢体动作识别等技术出现在更多产品中，更加方便快捷地判断用户意图和需求，并适时准确地提供服务或给予回应，使得多通道融合交互成为主流交互形式。

（三）赋予汽车角色

情感在人类的感知、认知和行为中至关重要。随着智能体在人类生活中逐步渗透，学界和业界对于机器情感智能的关注度与日俱增。人工智能使机器获得情境感知和自主认知能力，让我们能够建立机器主动服务于人的交互模型，进一步提升人机交互的体验水平。“人设”是指用户在与智能设备的互动过程中，通过感知综合特征而推断出的角色形象，这种形象具有一致性，一般由一些基本属性（如性别、年龄等）、性格（如外向、善良等）和关系（如助手、朋友等）构成。在汽车上的应用比如语音唤醒智能助手，像上汽集团“你好，斑马”，蔚来汽车“嗨，NOMI”等等。上车的第一件事就是唤醒智能助手，就像呼唤一位老朋友一样，用户提供指令给助手，助手满足客户需求，让车不再是冷冰冰的出行交通工具，车途中更像是有朋友陪伴，同时也为快节奏的生活增加色彩。

（四）汽车开始从“被动交互”到“主动交互”

被动式交互是由人给机器发号施令，机器执行并输出结果反馈给人。结合前文说的驾驶场景下的交互特点，就会发现被动式交互是不适合在车内使用的。用户需要发起和推进每一个节点，这样会导致视线需要频繁从路面上移开，不仅带来不安全的隐患，整个过程也是非常低效的。主动式交互以机器为起点，主动输出执行结果或建议给使用者；而且机器可以主动地从外界输入信息然后进行决策判断，不再需要人来输入指令。人们其实很难在驾驶过程中老老实实地，双手握好方向盘，视线紧盯路面，别的什么都不做。车机系统会在车内搭建一套硬件传感系统作为车的感官，借助 AI 的识别技术，让汽车也具备和人类相似的听、说、看的能力。

在未来无人驾驶的时代，通过 5G 通信和 V2X 的发展，车不仅要和车内用户交流，还要主动和车外行人、道路上行驶的其他车辆进行交互。主动交互能够提升安全性，有效减少用户转移视线的次数，并且能够提高交互效率，其将会是未来发展的一大重要方向。

五　小结

唐纳德首先提出了用户体验的概念，在体验经济时代，消费者更注重人的感受，并且更愿意使用和体验更好的产品。但是，每个人的感受都是不一样的，用户体验具有差异性、情景性和激励性。在未来，智能座舱创新方向主要为用户体验、云端解决方案与辅助驾驶；今后各企业竞争差异将更多体现在软件研发上，而竞争中用户体验的关注必不可少。用户体验并不是简单地在人机界面进行感知和操作，而是包括用户在上车前、驾驶时、娱乐时的各种需求，这些不同类型的需求具有差异化的触发情景和使用过程，只有做到两者兼顾，才能提高产品研发的核心竞争力，并在未来逐步实现“让车更懂人”的汽车智能化愿景目标。

B.8
汽车 HMI 人机智能交互分级体系研究

孟健　薄文　何珂言*

摘　要： 伴随着汽车智能化的高速发展，移动互联网普及，体验经济时代到来，这一时代背景让我们把目光转向汽车人机交互（HMI）——用户与智能汽车交流的窗口，它决定着用户对汽车智能系统智能化水平的第一印象，直接影响用户购车决策。近年来，针对汽车交互出现了很多黑科技新概念，诸如手势控制、全息投影乃至脑机等各项黑科技功能争相面世，对于车企来说判定 HMI 发展趋势进而进行研发是一个极大的挑战。中国汽车技术研究中心研究发布《中国汽车 HMI 智能交互分级体系》，期望明确行业 HMI 发展方向和发展策略。该分级体系将智能交互发展划分为五个阶段，依次为无智能化、初步智能化、部分智能化、高度智能化和完全智能化阶段，将各阶段特征概括为交互方式、交互生态、智能化 & 情感化三个方面。

关键词： 人机交互　发展阶段　发展趋势

过去的 2019 年，对汽车企业来说是不同寻常的一年，国内汽车市场表现不尽如人意，严苛的市场环境甚至让企业面临生死抉择；这一年，同时也

* 孟健，中汽数据有限公司产品数据部部长；薄文，中汽数据有限公司产品数据部人机交互研究主管；何珂言，中汽数据有限公司产品数据部人机交互数据分析员。

是科技快速发展的一年，智能网联汽车行业取得标志性进展，北京、上海、浙江、江苏等地纷纷发布智能网联汽车创新发展行动方案，C－V2X 标准、频段逐步统一确定，商业化落地可期，算力最强的 AI 处理器 Ascend 910（昇腾 910）、全场景 AI 计算框架 MindSpore 崭露头角，这一切都带给我们新的信心和希望。

相较于全球其他市场，中国市场有着明显的消费者年轻化趋势。2018 年与 2019 年各年龄阶段购车行动人群变化统计显示，购车行动人群中 18～23 岁用户的占比已从 2018 年的 4.8% 增长到 2019 年的 10.4%，该用户群成为汽车消费的新生力量。部分车企公布的中国车主平均年龄也表明，年轻消费者购车时对价格敏感度较低，愿意为喜爱的产品买单，如宝马 7 系车型车主平均年龄为 38 岁，凯迪拉克车主平均年龄在 33～35 岁之间，奥迪 A5 车型车主平均年龄较小为 32 岁。

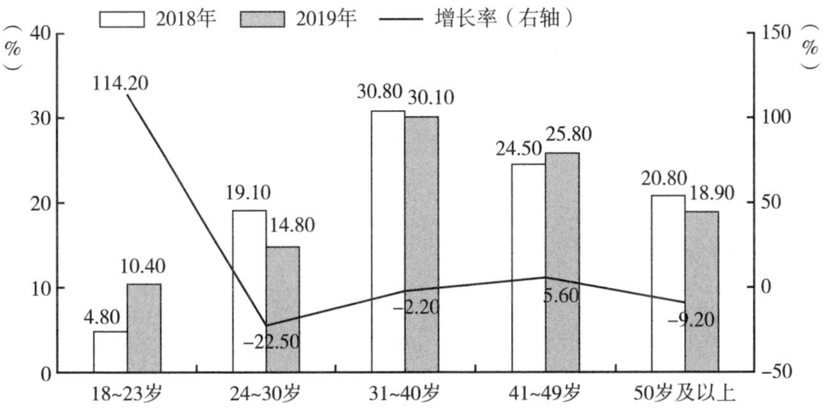

图 1　2018～2019 年各年龄段购车行动人群占比及增长率

资料来源：根据公开资料整理而得。

为迎合年轻客户的需求，车企纷纷举起年轻化大旗，在产品中加入科技元素，或推出主打科技、智能的新车型。例如老牌车企吉利，在 2017 年推出子品牌领克，目标群体锁定都市年轻人群体，主打个性化的外形设计、丰富的智能驾驶辅助。合资企业东风日产发布 Young Nissan 品牌年轻化战略，确立年轻化路线。消费者需求促进汽车智能化发展，自动驾驶、人脸识别、无线充电等黑科技功能纷纷上车，出现在人们的现实生活中，品牌希望搭载特有的黑科技配置，使其成为旗下某款车型乃至整个品牌的记忆点与卖点，达到宣传与差异化竞争的需要，如合众哪吒的透明 A 柱，蔚来的实体机器人助手 NOMI，理想 ONE 的贯穿式四联屏等等。

那么，如何让汽车消费者直接地感受到技术的进步，感受到企业造车的匠心，把技术进步落地在人们生活中？移动互联网的普及和体验经济时代的到来让我们把目光转向汽车人机交互（HMI）——用户与智能汽车交流的第一端口，它决定着用户对汽车智能系统智能化水平的第一印象，直接影响用户购车决策。

智能汽车的核心是汽车功能的智能化与信息化，而交互则是利用技术和人性化的语言将汽车功能进行翻译，进而呈现给用户。好的交互能够有效支持功能的技术实现，进而提升车内体验。因此，HMI 发展应当与汽车智能化技术共进退、相匹配。然而我们发现，对比自动驾驶与车联网分级标准，国内乃至国际上对汽车交互的发展方向和发展路径并没有较为统一的意见，各个车企仍在自行探索，而单个车企所能获得的信息的片面性决定这样的探索必将经历波折。

中国汽车技术研究中心有限公司于 2019 年 8 月 30 日召集国内人机交互领域的相关专家人员，于天津召开“2019 年中国汽车人机交互评价研讨会”，来自一汽、上汽、北汽、长安等十余家自主品牌车企的行业代表与同济大学、中国标准化研究院的专家代表参加了会议，会议达成共识，一致认为在当下明确 HMI 的发展方向极有必要。

基于汽车人机交互发展历程和对现有技术水平分析后的趋势预测，中国汽车技术研究中心相关专家对汽车人机交互方式 HMI 智能交互分级体系进行研究，以期明确行业内 HMI 发展方向和发展策略。该分级体系将智能交互发展划分为五个阶段，依次为无智能化、初步智能化、部分智能化、高度智能化和完全智能化阶段，将各阶段特征概括为交互方式、交互生态、情商 & 智商等三个方面。

表 1　SAE 自动驾驶分级阶段特征标准

<table>
<tr><th>分级</th><th>称呼</th><th rowspan="2">定义</th><th colspan="4">主体</th></tr>
<tr><th>SAE Level</th><th>SAE</th><th>驾驶操作</th><th>周边监控</th><th>支援</th><th>系统作用域</th></tr>
<tr><td>LV 0</td><td>无自动化</td><td>由人类驾驶员全权操控汽车，可以得到警告或干预系统的辅助</td><td>人类驾驶者</td><td rowspan="3">人类驾驶者</td><td rowspan="4">人类驾驶者</td><td>无</td></tr>
<tr><td>LV 1</td><td>驾驶支援</td><td>通过驾驶环境对方向盘和加减速中的一项操作提供驾驶支持，其他的驾驶动作都由人类驾驶员进行操作</td><td>人类驾驶者 + 系统</td><td rowspan="4">部分</td></tr>
<tr><td>LV 2</td><td>部分自动化</td><td>通过驾驶环境对方向盘和加减速中的多项操作提供驾驶支持，其他的驾驶动作都由人类驾驶员进行操作</td><td rowspan="4">系统</td></tr>
<tr><td>LV 3</td><td>有条件自动化</td><td>有条件自动化，由自动驾驶系统完成所有的驾驶操作，根据系统要求，人类驾驶者需要在适当的时候提供应答</td><td rowspan="3">系统</td></tr>
<tr><td>LV 4</td><td>高度自动化</td><td>由自动驾驶系统完成所有的操作，根据系统要求，人类驾驶者不一定需要对所有的系统请求做出应答，包括限定道路和环境条件等</td><td rowspan="2">系统</td></tr>
<tr><td>LV 5</td><td>完全自动化</td><td>在所有人类驾驶者可以应付的道路和环境条件下，可以由自动驾驶系统自主完成所有的驾驶操作</td><td>全域</td></tr>
</table>

资料来源：根据公开资料整理而得。

一　交互方式发展阶段与分级特征

（一）汽车交互方式发展历程

1. 起源

1885 年，“汽车之父”卡尔·本茨制造出世界上第一辆汽车——奔驰一号，它的方向盘、制动手把就是最初的汽车交互控制装置，人与汽车的交互也从这一刻开始。奔驰一号的驾驶舱交互极为简单，只有一个呈水平状的方向杆以及左手的操作杆。自奔驰一号后，汽车技术开始获得发展。诞生于1908年的福特T型车被称为“世纪之车”，是世界上首个采用流水生产线进行制造的车辆，被视为汽车发展史上的一座里程碑。

这一时期的汽车驾驶室比较简单，功能方面仅配备驾驶功能，交互方式单一，但也有所差异，以T型车为例，启动需要使用手摇启动柄，刹车、换挡需要借助踏板，油门操作需要借助方向盘后的一个手柄控制。

2. 初期

20世纪50年代，汽车在发达国家大量进入人们的生活，汽车内部非驾驶功能开始多样化，汽车内的人机交互也变得更加丰富，较有代表性的车型包括凯迪拉克 Eldorado Brougham、BMC 的 MINI 等。小型经济车 MINI 内部风格极为简单，80%的车厢地板面积可用于乘客乘坐与放置行李，在尺寸设计时已经有了人机工程学思想。

汽车发展经历了机械时代、电子时代，如今已进入软件时代。十年前，以苹果和谷歌为代表的触屏交互的诞生，迎合了市场需求，逐渐发展到现在。也正是手机的触屏交互操作，彻底地改变了机器交互方式，汽车也从老旧的按键交互转向车载中控触屏交互，这使得车载屏幕上实现更多功能操作成为可能，如看电视、电影、播放音乐等。汽车驾驶室的交互设计慢慢形成我们所熟悉的形式，以特斯拉 Model S 为例，该车型首次使用液晶显示屏来替代原有的仪表、中控区，车内大部分功能可通过触控屏幕来完成，可以看作划时代的产品。

3. 发展

随着技术的不断进步，车载屏幕从单一的手机功能向汽车功能转移，这时候的汽车可以实现导航和倒车影像，也可以操作一些车辆的基础功能，但是发展仍旧受限，所有功能需要提前配置，或在4S店进行升级，内容播放也需要通过CD或内存卡实现，控制功能较为单一和基础化，仅包括空调开启和温度调节等。

随着移动互联网的发展，车联网、智能汽车的概念逐渐被人们熟知，汽车不再只是一种代步工具，而逐渐变为人们的移动生活空间。功能强大的车载系统和自动驾驶技术带来更智能、更复杂的人机交互关系。车机通过手机互联或直接联网，可以实现多端资源共享和软件实时更新，出现了语音、手势等自然交互方式。这样的改变很大一部分是由于如今复杂的交通状况和层级渐深的车机功能，在交通过程中需要驾驶人注意的信息过多，造成认知上的超负荷，也就需要自然交互方式的缓解。

纵观汽车人机交互方式的发展历程，可以发现其发展方向已从最初的提高安全性与驾驶性能，扩展到共同满足辅助性、舒适性、娱乐性和美观性的要求。由于驾驶室空间功能越来越丰富，交互界面也变得越来越复杂多样，控制区按键数量增加，仪表显示内容增多，逐渐融入信息时代浪潮。

表2　1898～2015年汽车驾驶室交互方式发展情况（部分）

年份	国家	厂商/发明人	功能	交互方式
1898	美国	哈特福德	用电车灯	电开关
1927	美国	福特	喇叭	按钮
1941	美国	帕卡德	电动车窗	拨动开关
1959	瑞典	沃尔沃	三点式安全带	卡扣
1980	德国	奔驰	安全气囊	紧急情况自动弹出
1981	日本	丰田	类导航系统	仪表与按键
1986	美国	别克	全触控中控	触控屏
1988	美国	奥兹莫比尔	HUD	显示器
1990	日本	丰田	磁带	方向盘按钮
2003	日本	丰田	泊车辅助系统	倒车影像
2004	美国 日本	IBM 本田	声控导航	语音
2012	美国	特斯拉	智能集合中控屏	触控屏
2014	日本	先锋	HUD	AR视觉
2015	德国	宝马	3D动作传感器	手势

资料来源：根据公开资料整理而得。

（二）现阶段重点黑科技功能介绍及发展方向预测

1. 生物识别

生物识别具有不遗忘、防伪性能好、不易伪造或被盗、随身“携带”

和随时随地可用等优点，在身份验证、驾驶状态监测、人机交互等方面都有深广的应用潜力。目前用于汽车的生物识别技术主要有人脸识别、指纹识别、指静脉识别和瞳孔/虹膜识别。

人脸识别主要用于汽车 Face ID 和疲劳驾驶监测，其中 Face ID 常与用户个性化预设联动，用于提升驾乘体验，保护车辆的财产安全，保障驾驶安全。目前搭载人脸识别功能的车型较少，主要有凯迪拉克 XT4、荣威 RX5 MAX、森林人、吉利星越、威马 EX5 等，捷豹、拜腾的相关车型也在规划中，3 年之内仍处于起步期，陆续将有少量新车型搭载，预计在 2023 年之后进入快速发展期。实现的功能主要有身份验证和驾驶员状态监测。

指纹识别在手机、门禁等领域应用广泛，但由于其适用人群有限，且环境条件要求高，在汽车领域应用较少。包括概念车在内，厂商普遍把指纹放在车内，用于用户进车之后的个性化身份认证，这是由于指纹受环境和手指状态影响较大，不适合复杂的车外环境。未来，随着超声波传感技术的发展成熟，指纹识别可能与面部识别等生物识别方式共同用于汽车，实现车辆安全的多重保障。目前搭载的量产车型主要有奥迪 A8L、现代胜达、领克 05、Honda FCX 等，识别位置均设置在车内。

指静脉识别技术是一项新兴的生物识别技术，不受环境光、感应面板干湿度、手指表面状态的影响，拥有生物特征无法复制、破解难度大的优势。零跑 S01 是目前唯一一款使用指静脉识别技术的量产车型，识别位置为车门里侧，用于开启车门。指静脉车载技术尚不成熟，近年内不会大规模搭载，但由于其在个人隐私保护领域的天然优势，待技术成熟后可能会成为发展趋势。

虹膜识别技术是目前已知的生物识别技术中最为精确的，可以用于车主身份验证、启动车辆、驾驶状态监测、车机控制操作等。目前使用尚处于理论阶段，还没有使用瞳孔、虹膜识别技术的量产车型上市，由于成本高、技术难度大，未来，其普及率仍将不及人脸识别和指纹识别，可能会搭载于少量高端车型。

表3　4种生物识别方式对比

识别方式	人脸识别	指纹识别	指静脉识别	虹膜识别
技术原理	根据人脸视觉特征进行比对验证	通过接触传感器提取指纹特征进行比对验证	通过非接触式设备获取手指静脉图像特征进行比对	通过非接触式设备进行比对
使用特点	需要对准摄像头	体力劳动者、老年人指纹特征不明显;会在采集器上留下指纹印痕	非接触式;自然放置	需要对准摄像头
干扰因素	光照、整形、化妆、饰品	手指表面状况、干湿环境	身体内部信息,不受外部环境影响	光线、距离、睫毛状态
可信度	低	一般	高	高
拒真率	2.6%	0.1%	0.01%	0.01%
认假率	1.3%	0.001%	<0.0001%	0.0001%
适用人群普遍性	高	中	高	高
稳定性	中	高	高	高
可采集性	高	中	中	中
安全性	低	中	高	高
舒适性	高	中	高	低
防伪性	低	中	高	高
成本	低	低	中	高

资料来源：根据公开资料整理而得。

2. 手势交互

随着车辆功能变得越来越多，自然交互成为简化人机界面的重要工具。手势交互不依赖界面等第三方设备，能够极大减少认知和视觉沟通成本，是代替屏幕触控的良好方案。目前广为采用的手势识别方案主要有 TOF、结构光、双目立体成像三种。国内外车企均在布局手势交互的量产计划和技术储备，但由于硬件成本和用户学习成本高，搭载量产车仍然很少，多装备于豪华车上，帮助凸显品牌形象的科技感与豪华感。然而由于目前手势交互的实用价值并不高，还不被追求实用性的中低消费群体接受。手势控制在处理大量信息、多重控制方面具有优势，可在车内任意位置操作，未来可与自动驾驶、AR－HUD 相结合获取更大发展空间。当前搭载的量产车型主要有宝马、帕萨特、君马、捷豹路虎、奔驰 S 级轿车、SEAT Ibiza、高尔夫、Ford Escape／Kuga 等，拜腾等品牌也在量产规划中。

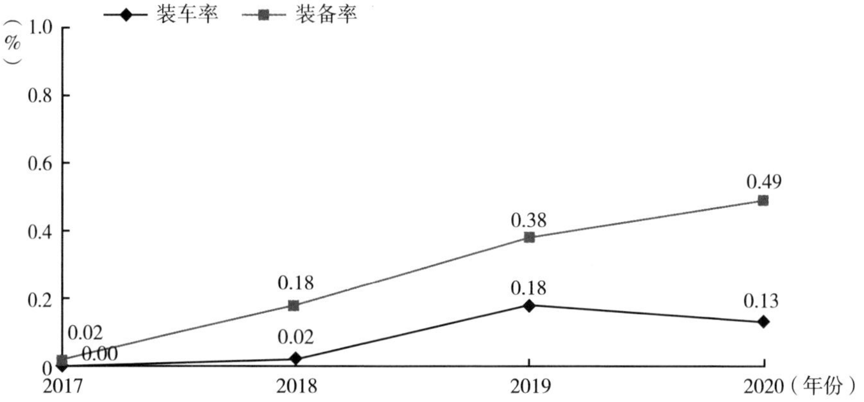

图 2　2017～2020 年国内车型手势交互装车率/装备率变化

资料来源：中汽数据有限公司。

3. 脑控汽车

脑机接口也称作“大脑端口”或“脑机融合感知”，是指将人或动物的大脑与外部设备相连，实现大脑对设备直接控制的技术，它以人的思维和想法为中心，通过信号处理算法对脑电信号进行分析，得到相应的指令，最终实现末端设备控制。该技术至今已有 40 年的研究历史，目前在康复医疗、智能家居、汽车行驶控制领域有较多的研究应用。

“脑控汽车”是全新的、具有划时代革命意义的车辆行驶控制方式。2015 年 7 月 15 日，南开大学计算机与控制工程学院的研究小组成功研发出国内首辆脑控汽车，该研究小组与长城汽车共同合作，通过脑电监测设备采集人在注意力集中时产生的脑电信号，利用信号识别系统分析人对车辆的操控意图，并将操控指令发送到车辆控制平台，实现人脑直接控制汽车。该实验者头戴具有 16 个采集点的脑电信号采集设备，该设备可以准确执行汽车的启动、直线前进、直线倒车、制动、车门开关锁等规定指令。2018 年

CES 会议上，日产公司展出其脑车接口技术，称为“日产智能移动系统”，该技术可以预测司机行为，比司机本身快 0.2 ~0.5 秒采取行动，目标在 5 ~10 年投入实际应用。特斯拉创始人马斯克也在 2017 年成立脑机接口初创公司 Neuralink，已发布一项可扩展的高带宽脑机接口系统，该系统由一个类似缝纫机的机器人 15.11 和一些粗细只有 4 ~6 微米、比人类头发丝还细的线路组成，可在神经外科医生指导下进行植入操作，一次性可以监测 1000 多个神经元数据。

“脑控汽车”已能实现汽车的基本操作和低速行驶，但与真正的上路行驶还有很大距离，电动系统需要进一步改进和完善。未来，随着“脑控汽车”的安全性、智能性、人性化程度不断提高，这种驾驶方式不但能够在大众生活中普及，更能应用于肢体残疾人士，帮助他们实现对车辆的驾驶控制。

（三）交互方式发展阶段分级特征

基于汽车人机交互发展历程和对现有技术水平分析后的趋势预测，中国汽车技术研究中心相关专家将交互方式特征总结为信息传递介质、支持系统、主要控制方式、控制方式联动程度、交互信息等五个方面，每个发展阶段的详细特征如下。

表 4　交互方式发展阶段与分级特征

阶段	智能化程度	交互方式特征				
		信息传递介质	支持系统	主要控制方式	控制方式联动程度	交互信息
阶段 1	无	屏幕 + 仪表	无系统	物理按键	无	信息量低;仅车辆状态
阶段 2	初步智能化	屏幕 + 仪表 + HUD	一般车机系统	触控 + 语音	较低	信息量较低;车辆状态 + 导航信息
阶段 3	部分智能化	屏幕 + HUD + 全息	高级车机系统(具备 OTA 更新、应用商城、应用开发生态、个性化设置等功能)	语音 + 手势	一般	信息量中等;车辆状态 + ADAS 信息 + 导航生态信息

续表

阶段	智能化程度	交互方式特征				
		信息传递介质	支持系统	主要控制方式	控制方式联动程度	交互信息
阶段4	高度智能化	AR-HUD+全息	云端OS	语音+手势+脑机	较高	信息量高;能够随用户意图快速切换
阶段5	完全智能化	虚拟视觉投影	云端	脑机	无感	各项信息随用户意愿获取

资料来源：中汽数据有限公司。

其中，阶段1为无智能化阶段，座舱交互过程仅有少量信息传递，屏幕、仪表等板块相互独立，没有整体的集成系统支持，没有联动，主要控制方式为物理按键。阶段2为初步智能化阶段，这一阶段出现了车机系统的概念，信息通过仪表、屏幕、HUD等介质传递给驾驶员，但信息量较低，以车辆状态和导航信息为主，主要控制方式为屏幕触控，自然语音交互开始出现。阶段3为部分智能化阶段，此时车机系统经过时间打磨走向成熟，具备软件OTA更新、支持个性化的应用商城等功能，交互信息量增多，增加ADAS信息和基于导航位置的生态信息，交互方式以语音、手势等自然交互为主。阶段4为高度智能化阶段，车机系统演变为云端OS，车与车/人/路之间交互信息量大幅增加，对应地开始出现脑机控车，交互方式之间的联动程度也较高，AR-HUD开始普及。阶段5为完全智能化阶段，此时交互方式以脑机控制为主，用户可以实现与车辆之间的无感交互，随意获取各项信息。

二　交互生态发展阶段与分级特征

（一）汽车交互生态发展历程及现状

“汽车生态服务”是近年来汽车行业里比较热门的一个概念，可以定义为通过车机系统完成的，用于服务车主用车生活的线上线下服务。汽车本身也是一个独特的个人空间，是除家庭和办公场所外，人们使用时间最长的个人空间，它在移动中与周边环境不断进行信息传递与交互。

目前，移动互联网所建立的生态圈已将衣食住行等各类生活服务覆盖在内，乘此东风，车企、供应商展开基于位置的汽车生活服务设计，汽车交互生态开始建立，汽车行业所涉及的企业范围扩大，逐渐形成企业矩阵。

在汽车生态服务中，有一部分是与汽车强关联的服务，如寻找车位、停车、保养维修、高速公路收费等，如 BMW 自动远程售后呼叫服务可以检测到汽车何时需要进行保养，并将相关信息发送至用户选择的 BMW 售后经销商，为用户预约保养服务。

还有一部分与汽车出行关联较弱的生活服务如订餐、订机票等，我国企业在此方面更为领先。以阿里、腾讯为代表的互联网企业在移动互联生态方面已经建立自己的生态矩阵，并广泛与车企合作，通过共研车机系统，将自己的生态功能搭载于汽车上。比如上汽荣威搭载的斑马系统 MARS3.0，即包含车内订咖啡、收取快递、购买电影票等生态功能，用户在车内呼叫语音助手即可实现功能，同时还在建立自己的车上社交通信工具。

（二）交互生态发展阶段与分级特征

基于汽车交互生态发展历程和对外来发展方向的预测，中国汽车研究中心专家将交互生态的阶段特征分为生态完整度、场景覆盖程度、可用性反馈等三个维度，如表 5 所示。

表 5　交互生态发展阶段与分级特征

阶段	智能化程度	交互生态特征		
		生态完整度	场景覆盖程度	可用性反馈
阶段 1	无	无	无	视觉反馈 + 按键音反馈
阶段 2	初步智能化	完整度较低;驾驶 + 音乐/电台等少量娱乐	覆盖程度较低;常见驾驶场景	触觉反馈 + 智能助手语音回复

续表

阶段	智能化程度	交互生态特征		
		生态完整度	场景覆盖程度	可用性反馈
阶段3	部分智能化	完整度中等;线上线下联动;驾驶+娱乐+出行服务+生活服务	覆盖程度中等;绝大部分驾驶场景+常见生活场景+常见工作场景	智能助手语音回复多样化+全息联动反馈
阶段4	高度智能化	完整度高;能够基本覆盖用户驾驶及生活需求	覆盖程度高;能够基本覆盖用户用车过程中全部场景	全息联动反馈+脑电波反馈
阶段5	完全智能化	能够完全覆盖用户全部驾驶及生活需求	能够完全覆盖用户用车过程中全部场景	全息联动反馈+脑电波反馈

资料来源：中汽数据有限公司。

其中，阶段1为无智能化阶段，汽车生态尚未形成，可用性反馈通过视觉和按键音的形式实现。阶段2为初步智能化阶段，汽车生态初步形成，完整度较低，仅有音乐、电台等少量娱乐功能，场景的覆盖程度也较低，仅包含常见驾驶场景。阶段3为部分智能化阶段，生态完整度中等，开始实现线上线下的联动，出现基于移动位置的出行服务和生活服务，覆盖绝大部分驾驶场景和常见生活场景、工作场景。阶段4为高度智能化阶段，生态完整度更高，能够基本覆盖用户的驾驶及生活需求。到完全智能化的阶段5，则实现用户驾驶及生活需求的全覆盖，对应实现全息联动与脑电波形式的可用性反馈。

三　HMI智商&情商发展阶段与分级特征

（一）HMI智能化&情感化发展历程及现状

信息化时代背景下，市场中各种产品极其丰富，大数据、车联网、无人驾驶等技术引进已经是各大车企的行业目标，结合未来交通发展趋势，汽车交互同样离不开智能化、情感化的发展方向。语音助手、智能机器人等车载机器人的出现标志着汽车智能化情感化拟人化的开始，车企希望以一个或多个卡通形象来建立车辆与用户之间的沟通桥梁，赋予汽车以伙伴/助手的人类形象。车载机器人十分受消费者喜爱，尤其是单人远途出行旅游和枯燥的上下班驾车途中，它们是非常好的交流对象。目前的车载机器人主要承载语音助手的功能，AI 学习能力一般，主要有屏幕形象、实体机器人、全息形象三种形式。

屏幕形象的车载机器人如理想 One 搭载的理想同学，它承担语音助手的形象化功能，被设计成一个简单的符号形象，常显示在屏幕左侧，在一定程度上减缓了用户等待语音反应时的焦虑感。实体机器人则以蔚来 NOMI 为代表，它是全球首个车载人工智能系统，集成了语音交互系统和智能情感引擎，通过显示多种 emoji + 语音进行人车交互，可进行上下 30°、左右 50°的摆动，模拟点头摇头转身等动作，用户可以为它自定义名字和设定主人昵称，目前 NOMI 共有 80 组表情，涉及导航、音乐、笑话、座椅按摩、起名等场景。奔腾利用全息投影技术，在中控屏幕上方设置一个动态投影形象，该二次元人物可以根据个人喜好改变，同一个人物也有不同皮肤可供选择，其名为 YOMI。YOMI 其实并非真正意义上的全息助手，许多车企对类似电影中的无介质全息管家 VPA 形象大有兴趣，相信在未来我们可以有幸见到。

技术上通常把机器人分为三代：可编程机器人→感知机器人→智能机器人。当前的车载机器人主要处于第一至第二阶段，还不能离开人的控制，随着人工智能的爆发式发展，将很快向智能机器人发展。目前搭载机器人的品牌以新势力和豪华品牌为主，现阶段产品还远远达不到使用要求。预计 2020～2025 年，实体化机器人仍为发展趋势；2025～2030 年，随着真正的无介质全息技术得到商业化应用，全息虚拟助手将会迅速发展。

表 6　部分车载机器人

品牌	车型	机器人名称	形式	供应商
合众	哪吒 U	小 you	实体机器人	—
蔚来	ES6/ES8	NOMI	实体机器人	—
奔腾	T77/T99	YOMI	全息形象	—
丰田	雷克萨斯(规划中)	Alexa	—	亚马逊
奔驰	A8、A6、A1、A4、Q7、Q3	—	屏幕形象	赛轮思
RIVIAN	R1T/R1S SUV	Alexa	—	亚马逊

续表

品牌	车型	机器人名称	形式	供应商
小鹏	G3/G7	小 P	屏幕形象	思必驰
理想	ONE	理想同学	屏幕形象	小米
奇瑞	星途	小云	屏幕形象	百度
长安	CS75 PLUS	小安	屏幕形象	腾讯

资料来源：中汽数据有限公司。

（二）HMI 智能化 & 情感化发展阶段与分级特征

基于汽车交互智能化、情感化发展过程及发展现状，中国汽车技术研究中心的专家将其特征分为系统人格、系统可定制程度、用户习惯设置等三个维度，如表 7 所示。

表 7　交互智能化 & 情感化发展阶段与分级特征

阶段	智能化程度	特征		
		用户习惯设置	系统可定制程度	交互人格
阶段 1	无	无	无	无人格特征;机械形象
阶段 2	初步智能化	支持用户自定义设置	低	单一人格;拟人机器人形象
阶段 3	部分智能化	用户自定义设置 + 系统学习微调	中	多个人格可选;系统默认为主 + 部分用户自定义
阶段 4	高度智能化	用户信息读取设置偏好 + 使用习惯学习	高	多个人格可选;用户设置偏好 + 人工智能学习
阶段 5	完全智能化	用户意愿直接控制	高	完全基于用户习惯学习的个性化智能机器人

资料来源：中汽数据有限公司。

其中，阶段 1 为无智能化阶段，汽车没有人格化特征，仅为单一的机械形象。阶段 2 为初步智能化阶段，汽车开始拥有自己的人格，出现拟人的机器人形象。阶段 3 为部分智能化阶段，车载形象开始部分可定制，以系统默认为主，附以部分用户自定义，用户可以自定义习惯设置。阶段 4、5 分别为高度智能化和完全智能化阶段，实现从机器人的部分人工智能学习到完全人工智能学习的个性化智能机器人，可由用户意愿自行控制。

B.9

基于车险理赔指标的数据精细化管理平台建设研究

郭维明　马 欣　李荣振　刘洛言*

摘　要： 随着我国车险业务的不断发展，商车改革的不断深化，车险理赔服务质量成为财产保险公司理赔管理的重要焦点。车险理赔服务中存在的问题随着业务的发展逐渐凸显，主要表现为理赔时效低、理赔金额不能达成一致、保险责任认定存在争议、承保时未尽说明义务等问题，严重影响着财产保险公司品牌知名度和经济效益的提升。针对上述问题，虽然保险行业及公司均制定了一系列理赔考核指标，但由于缺乏科学的方法对理赔指标进行有效的分析和管理，保险公司很难从根本上找到并解决车险理赔管理中具体的问题点，影响了保险公司对车险理赔业务进行有针对性的改善，以及管理效率和服务质量的提高。

关键词： 车险理赔　精细化管理　高质量管理

一　精细化数据管理平台建设的意义

随着我国经济发展和居民收入水平的提高，私家车保有量不断增加。据

* 郭维明，中汽数据有限公司后市场数据部部长；马欣，中汽数据有限公司后市场数据部经理；李荣振，中汽数据有限公司后市场数据部工程师；刘洛言，中汽数据有限公司后市场数据部工程师。

国家统计局信息网站公开的数据，2019 年国内汽车保有量已经达到 2.6 亿辆，比上年末增加 2122 万辆；2019 年全国车险保费收入达到 8188 亿元，同比增长 4.52%；2019 年保险公司车险保单数量累计达 4.97 亿件，同比增加 11.02%。车险承保盈利 103 亿元，增幅 880%，承保利润率 1.36%。

然而，随着汽车行业的蓬勃发展，客户和保险公司的理赔矛盾也日益突出。一方面，在车险保单销售过程中由于保险公司承保时仅能根据客户提供的有限信息进行主观性判断，并且销售人员为了增加业绩夸大保险责任或者未明确告知投保人车险合同条款全部内容，因此为后续理赔工作埋下隐患，一旦事故发生投保人感知赔付结果与预期赔付存在较大差异，各种纠纷就会出现；另一方面，投保人在选择保险公司时不仅会考虑保险公司品牌知名度、保费规模，还会综合考量保险公司所能提供的车险理赔服务内容及质量，保险公司的价格竞争逐渐弱化，服务竞争逐渐提高。

从当前车险行业理赔现状看，个别保险公司存在着恶意拖赔甚至不合理拒赔的情况，这种现象严重阻碍了车险市场的快速健康发展；另外，由于保险公司内部管理疏漏，反欺诈、防渗漏等风控措施存在不足，大部分保险公司在车险业务板块严重亏损。

从国家及行业政策方面看，我国保险监管机构和行业协会的相关规定明确了在客户出险时保险公司需要保证理赔的主动性、时效性和合理性的具体义务要求，同时也从法律层面对投保人和被保险人权利进行保障，高度重视保险理赔质量。

从保险经营层面看，车险保费收入约占整个财产保险保费收入的 70%，不仅是各财产保险公司的主要收入来源，而且持续保持较快的增速。在这种背景下，保险公司在不断扩大车险业务规模的同时，必须明确细化车险理赔支出，提高车险理赔服务质量，才能不断缓解财产保险公司和车险客户之间的矛盾。

因此保险公司亟须根据自身业务现状和业务需求建设一套精细化数据管理平台，提高车险理赔质量，降低赔付率和综合成本率，帮助公司实现扭亏为盈的局面。

二 车险理赔介绍

（一）车险服务

车险服务主要指基于保险公司与投保人最大诚信原则，保险公司根据投保人车险需求出具保险方案，并引导投保人签订车辆承保合同，在投保车辆出险后为出险客户进行相应的理赔工作处理。车险服务一般包括保险方案的制定、承保出单、防灾防损及理赔等保险服务，其中保险方案制定主要是根据投保人需求给予相应的投保建议，并出具投保确认单；承保出单主要是为投保人介绍相关的投保险种的具体条款内容，特别是保险责任和责任免除，引导投保人签订相关的协议并出具保险单；理赔服务作为车险服务最重要的部分，其内容包括及时对出险车辆进行现场勘查、理赔单证采集、车辆定损等理赔工作。

（二）车险理赔

车险理赔主要是指在保险合同有效期间，投保车辆因意外发生了保单条款内所约定的保险事故，保险公司按照合同内容履行相关责任和义务，给予被保险人一定的经济补偿。车险理赔基本流程一般包括出险客户报案、事故现场查勘、事故成因调查、事故损失核定、理赔单证采集、理算审核和结案赔付等。除上述理赔流程中包含的内容外，保险公司还提供事故前的防灾防损和事中事后的客户咨询处理服务，提高车险客户对车险理赔的满意度。

（三）车险理赔质量

车险理赔质量的评测内容包括理赔流程、理赔时效、服务人员态度、理赔承诺、维修质量以及理赔方式等，其是衡量保险公司车险理赔管理和服务水平的重要指标。由于车险理赔流程的不同、出险标的的不同、事故严重程度的不同以及服务对象的不同，因此很难通过理赔时效、理赔承诺、理赔人员态度等某一具体指标来衡量车险理赔质量。另外，车险理赔质量更多的是从出险客户角度进行考察，与客户的主观标准和倾向有关，因此出险客户的体验感和认同感对车险理赔质量具有较强的影响。

三　车险理赔服务考核指标

为了提高财产保险公司的整体经营管理水平，便于保险监管和行业统计，促进产险市场科学、理性发展，中国银保监会制定并下发了《车险公司经营分析指标》，对车险公司进行考核并监管。该考核管理办法共分为三部分：承保类指标、理赔类指标和经营分析类指标。

监管要求的考核指标达上百个，而保险公司在实际车险理赔服务中重点考核环节是车险的查勘定损环节，其主要考核指标有报案及时联系率、及时到场率、维修质量满意率和定损满意率这四项细化指标。

报案及时联系率和及时到场率这两个指标反映了保险公司的行动效率，保险公司如果能在出险客户报案后及时联系客户并与客户约定到场时间，会明显提高出险客户对车险理赔服务的满意程度。如无特殊原因未及时联系客户或到达事故现场，轻则引起客户不满，重则造成客户投诉，进而影响车险理赔质量。

维修质量满意率和定损满意率两个指标一般来说存在非人为的客观性因素，也存在着人为的主观性因素，涉及维修单位的企业利润、定损方案争议、定损的价格争议和车主的心理预期等，这些因素会直接影响出险客户对理赔服务的满意程度。一旦出险客户预期得不到满足，往往会将这种负面情绪转化为对保险公司理赔工作的不满。保险公司应最大限度地解决理赔纠纷，保证车险理赔更加公正透明。

四　数据精细化管理平台主要功能

保险公司需要提高车险理赔考核指标，增强对车险理赔业务的精细化管理、风险管理、品质管理能力，从而提高车险理赔的服务质量。数据精细化管理平台建设，为车险理赔核心系统提供理赔数据支撑，支持车险理赔系统根据案件的不同进行个性化的车险理赔服务，提高车险理赔服务效率和服务质量。

“粗放式”管理已不能适应保险公司日益变化的车险理赔模式，车型配置的复杂化、配件品质的多样化以及理赔考核指标的具体化等多方面的因素促使保险公司不断提升数据管理方式和管理水平。保险公司常规的数据管理平台包括配件数据维护、工时数据维护、低碳数据维护、辅料数据维护等功能模块。

（一）配件数据维护

配件数据在整个车险理赔环节中占有重要地位，也是各保险公司风控管理的主要实施对象。车险理赔业务中涉及配件的数据维护内容包括车型配件数据维护、配件价格数据维护、定核损限价数据维护、配件回收数据维护、配件残值数据维护和配件价格规则配置数据维护等。

1. 车型配件数据维护

车型配件数据是指确定车辆具体款型后其所包含的配件数据，该数据的精准性和全面性将直接影响整个赔案的最终结果。保险公司常用的车型配件数据采集方案为通过招投标的形式由一个或多个数据商提供精准全面的配件数据支撑整车车险理赔业务。由于数据商的配件数据大多采集的为 EPC 数据，与实际的装车数据存在差异，再加上车辆的加装/改装配置丰富多样，在车险理赔业务中各数据商数据不能完全满足业务需要。保险公司在车辆定损过程中又进行了自定义配件的限制，将配件点选率作为定损工作质量的重要考核指标，因此数据管理平台的配件数据维护中需支持款型项下配件数据的维护，该维护可通过定损人员上报和数据管理人员直接维护两种方式实现，与前端理赔系统进行数据互通实时维护。

2. 配件价格数据维护

配件价格数据是整个理赔环节最重要的参考数据，价格数据的准确与否直接影响案件的最终赔款金额和客户的满意度；配件价格数据的管控也是各保险公司减损降赔的重要管控手段。

每辆汽车由上万个零配件组成，每个零配件又存在原厂件、品牌件、副厂件、下线件、拆车件和再制造件等多种配件品质，每种品质的配件价格相差较大。原厂件品质的配件一般4S店使用较多，大多数汽车主机厂对各经销商都有统一指导价，车辆实际维修时除个别4S店有单独加价情况外基本上会采用统一指导价，保险公司在事故车定损理赔中针对去4S店维修的车辆都会给予原厂件的4S店价格进行定损赔付。

保险公司可通过各省分机构、车辆品牌、车系维度对配件的原厂4S店价、市场原厂件、市场品牌价、市场副厂价等配件品类进行价格维护，并可通过配件名称或原厂编码进行数据查询，进而维护其各类价格。

3. 定核损限价数据维护

为限制前端定核损对零配件价格的上报，并控制案件流转，符合权限的案件直接进入自动核价核损，对超出权限的案件需进行人工审核。保险公司在数据管理平台可在品牌维度项下对各类配件价格设置默认参考价，默认参考价与保险公司维护的本地价、光盘价、品牌系数、修理厂折扣系数、修理厂承修品牌、车辆承保渠道等因素有关。由于全国各省（区、市）汽车及保险行业发展不均衡，保险公司各省分机构可在省份维度下按品牌对各类配件价格进行配置管控，以满足不同省分机构的不同业务及风控需求。

4. 配件回收数据维护

汽车零配件丰富多样，包括但不限于铁质、铝合金材质、橡胶材质、皮革材质、电子元件、内饰件、灯具等，零配件的更换包括总成件更换、半总成件更换。事故车在维修过程中产生的零配件残值价值不同，特别是高端车线束、灯具、钢圈、启动机、侧围等都是保险公司日常定核损关注的重点，有的配件残值可以卖出高价，有的配件残值可以多次使用。通过配件回收管控模块保险公司可根据车辆品牌、配件属性以及配件价格设置强制回收的配件明细，也可设置建议回收的配件明细，从而实现效益最大化，帮助保险公司减损降赔。

5. 配件残值数据维护

有些没有回收利用价值的配件，由于其材质的特殊性仍然具有一定的剩余价值。针对这种情况，保险公司一般采用扣残的方式进行价值最大化。在管控手段上，保险公司可将车辆依据不同的车值划分成不同的等级，再依据不同的配件设置不同的价值区间，然后根据其材质确定最终的剩余价值并设置扣残比例。此方案根据不同的业务需求可分别由总公司或者分公司自行设置，甚至地市级分公司也可设置。

6. 配件价格规则配置数据维护

配件价格规则配置数据维护是为了帮助保险公司降低赔付成本，各分支机构可自行数据维护。通过配置不同的车辆使用年限，基于是否自保车辆、车辆使用年限、修理厂情况等维度，在品牌项下对各类配件价格进行配置维护，维护的维度包括价格的适配以及价格的折扣系数等。

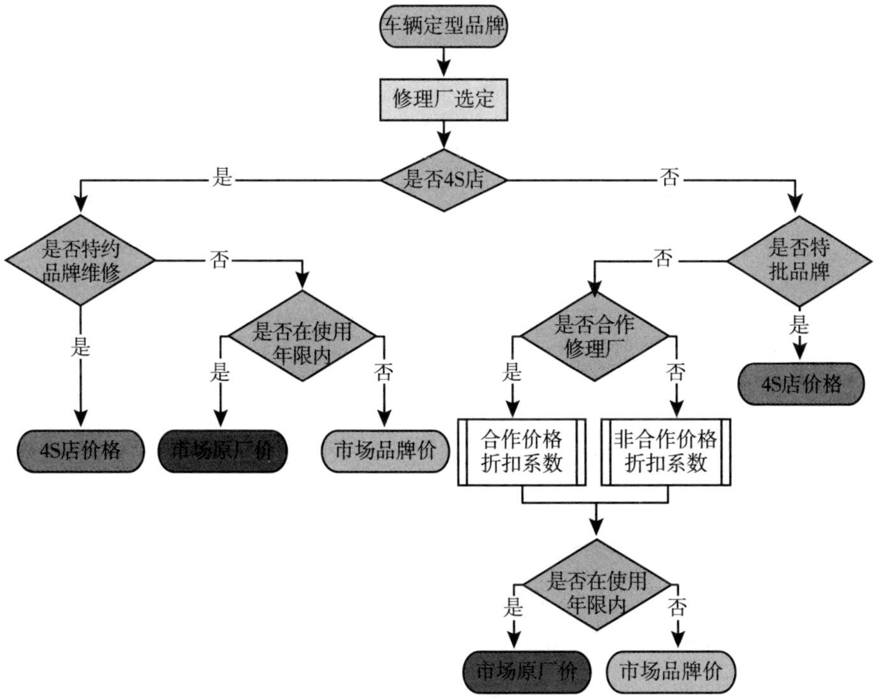

图1　价格适配判定

资料来源：根据公开资料整理而得。

（二）工时数据维护

工时数据是在常规车险理赔业务中仅次于配件数据的第二大常用数据，其使用范围涵盖绝大多数赔案，可见其数据的重要性。常见的工时数据维护模块具有工时基础数据维护和工时价格数据维护两种功能，随着车辆修复技术的日益发展，目前的工时数据已不能满足保险公司的使用需求，工时数据的细化能有效地减少理赔渗漏，降低公司赔付率。

事故车维修工时根据工时类型一般分为喷漆工时、钣金工时、拆装工时、机修工时和电工工时五大类；根据修复程度又可分为轻度、中度和重度三种程度；其中喷漆工时根据修复方案不同又可细分为抛光、局部喷漆和整喷。在事故车维修定价过程中，由于车辆类型的不同、车辆价值的不同、零配件属性的不同、损伤修复工艺的不同、地区物价水平的不同、维修企业资质的不同以及维修垄断程度的不同，其工时价格会有较大差异，因此保险公司在搭建工时基础数据时应包含常用零配件的各种维修方案，最大限度地将工时细分才能在定核损时有效地进行防渗漏管控，降低案均赔款。

工时数据维护模块包括专修工时维护、综修工时维护、修理厂协议工时维护和工时规则维护四个部分。

1. 专修工时维护

由于很多汽车主机厂没有设定统一的工时价格标准，专修工时维护权限可下放至各省分机构，根据当时实际理赔业务现状进行工时维护。专修工时一般是按品牌、车系进行数据维护的，相同车系的专修工时数据通用，各省分机构依次从系统内选择车辆类型、车辆品牌和所需维护的车系后，在已维护好的工时基础数据中将工时价格填入即可。

2. 综修工时维护

非品牌专修维修站维修的车辆全部按综修工时定损，综修工时受各省（区、市）物价水平的影响差异较大，所以综修工时一般是由各省分机构自行维护。综修工时一般是基于车辆价值等级进行数据维护的，跨度一般是五万元一档，不同车型等级的车辆工时价格不同。各省分机构依次从系统内选择车辆类型、车辆品牌和所需维护的车系后，在已维护好的工时基础数据中将工时价格填入即可。

3. 修理厂协议工时维护

在保险公司和修理企业具有合作关系的情况下，合作双方为了实现共赢一般会签订单独的合作协议，协议内容包括保费规模、续保率、信息准确率等承保约定，还包括配件价格、工时费、送修率、免现场、免复勘等理赔政策约定，该协议一般由各省（区、市）分机构和维修企业直接签订。各省（区、市）分机构依次从系统内选择修理厂和工时类型，在已维护好的工时基础数据中填入工时价格或折扣系数即可。

4. 工时规则维护

工时规则维护的目的是在前端定核损时根据不同机构、不同地区、不同维修企业、不同车型实现不同工时价格的精准调用，因此需要在系统中维护好相应的工时数据调用逻辑进行支撑，该功能可通过设定不同的工时数据优先级实现；不仅如此，保险公司还可在该模块实现多幅喷漆工时的折扣设定。

（三）低碳数据维护

随着维修技术的发展，越来越多的汽车零配件损伤可被修复，保险公司在贯彻执行保险补偿原则的基础上大力推广低碳修复，一方面响应国家低碳环保的政策方针，另一方面有效降低赔付成本。

事故车零配件的低碳修复价格主要和零配件的材质以及零配件的实际价值有关。保险公司根据零配件的实际价值可划分为几个价格等级区间，然后根据零配件不同的材质类型分别设定相应的理赔金额。

（四）辅料数据维护

汽车常用辅料一般分为基础保养类、车辆养护类、车辆添加类和维修耗材类，虽然分类较多，但在事故车维护中所常用到的也就二三十项。在辅料数据维护时，各省分机构需先维护一套辅料基础数据，在此基础上根据不同的车型等级维护不同的辅料价格即可。

五　提升车险理赔服务质量建议

（一）优化车险理赔服务模式

优化车险理赔服务模式是提高车险理赔服务质量的重要措施，保险公司应该以客户的需求为出发点，想客户之所想，急客户之所急，借助多平台和信息化手段挖掘分析客户的需求，优化和调整车险理赔服务流程，使得车险理赔的服务紧跟市场发展的需求，并且构建一站式的车险理赔服务，提高保险公司形象与信誉。优化和调整车险理赔服务流程，不仅能够节省客户时间和精力，减少客户往返奔波之苦，也能够降低保险公司的费用成本，提高理赔效率和服务满意度。保险公司优化服务模式可以从以下几方面入手。

其一，根据事故类型和损失金额启动不同的理赔流程，以此提高整体理赔时效。一方面，对车险理赔查勘环节进行优化和调整，根据事故类型和损失金额选择客户自助查勘或查勘员现场查勘，从而提升车险理赔查勘环节的效率和质量；另一方面，根据理赔人员个人能力和职级分配不同的自助核价核损权限，对于符合条件的案件进行快速理赔结案。

其二，加大车险理赔服务指标考核力度，并与行业关键指标数据做对比，查缺补漏。在不违背保险原则的前提下，秉承“主动、快速、准确、合理”的理赔服务准则，最大限度地满足客户诉求，提高客户满意度。

其三，加强与汽车维修企业、医疗机构、公估机构等第三方利益主体的行业间协作和联系，充分利用信息技术等手段和工具，便于保险公司及时准确掌握事故情况、维修情况和客户诉求等信息，也便于客户及时了解车辆维修进度、理赔进度和赔付金额等情况。一旦出现分歧或不满，及时与客户或第三方利益机构沟通，商定解决方案，避免矛盾升级。

（二）等级客户专享服务体系建设

在保证公司经营效益的前提下，为了提高客户满意度，越来越多的保险公司采取多种方式积极主动地提升车险客户对车险理赔服务的体验。根据客户情况，划分不同的客户等级，开展不同的客户专享服务体验具有十分重要的作用和价值。

首先，利用信息化平台和大数据体系对车险理赔服务质量的体验展开研究分析工作，与客户建立良好的沟通和反馈渠道，依靠先进的评价方法或第三方公司对车险理赔服务体验进行客观评价，以客户的立场和视角挖掘车险理赔服务质量中的诉求和痛点，最终提升和改进车险理赔服务质量。

其次，根据客户历史出险理赔情况、案件赔款金额和客户续保情况等进行客户等级划分，对不同等级的客户实行差异化服务和资源配置，例如优质客户可以享有小额并案处理、免费道路救援、限额内免现场免证明等特色专享服务。保险公司通过差异化服务可以洞察和挖掘客户的核心需求，能够改善车险理赔服务的流程和质量。在进行差异化理赔服务时，保险公司可以利用资源配置方案，充分发挥自身理赔优势，从而淡化理赔服务中的不足，扬长避短提升客户服务体验。同时，根据客户满意体验的原则来构建服务模型，实现车险理赔服务后台的标准化和规范化，邀请和鼓励客户参与到服务模型构建的过程中来，认真对待和考虑客户的建议与意见，推动服务模型科学、合理地构建。

最后，对车险理赔服务体系的相关内容进行监测，以此发现并解决车险理赔服务体系实践过程中的偏差。一方面，通过一定的监测手段和方式来检视服务质量，例如车险客户访谈、服务暗访、随机抽检等；另一方面，主要注重专享服务实践过程中存在的各种问题，采取有效的方式来优化和完善服务体系，并且时刻关注车险理赔服务指标数据的变化情况，同时也可以借助监测反馈系统来完善车险理赔服务体系，最终为客户提供良好的车险理赔服务体验。

（三）加强合作维修企业管理

在车险理赔服务过程中，维修企业与车险客户的接触是必不可少的一环，保险公司推荐的合作维修企业的服务水平和维修质量直接影响车险理赔的服务质量。因此，保险公司应该采取有效的措施加强对合作维修企业的管理，让合作维修企业为客户提供更加规范专业的维修服务。

一方面，在与维修企业签订合作协议时明确双方责任及义务，要求合作维修企业严格执行保险公司车险理赔服务标准及规范，引导合作维修企业主动与客户协商维修方案，出现争议时及时与保险公司沟通反馈。保险公司推荐的合作维修企业直接代表保险公司，在与出险客户接触过程中，维修企业应充分倾听客户意见，避免责任推诿、态度恶劣等情况的发生，这样不仅能够提高车险理赔服务的效率，更能够提高客户对车险理赔服务的满意度与忠诚度。维修质量也是衡量车险理赔服务质量的重要指标之一，对合作维修企业根据合作深度给予相应的理赔政策，对提升合作维修企业的服务能力和服务质量具有十分重要的意义。

另一方面，鼓励和引导合作维修企业参与到车险理赔经营活动中去，通过优质的服务赢得客户认可，提升客户忠诚度和续保率，将合作维修企业的维修利益与保险公司的经济利益紧密地联系在一起，并且将客户作为经营活动的重心，从而形成健康、和谐、可持续的服务环境。

最后，采取合理的激励措施来鼓励合作维修企业提升“客户就是上帝”的服务意识，塑造良好的理赔供求链条，拓展双方合作深度和广度，共同打造理赔服务新生态。

B.10

基于车险理赔精细化管理的风险管控研究

郭维明　马 欣　荣庆川*

摘　要： 汽车保有量的逐年增加，带动了车险行业保费的不断增加，由于保险公司普遍重业务轻理赔，所以车险理赔反欺诈和防渗漏工作发展缓慢。近年来，车险市场竞争逐渐激烈，随着综合赔付率的增加，车险理赔的风险管控受到了越来越多保险公司的重视。目前，在对车险理赔案件进行风险管控时，保险公司采取的方式为投入人力并结合风控规则和数据，来进行核赔工作，所以保险公司急需一套优异的车险理赔风险管控方法，用来控制理赔成本和提升理赔效率。

关键词： 车险理赔　风险评分　层次分析法　决策实验室分析法

一　车险理赔风险管控研究背景

2019年，我国汽车累计产量达2572.1万辆，同比下滑7.5%；汽车累计销量达2576.9万辆，同比下滑8.2%。其中乘用车产量达2136万辆，同比下降9.2%；乘用车销量达2144.4万辆，同比下滑9.6%。乘用车产、销量占汽车产、销量比重分别达到83%和83.2%，分别低于上年3.4个和1.2

* 郭维明，中汽数据有限公司后市场数据部部长；马欣，中汽数据有限公司后市场数据部经理；荣庆川，中汽数据有限公司后市场数据部工程师。

个百分点。宏观经济下行、居民收入增速减缓、汽车保有量增加导致资源环境的约束等多方面因素叠加所产生的影响，新车市场缓慢增长将是新常态。

车险市场2019年上半年，承保的签单数量增加10%，保费增加4.6%，保费增速累计下降1.1个百分点，商业险保单的单均保费下降8.04%；理赔的有效案件量增加5%，赔付金额增加6%，商业险理赔案件的赔款金额平均提高了7.85%。

从车险理赔的整体来看，车险的变化主要有四个方面：一是汽车保有量增速由高速增长开始变缓，带动车险的保费增速开始下降；二是由于商业车险费率的改革，作为财产险公司保费刚性收入的商业车险单均保费减少；三是车险市场份额随着互联网车险的加入而进一步地被分解，加剧了市场竞争的白热化；四是在市场竞争白热化的压力下，对结案周期、服务质量、人员专业度等指标有更高的要求，这导致商业险的平均赔款金额升高，给财产险公司增加了经营压力。

目前，赔款金额在5000元以下的案件约占财产险公司在车险理赔领域的总体赔付支出的80%，而在这些案件中约70%的案件存在各种风险渗漏情况。2019年，财产险公司过于追求车险案件中理赔金额在5000元以下的小额案件的理赔周期，缩短了结案时间，导致已赔付完成的案件重开率增加23.3个百分点，零赔案结案率增加10.2个百分点。所以在车险理赔中，特别是针对小额案件进行风险管控，是众多财产险公司迫切需要解决的问题。

财产险公司在对车险理赔案件进行风险管控时，采取的方式为投入人力并结合风控规则和数据，来进行核赔工作。根据2019年的行业统计，大约67%的财产险公司使用人力投入的方式，通过理赔人员的工作经验来进行案件欺诈风险和渗漏风险的识别，但是随着风险案件的频发、虚假理赔的增多，案件赔付金额也在不断增加，为了减少风险案件导致的赔付金额损失，财产险公司不得不在人力上加大投入，可人力成本的增加，必将对财产险公司的经营产生影响。另外，47%的财产险公司结合自身业务建立企业的业务规则，并引入众多的风险防渗漏数据接口和应用，虽然可以对车险理赔的风险案件数量进行有效的控制，但不利于建立可持续的风险管控体系，同时不可对接、不能维护或需要高昂维护费的风险引擎也制约了车险理赔风险管控的发展。

目前，在车险理赔管理过程中，保险公司需要统筹规划赔款、理赔成本管理和客户服务等。在保持理赔周期、效率及提升客户服务质量的基础上，减少风险欺诈是提升理赔价值的重中之重，在理赔防渗漏中保险公司面对的难点如下。

（1）无法调查每个案件中的各个环节。

（2）工作人员关注理赔周期，而不关注案件中的风险欺诈识别。

（3）报案维修不一致，查勘资源调度效率低。

（4）面对每年数百万级的理赔项目，巨大的工作量及成本压力使财产险公司无法对每一笔案件理赔款进行审查。所以保险公司急需一套优异的风险防渗漏系统，用来控制理赔成本和提升理赔效率。

二　国内外车险理赔现状

（一）国外车险理赔现状

针对车险理赔渗漏，国外分别在立法、建立行业联盟机构和社会宣传与监督等方面开展相关工作。以美国为代表的发达国家为例，早在20世纪中叶就开始开展以打击保险欺诈为核心的整治理赔渗漏工作，其思路大体可概括为“立法先行、政府推动、公司为主、行业联合、部门合作、社会参与、共同治理”，建立多层次、全方位的防止理赔渗漏体系。另外，美国于1892年成立了国家保险犯罪调查局（NICB），主要负责数据分析、调查、培训、处理政府和公共事务。截至2015年，该组织共有1100余家保险公司参与，覆盖了美国85%左右的保险公司，各公司共享数据，重点对有保险欺诈和渗漏风险的案件进行调查。不仅如此，政府联合保险行业积极推动和加强社会宣传与监督，调动业内外一切可利用资源共同打击保险欺诈，管控理赔渗漏风险。

从各国对车险理赔风险控制的研究看：美国的汽车保有量极高，“人”是在车险理赔风险管控中需要多考虑的因素，依照公平、公正的原则，不同的投保人或被保险人的保费存在较大的差异，以此明确投保标的物的理赔风险；英国的车险理赔风险管控是以综合加权的方式从各项因素出发，通过分析理赔风险来明确保费及赔付率。这种方法将投保车辆的风险情况进行真实的反馈，从而减少了车险事故的发生。作为全球第四大保险市场的德国，在财产险中占有较大比重的也是车险业务，德国将车险分为不同的等级标准来作为保险赔付的依据，以此来进行车险理赔风险管控。

国外主要从“人”“车”等角度进行车险理赔风险管控的研究，通过加权综合的方法，以单因子或多因子对车险理赔风险管控项目进行研究，构建了全面的车险理赔风险管控理论体系，并运用了多种研究手段。

（二）国内车险理赔现状

由于中国车险业务起步较晚、车险环境复杂、车辆品牌及种类繁多、数据基础薄弱、保险公司重业务轻理赔等多方面的因素，车险理赔反欺诈和防渗漏工作进展缓慢。随着车险市场竞争日益激烈，服务需求不断提升，保险公司综合赔付率不断增加，公司经营压力越来越大，越来越多的保险公司意识到理赔反欺诈和管理理赔渗漏风险的重要性。随着科技的不断进步与创新，国内车险理赔防渗漏在技术应用、内控制度、行业风险管理等方面均在不断完善，具体表现如下。

渗漏风险识别由人工向智能转变。针对车险理赔风险管控工作依赖人工经验审核的情况，各财产险公司培养精英人才并提升人员技能，以此提高公司车险理赔防渗漏水平。随着车险案件量的增加和理赔时效的提高，传统方式已不能满足保险公司的实际业务需求，且投入大收效低。近几年，国内车险行业开始重视风控系统的建设，依靠科技手段对理赔风险进行管控，并开展车险理赔风险管控及防渗漏工作。国内财产险公司转变了管控理念，也吸引数据外资科技公司来进行相关业务的合作，例如德联易控、CCC、FICO等；国内也诞生了众多经营相关业务的科技公司，例如中科软、精励联讯、凯泰铭、智信达等公司在迅速崛起；另外蚂蚁金服推出的“定损宝”和“车险分”，平安财险推出的“智能闪赔”等均是借助科技和大数据的力量，提供智能理赔服务，提高车险理赔防渗漏水平。

理赔防渗漏工作由粗放式向精细化转变。以往的防渗漏管理工作基本上是以金额为主导，小额案件开通“绿色通道”。目前保险公司在智能系统的基础上，实现了结合定损项目明细及车辆、人员、出险、报案、投保等信息进行多维度的风险防渗漏管控办法，将理赔指标作为主导对案件进行综合打分并进行评级，由智能系统全程高效地处理低风险案件。

车险理赔风险防控由公司防控向整个车险行业整体防控转变。由于以往的风险防渗漏工作都是由财产险公司结合自身业务情况展开的，在这种个体防控为主的模式下，无法识别和防范跨机构的理赔风险。

三　车险理赔风险类型

（一）车险理赔风险管控需求

可根据风险管控的方式将中国保险行业风控管理的发展分成传统风控管理阶段、数字风控管理阶段和智能风控管理阶段。当前，保险行业开始逐步进入智能风控管理阶段，各公司对风险管控体系建设能力不同，一些中小公司的风险管控仍处在传统风险管控阶段，数字风险管控和智能风险管控对人才和资源要求比较高，中小公司此方面的人才和资源非常匮乏，导致其对风险的反应迟缓、业务支撑能力不明显。

在 2012 年之前，保险行业对风险的判断主要通过人工经验进行审核，该阶段被称为“传统风控管理阶段”。传统的车险理赔风险管理主要依赖人工对风险进行管控，由于受到理赔人员的工作态度、能力、权限等方面的限制，人工操作易造成损失，且成本高效果差。

2012 ~ 2017 年，互联网、电子化等科技广泛普及，促使保险行业迈进了“数字风控管理阶段”，保险公司对风险的管控主要通过设置一些基础的规则和事后审查进行。各公司通过人工经验的归纳和总结，建立基础的风控管理规则，且风险警示、辅助审核等需要人工经验判断的通过半自动条件筛选的方式来实现。建立海量的风险规则需要庞大的人力和成本，且受到人工学习和数据处理的局限，数字风控管理阶段并没有达到预期的管控效果。一方面由于缺少科技手段的支撑，不能够对理赔案件的金额使用系统管控的方式实时重点关注，且无法有效地辨别理赔案件中的欺诈渗漏与风险行为；另一方面，风控管理应用缺少延展性，对新发风险无法有效甄别。

自2018年以来，保险行业深度融合保险科技，行业进入“智能风控管理阶段”，高度应用人工智能、区块链、物联网和大数据等新兴科技，以智能算法作为智能风险管控的核心，实现智能风险预警和多维度的渗漏核验。

（二）车险理赔流程及风险点分析

保险公司常见的车险理赔流程为〔接报案〕→〔查勘〕→〔定损〕→〔核价核损〕→〔理算〕→〔核赔〕。由于理赔流程的复杂性和过多的人为参与，理赔风险在整个理赔流程各个环节中均普遍存在。

1. 接报案环节

接报案环节是整个理赔流程的开始环节，在此环节中保险公司首次与出险客户进行接触，核实出险标的承保信息并记录出险信息。接报案环节常见的理赔风险有虚构保险标的、虚构事故经过、虚构出险地点、虚构出险时间以及虚构司乘人员等等。这些信息从很大程度上决定了案件的调查情况和理赔方式，对于熟悉保险公司理赔政策的人员来说也是一个高风险欺诈环节。

2. 查勘环节

查勘环节是保险公司理赔人员首次与出险客户正面接触并核实案件情况的首要环节，也是判定案件性质的最重要环节。该环节常见的理赔风险有虚假车辆使用性质、酒驾毒驾调包、虚假事故现场、虚假单证、虚假碰撞痕迹、虚假事故经过、事故责任不合理、倒签单、旧损重复索赔以及保险理赔人员道德风险等风险。如果说查勘人员的从业道德和专业技能均没有问题的话，接报案环节未被识别出的显性风险在查勘环节均会被发现。

3. 定核损环节

车辆定损是保险公司在保证被保险人的权益不受侵害、不影响车辆性能的前提下，遵循“公平公正”“能修不换”的保险补偿原则，综合分析汽车碰撞事故的现场，通过车辆估损和维修的数据，对车辆进行科学、系统的定损估价过程。定核损环节是车险理赔过程中最关键的环节，也是利益相关方利益纷争环节，其直接决定了车损赔款金额，因此定核损环节也是理赔风险高发环节。其常见的理赔风险有车辆定型不准确、定损方案不合理、配件修换不合理、配件认知错误、价格不准确、配件重复、工时重复、损伤逻辑不符、配件以次充好以及保险理赔人员道德风险和第三方服务商的欺诈等风险。

4. 理算核赔环节

理算核赔是保险公司收集理赔单证材料，审核整案真实性、合理性，确定最终赔款金额的关键环节，也是整个理赔流程的最终环节。理算核赔环节常见的理赔风险有单证不完整、虚假单证、虚假票据、赔款金额计算错误、支付信息录入错误、保险条款适用错误以及查勘和定核损流程中可能存在的风险。

（三）车险理赔风险管控类型

随着科技的发展，车险理赔流程中存在着各种风险，新兴风险也在不断考验着保险公司的风控能力，依据车险理赔流程中风险主体的不同可以将风险分为：流程风险、车辆风险、人员风险、案件信息风险、人伤风险、审核风险、定损风险、技能风险、道德风险以及第三方风险。

表 1　车险理赔风险类型

风险类型	风险描述	风险示例
流程风险	车险理赔流程不完善所产生的风险或风险隐患	高风险案件可不经审核直接结案、关键环节未设有效审核流程等
人伤风险	发生事故之后存在人伤情况	同一人多次事故存在人伤
车辆风险	标的车或三者车（指本车以外的车）本身所产生的风险或风险隐患	老旧车型、曾全损车辆、多次出险车辆、高价值车辆、历史理赔欺诈车辆、查封车辆、多次违章车辆等

续表

风险类型	风险描述	风险示例
第三方风险	车辆维修、救援及交通队等第三方服务机构所产生的风险或风险隐患	配件以次充好、配件以修代换、虚报维修或施救费用、事故责任判定不合理等
案件信息风险	车辆所属或挂靠机构所产生的风险或风险隐患;车险理赔过程中涉及的电话风险或风险隐患	多次出险机构、历史理赔欺诈机构、失信机构、非法机构、违规机构等;多次报案电话、多次索赔电话、多次出险电话、历史理赔欺诈电话等
人员风险	投保人、被保险人、报案人、索赔权益受益人、驾驶员所产生的风险或风险隐患	多次出险人员、历史理赔欺诈人员、失信人员等
道德风险	理赔人员职业道德不足所产生的风险或风险隐患	风险案件隐瞒不报、与客户或维修企业串通欺诈等
技能风险	理赔人员专业能力不足所产生的风险或风险隐患	虚假案件识别能力不足、理赔条款理解不到位、录入错误等
配件风险	车辆定核损过程中所用定型和维修数据不全或错误所产生的风险或风险隐患	车辆定型错误、配件选用错误、维修逻辑错误、价格错误、配件重复、工时重复等
工时风险		
辅料风险		
低碳风险		
残值风险		
审核风险	车险理赔系统功能不全或设计漏洞产生风险或风险隐患	高风险信息不提示、案件赔款可直接支付非被保险人、赔款金额计算方式错误

资料来源：根据公开资料整理而得。

针对车险理赔流程中繁多复杂的各种风险欺诈和渗漏情况，大多数保险公司从系统、数据、规则和员工技能四个方面进行相应的风险管控。根据风险管控的风险对象不同可将管控类型分为：主体风险管控、信息风险管控、定损金额管控、维修逻辑管控、损失逻辑管控、责任风险管控和修换标准管控。

表 2　车险理赔管控类型与管控内容

管控类型	管控描述	管控示例
主体风险管控	对于理赔过程中涉及的人、车及机构等主体固有风险进行的风险管控	失信黑名单、历史欺诈黑名单、高风险车辆预警、全损车辆黑名单等
信息风险管控	对报案和出险信息进行的风险管控	超时报案预警、出险时间临近保单截止时间预警、夜间出险预警、偏僻地点出险预警、火烧盗抢案件预警等

续表

管控类型	管控描述	管控示例
定损金额管控	对理赔过程中涉及的金额类项目进行的风险管控	定损价超系统价预警、自定义项目金额限制、配件数量超单车用量限制等
维修逻辑管控	对理赔过程中涉及的更换维修项目逻辑进行的风险管控	配件修换互斥限制、工时包含互斥限制、配件包含互斥限制等
损失逻辑管控	根据碰撞方位和损失程度对定损项目进行的风险管控	碰撞痕迹无关联性预警、未直接碰撞损坏预警、电子转向机损坏预警等
责任风险管控	对保险责任和事故责任进行的风险管控	划痕险风险预警、玻璃险风险预警、停放被撞事故风险预警、正常行驶全责风险预警等
修换标准管控	定核损环节对配件的修换情况进行的风险管控	发动机总成更换预警、变速箱总成更换预警、车身总成更换预警、线束总成更换预警等

资料来源：根据公开资料整理而得。

（四）小结

保险公司在车险理赔过程中均有各自一套严格的流程和风险管控办法，但由于各家保险公司规模不同，管理水平存在很大差异，特别是中小保险公司，无论是人力、物力以及财力，与大型保险公司均存在很大差距，且由于制度的不完善、流程漏洞的存在以及各方面的因素，风险管控在实施中收效甚微。随着保险欺诈风险的多样化、专业化、团伙化等特征的日益凸显，常规单一的风险管控虽然可以对已知风险进行有针对性的识别，但对于复杂风险、新兴风险以及潜在风险无法做到及时有效地防控预警。如何快速且准确地识别和精准有效地控制理赔流程中的风险，降低理赔赔付成本，是保险公司面临的首要问题。

四　车险理赔风险管控方式

车险复合事件风险评分是指通过对案件风险信息的识别和度量，选择科学合理的办法对风险进行有目的、有计划的处理，以减少保险公司的经济损失。其中最难确定的当属各风险类型权重，不同权重的计算方式对最终评分的结果产生较大的影响，因此权重的计算方式在车险复合事件风险评分中显得极为重要。

结合相关文献和权重的计算方式，对权重的研究主要使用 AHP - DEMATEL 方法，通过计算初始权重、影响度、被影响度、中心度和原因度，通过对中心度和原因度进行分析，将影响度和被影响度融入初始权重中计算综合权重。该方法最大的优势是将主观因素和客观因素等多方面的因素结合在一起，不需要将各个因素相互独立，而是根据不同因素两两之间的相互影响确定权重。将层次分析法和 DEMATEL 分析方法的优势结合，又避免了采用单一研究办法的不足。

（一）层次分析法

层次分析法是指将要解决的问题系统地、有层次地分解成多个指标，并建立层次结构，进行有效的定性和定量分析的决策方法。具体计算步骤如下。

（1）构建层级结构模型，系统地分析目标问题，根据不同的属性将相关的各个因素进行分层，同层因素对上层因素有影响或受到下层因素影响，且层内因素相互独立。结合车险理赔风险类型，构建车险理赔风险评分体系。

表 3　车险理赔风险评分体系

一级指标 A	二级指标 B	三级指标 C
车险理赔风险评分体系	案件风险 B1	流程风险 C11
		人伤风险 C12
		车辆风险 C13
		第三方风险 C14
		案件信息风险 C15
	人员信息风险 B2	人员风险 C21
		道德风险 C22
		技能风险 C23
	定损风险 B3	配件风险 C31
		工时风险 C32
		辅料风险 C33
		低碳风险 C34
		残值风险 C35
		审核风险 C36

资料来源：根据公开资料整理而得。

（2）构建判断矩阵，以调查问卷的方式，由50位车险专家填写问卷并统计来获取基础数据，对每层各元素指标相互比较确定其重要性，构建出判断矩阵。

（3）计算判断矩阵元素的乘积。

$$M_{\mathrm{i}} = \prod_{j=1}^{n} = a_{ij}(i = 1,2\cdots,n) \tag{1}$$

（4）计算 M_i 的方根。

$$M_i = \sqrt[n]{M_{\mathrm{i}}} \tag{2}$$

（5）归一化处理。

$$\overline{W_i} = \frac{w_i}{\sum_{i=1}^{n} w_i} \tag{3}$$

则 $W^1 = (\bar{\mathrm{w}}_1, \bar{\mathrm{w}}_2, \cdots, \bar{\mathrm{w}}_{\mathrm{n}})^T$ 为所求的特征向量，即对应的初始权重。

（6）计算最大特征根。

$$\lambda_{\max} = \sum_{i=1}^{\mathrm{n}} \frac{(AW)_i}{\mathrm{nw}_i} \tag{4}$$

（7）一致性校验，计算一致性比例 $CR = CI/RI$，其中 RI 可通过 RI 对应值表得到，当 $CR < 0.1$ 时，认为一致性是可以接受的。

$$CI = \frac{\lambda_{\max} - n}{n - 1} \tag{5}$$

CR 是检验系数，CI 是一致性指标，RI 是随机一致性指标，CI 需要通过计算求出。

表4　RI对应值

1	2	3	4	5	6	7	8	9
0	0	0.58	0.90	1.12	1.24	1.32	1.41	1.45

资料来源：根据调研结果计算所得。

（8）通过上述计算得到初始权重。

表 5　车险理赔风险评分体系初始权重

一级指标	二级指标	权重	三级指标	权重	初始权重 W^1
车险理赔复合案件风险评分体系	案件风险 B1	0. 297	流程风险 C11	0. 0665	0. 0197505
			人伤风险 C12	0. 4353	0. 1292841
			车辆风险 C13	0. 2979	0. 0884763
			第三方风险 C14	0. 0690	0. 0204930
			案件信息风险 C15	0. 1313	0. 0389961
	人员信息风险 B2	0. 163	人员风险 C21	0. 5396	0. 0879548
			道德风险 C22	0. 2970	0. 0484110
			技能风险 C23	0. 1634	0. 0266342
	定损风险 B3	0. 540	配件风险 C31	0. 2264	0. 1222560
			工时风险 C32	0. 1570	0. 0847800
			辅料风险 C33	0. 0770	0. 0415800
			低碳风险 C34	0. 0807	0. 0435780
			残值风险 C35	0. 0924	0. 0498960
			审核风险 C36	0. 3665	0. 1979100

资料来源：根据调研结果计算所得。

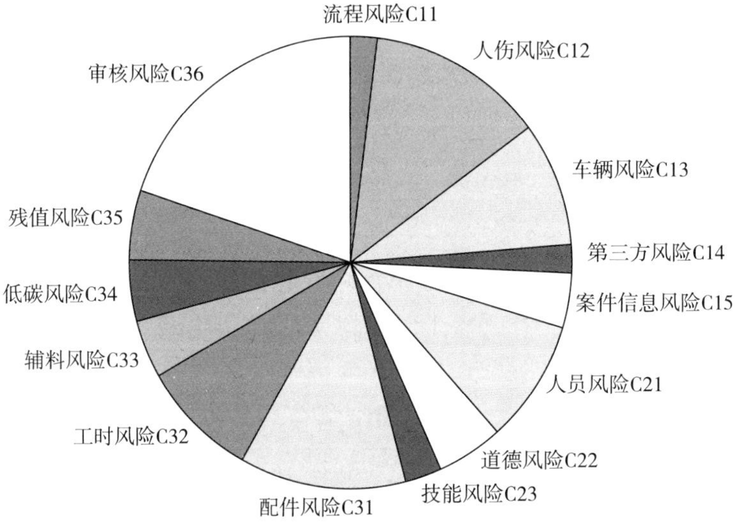

图 1　车险理赔复合风险因子初始权重

资料来源：根据调研结果计算所得。

（二）DEMATEL分析法

将各要素间的逻辑关系和直接影响矩阵进行计算，可以得出各要素间的影响度和被影响度，以此来计算出各要素的原因度和中心度，作为构造模型的依据，从而确定要素间的因果关系和每个要素在系统中的地位，具体计算步骤如下。

（1）构建直接影响矩阵，基于调查问卷获得的基础数据，确定各要素两两比较的重要性，并构建直接影响矩阵 M 。

（2）规范直接影响矩阵 M ，规范后得到直接影响矩阵 N 。

（3）计算得到综合影响矩阵 T ，其中 I 为单位矩阵，$(I-N)^{-1}$ 为 $I-N$ 的逆矩阵。

$$T = N(I-N)^{-1} \tag{6}$$

（4）计算影响度 D_i ，被影响度 C_i ，中心度 $M_i = D_i + C_i$ ，原因度 $R_i = D_i - C_i$ 。

$$D_i = \sum_{j=1}^{n} t_{ij} \ (i = 1,2,3,\cdots,n) \tag{7}$$

$$C_i = \sum_{j=1}^{n} t_{ji} \ (i = 1,2,3,\cdots,n) \tag{8}$$

（5）结合影响度和被影响度计算出影响权重 W^2 ，使用公式 $d = D^T \times C$ 得到关于影响度和被影响度的关系矩阵，取矩阵对角线元素组成影响程度向量 $d_i = D_i \times C_i$ ，即影响权重。按照公式（9）进行规范化，从而得到影响权重 W^2 ，且 $0 \leqslant W^2 \leqslant 1$ 。

$$W^2 = \frac{d_i}{\sum_{i=1}^{n} d_i} \tag{9}$$

（6）通过上述计算得到中心度、原因度及影响权重。

表6　车险理赔风险评分体系影响权重

风险类别	影响度 D_i	被影响度 C_i	中心度 M_i	原因度 R_i	影响权重 W^2
流程风险 C11	1.1925	2.3462	3.5387	-1.1537	0.049712917
人伤风险 C12	0.6229	1.1908	1.8137	-0.5680	0.013179538
车辆风险 C13	2.1999	4.2359	6.4358	-2.0360	0.165577879
第三方风险 C14	1.1646	2.2642	3.4288	-1.0996	0.046853962
案件信息风险 C15	1.2262	2.3823	3.6085	-1.1562	0.051905771
人员风险 C21	0.8229	1.6256	2.4486	-0.8027	0.023770799
道德风险 C22	1.5018	2.9558	4.4576	-1.4540	0.078875375
技能风险 C23	1.1721	2.3030	3.4750	-1.1309	0.047960868
配件风险 C31	1.8222	3.5833	5.4055	-1.7611	0.116018613
工时风险 C32	1.2668	2.4365	3.7033	-1.1698	0.054842803
辅料风险 C33	0.9064	1.7505	2.6569	-0.8441	0.028193300
低碳风险 C34	1.2125	2.3525	3.5650	-1.1401	0.050681997
残值风险 C35	1.5665	3.0453	4.6118	-1.4788	0.084763930
审核风险 C36	2.3398	4.5138	6.8536	-2.1740	0.187662249

资料来源：根据调研结果计算所得。

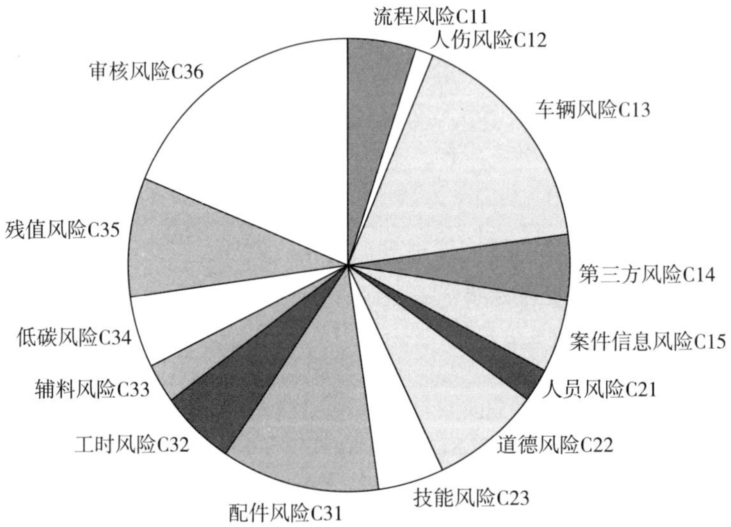

图2　车险理赔风险因子影响权重

资料来源：根据调研结果计算所得。

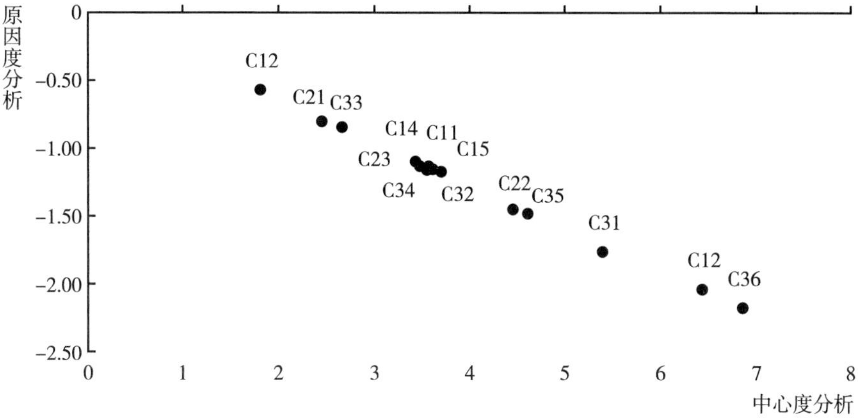

图 3　车险理赔风险中心度与原因度分析

资料来源：根据调研结果计算所得。

（三）用 AHP - DEMATEL 方法确定综合权重

将初始权重和影响权重按公式 $W = W^1 W^2$ 进行计算并进行归一处理，得到综合权重 $\overline{W}$ 。

表 7　车险理赔复合案件风险评分体系

二级指标	二级权重	三级指标	初始权重 W^1	影响权重 W^2	综合权重 $\overline{W}$
案件风险 B1	0.297	流程风险 C11	0.0197505	0.049712917	0.010779
		人伤风险 C12	0.1292841	0.013179538	0.018706
		车辆风险 C13	0.0884763	0.165577879	0.160826
		第三方风险 C14	0.0204930	0.046853962	0.010541
		案件信息风险 C15	0.0389961	0.051905771	0.022221
人员信息风险 B2	0.163	人员风险 C21	0.0879548	0.023770799	0.022953
		道德风险 C22	0.0484110	0.078875375	0.041919
		技能风险 C23	0.0266342	0.047960868	0.014023
定损风险 B3	0.540	配件风险 C31	0.1222560	0.116018613	0.155713
		工时风险 C32	0.0847800	0.054842803	0.051043
		辅料风险 C33	0.0415800	0.028193300	0.012869
		低碳风险 C34	0.0435780	0.050681997	0.024246
		残值风险 C35	0.0498960	0.084763930	0.046431
		审核风险 C36	0.1979100	0.187662249	0.407729

资料来源：根据调研结果计算所得。

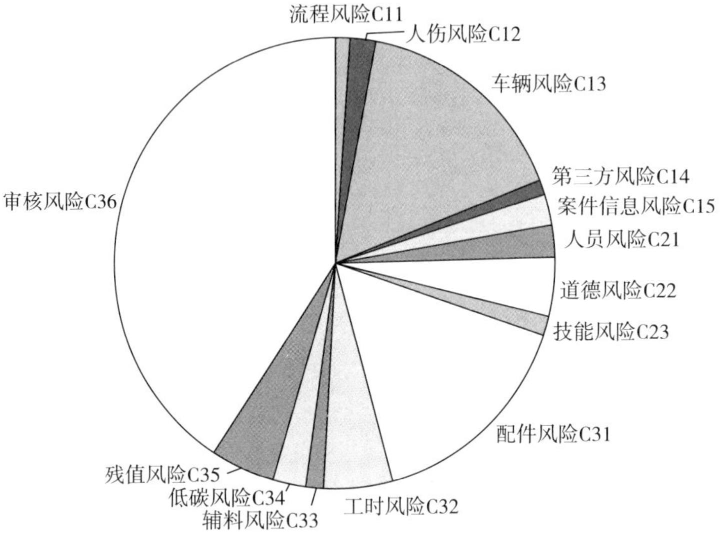

图 4　车险风险因子综合权重

资料来源：根据调研结果计算所得。

（四）案件风险评分计算

案件风险评分计算，案件风险等级分为无风险（0～30 分）、低风险（31～50 分）、中风险（51～70 分）和高风险（71～100 分），将每项三级指标下的风险规则评分设置为 5 分，以累加的方式进行评分计算。每项三级指标最高分值为 100 分，如案件触发该类指标的规则超 100 分，则案件的风险自动提升一个等级。风险评分计算公式：$N = \sum_{i-1}^{n} \overline{W}_i n_i (i = 1,2,3,\cdots,14)$。

（五）风险案件审核

由车险理赔风险评分体系可以看出，以综合权重由高到低排列为：审核风险、车辆风险、配件风险、工时风险、残值风险、道德风险、低碳风险、人员风险、案件信息风险、人伤风险、技能风险、辅料风险、流程风险、第三方风险。排在前六位的综合权重分别为：0.407729，0.160826，0.155713，0.051043，0.046431，0.041919。所以当案件触发的基础规则同时包含审核风险、车辆风险、配件风险、工时风险、残值风险、道德风险中的两项或两项以上时，需要审核人员重点审核。

当案件为中、高风险案件时，案件所触发的规则包含审核风险、车辆风险、配件风险、工时风险、残值风险、道德风险中的任何一项时，案件升级为复杂案件，需要审核人员重点审核。

五　基于 Storm 实时大数据计算框架研究

实时计算框架，提供了低延迟计算服务，实时计算框架采用流式（stream）计算方法，可以满足业务实时计算需求。CEP 和实时计算是属于两个不同领域的框架，在业务和具体需求下进行组合。CEP 提供了复合事件处理框架，时效性方面不具备严格要求。基于传统技术实现 CEP 系统，从风险事件发生到结果反馈，再到管控行动，存在一定延迟。为了缩短延迟时间，实现更快的业务管控，本研究采用了实时计算服务。

Storm 是一款开源的分布式实时计算框架，是一种基于数据流的实时处理系统，数据吞吐量大，实时性高。Storm 实时计算框架下，通过 Nimbus（任务调度管理中心），对业务各个流程环节形成针对性的风险管控任务，通过 Zookeeper（集群任务记录）来进行任务的分发与记录。风险管控任务由 Supervisor（任务监督）来监督任务的执行过程与结果，任务由一个或多个 Worker（工作单元）来执行，一个或多个 Worker 根据任务中信息处理项目形成一个或多个 Executor（处理进程），每个 Executor 通过一个或多个具体的 Task（子任务）分解来完成整体任务执行。Task（子任务）是由 Topology（任务计算拓扑）的计算逻辑与计算流程完成。一个 Topology 包含了 Tuple（信息元）获取，Stream grouping（数据流分组），将信息最终分类传输到 Bolt（运算处理单元）。结合 CEP 复合事件处理流程，将事件监听环节、复合事件处理环节集成至 Storm（分布式实时计算框架）的计算拓扑

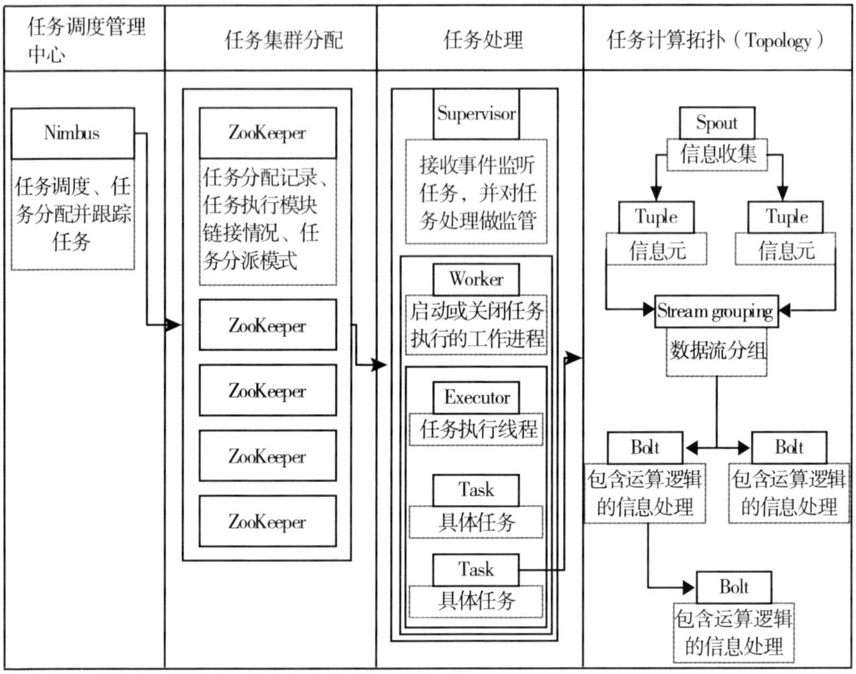

图 5　Storm 实时大数据计算框架计算任务流程

资料来源：根据公开资料整理而得。

中。通过实时大数据技术，将风险管控任务以集群发布的方式对业务进行实时管控，并将复合事件处理流程任务分解，复合事件引擎更加高效有序。

六　结论

在车险理赔案件评分计算中，风险因子的权重计算是案件评分的关键，本研究结合层次分析法（AHP）和 DEMATEL 分析方法的优势，结合车险专家的调查问卷进行科学的分析，获得车险理赔风险因子的权重，通过科学、客观的算法减少车险专家的主观因素对车险理赔风险因子权重设计的影响。应用 Storm 实时大数据计算框架，在进行车险理赔案件风险评分时，各保险公司可根据自身实际业务需要，评定车险理赔案件的风险等级，为车险企业风控管理提供有力支持。

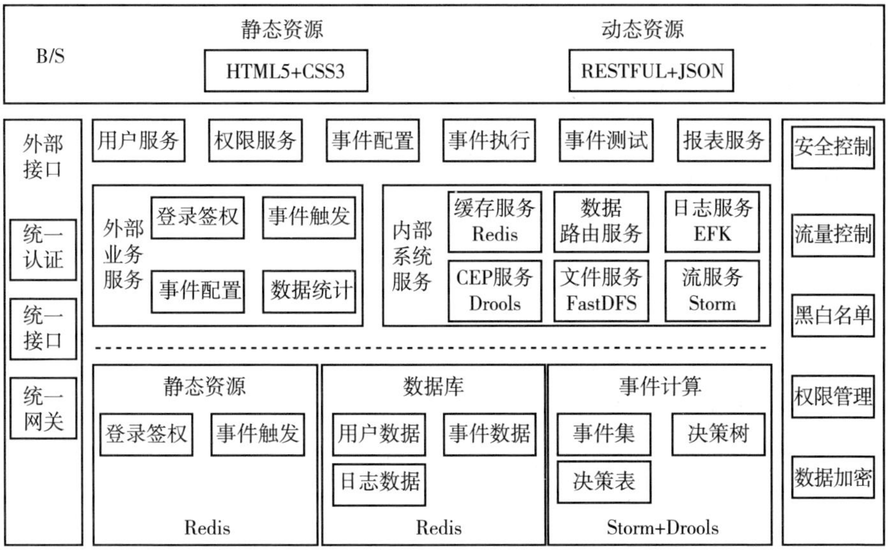

图 6　车险理赔风险防渗漏应用架构设计

资料来源：根据公开资料整理而得。

B.11
基于汽车与保险联动创新缺陷车辆召回研究及思考

郭维明　于　浩　马　欣*

摘　要： 在国际上，存在缺陷的汽车产品被召回早已成为司空见惯的现象，其目的是消除缺陷汽车产品的隐患。近年来，实施召回已经成为汽车生产企业的常态化活动，越来越多的车企愿意主动承担社会责任，进行缺陷汽车产品召回活动。截至2019年底，我国已累计实施召回1992次，涉及缺陷车辆总量约7578.01万辆，生产厂商因缺陷车辆召回产生的直接费用高达580多亿元。汽车生产者在落实车辆召回管理规定时，存在着诸多难点，其中最主要的是缺陷车辆的追踪，如何将缺陷车辆召回信息有效地传递至客户，成为提升召回实施成功率的关键因素。

关键词： 缺陷车辆召回　召回情况　召回制度　联动创新机制

汽车产品本身的构成是极为复杂的，汽车制造水平代表着一个国家制造业的整体水平。汽车的生产制造过程涉及成千上万个零部件，同时这些零部件又是由不同国家和地区的配套供应商生产，同时车辆的使用环境也存在着千差万别，因此可能引发的质量问题更是无法提前预估和知晓的。尽管国内外各大汽车制造商都有着严格的质量控制体系，同时投入巨大的人力和财力

* 郭维明，中汽数据有限公司后市场数据部部长；于浩，中汽数据有限公司后市场数据部经理；马欣，中汽数据有限公司后市场数据部经理。

用于汽车产品的设计、研发和生产制造，但在此过程中还是难免会出现产品质量缺陷或出现妨碍车辆使用的安全问题。因此，汽车出现缺陷是无法避免的，与汽车制造水平、产品质量好坏没有必然的联系。在国际上，存在缺陷的汽车产品被召回早已成为司空见惯的现象，其目的是消除缺陷汽车产品的隐患。近年来，实施召回已经成为汽车生产企业的常态化活动，越来越多的车企愿意主动承担社会责任，进行缺陷汽车产品召回活动。但是随着国内汽车保有量的不断增加、二手车市场不断繁荣，车辆频繁交易，车辆报废注销等，使得汽车生产者在落实车辆召回管理规定时，存在着诸多难点，其中最主要的是缺陷车辆的追踪，如何将缺陷车辆召回信息有效地传递至客户，成为提升召回实施成功率的关键因素。

一　汽车行业发展概况

随着中国汽车工业的高速发展，越来越多的汽车产品进入市场。根据公安部公布的统计数据，2019 年全国范围内新注册登记机动车 3214 万辆，机动车保有量达 3.48 亿辆；其中新注册登记的汽车 2578 万辆，保有量达 2.6 亿辆，与 2018 年底相比，增加 2122 万辆，同比增长 8.83%。全国 66 个城市汽车保有量超过百万辆，30 个城市超 200 万辆，其中北京、成都、重庆、苏州、上海、郑州、深圳、西安、武汉、东莞、天津等 11 个城市超 300 万辆。

从私家车保有量来看，2019 年首次突破 2 亿辆，达 2.07 亿辆。2015 ~ 2019 年，年均增长 1966 万辆。其中新能源汽车保有量达 381 万辆，占汽车总量的 1.46%，与 2018 年底相比，增加 120 万辆，增长 46.05%。新能源汽车增量连续两年超过 100 万辆，呈快速增长趋势。

二　近年来缺陷车辆召回情况分析

（一）缺陷车辆召回数据分析

近年来，汽车新产品升级迭代速度越来越快，导致新产品研发周期缩短、技术升级相对滞后等，使得汽车产品质量问题日益突出，出现了多次大规模的召回活动。根据国家市场监管总局在2020年3月31日发布的《关于2019年全国汽车和消费品召回情况的通告》（2020年第6号），2019年全国共实施汽车召回223次，涉及车辆约652.97万辆，召回次数比上年增加0.9%（见图1）。截至2019年底，我国已累计实施召回1992次，涉及缺陷车辆总量约7578.01万辆，生产厂商因缺陷车辆召回产生的直接费用高达580多亿元。

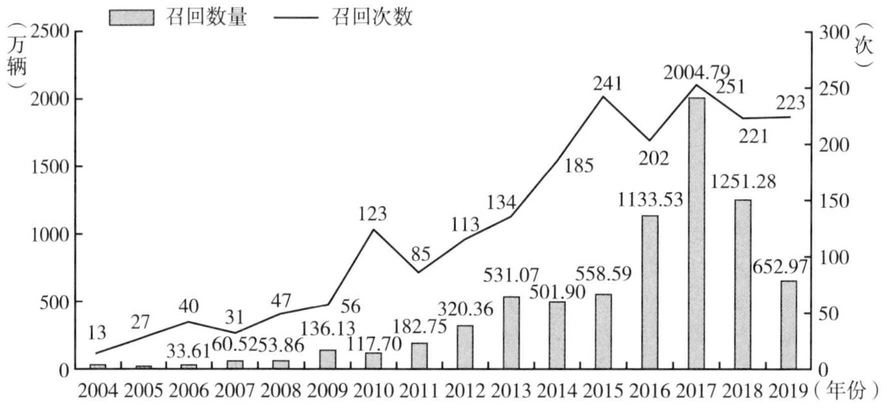

图1 2004～2019年全国汽车产品召回次数与数量

资料来源：国家市场监管总局网站。

从召回性质看，当前政府部门的缺陷调查仍为问题发现的主要方式。2019年调查导致的缺陷车辆召回437.23万辆，占全年召回总量的66.96%，同比上升12.63个百分点。同时调查导致的召回共70次，较2018年上升4.69%。截至2019年底，受调查影响召回累计达439次，涉及缺陷车辆4429.91万辆，约占召回总量的58%。

2017年国内召回车辆数量及次数达到峰值，主要是高田气囊事件导致。涉及高田气囊召回126次，召回车辆达1063.8万辆，2018～2019年随着“高田气囊”事件影响逐渐减弱，被召回缺陷车辆数量逐步下降并回归至常态；随着汽车品牌的不断增加，新能源车进入市场，召回次数（除去2017年特殊情况）呈现增长态势。

（二）缺陷车辆召回原因分析

本研究对2019年缺陷车辆召回原因进行分析，从召回涉及总成来看，气囊/安全带、发动机仍为缺陷产生的主要零部件。因气囊/安全带缺陷召回46次，涉及车辆约215.18万辆；发动机问题导致的缺陷召回47次，涉及车辆约198.02万辆；悬架系统缺陷导致召回7次，涉及车辆约72.19万辆；因电气设备缺陷召回35次，涉及车辆65.50万辆（见图2）。

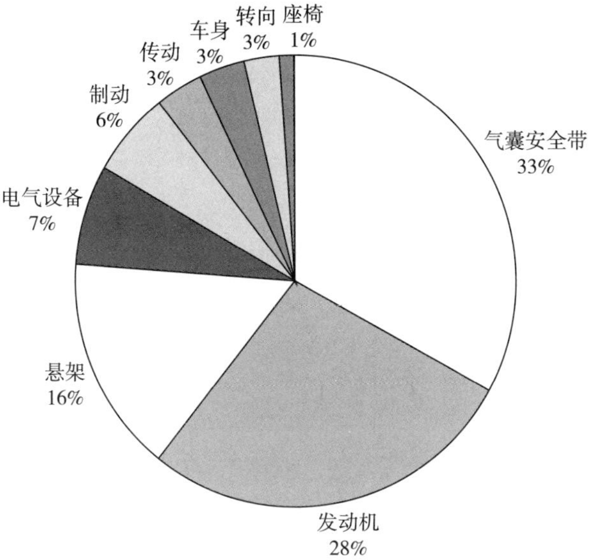

图2　2019年缺陷车辆召回涉及总成与数量分布

资料来源：根据公开数据整理而得。

从缺陷成因看，制造问题是主因，全年共实施166次召回，涉及车辆约415.82万辆，占比64%；设计原因其次，全年召回51次，涉及车辆约237.06万辆，占比36%；标识原因召回较少，为6次，召回车辆941辆（见图3）。

国内缺陷汽车产品召回，从产品结构来看以乘用车为主，召回数量占比99.2%以上，商用车召回数量占比0.7%（见表1）。2019年从乘用车召回

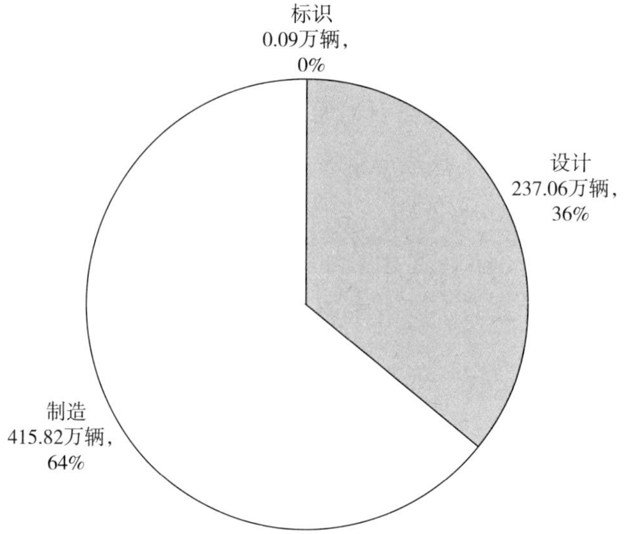

图 3　2019 年缺陷原因分类及相关召回占比

资料来源：国家市场监管总局网站。

品牌涉及的国家来看，德国、日本和美国作为传统的汽车制造强国，占据TOP3 的位置（见图 4）。其中德系品牌全年召回总量约 322 万辆，召回数量占比高达 49.41%，其中梅赛德斯 - 奔驰品牌共召回 21 次，涉及 142.1 万辆，宝马品牌召回 13 次总计 117.7 万辆。

表 1　2016～2019 年国内召回汽车产品数量结构

单位：万辆

车辆类型	2016 年	2017 年	2018 年	2019 年
乘用车	1125.0	2010.0	1255.0	656.0
商用车	—	10.9	1.3	4.7
客　车	0.5	0.0	0.0	0.0
牵引车	—	0.2	0.2	0.1
摩托车	—	—	0.2	—
总　计	1125	2021	1257	661

资料来源：根据公开数据整理而得。

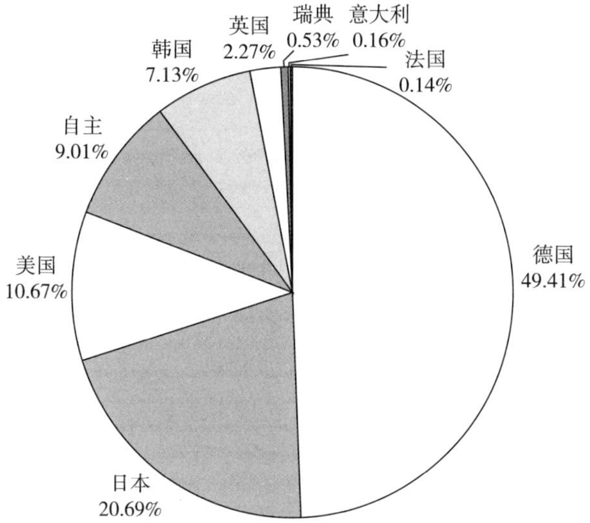

图 4　2019 年乘用车召回品牌所属国家分布

资料来源：根据公开数据整理而得。

虽然高田气囊事件集中在 2017 年爆发，但到了 2019 年高田气囊事件影响依旧较大，全年共召回 17 次，共计涉及约 193.0 万辆，占全年召回总量的 29.6%，涉及丰田、福特、宝马、捷豹路虎、克莱斯勒、特斯拉等 13 家车企旗下车型（见图 5）。

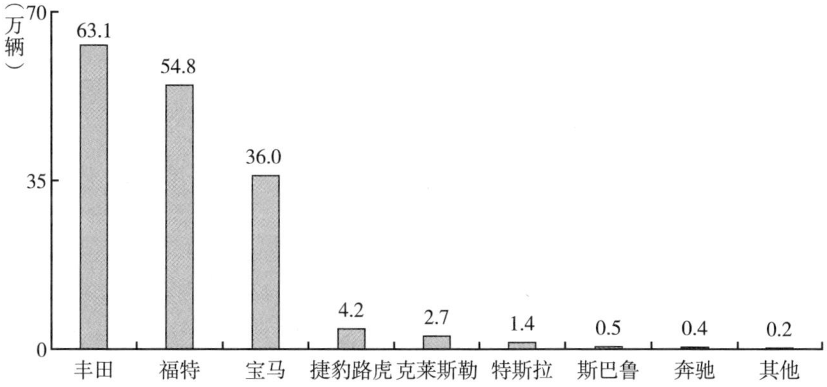

图 5　2019 年因“高田气囊”问题召回车企及数量

资料来源：根据公开数据整理而得。

三　国外汽车召回制度发展

国外的汽车召回制度经过了多年的发展，在体制、法律和系统等方面都比较完善。

美国作为世界上第一个实施汽车召回制度的国家，从1966年《国家交通与机动车安全法规》正式出台，到现在已有54年的历史。美国实行的是“自由进入，强制召回”的缺陷产品管理制度，从接受汽车产品的用户投诉、国家主管部门调查、生产商自检，到预警信息和召回公告的发布以及后续的召回免费维修等都有详细和明确的规定。

为了保证缺陷汽车产品信息采集率和可靠性，2001年美国政府又颁布了《车辆召回促进、责任和文件提供法案》（TREAD），对产品缺陷信息和召回信息采取强制上报制度，保证及早获取产品缺陷方面的信息和情报。美国的缺陷汽车产品管理制度除了具备完善的法律法规外，还建立了完备的技术保障条件，包括建立汽车缺陷信息收集、分析、调查、处理系统，确保汽车召回管理体系的顺利运转。美国公路交通安全管理局（NHTSA）负责分析每年发生的几十万起汽车事故，处理大量的事故安全信息。其很早就认识到信息系统在缺陷信息管理和分析中的作用，由此建立了完善的汽车事故信息采集与管理系统，采集方式主要有汽车事故调查、电话投诉和企业报告等，并在此基础上形成了缺陷信息分析和预警发布机制。

为了在全国范围内进行汽车缺陷信息采集、分析和管理工作，美国建立了大型网络数据库系统，对汽车事故、车辆信息、技术数据和各类缺陷投诉等数据信息进行系统化的统一管理。NHTSA每年在数据分析处理和国家数据库系统开发等方面都投入了大量的研究经费，逐年递增，如2006年投入约4500万美元，2007年投入约5000万美元，以保证全国汽车产品缺陷信息的采集、分析研究工作顺利进行和开展。为了弥补汽车产品缺陷信息来源的不足，美国相应建立了国家汽车抽样、死亡分析报告、特殊事故和机动车事故原因调查、各州数据库等系统，广泛地收集、分析和管理各种来源的汽车产品缺陷相关信息，为及早发现汽车安全缺陷和故障预警奠定了基础。

1969年，欧洲和日本汽车制造商私自召回和维修缺陷汽车的行为受到美国媒体的大肆抨击。此举引起日本的极大关注。在美国缺陷汽车召回管理制度的影响下，日本为了推动汽车制造产业发展，于1969年颁布实施了《道路运输车辆法》和《道路运输车辆安全标准》等法规，建立起“限制进入，自愿召回”的缺陷产品管理制度，规定了严格的召回程序、监督机制。2006年，日本建立了信息收集、技术验证和监察等制度，进一步完善了缺陷汽车产品的信息收集、管理、分析和预警系统，保障日本本土范围内缺陷车辆召回工作的实施和开展。

1979年，英联邦也颁布了关于缺陷汽车召回的法规《机动车安全缺陷法》，开始正式实行汽车召回制度。具体采用形式认证制度，主管部门为英国车辆与经营者服务局（VOSA）下属的汽车监察局，同时建立了相应的信息网站和数据库管理系统，负责收集、分析和管理各种汽车产品缺陷的相关信息，为汽车安全缺陷管理和分析提供了可能。

德国作为汽车制造大国，同时也是实施缺陷汽车召回较早的国家，其颁布实施《产品安全法》《设备安全法》等法规保障缺陷车辆召回制度的顺利运转。其主管部门为德国联邦机动车管理局（KBA），负责收集、分析和管理各种相关的汽车产品缺陷信息，同时联合生产制造商进行汽车产品缺陷情况分析，协商决定生产者是否需要实施缺陷车辆召回。

法国在1984年颁布的《消费法》中明确规定了汽车缺陷产品的召回和产品责任问题，授权主管单位为公平贸易、消费事务和欺诈监督总局，汽车产品缺陷和召回信息主要通过专业杂志或网络进行收集和分析，当发现缺陷产品并认为其可能对消费者产生伤害或存在伤害隐患时，可以要求生产企业实施召回。

欧盟为了回应社会对缺陷产品管理日益重视，2002年颁布了《通用产品安全指令》（GPSD），进一步规范了欧盟地区的缺陷产品召回和缺陷鉴定工作，建立欧盟非食品类消费品快速预警系统（RA－PEX），该系统具有较完备的缺陷信息采集、传递、分析、预警和管理功能，确立了欧盟各成员危险产品信息的共享制度，促进了欧盟内部产品缺陷信息的快速交换和使用。目前，RA－PEX 系统积累了大量的一般产品召回数据和信息，有利于及时分析产品缺陷信息和开展预警发布工作。

美国、日本和欧洲的诸多国家都相继建立了汽车召回制度，到 20 世纪 90 年代，韩国和印度等亚洲国家也建立了汽车召回制度，为本国汽车产业的发展保驾护航，也为交通安全提供了一道保障。

四　国内汽车召回制度建立

中国的汽车消费市场在建立召回制度以前，消费者遭受了诸多不公平待遇，多起国外汽车厂商在进行全球召回时，中国市场往往被排除在外。例如 2000 年，日本三菱汽车公司生产的帕杰罗 V31、V33 两种型号汽车，存在制动油管设计缺陷，并出现了车辆驾驶人伤亡和财产损失的案例。然而三菱汽车公司以我国没有缺陷汽车召回制度为借口，拒绝对出口我国的帕杰罗汽车采取召回措施。该行为引起了国内广大消费者的强烈不满，消费者纷纷联合起来争取自己的合法权益。由此，在广大消费者、生产企业和政府部门三者间展开了一轮关于是否建立缺陷汽车产品召回制度的争论。为给缺陷产品召回相关的管理工作提供理论指导，国家质量监督检验检疫总局以“三菱事件”为契机，2001 年 9 月通过国家科技部立项，由中国人民大学、中国标准研究中心等单位成立联合课题组，通过参照、分析国际上缺陷产品召回情况和管理模式，结合国内现状，开展了“缺陷产品行政管理制度”课题的研究，并在初步研究成果基础上，经多方共同努力，完成缺陷汽车产品召回管理规定的起草。“三菱事件”激发了我国汽车消费者的维权意识，也催生了我国缺陷汽车召回制度。

2004 年 3 月 12 日，由国家质量监督检验检疫总局、海关总署、国家发展改革委和商务部四部委联合发布了 60 号令《缺陷汽车产品召回管理规定》，并于同年 10 月 1 日正式实施，标志着我国缺陷车辆产品管理迈出了实质性的第一步。《缺陷汽车产品召回管理规定》规定国务院质量监督检验检疫部门为管理缺陷汽车召回的行政主管部门；各省、自治区、直辖市质量技术监督部门和各直属检验检疫部门根据国家汽车召回行政主管部门的工作部署和要求开展与缺陷汽车召回有关的监督管理工作。国家汽车召回主管部门可以委托缺陷产品管理中心负责日常管理工作，组织构建缺陷产品信息系统，收集、分析与处理缺陷产品有关的信息。

五　汽车与保险行业联动创新

（一）汽车厂商实施召回业务难点

汽车企业在落实车辆召回管理规定时，主要的业务困难有：①车主信息变更造成缺陷车辆无法追踪，主要包含车主电话变更、联系地址变更、车辆过户、车辆报废等；②召回信息传递途径有限，通过缺陷产品管理中心网站、给客户寄挂号信或通过自有渠道电话短信邀约客户回厂等方式发布召回信息，汽车企业担心品牌形象受损、媒体误导，无法通过流量媒体、门户网站等方式传递召回信息，导致召回实施进度慢、回厂率低。

（二）汽车与保险行业联动机制的创建

为了协助车企落实车辆召回管理规定，切实做好缺陷产品召回工作，提升召回完成率和完成效果，中国汽车技术研究中心有限公司（以下简称“中汽中心”）携手中国银行保险信息技术管理有限公司（以下简称“中国银保信”），组织汽车与保险行业联动创新，构建多方参与、合作互惠共赢的长效合作机制（见图 6）。通过车辆 VIN 数据打通车险承保数据并关联至车险承保人信息，基于被保险人信息进行缺陷车辆召回信息的有效传递，进而解决汽车企业面临的缺陷车辆召回难题。

中汽中心牵头联合中国银保信、保险公司成立缺陷车辆召回联合项目组，由中汽中心对接车企，银保信对接保险公司，开展针对召回车辆关系人的通知服务，服务通过 8 个主要环节的业务处理，将主机厂召回车辆信息、

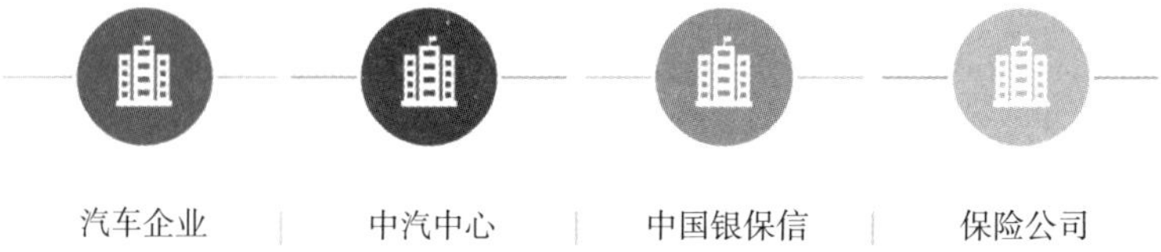

图6　汽车与保险行业联动创新机制

资料来源：中汽数据有限公司。

召回车辆车主信息、车主沟通结果信息、实际召回返厂信息等进行无缝对接（见图7）。

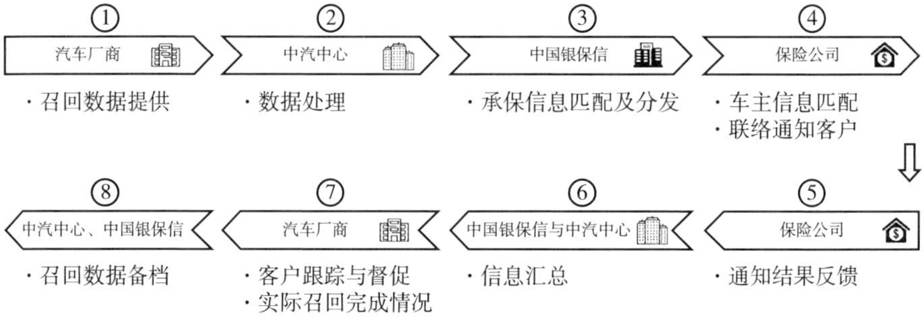

图7　召回通知服务流程

资料来源：中汽数据有限公司。

（1）汽车厂商提供缺陷车辆信息及通知服务方式，通过缺陷车辆召回服务平台或邮件传递至中汽中心。

（2）中汽中心基于汽车厂商提供的车辆信息，进行第一步数据处理，检索并标记其中的报废车辆，将数据传递至中国银保信。

（3）中国银保信进行第二阶段的承保数据处理，通过车辆信息确定其所属的承保公司，并将车辆信息下发至各相关保险公司。

（4）保险公司作为最终与缺陷车辆关系人沟通的窗口和桥梁，开展通知服务，将缺陷车辆召回的有关信息传达至车辆的投保人/被保险人/车主等车辆关系人。

（5）各个保险公司完成通知后，将通知服务结果反馈至中汽中心。

（6）中汽中心和中国银保信将下发给保险公司的数据与保险公司通知结果数据进行整理汇总，共享给相应的汽车厂商。

（7）汽车厂商开展对这部分客户的跟踪和督促，开展召回返厂维修，并统计召回维修实施情况。

（8）汽车厂商整理这部分客户最终的返厂维修实施情况，向中汽中心和中国银保信联合项目组备档。

召回通知服务形式主要有四种。

（1）短信通知：编辑相关缺陷车辆召回信息，包含车辆品牌、车辆型号、缺陷问题/召回原因、处理办法、汽车厂商联系方式等要素。根据车辆信息匹配到其相应的车辆关系人手机号码，将短信话术发送给车辆关系人。

（2）电话/智能呼叫通知：同样编辑电话话术，通过保险公司客服中心，采用人工座席拨打或者智能语音机器人拨打车辆关系人电话，告知召回相关信息。

（3）EMS 召回函件邮寄通知：通过车辆信息匹配相应车辆关系人的电话号码、有效地址信息，通过中国邮政官方 EMS 的形式，将汽车厂商的召回函件寄送给车辆关系人。

（4）电子邮件通知：通过车辆信息匹配相应车辆关系人的有效电子邮件地址信息，通过 E－mail 的形式，将汽车厂商的电子版召回函件发送给车辆关系人。

通过“跨界”联动，组织汽车与保险两大行业融合创新，打通车辆 VIN 数据、车型数据、车险承保数据、车辆关系人数据，基于关系人信息进行缺陷车辆召回信息的有效传递，切实地解决了当前汽车厂商在落实缺陷车辆召回管理规定时的最大“痛点”问题——缺陷车辆召回信息的有效触达。

六　针对缺陷车辆召回工作的思考及建议

汽车召回制度涉及的参与方主要包括汽车生产商、汽车销售商、消费者以及国家缺陷汽车产品主管部门。切实贯彻实施缺陷汽车产品召回相关制度，需要各方参与者密切配合、通力合作。

（一）消费者需要正确认识缺陷车辆召回并配合实施

汽车产品是一种对使用安全性和可靠性要求极高的消费品。当同品牌同款型的缺陷车辆第一次出现问题时，其安全隐患便暴露出来，使用该车辆的消费者也面临生命财产损失的风险。汽车的故障有显性和隐性两种，显性故障容易发现，消费者会主动联系汽车经销商或修理厂进行维修，但隐性故障不易发现，只有汽车生产厂商通过市场的反馈或测试才会了解和知晓，而绝大多数的用户是不知道的。在这种情况下，汽车召回制度可以使消费者及时了解自己使用的汽车质量状态，厂家对出现问题的汽车实施召回维修，这是对消费者权益的一种保护措施。所以，广大消费者要正确认知车辆召回，当遇到自己爱车被召回时，应积极配合汽车厂商开展召回工作，主动在规定的时间到指定的地点进行免费召回维修。对缺陷汽车产品的召回，是一种很正常的商业行为，体现了汽车生产商和销售商对其客户负责的态度和诚意，是其社会责任的体现。广大消费者应对召回机制和模式有正确的理解并积极配合。

（二）建立完整的汽车档案

首先，广大汽车厂商需要改善销售模式和思路，联合销售商建立完整的用户档案，建立其旗下汽车产品“从生到死”的全生命周期（汽车生产－销售－使用－流转－报废注销）客户管理机制；完善车辆关系人档案，不仅知道将车辆卖给谁了，还要重点掌握本品牌客户车辆使用情况、车辆关系人变更情况，甚至了解某个售后大区或者售后区域内二手车的流出去向和流入情况；搭建并不断完善车辆故障反馈系统，建立广泛的信息收集渠道，清楚了解自身的汽车产品经常出现哪些问题、明确哪些问题是设计制造缺陷、如何快速应对（临时处理方案）、如何彻底消除和避免等等。保证及时发现缺陷汽车产品所存在的问题，而且能够及时从消费者手中召回缺陷汽车进行维修。当然，改善不可能一蹴而就、系统和流程搭建也不可能一步到位。汽车厂商需要先制定切实有效的改善方案和落地执行计划，稳步推进。其中汽车生产商或汽车销售商需要承担一部分费用，但建立档案、开展统计的措施是值得采用的，因为这是建立和完善汽车厂商售后维修品牌、提升客户满意度/忠诚度的基础。通过售后端的额外投入，建立并不断增强客户信任和客户口碑，不断增加汽车厂商的“品牌力”，从而影响销售端，逐步扩大本品牌的市场份额和提升客户黏性，实现“良性循环”的大闭环生态体系。这对于任何一家汽车厂商来说无疑是最重要的。

（三）建议不断完善和健全缺陷车辆召回的法律法规和监管机制

当前召回管理规定仅仅局限于设计和制造等产品“硬件”缺陷，涉及大气污染、电池污染等环境问题的召回法律法规还是空白。国家层面早在2016 年就开始重视新能源汽车的研发和投入，大量的财政补贴体现了国家对新能源汽车的重视程度、对环境保护的重视程度，建议国家缺陷汽车产品召回实施和监管机构加紧出台机动车环境保护召回相关的管理规定；同时配套完善召回车辆缺陷线索信息收集、风险分析和缺陷识别技术支撑体系，完善机制。推动地方完善产品召回工作机制，强化召回技术支撑，形成“统一管理、地方分级负责、相关部门协调配合”的工作格局，完善汽车产品专家库，加强重大召回案件技术评估（例如“高田气囊”召回事件），尽早发现、及时应对；同时优化事故深度调查体系、缺陷线索监测协作资源，加大缺陷汽车产品的线索采集力度、分析广度，切实提高缺陷调查有效性；随着数字化转型升级战略的不断推进，建议开展针对智能汽车、数字产品、网络销售等新技术新业态的研究，针对新产生的缺陷模式及缺陷判定方法、安全测试风险评估技术及标准进行研究。结合国家智能智造创新发展战略，探索在智能网联汽车领域建立产品安全自我评估与事故报告制度。推动产品安全与召回信息网站建设，针对缺陷模式与缺陷预防机理、同一零部件导致多起召回等问题，提出产品标准升级改进建议，从而促进产业持续稳定健康发展。

B.12

产业深度变革下汽车零部件市场发展趋势研判

李普超　杨 欧　王 瑶*

摘　要： 在汽车供应链全球化布局的行业背景下，零部件企业通过深耕本地化运营实现新兴市场的开拓和增长。伴随汽车产业智能化、网联化的转型升级，政策导向促进核心零部件加速发展、提振配套市场信心。本文利用汽车行业细分市场数据深度解析零部件与整车企业配套关系，并结合政策解读、行业热点和技术迭代研判汽车零部件市场发展趋势，为完善供应链适配性、拓展供应链多样性、提高供应链稳定性提供数据支撑和策略建议。

关键词： 汽车零部件　市场分析　储能装置　轮胎　趋势研判

一　中国汽车及配套产业概况

汽车产业是推动新一轮科技革命和产业变革的重要力量，是建设制造强国的重要支撑，是国民经济的重要支柱。建设交通强国需要具备良好的产业链基础和先进制造设备。2017 年国家工信部、发改委、科技部三部委联合印发的《汽车产业中长期发展规划》提到，“依托工业强基工程，集中优势

* 李普超，中汽数据有限公司数据平台部项目经理；杨欧，中汽数据有限公司数据平台部市场研究经理；王瑶，中汽数据有限公司数据平台部市场研究经理。

资源优先发展自动变速器、发动机电控系统等核心关键零部件，重点突破通用化、模块化等瓶颈问题”。零部件行业的进步需要强大的资源整合能力，如企业、高校、科研院所的技术资源整合，大数据、信息化、智能化的平台资源整合，零部件行业主体创新化、集团化、国际化的产业集群整合，从而推动中国汽车全产业链实现新的突破。

（一）市场表现动力强劲长期向好，短期承压新能源探索转型之路

伴随中国汽车市场步入高质量发展阶段，市场规模不断扩大，自主品牌量质齐升，消费升级特征显现，新能源、智能网联的发展为中国汽车市场带来新增量；与此同时，开放外资准入条件也为我国汽车市场深度变革带来新的机遇与挑战。根据中汽数据统计，2017～2019 年，中国汽车市场乘用车保有量从 1.78 亿辆增至 2.12 亿辆，复合增长率达 9%。截至 2020 年 6 月，我国乘用车保有量达 2.18 亿辆。从使用城市来看，北京和上海保有量超过 500 万辆，成都、郑州、重庆超过 400 万辆，广州、苏州、深圳、天津和杭州保有量超过 300 万辆，天津、杭州等限购城市增加年度车辆指标，将进一步提振市场需求。市场销量方面，2019 年乘用车终端零售为 2166.3 万辆，同比降幅由 2018 年的 8.2% 收窄至 3.8%。受新冠肺炎疫情影响，2020 年初终端零售同比降幅显著，随着全国有序复工复产、国家及地方政府颁布一系列促进汽车消费政策，乘用车市场需求逐步恢复趋近正常水平。2020 年 6 月，国产乘用车终端零售量为 165.9 万辆，环比增长 3.2%，2020 年上半年国产乘用车累计销量为 751.3 万辆。

新能源汽车作为我国汽车产业转型的重要组成部分，终端零售量从 2017 年的 55.5 万辆增至 2019 年的 92.3 万辆，复合增速达到 28.9%，其中进口车源销量占比从 4% 增至 6%。中国已经成为全球最大的新能源汽车市场，在“双积分”政策引导下，各大主机厂在加大传统能源汽车节能减排研发力度的同时，加速布局新能源汽车。2019 年，在汽车市场整体需求趋弱的大背景下，加之补贴退坡，新能源汽车销量月均同比下降超过 30%。后疫情时代，在国家实施新能源汽车免征购置税延长两年、充电桩配套设施

地方补贴增加的推动下，新能源车辆的市场需求将逐渐释放。鉴于国补政策对于电池续航里程、能量密度均提出更高的要求，未来，电池技术迭代升级、“换电模式”改变消费习惯、车辆安全动态监控预警、动力电池回收利用溯源管理和针对充电桩“新基建”的推广补贴将促进中国新能源汽车领域生态逐渐完善。

（二）汽车零部件产业重塑格局打破边界，并购重组扩大规模抢占市场

传统汽车零部件分为车身、动力、通用件、底盘和电子电器五大系统，近年来伴随新能源汽车的普及，动力电池、电机、电控等专用部件的研发生产正在改变全球汽车零部件格局。根据2020年*Automotive News*（《美国汽车新闻》杂志）评选结果，全球零部件企业百强中有7家中国企业，分别是延锋、北京海纳川、中信戴卡、德昌电机、敏实、五菱工业和安徽中鼎。

动力电池储能装置作为新能源汽车的核心零部件，相关生产企业近年来迅速扩大规模，以LG化学、宁德时代、比亚迪、松下等企业为首的国内外企业纷纷抢占新能源市场，进入各大主流主机厂供应商名单。自2019年6月中国市场开放外资动力电池企业准入条件以来，宁德时代面临外资头部企业竞争压力，亟须降低电池生产成本、加强技术研发力度、稳定厂商配套关系，以此应对市场挑战。此外，中国零部件企业通过投资实现自动驾驶、新能源“三电”系统等新兴零部件的快速布局，如全球排名第39的均胜汽车安全系统和排名第95的普瑞（主营业务为HMI、电池管理系统等）为均胜电子全资子公司，排名第63的耐世特（主营业务为转向、ADAS及自动驾驶技术等）为中航工业控股公司。

综合考虑物流成本、响应速度等市场因素，国内零部件企业围绕主机厂布局，多以工业园区形式聚集，目前国内形成了长三角、环渤海、华中、西南、东北、珠三角六大零部件产业集群。2019年全球汽车及配套零部件行业承载下行压力，2020年初新冠肺炎疫情的全面暴发也对日渐全球化的汽车产业供应链产生了深远影响。原材料、物流、人工成本大增，配套及替换

需求趋弱，经营压力将迫使零部件行业进行深度整合。此外，头部企业也纷纷布局车联网、新能源等新兴产业，寻求业务转型和经营稳定，如表1所示。以博格华纳、弗吉亚等头部企业为代表的市场并购重组活跃，主要集中在底盘、电子电气和动力总成系统三大传统零部件领域。国内主机厂则加强战略合作和技术交流，重点布局物联网、燃料电池等新兴领域。长期来看，并购重组和剥离传统业务将成为行业趋势，零部件行业集中度将提高，头部企业业务交叉，呈现竞争格局。

表1　2020年上半年零部件企业并购重组热点事件

时间	收购主体	被收购方	被收购方主营业务
1月	博格华纳	德尔福科技	燃油动力系统
2月	延锋	安道拓延锋汽车内饰30%股份	汽车内饰,智能座舱
2月	弗吉亚	大陆集团SAS50%股份	内饰模块组装,物流运输
5月	东风电子科技	东风汽车零部件	东风马勒热系统、上海弗列加滤清器、东风富士汤姆森调温器、上海东森置业、东风弗吉亚排气系统、东风弗吉亚排气控制技术、东风辉门发动机零部件、东风富奥泵业、东风库博汽车部件
时间	并购主体	并购成立公司	主营业务
1月	一汽、东风、长安	T3科技平台公司	电动平台及先进底盘控制、氢燃料动力、智能驾驶及中央计算三大领域
4月	一汽、东风、北汽福田	货车之家（南京）科技有限公司	商用车后市场和物联网领域
6月	丰田、北京亿华通、一汽、东风、广汽、北汽	联合燃料电池系统研发（北京）有限公司	商用车燃料电池

资料来源：根据公开信息整理而得。

（三）政策导向鼓励突破产业链瓶颈，汽车配套产业构建良好生态

中国汽车及零部件配套产业将以电动化和智能化为主要趋势逐渐转型升级。

2019 年 7 月 30 日起施行的《鼓励外商投资产业目录（2019 年版）》和 2020 年 1 月 1 日起实施的《产业结构调整指导目录（2019 年本）》，指明针对新能源汽车三电系统和智能汽车关键零部件制造及研发的零部件行业发展导向。对于汽车核心零部件技术的空缺，目前采用政策倾斜的方式保障进口。《2020 年进口暂定税率等调整方案》规定，暂时降低针对小轿车自动变速箱用部分零部件产品的税率。此外，2020 年 1 月，由商务部归口管理、中国欧洲经济技术合作协会平行进口汽车分会负责起草《汽车后市场配件流通标准》，内容涉及统一汽车零部件的国际流通标准和质量标准。

在改善国内汽车零部件行业生态方面，2019 年 12 月国家发改委发布《机动车零部件再制造管理暂行办法（征求意见稿）》，提到通过第三方再制造质量体系认证的再制造企业，可以向报废机动车回收拆解企业收购发动机、方向机、变速器、前后桥、车架五大总成部件，并填写溯源信息、建立管理台账，该《办法》也对再制造生产、产品、市场、监督管理明确了相应要求。在规范国内零部件行业技术和服务体系方面，一系列国家标准建立，例如 GB 26149－2017《乘用车轮胎气压监测系统的性能要求和试验方法》将乘用车胎压监测系统纳入强制安装范畴，对不同分类的乘用车自 2019 年到 2021 年逐步实施。2019 年 4 月 1 日起实施的《GB/T 36684－2018 汽车售后零配件市场服务规范》，对汽车后市场零部件销售和维修环节均做出相关规定。

二　汽车零部件典型细分市场解读

新能源、电动汽车是我国非常重要的战略性新兴产业，而高效、环保、低成本的储能电池将是发展这些战略性新兴产业的核心支撑技术。得益于电动汽车技术的突飞猛进，2019 年我国动力电池装机量约 62.38GWh，同比增长 9%。目前，国内储能装置的供给分单体和总成两类，储能装置单体行业集中度较高，总成多为整车厂自给，行业分布较为分散。同时，电池产业发展技术迭代加快，许多新型电池不断涌现，其安全性、能量密度都得到了较大的提升，同时节省了成本。宁德时代、比亚迪、蜂巢科技等企业是国内储能电池行业研发的领先代表。此外，伴随着汽车行业走向电动化，电池成为汽车制造供应链上重要的一环。

（一）储能装置细分市场解读

1. 配套情况：单体装置头部企业集中，总成装置主机厂发展自给

典型车型的储能装置配套情况分为三种：单体和总成均来自电池厂；单体来自电池厂，总成来自主机厂；单体来自电池厂，总成来自主机厂并购、投资、重组等企业。在单体装机市场中，宁德时代是储能电池最大供应商，拥有较高的市场份额。截至 2020 年 6 月，单体储能装置量前三名分别是：宁德时代、科力美、松下，宁德时代储能单体配套车型销量超过 13 万辆。

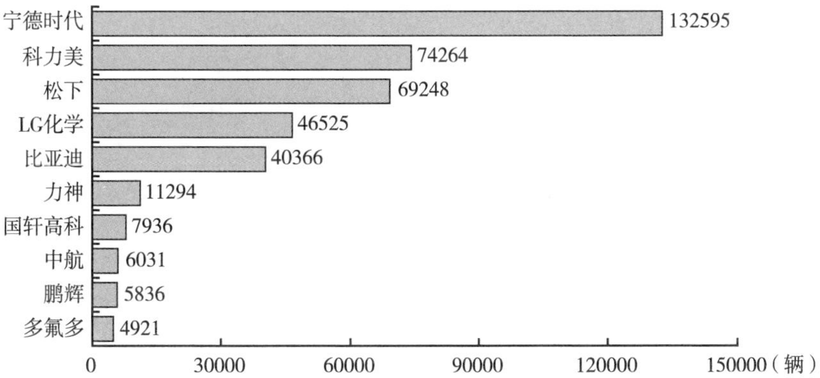

图 1　2020 年 1～6 月储能单体企业所供应车型销量排名

资料来源：中汽数据有限公司。

伴随新能源汽车市场规模的逐渐扩大，在主机厂纷纷布局新能源汽车的同时，作为核心部件的储能装置使得主机厂愈发意识到掌握主动权的重要性，储能装置总成的供应正在由电池生产商向主机厂转移。2018 年，储能装置总成企业供应车型销量前三名为：比亚迪、新中源丰田、捷新。2020 年上半年，前三名分别是：新中源丰田、特斯拉、宁德时代。新中源丰田储能总成配套车型销量近 8 万辆，供应量跃升第一。特斯拉、广汽本田、东风本田也越来越多地为自主车品牌提供总成储能装置。对比 2018 年与 2020 年

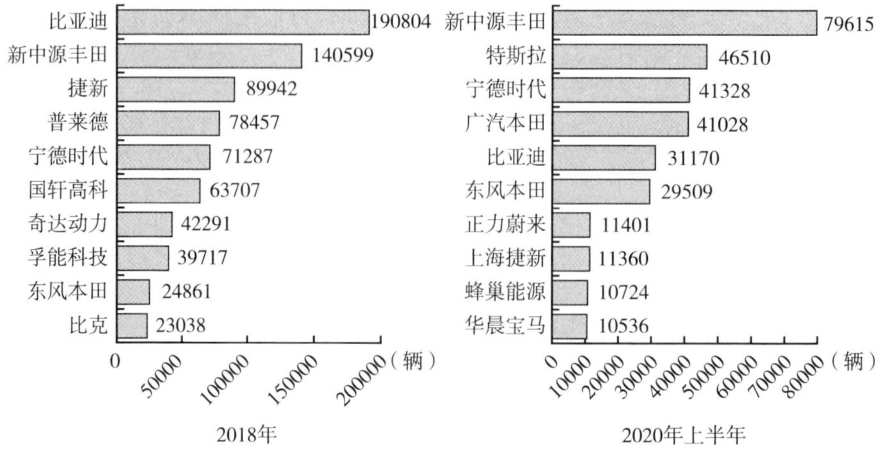

图 2 储能总成企业供应车型销量排名 TOP10

资料来源：中汽数据有限公司。

上半年整车厂储能装置总成供应车型，新中源丰田、比亚迪、广汽本田、东风本田、蜂巢（长城）迅速发展储能装置总成供应业务，覆盖更多车型，这类企业均为主机厂剥离的业务部门或具备主机厂投资背景。

表 2 2018 年、2020 年上半年整车厂储能装置总成供应车型

	2018 年	2020 年上半年
丰田	卡罗拉、凯美瑞、雷凌	丰田 C－HR、丰田 RAV4、卡罗拉、凯美瑞、雷凌、威兰达、亚洲龙、奕泽
比亚迪	比亚迪 E5/E6/F3DM/秦/宋/唐/元、腾势	比亚迪 E1/E2/E3/E5/M3/S2/秦/宋/宋 MAX/唐/元、腾势 X、长安 CS55
广汽本田	雅阁、讴歌 CDX	奥德赛、皓影、凌派、雅阁、讴歌 CDX
东风本田	本田 CR－V、本田 INSPIRE	艾力绅、本田 CR－V、本田 INSPIRE
蜂巢能源	欧拉 R1	欧拉 R1/iQ、魏派 VV7

资料来源：中汽数据有限公司。

2. 前沿技术：CTP 降低电池生产成本，刀片电池续航进一步增强

（1）宁德时代：CTP 技术

宁德时代拥有较高的市场份额，离不开自身的技术优势。2019 年宁德

时代公开介绍了 CTP（Cell to Pack）技术，电芯直接集成为电池包，从而省去了中间模组环节。其优势主要有三个方面：第一，CTP 没有标准模组限制，因此可以用在不同车型上，使用广泛；第二，内部结构组建简单，能将体积利用率提高到 15% ~20%，系统能量密度也间接提升；第三，其散热效果要优于小模组电池包。该技术本身具有轻量化特点，能够减少各零部件之间的物理联系，电池体积利用率高，零部件数量较少，有利于降低电池生产成本。目前，CTP 电池组已用于传祺 AION. S、理想 ONE、宝骏 E100/E200、小鹏 G3、帝豪、宝马 X1 等车型。此外，宁德时代进入国产特斯拉 Model3 电池供应商名单，有望搭载 CTP 电池包。宁德时代的利润率明显高于三星和 LG，在大规模生产制造中表现出更强的成本控制能力。根据年报数据，宁德时代目前拟募集资金用于电池扩建、研发与生产项目。公司加快储能电池项目的研发，在储能领域的布局提速。作为动力电池龙头企业，新能源汽车全球化将会给其带来巨大效益。

（2）比亚迪：刀片电池

2020 年 3 月，比亚迪发布刀片电池。其设计使得电线短路时产热少、散热快，并在“针刺试验”中的表现优异。该技术基于磷酸铁锂技术，采用自主研发的长度大于 0. 6 米的大电芯，电池单体同样向大容量进化，但电芯形状更加扁平、窄小，大幅提高了体积利用率。体积能量密度增加 50%，成本下降 30%，续航里程达到 605 公里。刀片电池提升电池总成的能量密度的同时，也有更好的电芯散热设定，在复杂工况充放电模式下电芯温度差可以控制在 1℃。比亚迪 CTP 电池技术与磷酸铁锂电芯结合，将会带来更好的耐温性，同时也将保证稳定的续航里程，成本的减少也将为车辆带来更强的竞争力和更大的利润空间。最新量产车型比亚迪·汉便已搭载刀片电池。

（3）蜂巢能源：无钴电池

2020 年 5 月，长城汽车旗下蜂巢能源发布两款电池产品：115 安培小时电芯和 L6 薄片无钴长电芯。115 安培小时电芯的容量为 115 安培小时，能量密度达 245 瓦时/公里，车辆续航里程为 600 公里，预计在 2021 年 6 月推出。这款产品在通用化电芯尺寸设计基础上完成，可以搭载到目前大部分新的纯电平台上。L6 薄片无钴长电芯的容量为 226 安培小时，采用叠片设计工艺，可以使能量密度再提升 5%，循环寿命再提升 10%，预计搭载在长城哈弗的一款高端车上，续航里程为 880 公里，计划在 2021 年下半年实现量产。

正极材料中不添加钴元素意味着成本降低 10% ~15%，电芯整体 BOM 成本降低 5%。蜂巢能源使用两种其他元素代替钴，通过强化学键形成稳定的氧八面体结构，增加了材料稳定性。蜂巢能源还使用了单晶技术，使颗粒比多晶更加稳定，电芯寿命比多晶高镍三元产品高出 70%。此外，蜂巢能源采用纳米网络包覆技术，在单晶表面再包裹一层纳米氧化物，可以减少正极材料与电解液的副反应。

3. 行业动向：大型车企布局电池板块，掌握新能源汽车供应链命脉

随着汽车行业走向电动化，汽车制造的供应链发生了结构性变化，电池是电动汽车的核心。为抓住供应链命脉，车企的策略分为两种：一是投资收购电池供应商进行组件定义和研发，确保供应链的高度稳定；二是完全自主设计、研发和制造，在更高的层次上维持稳定性。

外资汽车集团方面，2020 年 5 月 28 日，大众集团入股国轩高科。国轩高科是一家国内领先的动力电池制造企业，其主要产品包括正极材料及磷酸铁锂电芯、三元电芯、动力电池组、电池管理系统和储能型电池组等。除了拥有强大的动力电池供应能力外，国轩高科在电池、电芯化学成分等方面的研发能力也相当出众，这是对电动汽车研发至关重要的两项技术。入股后，国轩高科未来将成为大众汽车的认证供应商，向大众集团在中国市场的纯电动汽车供应电池。根据大众中国的规划，到 2025 年计划交予中国消费者 150 万辆新能源汽车，给国轩高科提供了广阔的发展前景。同时，大众集团不仅能确保未来动力电池供给端稳定，还能根据自身战略布局进行调控，降低动力电池供应链的集中度，从而提升公司在产业链层面的议价能力，也可以参与到电动汽车、电池电芯生产的完整供应链当中，加强在电池领域研发工作。

内资汽车集团方面，长城汽车的选择则是自主研发，垂直整合。长城汽车 2012 年成立了电池项目组，2018 年从长城汽车剥离到长城控股，成立了蜂巢能源。2019 年，蜂巢能源发布了四元电池、无钴电池以及至 2025 年的

五年发展计划。2020 年，蜂巢能源发布两款无钴电池，标志着其无钴电池正式进入落地阶段。按照规划，到 2025 年，蜂巢能源将投入使用，我国京津冀、上海、无锡，美国、韩国、日本和印度七大研发中心，负责先进材料、工艺和软件的研发。在制造方面，蜂巢能源在中国京津冀、长三角和西部做了共计 76 亿瓦时产能布局，在北美和东欧分别有 20 亿瓦时和 24 亿瓦时的产能布局，到 2025 年预计总规模达 120 亿瓦时。蜂巢能源的产业布局堪称宏伟，在材料技术、工艺开发上走在世界前沿。

储能电池是新能源汽车非常关键的一环，在推动新能源汽车节能环保方面具有非常重要的意义。就目前来看，纯电动汽车已经具备较大的市场份额，但是在改进空间、降低成本方面依然有较大的空间，今后电动汽车电池将从锂电池向燃料电池的方向发展。延长电池使用寿命，提升电池功率密度、能力密度，降低生产成本，保障电池的安全性能依然是储能企业关注的焦点，这对促进电动汽车商业化具有重要意义。

（二）轮胎细分市场解读

随着汽车保有量的迅速增加，人们对汽车安全的重视程度越来越高，据不完全统计，高速意外事故中，超过 40% 都是由轮胎造成的，作为汽车接触地面唯一的部件，轮胎对汽车安全至关重要。随着汽车工业的发展，轮胎产业规模不断扩大，根据轮胎分会统计，2019 年我国汽车轮胎总产量 6.5 亿条，超过全球轮胎总产量的 1/3，我国轮胎产量 2005 年起全球第一，轮胎出口量 2007 年起全球第一，在全球轮胎市场占有重要的地位（见图 3）。

1. 供应情况：产业发展扩大市场边界，国产品牌深耕配套/替换市场，打破外资垄断

轮胎的配套/替换需求量 Q 主要受到三种因素的影响：

$$Q = f(x_i) = \sum_{i=1}^{n} \alpha_i \cdot x_i$$

i 车型：$i \in (1,\cdots,n)$，不同车型轮胎需求可能不同。

x_i 车型产量/保有量：同一车型，配套胎需求与产量成正比，替换胎需

求与保有量正相关。

α 轮胎配套系数/替换系数：系数越高轮胎需求越大。

就配套需求而言，一般 α 、i 并没有变化，Q 主要取决于汽车产量的变化。2019 年我国乘用车产量 2004.3 万辆、商用车产量 407.6 万辆，合计约占全球汽车总产量的 1/4，以乘用车平均配套系数 $\bar{\alpha}=5$、商用车平均配套系数 $\bar{\alpha}=7$ 计算，我国每年汽车市场轮胎配套总需求达 1.5 亿条。

就替换需求而言，Q 除了取决于汽车保有量外，还受 α 的影响。车辆行驶路况、天气、驾驶习惯、消费习惯等都会对 α 产生影响进而影响轮胎替换需求。截至 2020 年 6 月，我国乘用车保有量达 2.18 亿辆，以平均替换系数 $\bar{\alpha}=1.5$ 计算，我国乘用车市场轮胎配套总需求达 3.3 亿条。庞大的汽车产量/保有量为我国轮胎企业提供了广阔的发展空间。

表 3　不同车型对应配套胎/替换胎系数

轮胎类别	车辆类别	配套轮胎数(条/辆)	替换系数[条/(辆·年)]
轿车胎	轿车	5	1.5
载重胎	中型载重卡车	11	15
	重型载重卡车	16 ~ 22	10 ~ 20
	轻型载重卡车	7	4.2
	大型客车	7 ~ 11	2 ~ 5
工程胎	装载机械	4	2
	运输工程机械	6	3

资料来源：玲珑轮胎招股说明书。

我国轮胎配套市场上的企业可以划分为三个梯队：第一梯队主要是普利司通、米其林、固特异等外资企业；第二梯队主要是国内崛起的行业龙头，如玲珑轮胎、中策橡胶、青岛双星等；第三梯队以中小型民营企业为主，如永泰、兴源、永盛等。根据公开资料，国产轮胎企业在中国轮胎市场的配套份额仅为 23%，且在仅有的配套市场中，也多集中于卡车及低端乘用车，如表 4 所示，高端乘用车仍多采用第一梯队的轮胎品牌。

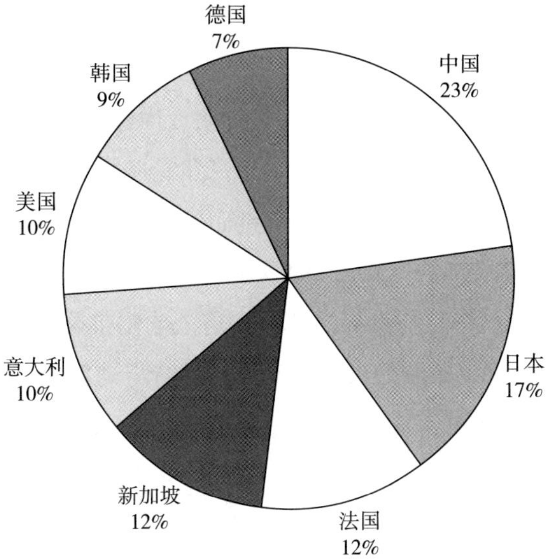

图 3　2019 年中国轮胎配套市场各国占比

资料来源：轮胎世界网。

表 4　2019 年我国市场高端乘用车轮胎配套情况

车型	轮胎配套供应商
宝马 5 系	普利司通
奥迪 A3	倍耐力、韩泰、固特异、米其林
奥迪 Q2L	米其林、韩泰
奔驰 C 级	韩泰、马牌、倍耐力
奔驰 E 级	倍耐力、普利司通、韩泰、米其林
奔驰 GLC 级	普利司通、倍耐力

资料来源：中汽数据有限公司。

近年来，随着轮胎行业“去产能”和“再创造”的加速，我国轮胎业迎来新一轮调整，行业集中度不断提升，国产轮胎头部企业不断进入我国乘用车配套市场，虽然整体仍以自主系低端车型为主，但配套品牌、车型不断增加，且玲珑轮胎、中策橡胶、三角轮胎等“走出去”的企业市场地位不断提高，已切入日系、美系、德系等外资品牌。

以玲珑轮胎为例，2020 年 1 ~6 月玲珑轮胎为乘用车 38 个品牌、184 个车型提供配套，其中包括美系品牌福特、日系品牌铃木、德系车捷达、法系车雷诺等。此外，福特国产轮胎配套企业除玲珑轮胎外，2019 年三角轮胎也进入其配套体系，铃木配套体系也包括三角轮胎、中策橡胶等国产轮胎企业。随着合作的不断深入，我国轮胎头部企业配套竞争力有望不断提升。

2. 行业动向：内资加快布局抢夺优质赛道，外资外延并购重塑核心驱动力

（1）玲珑轮胎：产品与世界接轨，注重全球化布局

玲珑轮胎是一家集轮胎的设计、开发、制造与销售为一体的技术型轮胎生产企业，2019 年公司实现轮胎产量 6194.7 万条，其中半钢胎产量约为 5148.7 万条，占总产量的 83.1%。

产品性能不断提升。在芬兰测试世界（2017、2011）、德国“Auto Bild”（2016、2014）、德国 ADAC 汽车协会（2015）等进行的轮胎测试对比中，玲珑轮胎各项指标均排名较为靠前；此外，玲珑轮胎拥有目前中国境内最大的轮胎试验场——中亚轮胎试验场，有利于其提高产品性能、缩短产品测试周期、接轨全球测试标准。

客户结构向外资渗透。配套市场方面，玲珑轮胎公司已配套大众捷达、福特福睿斯、雷诺电动车，并进入三菱等主机厂配套体系，在轮胎商业发布的 2019 年轮胎原配排行榜中，玲珑轮胎排名第七。随着公司客户结构向外资企业渗透及后续配套量的逐步释放，轮胎单价或存在较大上升空间。

全球化产能布局。玲珑轮胎公司于 2020 年 3 月提出“6 + 6”发展战略，即中国规划建设六个生产基地，海外规划建设六个生产基地。海外方面，公司有望依托泰国在东南亚的地位，打开东南亚市场；此外，此次双反或将推动公司塞尔维亚工厂的建设及北美工厂选址，加快其全球化布局，规避贸易摩擦。国内方面，除招远、德州、柳州、荆门四个生产基地外，选址长春市汽车产业的核心区域——汽车经济技术开发区，可缩短配套半径，当地政府及一汽集团为鼓励建厂为零部件企业提供的诸多优惠政策也有利于降低企业的成本，提升盈利空间，辐射我国东北、俄罗斯、韩国等地的长春工厂有助于完善企业的产能布局。

（2）赛轮轮胎：巨胎有望实现进口替代，合作建厂多方利好

赛轮轮胎主要从事轮胎产品的研发、生产和销售，公司的轮胎产品包括半钢子午线轮胎、全钢子午线轮胎和非公路轮胎，2019 年实现轮胎产品收入 143.4 亿元，占总收入的 93.4%。

产品技术不断突破。2016 年公司下线世界最大的 63 寸巨型子午胎并成为世界最大的工程机械制造商“卡特彼勒”全球配套供应商，赛轮旗下特种胎品牌“迈驰”为国内近 20 个地区及国外 30 多个国家的矿山提供配套服务，占据国内 70% 的大型矿山市场。2019 年公司成为中国神华“MT5500 矿用卡车 59/80R63 轮胎研制与应用”项目中标人，承担该项目的研发试制，本次合作有利于打破外国企业对高端超巨型工程子午线轮胎的垄断，提升企业的竞争力。

携手一汽布局轮胎试验场。赛轮和一汽联合建设的华东（东营）智能网联汽车试验场，覆盖智能网联汽车典型测试场景和综合性能测试设施，随着后续试验场的建成及投放，公司产品研发能力及产品性能将与国际标准接轨，配套实力也将进一步提升。

与固铂合资建厂。2019 年 11 月，赛轮轮胎公司与固铂轮胎在越南合建的 240 万套/年全钢胎产能正式投产，双方合作有助于赛轮轮胎公司吸收国外先进的技术、提升国际市场影响力、降低政策不确定性风险；此外，公司拟通过沈阳全资子公司投资建设 300 万套/年全钢胎项目，随着后续产能逐步放量，公司盈利能力也将得到提升。

（3）米其林轮胎：高利润轮胎占比攀升，外延收购注入新动力

米其林是全球领先的轮胎企业，产品包括乘用车轮胎、卡车轮胎等。2019 年公司全球乘用车配套市场销量下降 6%，替换市场较为稳定；全球卡车配套市场销量下降 4%，替换市场下降 2%。

公司大尺寸轮胎占比不断攀升。年报显示，公司 18 寸以上轮胎乘用车销量占比从 2015 年的 25% 增加到 2019 年的 43%，中国市场是其主要驱动因素，虽然中国乘用车轮胎市场呈现下降趋势，但大于 18 寸的轮胎需求不断攀升，成为公司主要增长点之一；此外，在欧洲米其林大尺寸轮胎品牌忠

诚度位居第一，其中18寸轮胎忠诚度超过50%，19寸轮胎超过65%，20寸以上轮胎超过89%。

外延并购成短期营收增长核心驱动力。根据米其林年报对业绩驱动因素的拆解，2019年公司9.6%的增长中6.8个百分点由外延并购贡献。2018年其收购加拿大轮胎企业越野轮胎和橡胶履带生产商CAMSO集团、2019年收购印度尼西亚轮胎制造商PT Multistrada Arah Sarana TBK等，外部增长为公司发展注入新动力。

全球业务覆盖率高。批发方面，公司合作伙伴包括NTW、Ihle及Meyer Lissendorf；零售方面，截至2019年末公司有7620家零售合作企业，其中北美2403家、欧洲2833家、独联体国家118家、东盟288家、非洲&印度&中东219家、南美84家，高覆盖率的销售网络有助于提高企业市场影响力。

三　中国零部件市场发展趋势研判

汽车零部件产业是支撑汽车工业持续稳步发展的前提和基础，随着经济和全球市场一体化进程的推进，汽车零部件产业在汽车工业体系中的地位不断提高。2020年，新冠肺炎疫情向全国蔓延，消费需求被抑制，对汽车市场造成更为严重的冲击。随着汽车市场持续下滑，零部件行业也受到影响，产业发展面临着诸多挑战。

2020年以来，汽车产业减税、限购限行松动、国六延缓等政策措施相继发布，助力市场回暖。2020年政府工作报告指出“重点支持既促消费惠民生又调结构增后劲的‘两新一重’建设”，为助力汽车及零部件产业发展注入新动能。未来，随着政策、市场、经济齐发力，预计汽车与零部件市场将逐渐回暖，实现由降向升的转变。

（一）中国零部件市场走势预测

1. 市场端：汽车产业持续发展，零部件行业潜力大

2020年1~6月，国产汽车累计产、销分别为963.9万辆和971.3万辆，

同比分别下降 14.9%和 21.6%。为缓解全球疫情与消费者信心下降带来的冲击，国家出台《关于稳定和扩大汽车消费若干措施的通知》等一系列政策措施，汽车市场逐渐回暖。预计 2020 年，乘用车总体销量将达到 1903 万辆，同比下降 12.2%。从长期来看，随着国民经济的发展与人均可支配收入的提高，我国汽车消费的需求日益增加，促进我国整车行业快速发展，进而带动汽车零部件行业不断增长。目前我国的人均汽车保有量整体偏低，尤其是在广大的二线、三线城市，因而汽车消费市场仍具有广阔前景。随着世界及我国经济的回暖，汽车消费信心与需求进一步恢复，汽车产量销量及汽车零部件行业也将维持持续稳定的增长。

2. 产品端：市场竞争加剧，产品全方位轻量化集成化发展

伴随市场环境和汽车趋势变化，汽车零部件产品发生适应性改变。总体来看，随着智能绿色发展相关政策的落地实施与消费观念的转变提升等，汽车零部件产品将向着全方位轻量化集成化发展。

（1）全方位——产品布局及市场覆盖全方位

随着技术的进步及品牌建设的加强，众多零部件企业完成了汽车市场供应的全方位布局，产品供应由自主品牌延伸至合资及高端品牌，服务企业由自主品牌延伸至合资及豪华品牌，完成产品规划与企业合资的全方位升级。

（2）轻量化——新材料新结构助力实现轻量化

为减少燃油消耗和降低二氧化碳排放，汽车的轻量化已经成为众所关注的焦点之一。轻量化的高强度钢、铝合金已在汽车领域推广应用，碳纤维、植物纤维等新材料也是零部件企业的研发重点。

（3）集成化——由单一产品到产品集合

为提升产品竞争力和抗风险能力，汽车零部件企业充分整合各方资源，与产业链上下游相关企业协同发展，由提供单一产品转变为提供集软硬件于一体的系统解决方案，在动力系统和汽车电子领域较突出。汽车零部件企业的产品结构依靠的是产品优化升级，新项目、新产品顺利实现产业化才能保证企业有较强的盈利能力和风险应对能力。

（二）中国零部件企业发展战略建议：数字化转型提升竞争优势，产业融合赋能行业发展

随着科技创新与制造业的进步，中国的汽车产业飞速发展，逐渐实现由粗放型发展向集约型发展转变，产业转型升级势在必行。目前，汽车及互联网大数据的价值进一步被挖掘，为汽车及零部件产业发展再添内生动力。然而，消费者需求多样化、需求精益化、产品智能化趋势越来越明显，零部件企业转型迫在眉睫。零部件企业需要赢得未来市场战争，需要在企业战略转型、数字化发展、国际化转型、人才建设等多方面发力，助力企业持续长久发展。

1. 战略转型：创新内外部合作模式，优化资源配置，提升精益化水平

首先是合作模式转变，包括内部与外部合作模式转变。随着数字化的发展，汽车零部件原材料创新、结构设计创新、产品规划创新、运营模式创新的联系愈加紧密，零部件企业可实现全产业链联合创新，共同开发优质产品，通过需求前置、需求共享提升产品创新效率；另外，加速观念创新，应秉承行业共同发展的原则，采用“连横”战略，集合各类零部件企业科研资源，共同开发新产品、新服务，加快行业创新进程，加速行业商业模式转型。

外部合作模式创新方面。大数据为跨产业融合提供可能，汽车产业、银行保险产业、互联网行业等产业融合顺势而为。近年来，IBM 与法雷欧、博世与谷歌等企业，以各自企业核心技术为基石、以联合创新为手段，整合双方行业优势资源，实现了在软件平台、智能驾驶等领域的重大突破。

企业整合及规模化方面。随着企业内、外部合作模式的创新，零部件企业面临着进入新领域带来的挑战。为避免企业处于市场规模与利润缩小的逆境中，企业可通过兼并、收购、战略合作等方式在提升流程效率、实现成本精益化、扩大产能等方面做出突破。

2. 数字化发展：优化组织架构，提升内部运转效率，一体化赋能企业数字化转型

近年来，数字化成为零部件企业转型发展的新方向。然而，许多企业在

数字化转型过程中忽视了企业组织架构、业务运营流程与数字化平台建设之间的协同，导致数字化内生动力不足。因此，企业数字化之路应实施“三条腿”走路战略，从组织架构调整、流程改造、平台搭建三方面同时出发。一方面，基于企业数字化发展战略，优化组织架构，实现组织与业务一体化发展；另一方面，整合企业内部研发、生产、营销、售后等业务，并基于实际业务场景搭建数字化平台，满足各业务线健康持续发展。

3. 国际化战略：政策推动零部件企业“走出去”，营销服务体系创新赋能跨国战略落地

近年来，“一带一路”倡议为汽车产业国际化发展带来了新的机遇。为保障我国汽车及零部件企业协同发展，汽车产业链制造企业与零部件企业应加强合作，共同实施投资模式创新、营销模式创新、服务模式创新。首先，针对不同国家贸易政策、行业标准、社会经济情况等，采取不同的贸易与投资手段，拓展企业业务范围，增加盈利模式。其次，实施营销模式创新，针对战略性重大市场，实施属地化战略，在当地搭建自主销售与售后服务体系，从产品服务专业化、后市场服务属地化的方向提升企业品牌形象。最后，实施服务模式创新，秉承国际化发展理念，引入国际化人才与搭建跨国供应体系，并积极履行社会责任，推动我国汽车及零部件行业全球化发展。

4. 人才建设：优化人才梯队，提升人才素质，助力企业抢占未来市场

未来，由于生产模式、运营模式、消费模式转变，零部件企业现有组织架构将发生翻天覆地的变化，对人才提出了更多更新的要求。因此，零部件企业应结合业务场景与未来规划，实现人才重新整合重新配置、优化组织架构，尤其是注重大数据、人工智能等方面的高专尖人才与行业知识扎实、知识面广的综合性人才的培养。

中国汽车及配套产业处于深度变革时期，创新体系不断完善，核心技术加速攻关，支撑平台服务能力持续提升，智能制造标准体系广泛建设。中国汽车及零部件产业链主体应提高研发投入，积极引入技术迭代和产品升级，并战略布局车联网、新能源等前瞻领域配套零部件。在扩大内需市

场份额的同时，应培养全球化视野和战略布局，增强自主发展动力，在“一带一路”倡议引导下，加快“走出去”进入海外配套供应链市场，逐步从出口贸易为主向投资、技术、管理等深度合作模式转变，树立中国品牌国际形象。

保险大数据篇

The Insurance Big Data

B.13

2019年全国交通事故责任保险保障程度研究

江绍莹*

摘　要： 机动车辆保险，尤其是机动车商业第三者责任保险，在保障机动车道路交通事故受害人依法得到赔偿、促进道路交通安全中发挥了重要作用。本研究利用中国银保信的保险大数据对全国交通事故责任保险保障程度进行跟踪监测和分析，有助于客观评价我国交通事故责任保险发展趋势，及时发现各地存在的问题，并为保险公司的经营行为和消费者的投保行为提供参考建议。

关键词： 交通事故责任保险　保障程度　保险

* 江绍莹，中国银行保险信息技术管理有限公司。

机动车辆保险是保障交通事故受害人合法权益、促进道路交通安全的重要风险管理措施。为深入发挥中国银保信“保护保险消费、辅助社会治理”的价值和作用，笔者对2019年全国交通事故责任保险保障情况进行研究分析。

一　交通事故责任保险保障基本情况

（一）机动车交强险投保情况

根据全国车险平台交强险承保数据、公安部交管局数据，截至2019年底，我国汽车保有量为2.60亿辆，车险平台登记交强险保单2.49亿件，考虑到交强险不允许重复投保并忽略短期单等因素，机动车交强险投保率为96.0%，同比提高约0.4个百分点。

（二）机动车三责险投保情况

2019年，全国36个省、区、市三责险平均投保率为83.4%，同比提高0.9个百分点；同时地区间差异显著（见图1）。经济发达地区的风险管理意识相对较强，保险保障程度及需求和三责险投保率相对较高。东南沿海地区的投保率明显高于内陆地区，如厦门、宁波、深圳都在95%以上，而黑龙江、青海、西藏等地不足60%；计划单列市的投保率均高于其所在省份的其他地区。从变化情况来看，北京、湖北、安徽、上海、重庆、西藏和青岛七个地区三责险投保率比上年下降，其中上海、湖北、北京下降较明显，分别下降6.7个、5.1个、3.4个百分点；其余29个地区三责险投保率均比上年提高，其中陕西三责险投保率涨幅最大，同比上升6.4个百分点。

2019年，家用车数量在机动车中占80.0%，其三责险投保率为85.7%，比上年提高1.1个百分点，且高于整体机动车三责险投保率2.3个百分点。地区间家用车三责险投保率差异与整体机动车情况相似，进一步反映出各地车主保障意识和需求差异较大。

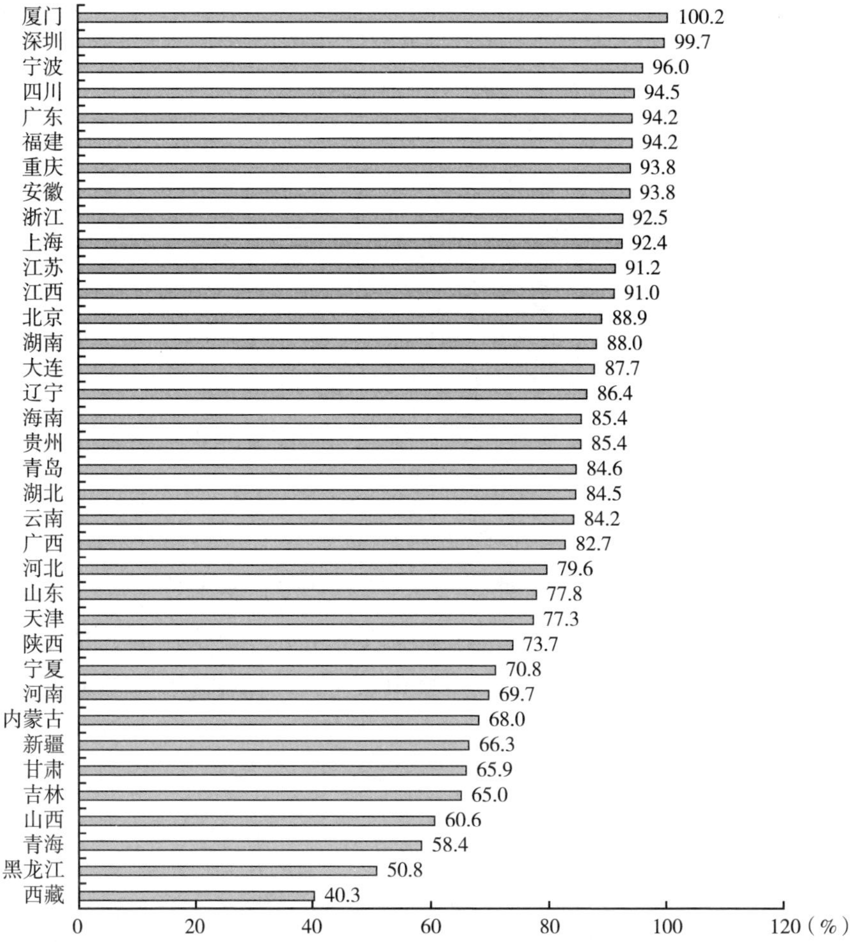

图1　全国各地区三责险投保率

资料来源：全国车险信息平台、《中国统计年鉴 2019》。

二　各地区三责险平均保额对风险的覆盖情况

2019 年，全国三责险平均保额和单人死亡赔付费用平均水平分别是

87.8 万元和 104.9 万元[①]，比 2018 年的 77.7 万元和 99.1 万元分别提高了 13% 和 5.9%。从死亡赔偿费用中扣除交强险死亡赔偿限额（11 万元）后，三责险整体平均保额充足度[②]为 93.5%，比上年增长 5.2 个百分点。交通事故责任保险保障程度有所增强，但仍存在明显缺口。

全国各地区三责险保额充足度不平衡的状况依然存在（见图 2）。三责险保额充足度最高的 10 个地区（2018 年 6 个地区）实现了责任风险的完全覆盖，分别是安徽（103.2%）、重庆（112.9%）、福建（107.1%）、广西（130.1%）、贵州（109.5%）、江西（111.5%）、宁夏（102.0%）、陕西（109.7%）、四川（119.7%）、厦门（100.4%）；充足度最低的三个地区分别是北京（46.6%）、宁波（66.9%）、深圳（66.7%）。计划单列市投保率相对较高，但风险覆盖程度均低于其所在省份的其他地区。

2019 年，全国家用车三责险平均保额充足度为 94.7%，同比提高 5.5 个百分点，略高于机动车整体水平（93.5%）。从增速来看，31 个地区三责险保额充足度有所提高，其中广西家用车三责险保额充足度增幅最大，比上年增长 36.6 个百分点。家用车三责险保额充足度的地区差异与全车种基本一致。

① 商业三责险的保险责任对应的是交通事故责任赔偿中交强险赔偿以外的部分，其赔偿限额（保额）统一包含了交通事故造成的人员伤亡及物损。其中，导致人员死亡是严重事故中最为突出的风险责任。根据最高人民法院颁布的《关于审理人身损害赔偿案件适用法律若干问题的解释》，造成受害人死亡的赔偿义务人除应当根据抢救治疗情况赔偿相关费用外，还应当赔偿死亡补偿费、丧葬费、被扶养人生活费，以及受害人亲属办理丧葬事宜支出的交通费、住宿费和误工损失等其他合理费用。本文以交通事故中一名 60 岁以下，且有扶养责任的城镇成年居民死亡为例，根据国家统计局官网所发布的各地城镇居民人均可支配收入和城镇居民人均消费性支出额，对全国 36 个省、区、市的商业三责险保额充足度进行计算分析。

② 三责险平均保额充足度 = 三责险保额平均值/（当地死亡事故责任赔偿费用 - 交强险死亡赔偿限额）。其中，当地死亡事故责任赔偿费用 = 死亡赔偿金 + 丧葬费 + 被扶养人生活费 =（当地上年城镇居民人均可支配收入 ×20 年）+（当地上年城镇居民人均可支配收入 ×0.5 年）+ 当地上一年城镇居民人均消费性支出额 ×10 年。

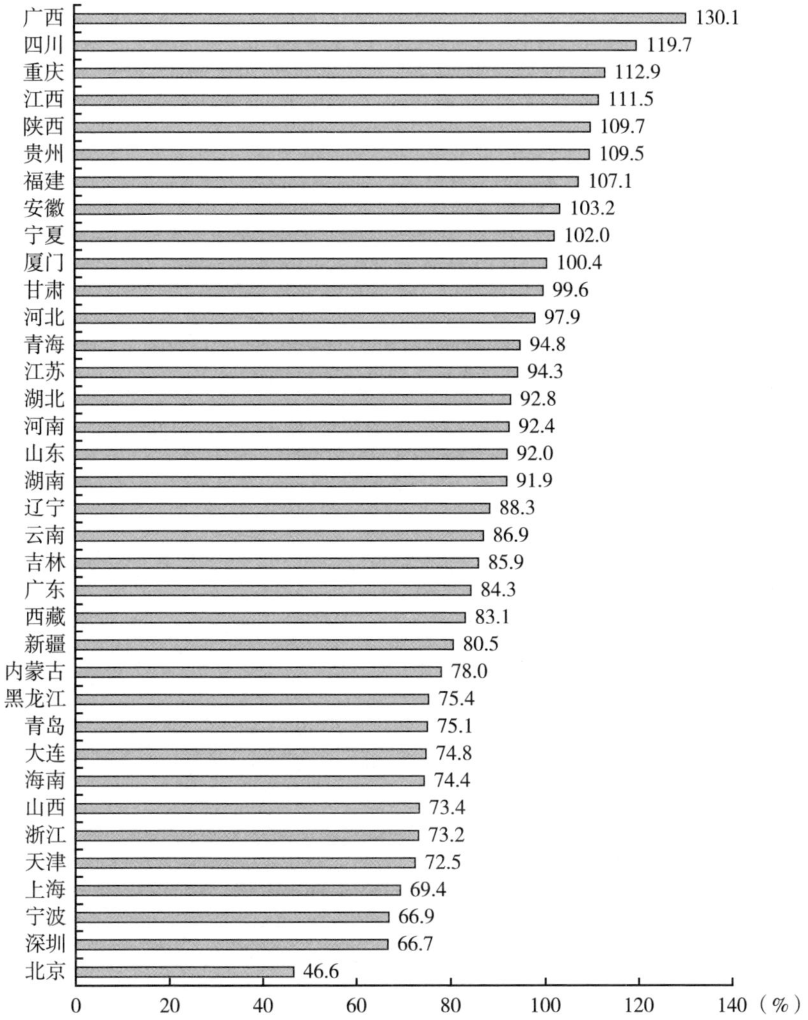

图 2　全国各地区三责险保额充足度

资料来源：全国车险信息平台、《中国统计年鉴 2019》。

三　各地区三责险足额投保比例

2019 年，全国绝大部分车辆的三责险保单不能全面覆盖交通死亡事故责任风险，约有43.6%的三责险保单实现了风险的充分覆盖，比上年提高11.4个百分点。大部分地区三责险足额保单占比[①]偏低（见图3），并呈现如下特点：一是整体状况得到显著改善。除福建、大连两个地区（由于人

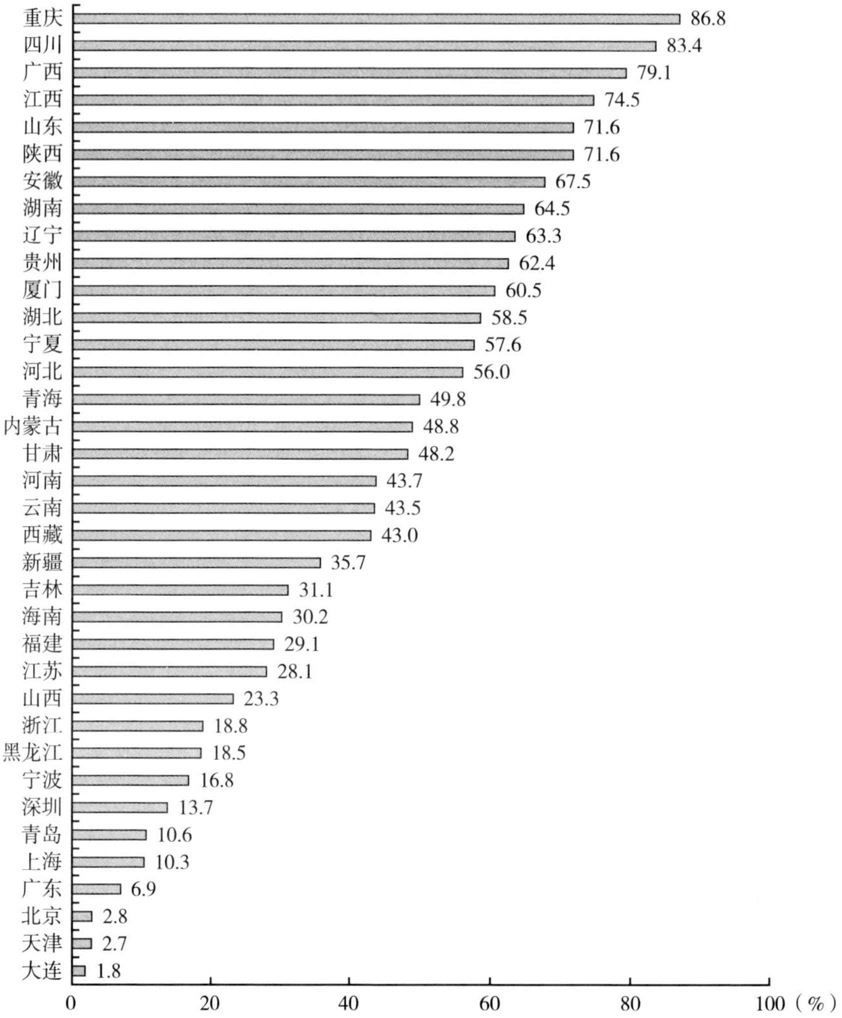

图3　全国各地区三责险足额保单占比

资料来源：全国车险信息平台、《中国统计年鉴2019》。

① 足额投保保单在当地全部保单中的占比。

均可支配收入上升，若要完全覆盖三责险的风险，保额需上升一个等级）足额保单占比下降外，其他的34个地区三责险足额保单占比均有不同程度的提高，其中广西升幅最大，同比提高39.5个百分点。二是多数地区三责险足额保单占比仍处于低位。36个省、区、市中仅有14个地区三责险足额保单占比超过50%，且仍有4个省市不足10%。三是三责险足额保单占比与当地经济发展状况存在偏差。北京、广东、深圳、上海等地经济水平位居全国前列，三责险足额保单占比却在全国排名靠后。四是各地区保额选择的分布不均衡，部分车主的高保额拉高了当地整体平均保额，大部分车主并未投保充足的三责险。比如福建地区三责险平均保额对责任风险的覆盖程度达107.1%，但仅有29.1%的保单可以完全覆盖责任风险。五是家用车的足额保单占比与整体水平相比略高。全国家用车的足额保单占比为44.5%，比整体机动车水平高0.9个百分点。从各地情况来看，二者的分布状况基本一致。

四　各地区死亡事故责任风险与实际保障水平

各地区交通事故死亡责任风险，主要体现为各地区死亡赔付费用标准，与当地经济发展状况密切相关。机动车三责险平均保额与当地死亡赔付费用标准之间缺口的大小，反映地区实际保障水平。在交强险死亡赔偿限额既定的情况下，影响实际保障水平的主要是三责险平均保额。

全国各地死亡赔付费用标准差异较大（见图4）。其中，赔付费用标准超过100万元的有16个省、区、市；处于80万~100万元之间的有20个省市。最高标准（上海，约186万元）约为最低标准（黑龙江，约81万元）的2.3倍，差额约105万元。

各地三责险平均保额与当地死亡赔付费用标准存在以下特点：一是全国各地风险暴露程度差异较大。全国三责险平均保额与死亡赔付费用标准平均保障缺口6.1万元，比上年缩小4.2万元，各地区保障缺口处于0.3万元（甘肃）到91.6万元（北京）之间。二是东部经济发达地区

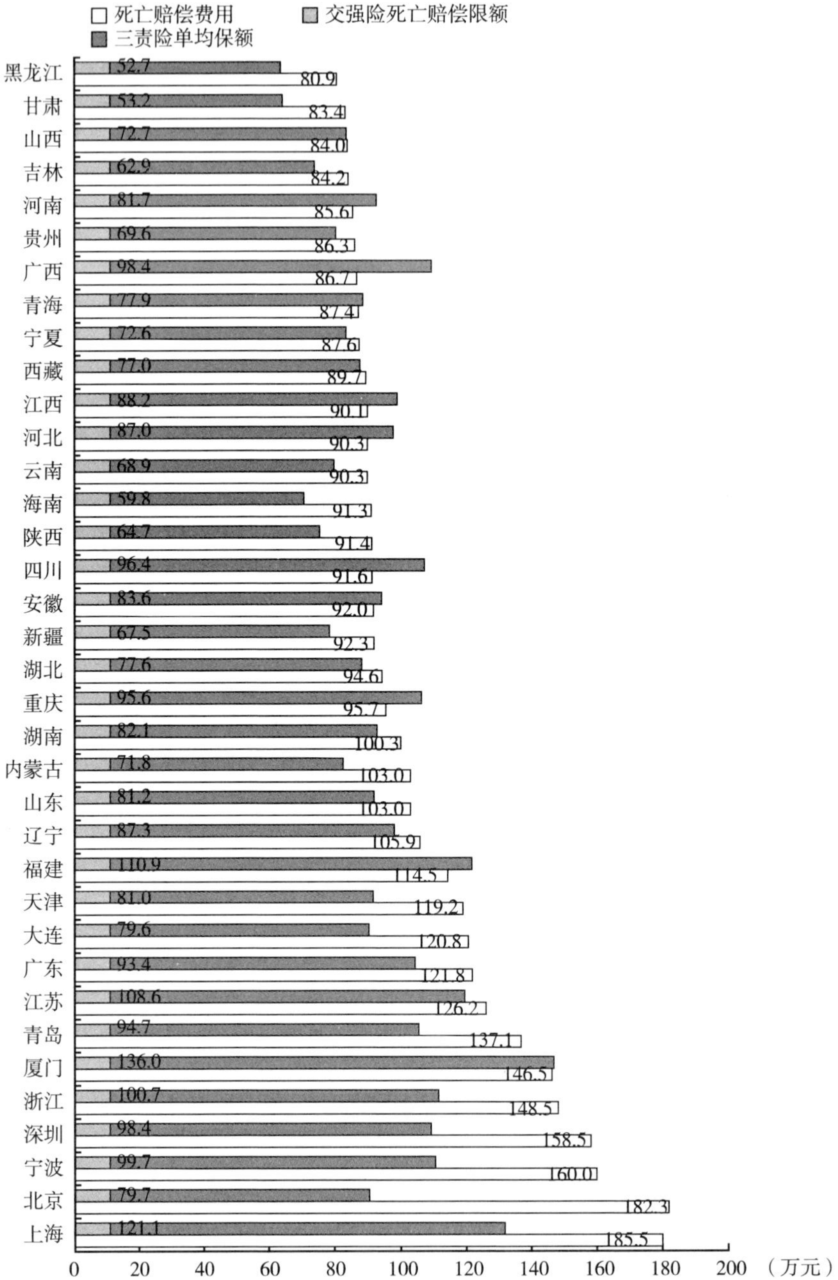

图 4　全国各地区死亡事故责任赔偿费用与三责险平均保额差异

资料来源：全国车险信息平台、《中国统计年鉴 2019》。

的保障缺口反而大于中西部经济欠发达地区的保障缺口。保障缺口最大的 10 个省市大部分是东部经济发达地区，保障缺口最小的 10 个省、市中大部分是中西部经济欠发达地区。这主要是因为经济发达地区的死亡赔付费用标准远远超出经济欠发达地区的标准，而地区间三责险平均保额差异相对较小。

五 结论与启示

（一）交通事故责任保险保障程度稳中有升

随着商车改革的深化及 2020 年新费率方案的发布，交强险限额翻倍，反映了交强险投保率将会持续提升，且 NCD 的调整覆盖三年，“奖优罚劣”效果将会更加明显，而费率的下降，将会使交通事故责任风险覆盖度提升。

表 1　2017～2019 年全国交通事故责任保险保障程度

指标	整体			家用车		
	2017 年	2018 年	2019 年	2017 年	2018 年	2019 年
交强险投保率（%）	95.30	95.58	95.95	—	—	—
交强险三强险共保比率（%）	80.90	82.51	83.43	82.40	84.56	85.73
三责险保额充足度（%）	81.90	88.28	93.47	82.20	89.25	94.73
三责险足额保单占比（%）	29.70	32.21	43.60	29.30	32.32	44.49
交通事故死亡赔付缺口（万元）	14.7	10.3	6.1	14.4	9.5	4.9

资料来源：全国车险信息平台、《中国统计年鉴 2019》。

（二）地区差异明显，切实提高保障程度

根据调查结果，仅有 83.4% 的车主投保三责险，而只投保交强险是无法完全覆盖交通事故责任风险的。因此建议消费者积极配置三责险来进行风

险转移，保障交通事故受害人得到充分的损失补偿。而在一些经济水平较高的地区，对应的死亡赔偿标准也较高，保障缺口比较大，如北京、上海、宁波、深圳、天津、浙江等地保障缺口均在30万元以上，消费者应选择更高的三责险投保保额。

B.14

2019年全国商业车险风险地图

江绍莹*

摘　要： 中国银保信业务三部依托全国车险平台的生产数据，分别从车险、交强险和商业险以及家庭自用车入手，针对全国36个地区的保险公司数量、保费规模、保费集中度、车均保费、车均保额、投保率、平均折扣系数7个承保指标，以及结案率、案均已结赔款、出险频度、满期赔付率4个理赔指标，分析和编制了35张全国车险风险地图，本报告是2019年商业车险风险地图的简要摘编。

关键词： 车险地图　承保　理赔

一　风险地图展示

2019年，我国车险市场发展平稳，保费增速平稳。截至2019年12月，全国共有67家保险总公司、1018家省级保险分公司接入车险平台开展业务，承保机动车辆保险保费达8617亿元，同比增长4.3%，相比上年增幅扩大0.1个百分点。

（一）保费规模

2019年，全国承保机动车辆商业险保单2.1亿件，同比增长10.0%，商业车险保费规模达6343亿元，同比增长3.1%。

---

* 江绍莹，中国银行保险信息技术管理有限公司。

从地区分布看，东部和南部地区商业险保费规模大于西部和北部地区，商业险保费规模一般在人口密集地区更高。具体来看，江苏、广东、浙江等地区保费规模超过400亿元；青海、宁夏、西藏、大连、海南、厦门等地区保单保费在50亿元以下。

从保费规模变化看，与2018年相比，2019年整体变化不大，达100亿元及以上的地区为21个。其中，保费规模达200亿元及以上的地区为12个，与上年持平（见图1）。

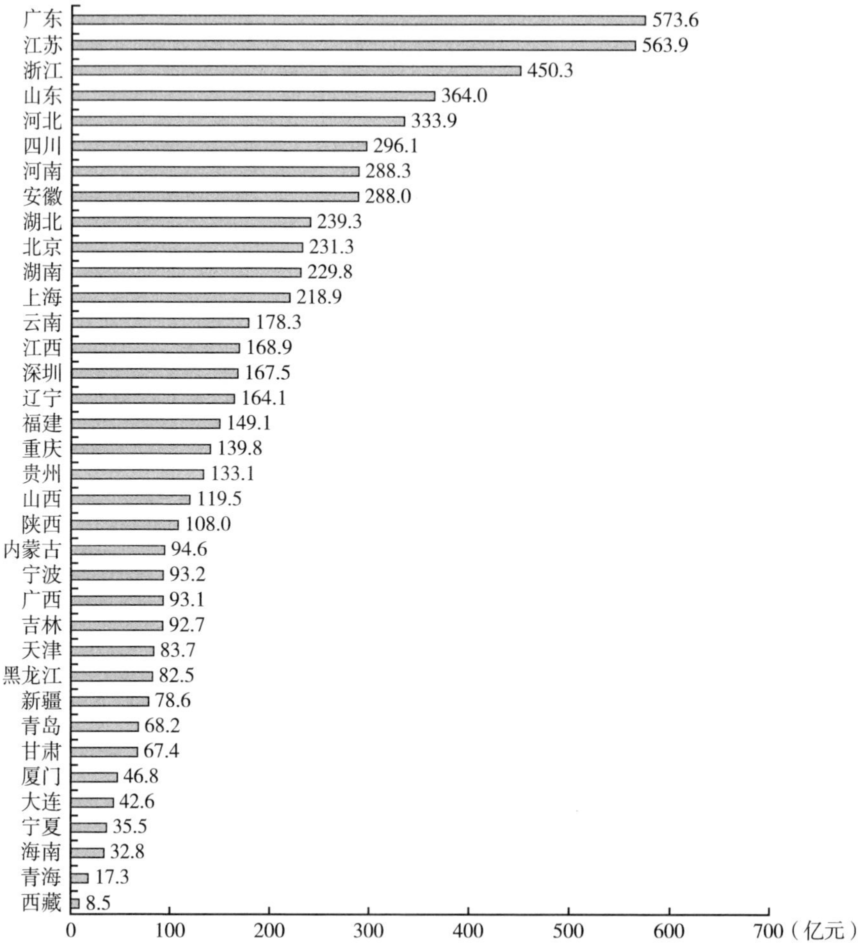

图1　2019年全国36个地区商业险保费

资料来源：全国车险信息平台。

从增速来看，深圳增速最快，同比增长13.0%；自主定价试点地区陕西、广西、青海为降幅前三的地区，分别同比下降19.8%、15.9%、5.0%。

（二）投保率

2019年，全国商业险投保率①为84.3%，同比提高0.2个百分点。商业险投保区域特征明显，厦门、深圳、宁波三地商业险投保率较高，均在97%以上；河南、山西、陕西以及东北、西北大部分地区的商业险投保率较低，均在75%以下。其中西藏商业险投保率最低，仅为40.8%；厦门、深圳商业险投保率大于100%；整体数据显示，南方地区商业险投保率明显高于北方地区（见图2）。

从变化幅度看，陕西地区增幅最大，同比提高6.4个百分点（见表1）；上海投保率降幅最大，同比下降7.8个百分点。

表1　2019年商业险投保率增幅前十地区

单位：%，百分点

地区	商业险投保率	投保率增幅	增幅排名
陕西	74.3	6.4	1
广西	83.9	4.0	2
河北	80.4	3.7	3
河南	70.4	2.9	4
深圳	100.8	2.6	5
山西	61.2	2.5	6
黑龙江	51.8	1.9	7
天津	78.3	1.8	8
新疆	70.0	1.5	9
海南	85.8	1.4	10

资料来源：全国车险信息平台。

① 商业险投保率=商业险保单件数/交强险保单件数。

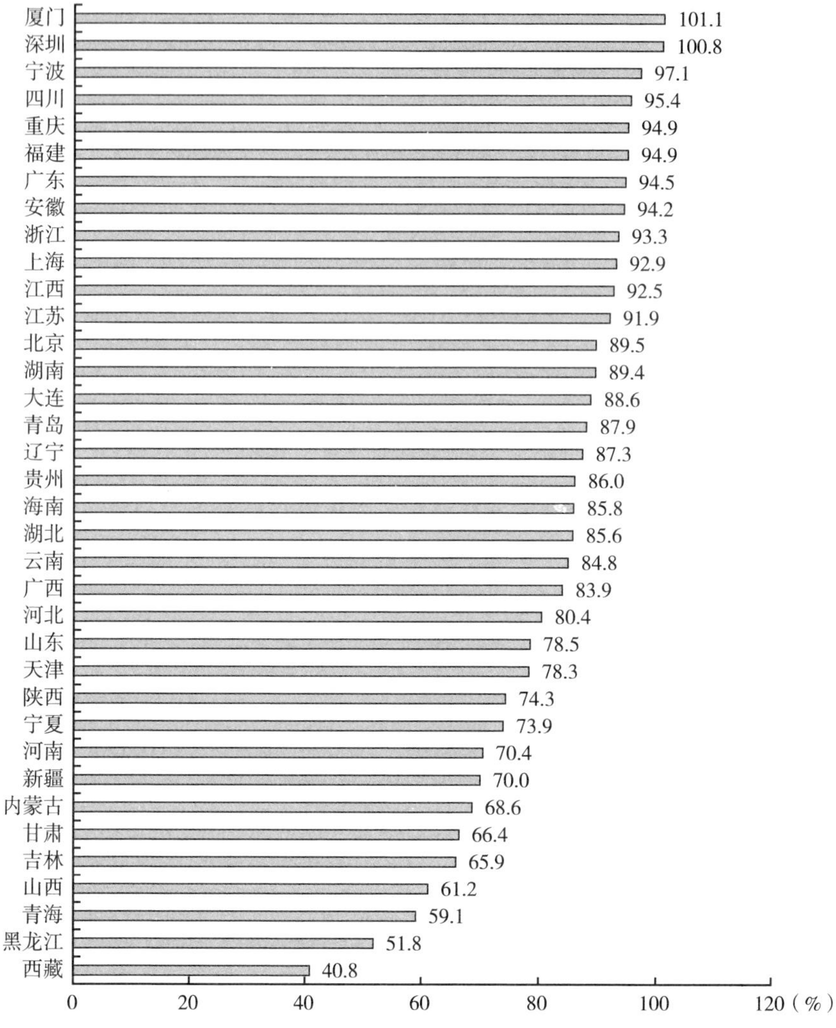

图 2　2019 年全国 36 个地区商业险投保率

资料来源：全国车险信息平台。

（三）单均保费

2019 年，全国商业险单均保费为 3020 元，同比降低 6.2%。各地区的商业险单均保费差异较大。西藏、宁夏、安徽以及北京、上海、深圳、厦门等地的单均保费较高，其中西藏单均保费最高，为4282元；内蒙古、山东、青岛、河南、河北、新疆等地单均保费较低，其中广西单均保费最低，为1746元（见图3）。

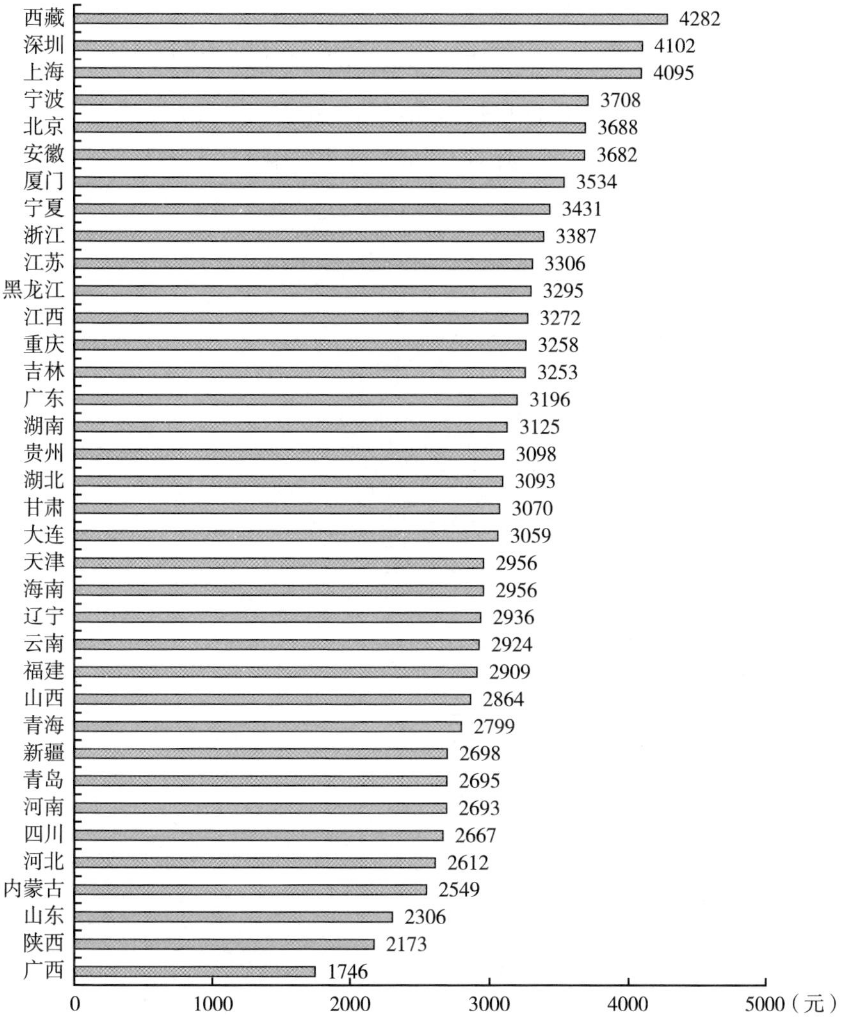

图3　2019年全国36个地区商业险单均保费

资料来源：全国车险信息平台。

从单均保费同比变化看，36个地区单均保费均有所下降，其中降幅最大的三个地区为陕西、广西和青海，分别同比下降33.4%、29.4%、15.4%。

（四）单均保额

2019年，全国商业险单均保额为102万元，同比提高9.6%。各地区的保障程度存在较大差异。整体来看，东部和南部地区的单均保额较高，机动车商业险保障程度较高；中部和西北部地区的单均保额较低，机动车商业险保障程度较低。其中厦门地区单均保额最高，达155万元；黑龙江地区单均保额最低，为64万元，约为厦门地区的2/5（见图4）。

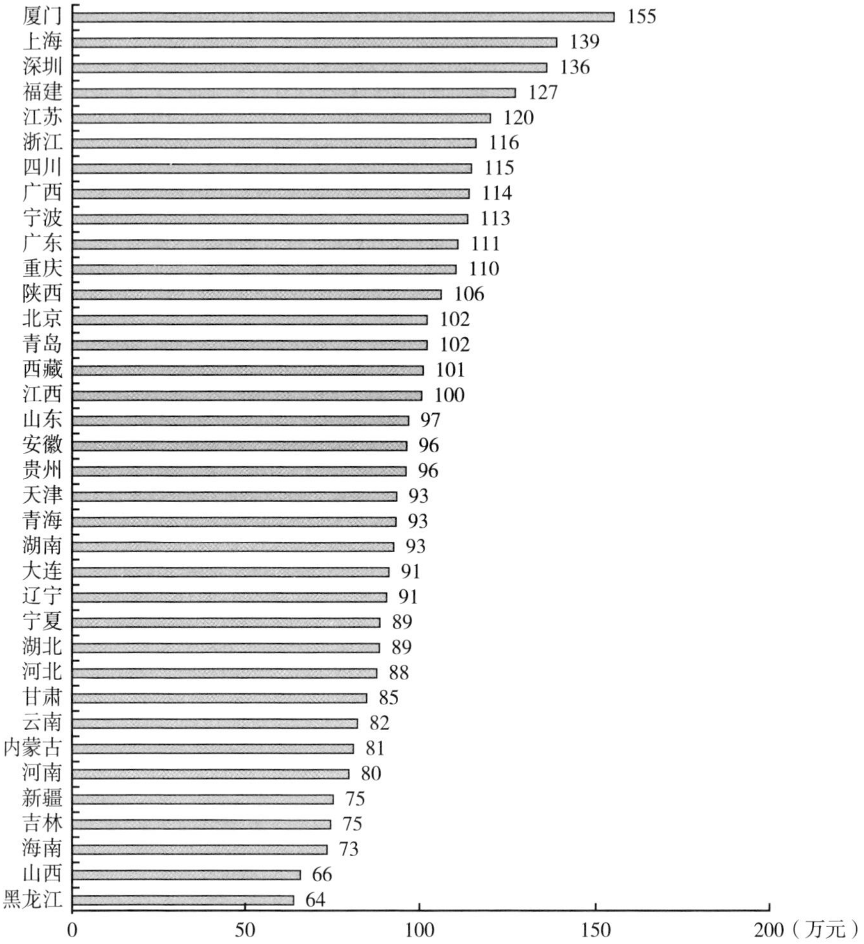

图4　2019年全国36个地区商业险单均保额

资料来源：全国车险信息平台。

从单均保额同比变化看，全国 36 个地区单均保额均有不同程度的提升，其中广西、陕西、青海涨幅最大，分别同比增长 39. 2% 、33. 4% 、18. 6% 。

（五）平均折扣系数

2019 年全国商业险平均折扣系数为 53. 3% ，比上年降低 3. 8 个百分点。从地区情况来看，安徽、海南、青海、西藏等地的折扣力度较小，平均折扣系数均在 60% 以上；福建、山东、四川以及厦门、深圳等地的折扣力度较大，平均折扣系数均在 50% 以下。其中青海平均折扣系数最高，为 63. 2% ；四川平均折扣系数最低，为 42. 0% （见图 5）。

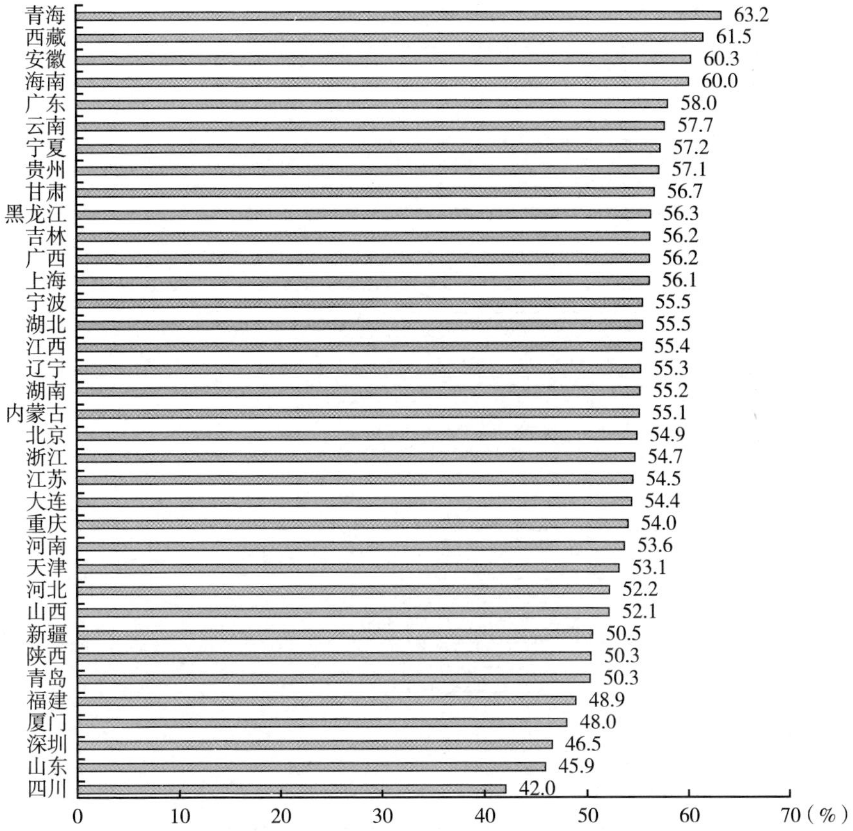

图 5　2019 年全国 36 个地区商业险平均折扣系数

资料来源：全国车险信息平台。

从平均折扣系数同比变化看，36 个地区平均折扣系数除了青海、上海、西藏有所上升外，其他地区均有所下降。陕西下降幅度最大，同比下降 8.3 个百分点。

（六）结案率

从立案案件处理情况来看，各地的案件结案率相比上年有所下降，全国平均结案率为 90.3%，比上年下降 1.8 个百分点。重庆和广东结案率较高，在 92% 以上；东北地区、福建、江西、云南以及西藏等地结案率较低，低于 90.0%（见图 6）。

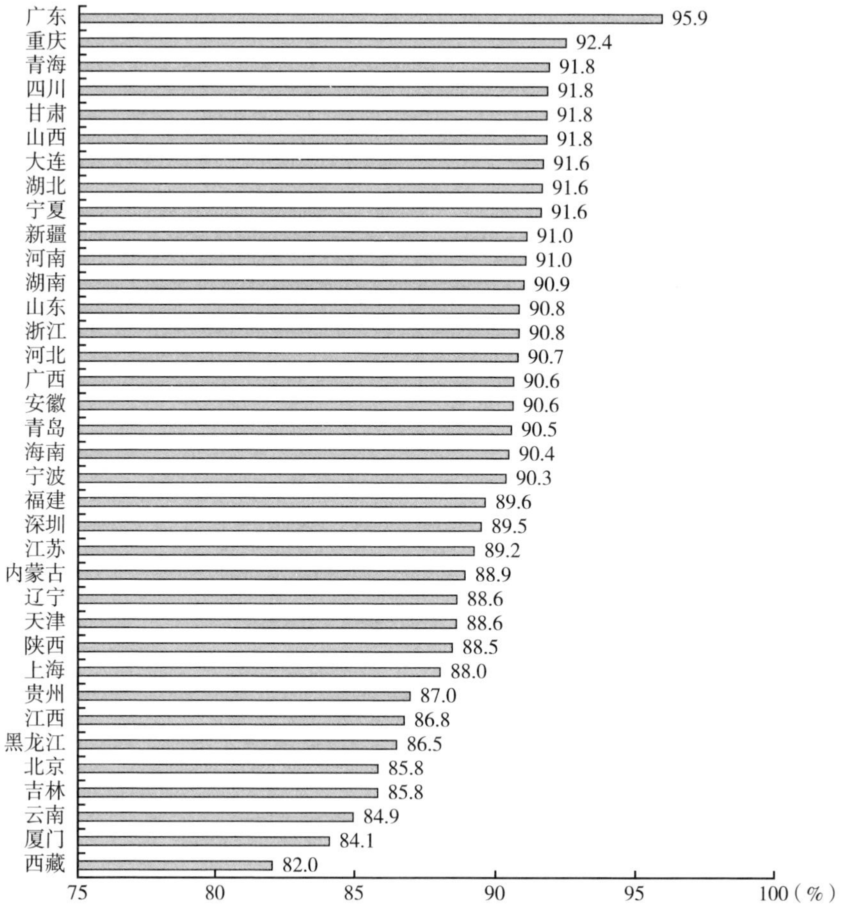

图 6　2019 年全国 36 个地区商业险结案率

资料来源：全国车险信息平台。

从结案率的同比变化看，全国有 6 个地区的结案率有所上升，其余地区结案率均不同幅度地下降。其中广东涨幅最大，同比增长 4.2 个百分点；厦门降幅最大，同比下降 11.9 个百分点。

（七）案均已结赔款

2019 年全国商业险案均已结赔款①为 5180 元，比上年下降 1.1%。厦门、浙江、北京、上海以及宁波的案均已结赔款较高，均在 6000 元以上，其中北京案均已结赔款最高，为 7238 元；四川、广东、广西、黑龙江等地案均已结赔款较低，均在 4900 元以下，其中广西案均已结赔款最低，为 3784 元（见图 7）。

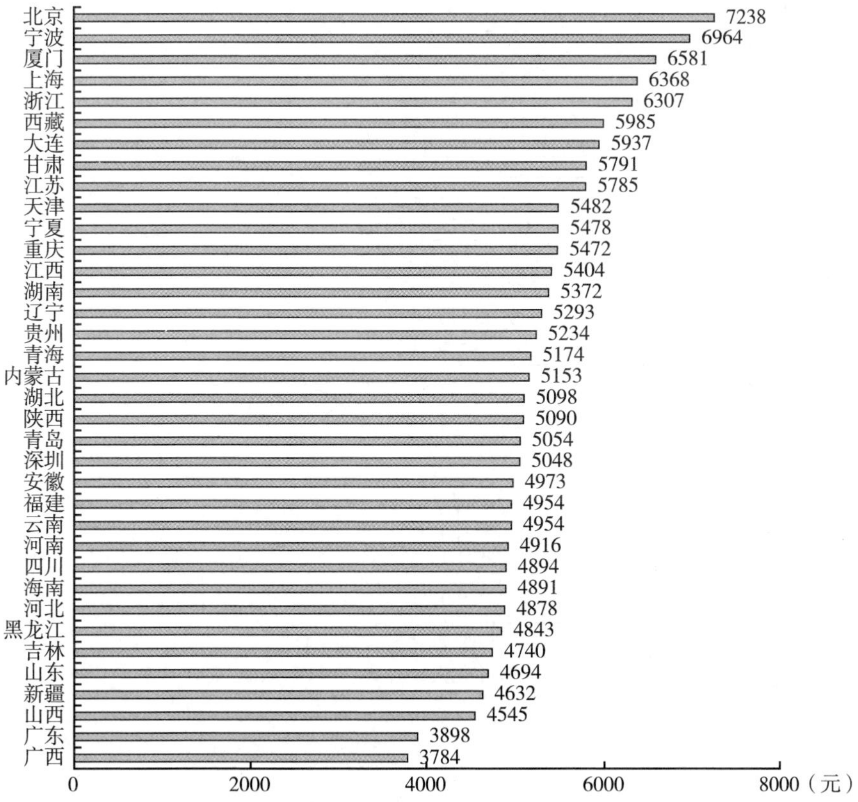

图 7　2019 年全国 36 个地区商业险案均已结赔款

资料来源：全国车险信息平台。

① 案均已结赔款 = 已结赔款/已结案件数。

从案均已结赔款同比变化看，15 个地区的案均已结赔款有所上升，其余地区均不同幅度下降，其中浙江涨幅最大，同比增长 10.7%；厦门降幅最大，同比下降 16.2%。

（八）出险频度

全国商业险平均出险频度①为 22.6%，同比降低 0.8 个百分点。北京、深圳、西藏等地出险频度较高，均在 30% 以上，其中深圳出险频度最高，为 39.1%；河北、山东、湖南、湖北等地出险频度较低，均在 20% 以下，其中河北出险频度最低，为 16.2%（见图 8）。

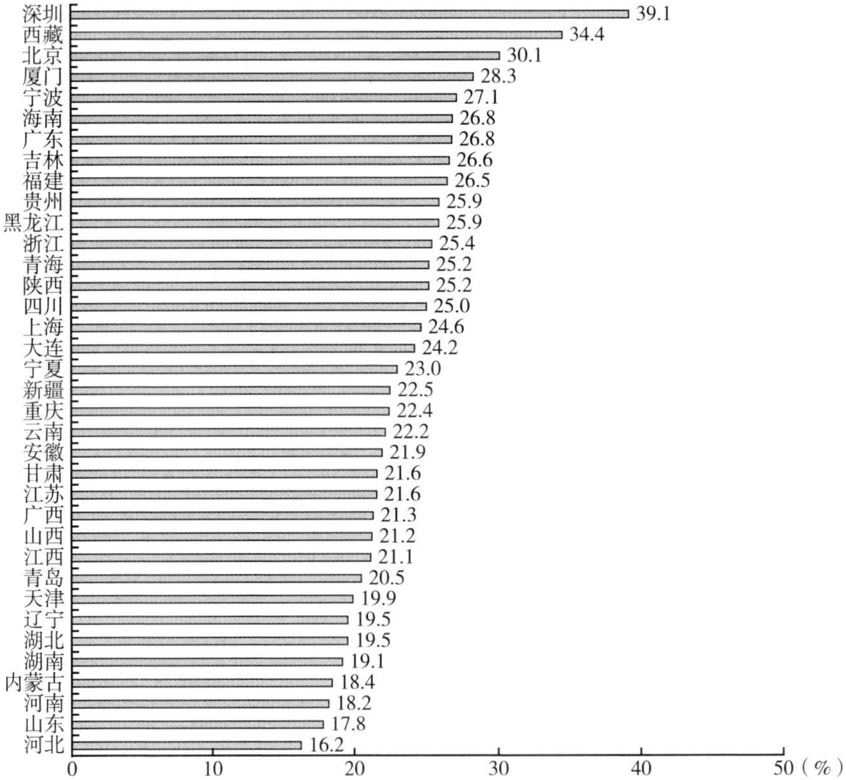

图 8　2019 年全国 36 个地区商业险出险频度

资料来源：全国车险信息平台。

① 出险频度 = 立案件数/满期车年

从出险频度的同比变化看，6 个地区出险频度上升，其余地区下降，其中广东降幅最大，同比下降 9. 2 个百分点；厦门增幅最大，同比上升 26. 0 个百分点。

（九）满期赔付率

2019 年，全国商业险平均满期赔付率①为 48. 6%，同比上升 0. 9 个百分点。青海、西藏、陕西、四川以及广西、浙江等地赔付成本较高，满期赔付率均在 55% 以上，其中陕西赔付成本最高，满期赔付率为 64. 0%；河北、湖南、江西、吉林、湖北等地赔付成本较低，满期赔付率均在 45% 以下，其中吉林赔付成本最低，满期赔付率为 40. 9%（见图 9）。

从满期赔付率变化看，厦门赔付率涨幅最大，同比上升 26. 0 个百分点；西藏降幅最大，同比下降 10. 0 个百分点。

二　有关分析和启示

第一，中国银保信业务三部精算处已连续 5 年编制全国机动车辆保险风险地图，其基于地区的风险差异分析对差异化监管和区域化业务布局具有重要借鉴意义和参考价值。一是该风险地图客观反映了各地的承保业务和理赔现状，为监管机关的非现场监管和差异化管理提供了数据支持；二是风险地图一定程度上刻画了全国车险业务的区域分布特征和业务品质特征，可以为保险公司总部的资源布局和企划分析提供参考依据；三是风险地图对各地车险风险状况的展示对于消费者提高风险意识、调整投保方案具有一定的借鉴意义。

第二，2019 年商业车险风险地图诸多指标客观反映了全国各地区车险市场的变化和自主定价试点改革的变化趋势。其中 26 个地区商业险投保率

① 满期赔付率 =（已结赔款 + 未决赔款）/满期保费。因各公司上传车险信息平台的未决赔款数据不是实时更新，该数据可能不准确，供参考。

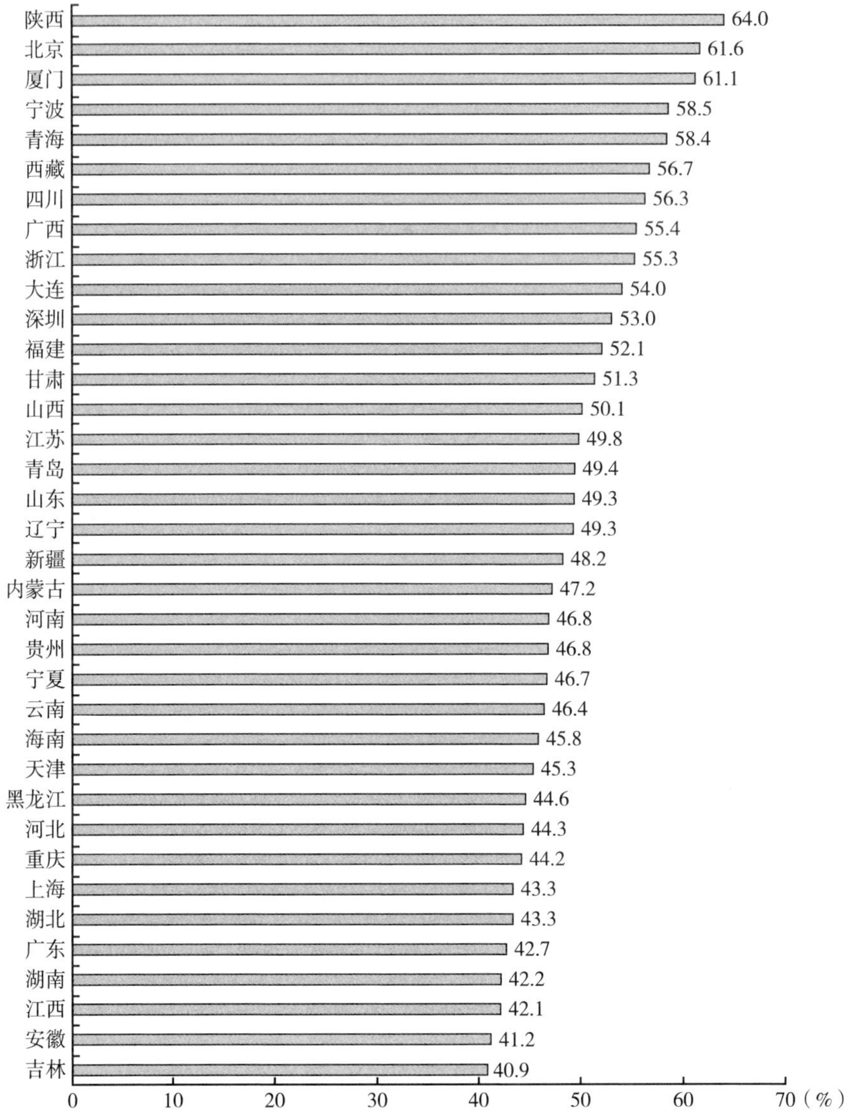

图 9　2019 年全国 36 个地区商业险满期赔付率

资料来源：全国车险信息平台。

有不同幅度的提高，2019 年商业险投保率达 84.3%，比上年提高 0.2 个百分点。通过自主定价试点的各指标明显变化可以有效衡量改革的效果，例如

2019 年自主定价试点地区商业险投保率变化最大，保费收入降幅最大，单均保费降幅最大，单均保额增幅最大，折扣系数降幅最大。无赔款优待系数的调整加大了“赏优罚劣”力度，引导消费者改善驾驶行为，减少交通事故，由此出险频度降低，既减少了保险公司理赔费用支出，又改善了交通安全状况。

第三，部分地区车险市场发展状况较差，应当引起地方监管部门和行业的重视。比如个别地区商业险投保率较低，甚至不足 50%，说明当地机动车保险保障程度较低，商业险业务仍有较大发展空间，各公司应加大业务宣传力度，帮助消费者制定合理投保方案，不断提高区域车险保障程度。随着改革的推进和自主定价试点地区的试行，商业险平均折扣系数大幅下降，保费收入明显下降，督促保险公司提高定价能力，并做好理赔管理、费用管理；监管部门应加大监管力度，规范市场竞争秩序，整治市场乱象，保护消费者利益，为商车改革的深化保驾护航。

B.15
2020年上半年全国家庭自用车保险研究

贺析一*

摘　要： 家庭自用车保费大约占整个车险保费的70%，是车险市场最为重要的分类。为发挥车险平台数据共享价值、提升车险行业家庭自用车的管理水平，本报告从不同维度分析家庭自用车保险情况：在承保方面，分别从险种、地区、公司、业务渠道等维度分析；在理赔方面，分析了交强险和商业险案均赔款情况；在投保和折扣率方面，以图表形式展示了地区之间的差异情况。

关键词： 家庭自用车　承保　理赔

一　承保情况分析

（一）险种承保情况分析

2020年上半年全国车险信息平台登记家庭自用车签单保费累计2978.11亿元，同比增长2.72%。其中：交强险签单保费785.37亿元，同比增长4.73%；商业车险签单保费2192.74亿元，同比增长2.03%（见图1）。

---

* 贺析一，中国银行保险信息技术管理有限公司。

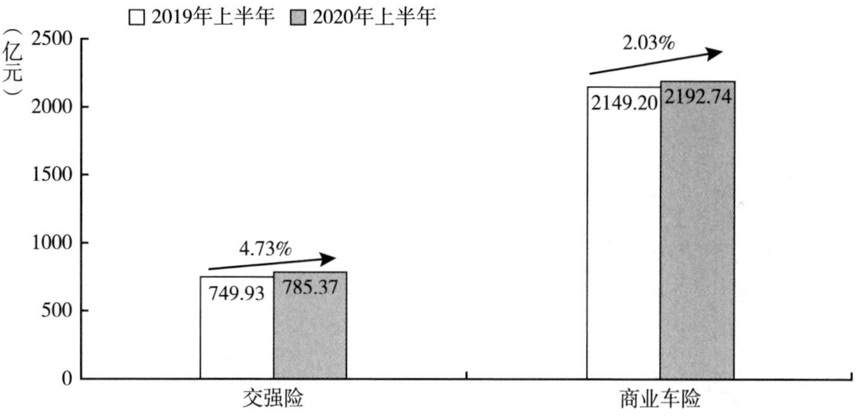

图 1　2019 年上半年、2020 年上半年家庭自用车签单保费情况

资料来源：全国车险信息平台。

（二）地区承保情况分析

2020 年上半年家庭自用车车险保费规模超过 200 亿元的地区有 3 个，分别是广东、江苏和浙江；保费规模在 100 亿～200 亿元之间的地区有 8 个，分别是山东、河北、河南、四川、安徽、湖南、湖北和北京；保费规模在 60 亿～100 亿元之间的地区有 7 个，分别是上海、云南、江西、辽宁、贵州、福建和重庆；其他地区家庭自用车保费少于 60 亿元。西藏家庭自用车签单保费增速最高，达到 9.4%，厦门家庭自用车签单保费增速最低，同比下降 6.8%（见图 2）。

（三）公司承保情况分析

2020 年上半年全国车险信息平台财险公司中家庭自用车签单保费超过 300 亿元的共有 3 家公司，分别是人保财险、平安财险和太平洋财险；100 亿～200 亿元的共有 2 家公司，分别是国寿财险和大地财险；50 亿～100 亿元的共有 3 家公司，分别是阳光财险、中华财险和太平财险。保费收入前 10 的公司中同比增速最快的是华安财险，同比增长 6.12%（见表 1）。

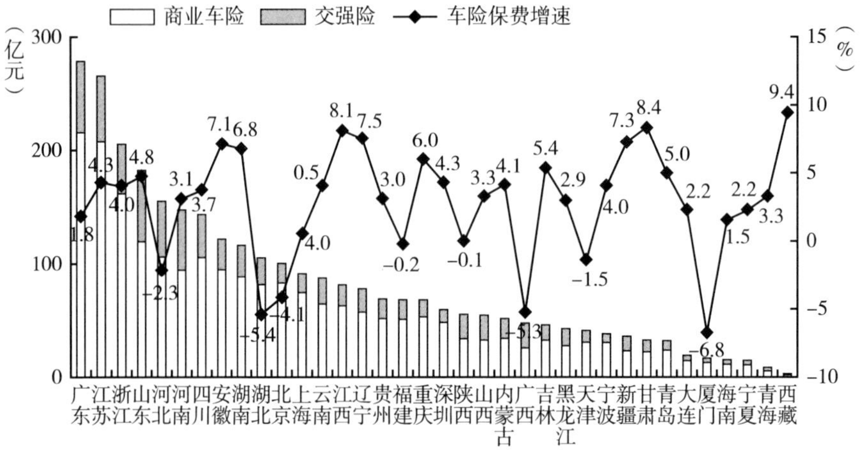

图2　2020年上半年各地区家庭自用车签单保费情况

资料来源：全国车险信息平台。

表1　2020年上半年家庭自用车已上平台公司车险市场份额

公司名称	保费收入(亿元)	同比增速(%)	市场份额(%)	份额增减(百分点)
人保财险	950.46	5.17	31.91	0.74
平安财险	788.76	2.21	26.49	-0.13
太平洋财险	362.40	2.36	12.17	-0.04
国寿财险	199.35	1.91	6.69	-0.05
大地财险	106.71	-0.11	3.58	-0.10
阳光财险	87.49	1.40	2.94	-0.04
中华财险	85.25	-2.92	2.86	-0.17
太平财险	81.25	3.45	2.73	0.02
天安财险	39.07	3.73	1.31	0.01
华安财险	21.70	6.12	0.73	0.02
安盛天平财险	19.24	-9.83	0.65	-0.09
紫金财险	18.13	7.23	0.61	0.03
大家财险	18.95	—	0.64	0.64
永安财险	15.85	-19.14	0.53	-0.14

续表

公司名称	保费收入(亿元)	同比增速(%)	市场份额(%)	份额增减(百分点)
华泰财险	15.55	3.92	0.52	0.01
亚太财险	10.54	-5.43	0.35	-0.03
国任财险	9.42	-7.42	0.32	-0.03
众安财险	9.27	-14.76	0.31	-0.06
华海财险	8.81	-0.50	0.30	-0.01
安诚财险	8.61	-13.19	0.29	-0.05
永诚财险	8.61	1.25	0.29	0.00
浙商财险	7.51	-7.19	0.25	-0.03
都邦财险	7.14	-2.31	0.24	-0.01
长安责任保险	6.89	-10.49	0.23	-0.03
英大财险	6.67	-1.24	0.22	-0.01
富德财险	5.77	-27.78	0.19	-0.08
众诚保险	5.50	5.43	0.18	0.00
泰山财险	4.89	-12.69	0.16	-0.03
渤海财险	4.81	-20.99	0.16	-0.05
华农财险	4.80	-8.15	0.16	-0.02
鼎和财险	4.75	-5.61	0.16	-0.01
利宝保险	4.65	-4.76	0.16	-0.01
泰康在线	4.11	18.91	0.14	0.02
中银保险	4.09	-37.87	0.14	-0.09
恒邦财险	3.76	54.20	0.13	0.04
安华农险	3.65	4.24	0.12	0.00
中煤财险	3.52	-0.24	0.12	0.00
锦泰财险	3.45	-12.48	0.12	-0.02
北部湾财险	2.94	-12.55	0.10	-0.02
诚泰财险	2.89	14.73	0.10	0.01
国元农险	2.28	-14.11	0.08	-0.01
中路财险	1.99	30.55	0.07	0.01
中航安盟财险	1.88	24.98	0.06	0.01
燕赵财险	1.87	131.68	0.06	0.03
前海财险	1.76	40.62	0.06	0.02
长江财险	1.37	24.24	0.05	0.01
富邦财险	1.27	-25.19	0.04	-0.02

续表

公司名称	保费收入(亿元)	同比增速(%)	市场份额(%)	份额增减(百分点)
中原财险	1.16	415.15	0.04	0.03
三星财险	1.07	-8.73	0.04	0.00
珠峰保险	1.02	118.70	0.03	0.02
合众财险	1.01	-16.83	0.03	-0.01
海峡保险	0.66	43.87	0.02	0.01
安心保险	0.65	-39.20	0.02	-0.02
阳光农险	0.61	-8.36	0.02	0.00
鑫安保险	0.49	32.45	0.02	0.00
中意财险	0.49	5.70	0.02	0.00
黄河财险	0.45	193.24	0.01	0.01
国泰财险	0.34	35.75	0.01	0.00
建信财险	0.23	-16.93	0.01	0.00
融盛财险	0.14	14.97	0.00	0.00
东京海上日动	0.13	-3.03	0.00	0.00
安联财险	0.03	-21.96	0.00	0.00
现代财险	0.02	-32.49	0.00	0.00
三井住友海上	0.00	-15.60	0.00	0.00
日本财险	0.00	-34.79	0.00	0.00

资料来源：全国车险信息平台。

市场集中度方面，2020 年上半年家庭自用车保费规模排名前三的人保财险、平安财险、太平洋财险的市场份额合计为 70.57%，比上年同期上涨 0.57 个百分点；保费规模前五位的保险公司的市场份额合计为 80.85%，比上年同期上升 0.41 个百分点；保费规模前十位保险公司的市场份额合计为 91.42%，比上年同期上升 0.26 个百分点（见表 1、图 3）。

（四）业务渠道承保情况分析

2020 年上半年家庭自用车签单保费超过 600 亿元的渠道分别是：专业代理、个人代理和兼业代理，三个渠道累计占比为 86.46%（见图 4）。

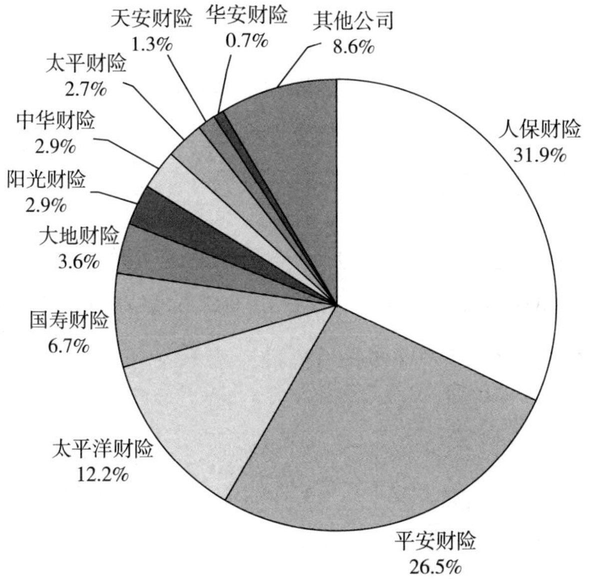

图3　2020年上半年家庭自用车市场份额情况分析（车险）

资料来源：全国车险信息平台。

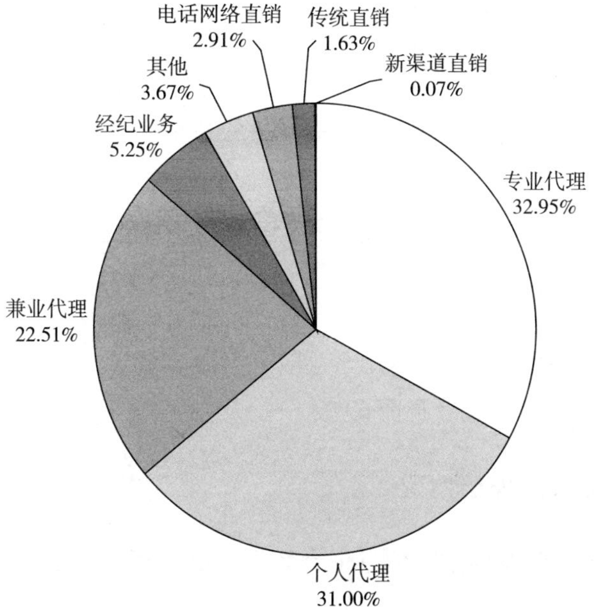

图4　2020年上半年各业务渠道签单保费占比

资料来源：全国车险信息平台。

二　理赔情况分析

（一）车险理赔情况

2020 年上半年全国车险信息平台登记家庭自用车车险已结案赔款累计 1300.90 亿元，同比下降 9.61%。2020 年上半年家庭自用车车险案均赔款① 6772 元，同比增长 10.17%（见图 5）。

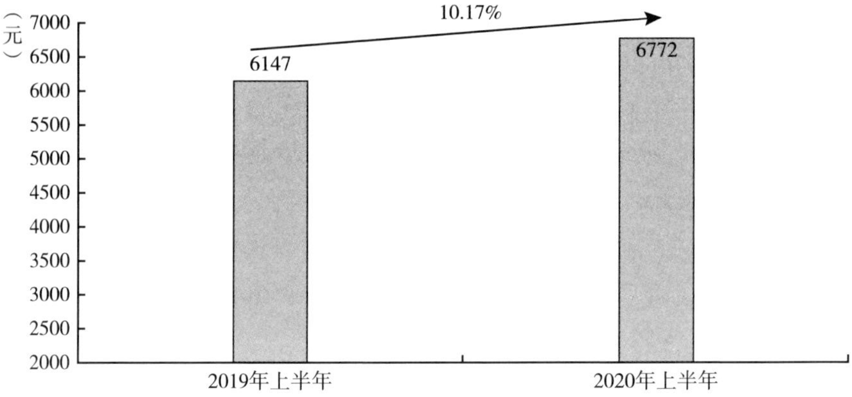

图 5　2019 年上半年、2020 年上半年全国家庭自用车车险案均赔款

资料来源：全国车险信息平台。

2020 年上半年北京家庭自用车车险案均赔款最高，为 9076 元；新疆案均赔款最低，为 4290 元（见图 6）。

（二）交强险理赔情况

2020 年上半年全国车险信息平台登记家庭自用车交强险已结案赔款累

① 本分析报告中案均赔款为剔除注销、拒赔和零赔付的案均赔款。

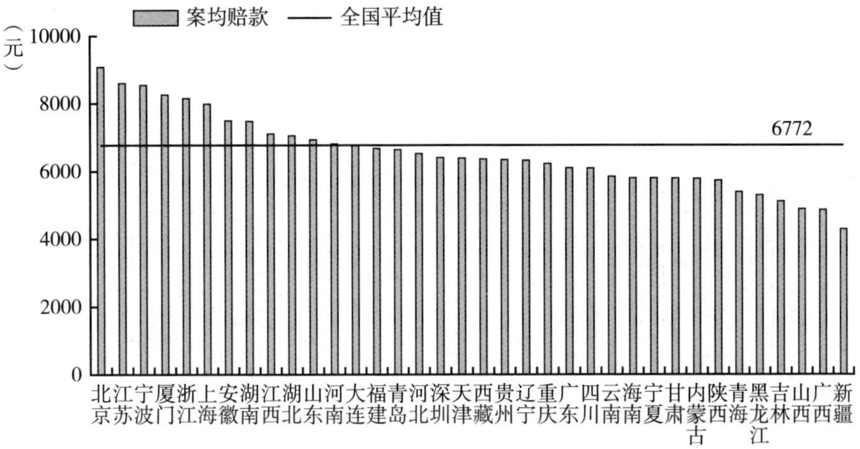

图6　2020 年上半年全国各地家庭自用车车险案均赔款情况

资料来源：全国车险信息平台。

计 335.91 亿元，同比下降 9.34%。2020 年上半年家庭自用车交强险案均赔款 4100 元，同比增长 8.73%（见图 7）。

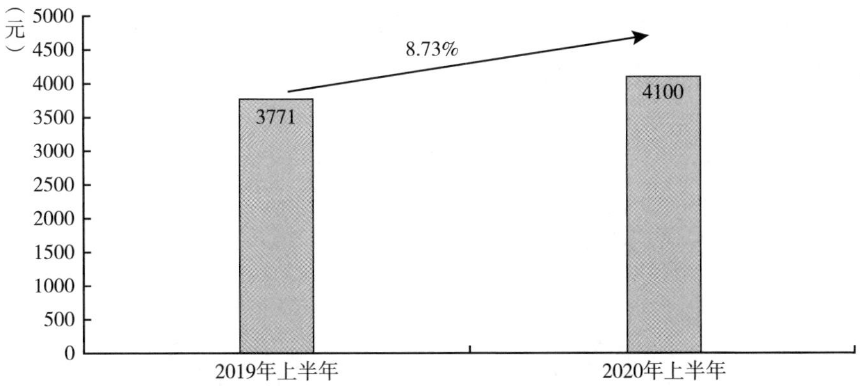

图7　2019 年上半年、2020 年上半年全国家庭自用车交强险案均赔款情况

资料来源：全国车险信息平台。

2020 年上半年江苏家庭自用车交强险案均赔款最高，为 5622 元（见图 8）。

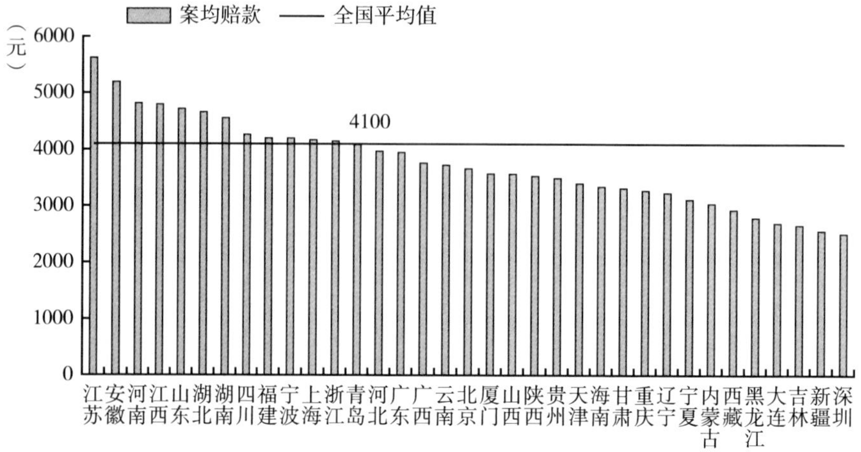

图 8　2020 年上半年全国各地家庭自用车交强险案均赔款情况

资料来源：全国车险信息平台。

（三）商业车险理赔情况

2020 年上半年全国车险信息平台登记家庭自用车商业车险已结案赔款累计 964.99 亿元，同比下降 9.71%。2020 年上半年家庭自用车商业车险案均赔款 8759 元，同比增长 11.36%（见图 9）。

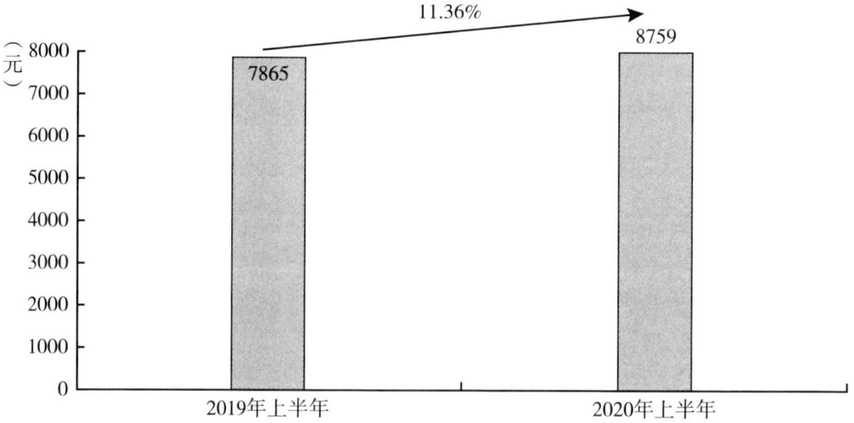

图 9　2019 年上半年、2020 年上半年全国家庭自用车商业车险案均赔款情况

资料来源：全国车险信息平台。

2020 年上半年宁波家庭自用车商业车险案均赔款最高，为 13309 元（见图 10）。

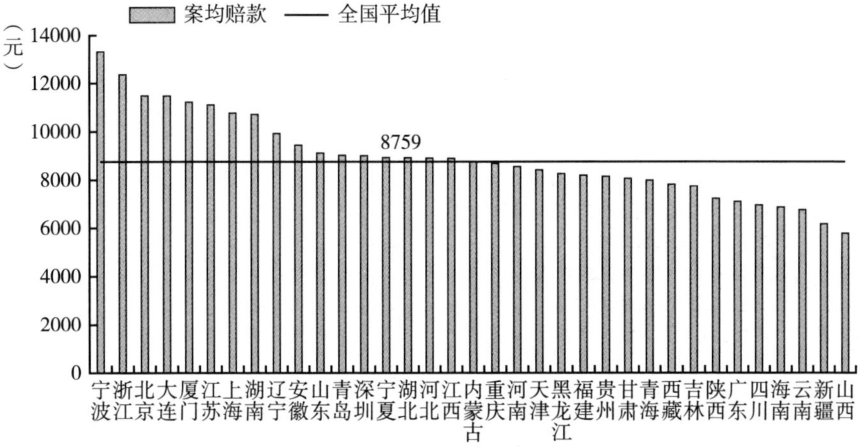

图 10　2020 年上半年全国各地家庭自用车商业车险案均赔款情况

资料来源：全国车险信息平台。

三　区域情况分析

（一）车险区域情况分析

2020 年上半年家庭自用车车险业务签单保费的地域分布比较集中，东部等地区相对较多，西部和北部地区相对较少（见图 11）。

从平均折扣率来看，折扣率①的地区差异较大。2020 年上半年家庭自用车车险全国平均折扣率为 54.6%，西藏的平均折扣率最高为 67.7%，四川的平均折扣率最低为 44.5%（见图 12）。

① 本分析报告中折扣率为剔除短期单的折扣率。

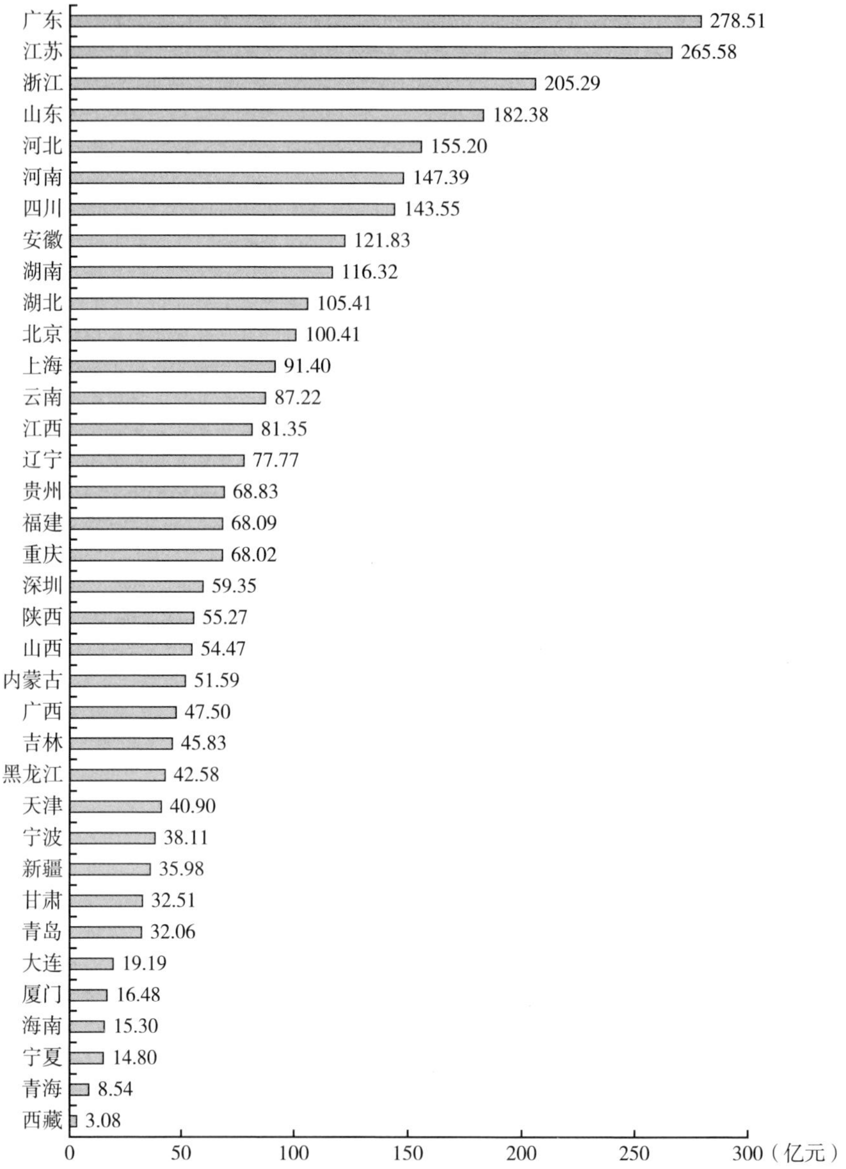

图 11　2020 年上半年全国各地家庭自用车车险签单保费情况

资料来源：全国车险信息平台。

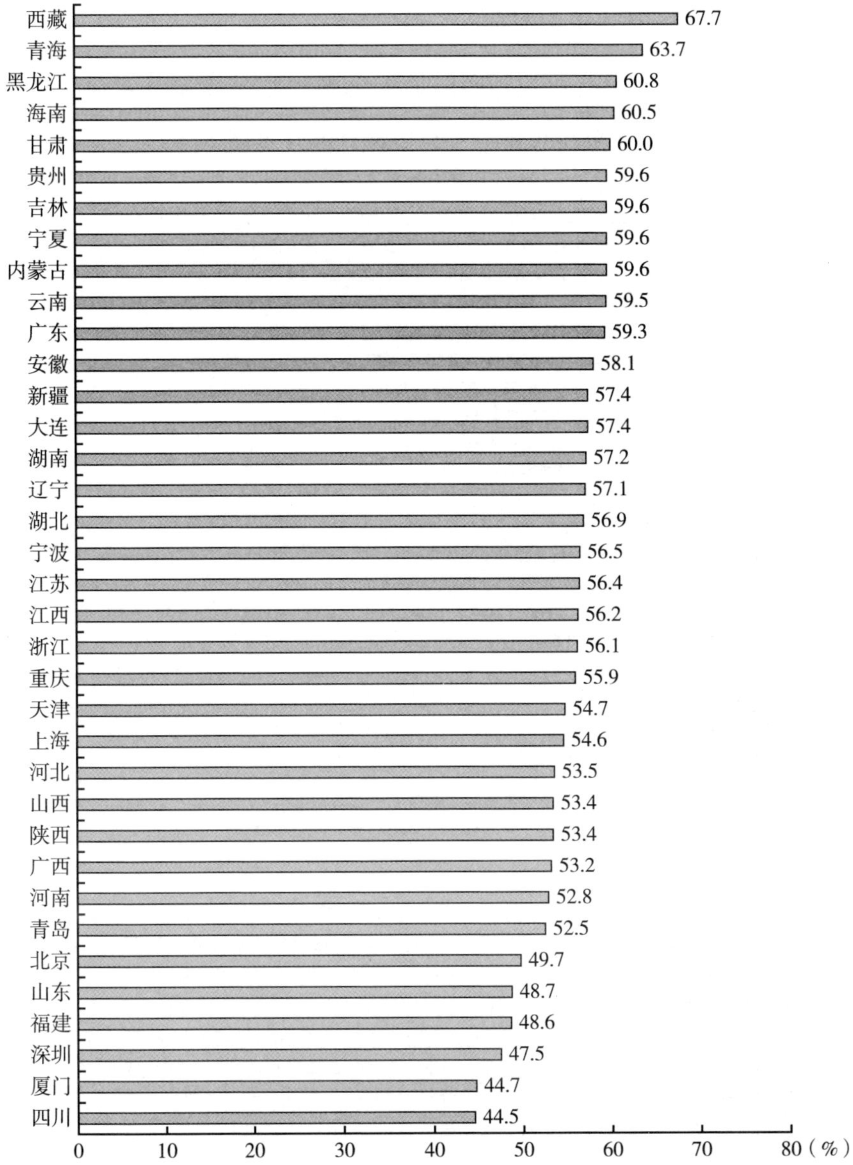

图 12　2020 年上半年全国各地家庭自用车车险折扣率情况

资料来源：全国车险信息平台。

（二）交强险区域情况分析

2020 年上半年家庭自用车交强险业务签单保费的地域分布比较集中，广东、山东、江苏、河南和河北等地区相对较多（见图 13）。

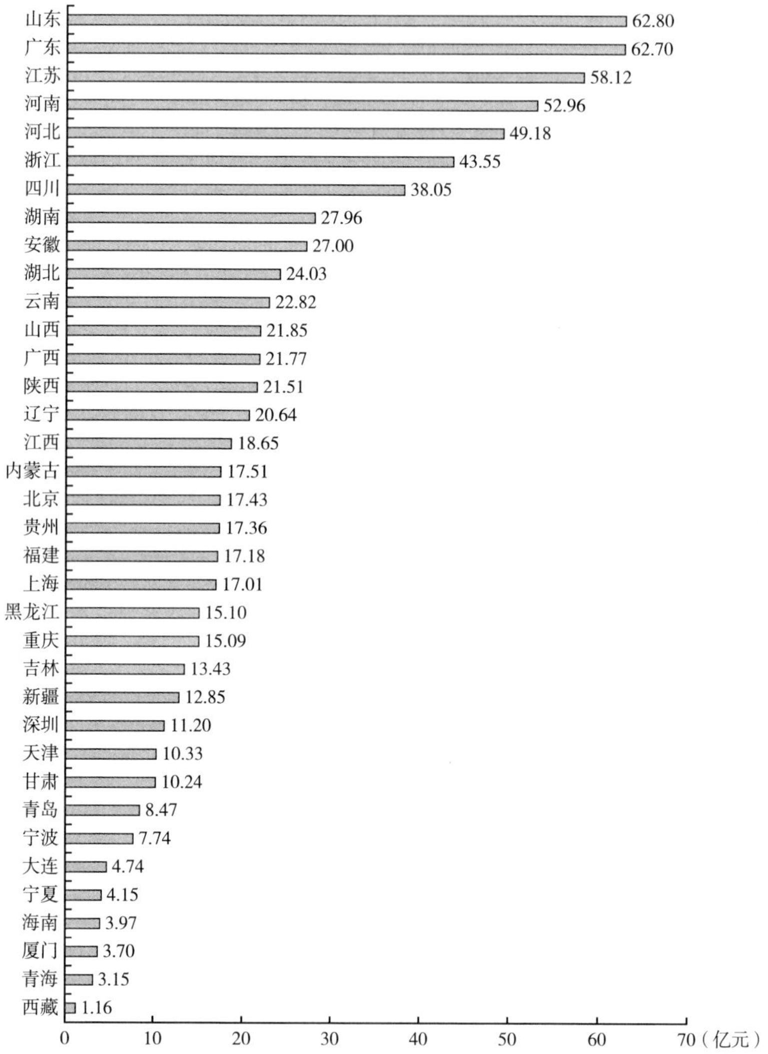

图 13　2020 年上半年全国各地家庭自用车交强险签单保费情况

资料来源：全国车险信息平台。

从平均折扣率来看，折扣率的地区差异较小。2020 年上半年家庭自用车交强险全国平均折扣率为 81.0%（见图 14）。

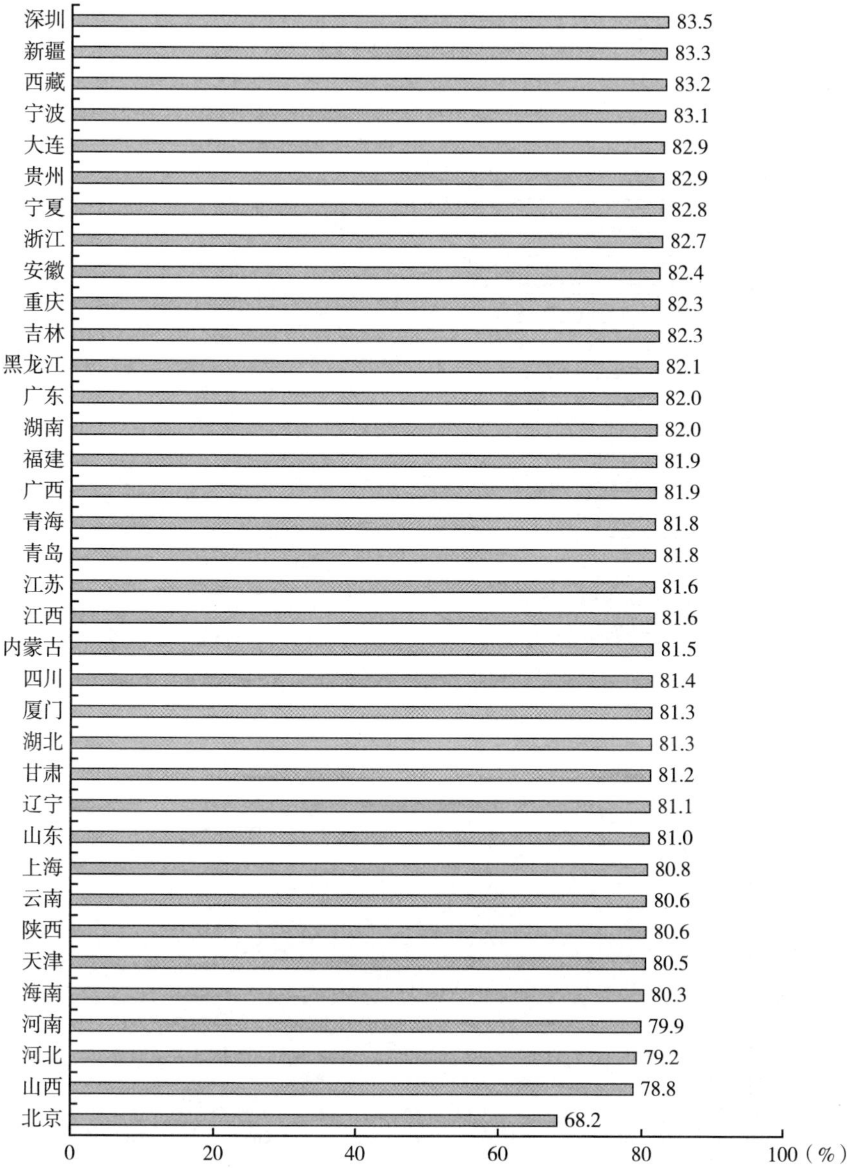

图 14　2020 年上半年全国各地家庭自用车交强险折扣率情况

资料来源：全国车险信息平台。

（三）商业车险区域情况分析

2020 年上半年家庭自用车商业车险业务签单保费的地域分布比较集中，东部沿海地区以及四川等地区相对较多（见图 15）。

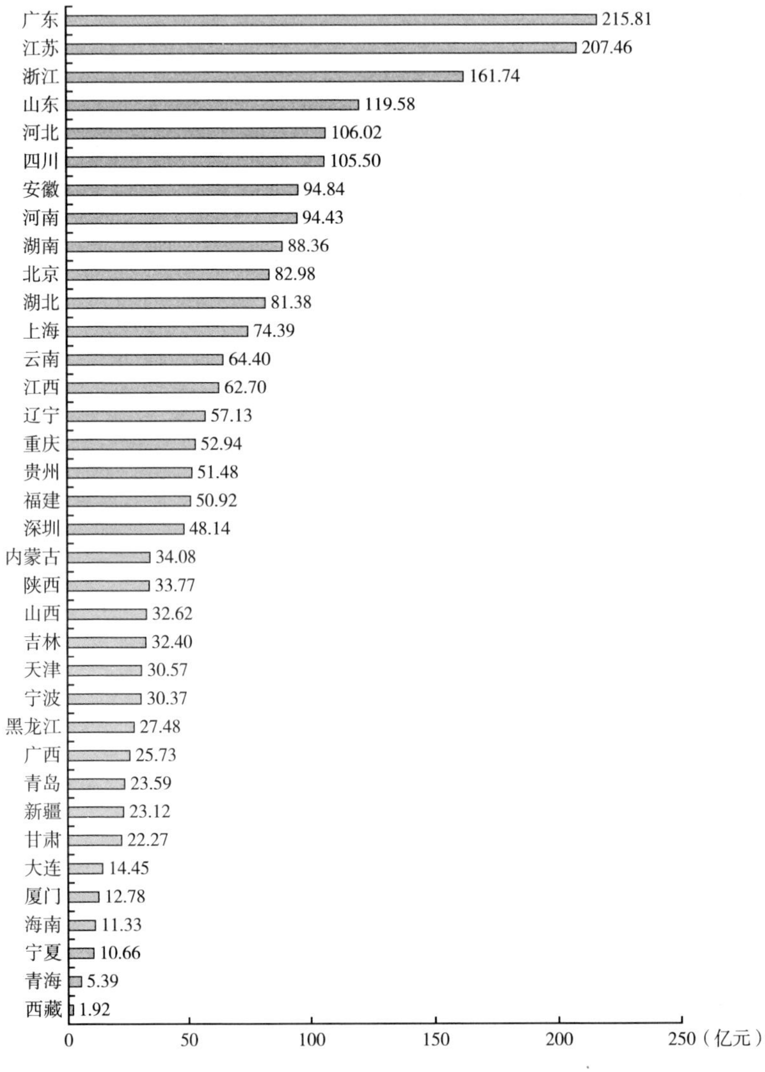

图 15 2020 年上半年全国各地家庭自用车商业车险签单保费情况

资料来源：全国车险信息平台。

从平均折扣率来看，折扣率的地区差异较大。2020 年上半年家庭自用车商业车险全国平均折扣率为 48.8%（见图 16）。

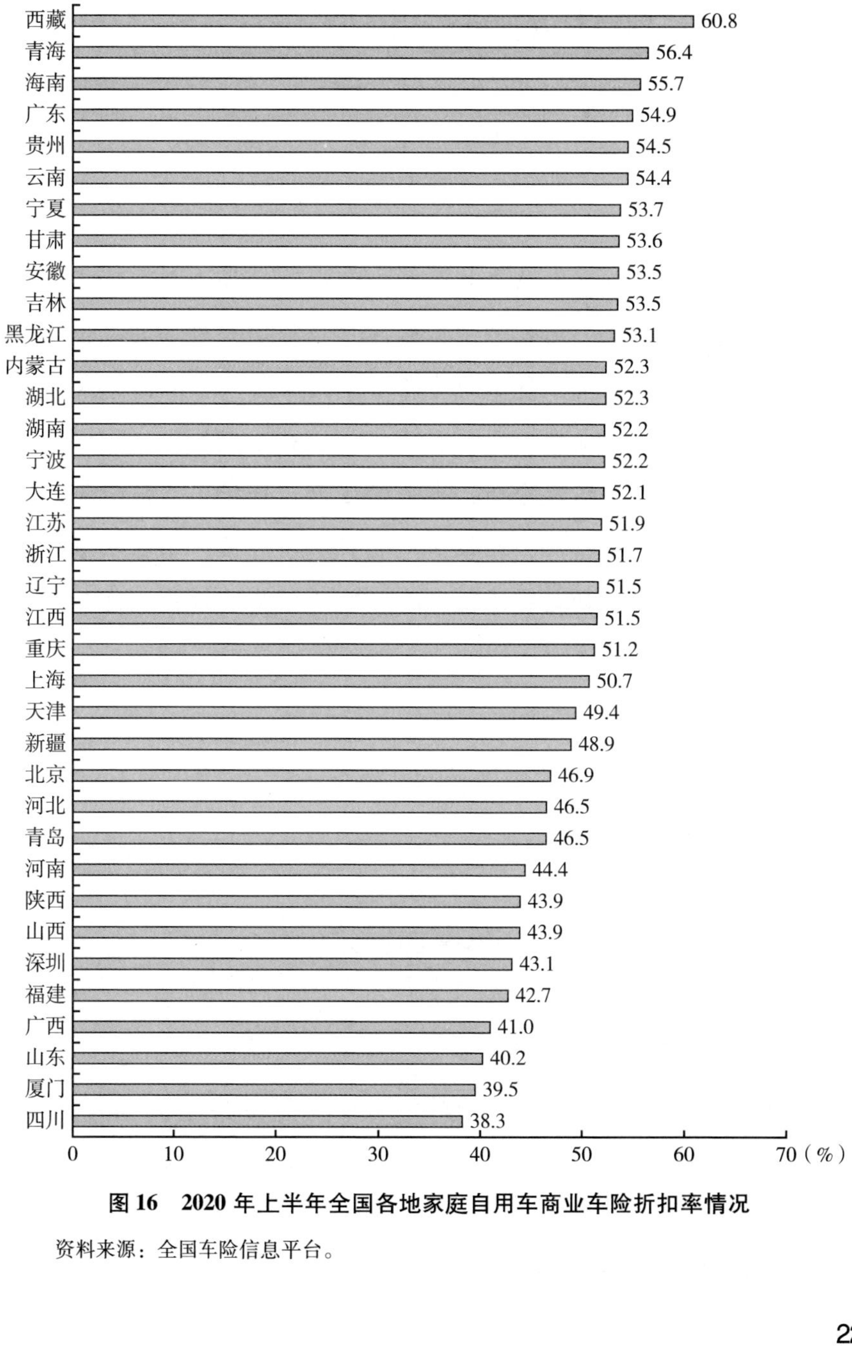

图 16　2020 年上半年全国各地家庭自用车商业车险折扣率情况

资料来源：全国车险信息平台。

B.16

2020年上半年全国营业货车保险研究

江绍莹*

摘　要： 营业货车保费大约占整个车险保费的15%，是车险市场非常重要的分类。为发挥中国银保信车险平台数据共享价值，提升车险行业营业货车的管理水平，本报告从不同维度分析营业货车保险的情况。在承保方面，分别从险种、地区、公司、业务渠道等维度分析；在理赔方面，分析了交强险和商业险的案均赔款情况；在投保率和折扣率方面，以图表形式展示了地区之间的差异情况，以此帮助行业了解营业货车市场的承保理赔情况。

关键词： 营业货车　承保　理赔

一　承保情况分析

（一）险种承保情况分析

2020年上半年全国车险信息平台登记营业货车签单保费累计601.74亿元，同比增长7.60%。其中，交强险签单保费165.61亿元，

* 江绍莹，中国银行保险信息技术管理有限公司。

同比增长 5.15%；商业车险签单保费 436.13 亿元，同比增长 8.55%（见图 1）。

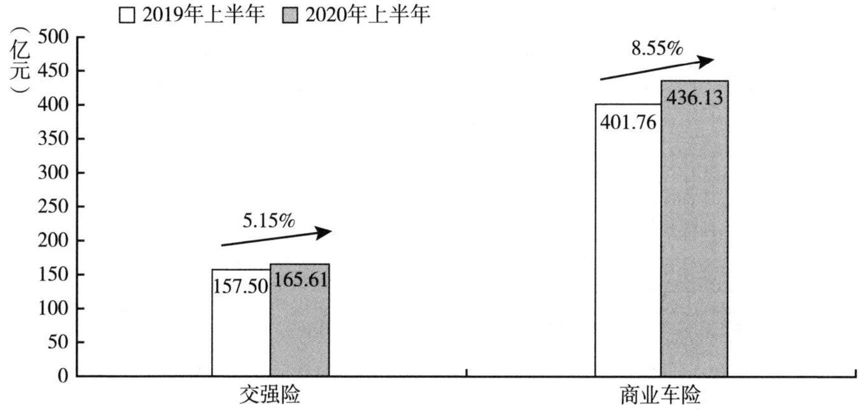

图 1　2019 年上半年、2020 年上半年营业货车签单保费情况

资料来源：全国车险信息平台。

（二）地区承保情况分析

2020 年上半年营业货车车险保费规模超过 30 亿元的地区有 5 个，分别是河北、山东、河南、安徽和江苏；保费规模 20 亿～30 亿元的地区有 3 个，分别是山西、四川和广东；其他地区营业货车保费少于 20 亿元。宁夏营业货车签单保费同比增速最高，达到 27.3%，西藏营业货车签单保费同比增速最低，同比下降 26.0%（见图 2）。

（三）公司承保情况分析

2020 年上半年全国车险信息平台财险公司中营业货车签单保费超过 50 亿元的有 4 家公司，分别是人保财险、平安财险、太平洋财险和国寿财险；10 亿～50 亿元的共有 6 家公司，分别是中华财险、阳光财险、华安财险、大地财险、天安财险和永安财险。签单保费前 10 的公司中同比增速最快的是中华财险，同比增长 30.82%（见表 1）。

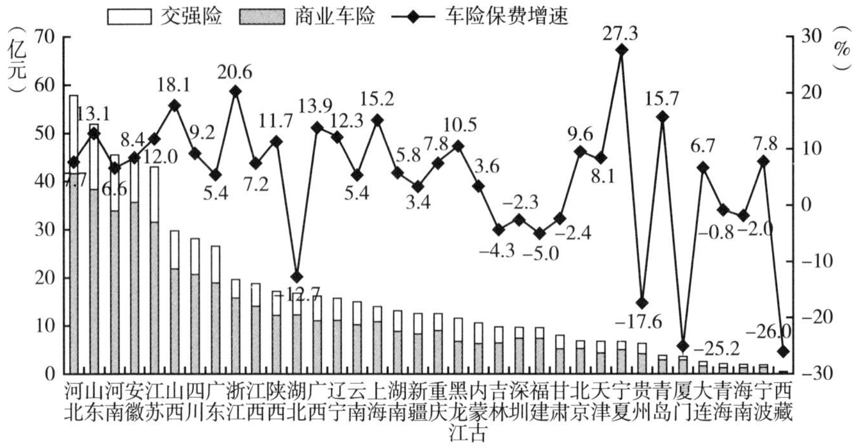

图 2　2020 年上半年全国各地营业货车签单保费情况

资料来源：全国车险信息平台。

表 1　2020 年上半年营业货车已上平台公司车险市场份额

公司名称	保费收入(亿元)	同比增速(%)	市场份额(%)	份额增减(百分点)
人保财险	194.29	-0.20	32.29	-2.57
平安财险	89.26	21.29	14.83	1.66
太平洋财险	62.92	15.72	10.46	0.72
国寿财险	58.76	14.56	9.77	0.58
中华财险	29.52	30.82	4.91	0.87
阳光财险	21.83	4.20	3.63	-0.12
华安财险	21.50	-7.02	3.57	-0.57
大地财险	19.93	15.01	3.31	0.21
天安财险	15.11	13.87	2.51	0.14
永安财险	14.12	15.93	2.35	0.17
安华农险	6.86	-11.00	1.14	-0.24
太平财险	6.64	13.15	1.10	0.05
渤海财险	5.64	-17.27	0.94	-0.28
都邦财险	4.06	-13.58	0.67	-0.17

续表

公司名称	保费收入(亿元)	同比增速(%)	市场份额(%)	份额增减(百分点)
紫金财险	3.85	6.95	0.64	0.00
北部湾财险	3.78	18.27	0.63	0.06
国任财险	3.29	-11.84	0.55	-0.12
鼎和财险	3.19	32.03	0.53	0.10
长安责任保险	3.03	70.35	0.50	0.19
泰山财险	2.56	48.90	0.43	0.12
永诚财险	2.40	56.44	0.40	0.12
安诚财险	2.10	-49.05	0.35	-0.39
诚泰财险	1.81	72.98	0.30	0.11
浙商财险	1.79	-69.16	0.30	-0.74
中银保险	1.74	13.23	0.29	0.01
国元农险	1.69	-4.62	0.28	-0.04
亚太财险	1.58	-15.99	0.26	-0.07
中煤财险	1.45	15.40	0.24	0.02
富德财险	1.41	-13.30%	0.24	-0.06
大家财险	1.40		0.23	0.23
长江财险	1.22	213.66	0.20	0.13
华农财险	1.20	-21.17	0.20	-0.07
阳光农险	1.17	133.26	0.19	0.10
安盛天平财险	1.17	-15.43	0.19	-0.05
华泰财险	1.16	-35.14	0.19	-0.13
泰康在线	1.14	879.15	0.19	0.17
英大财险	1.05	15.97	0.17	0.01
国泰财险	0.79	41.14	0.13	0.03
锦泰财险	0.63	-50.46	0.10	-0.12
恒邦财险	0.61	47.31	0.10	0.03
利宝保险	0.57	-1.84	0.10	-0.01
燕赵财险	0.49	32.28	0.08	0.01
前海财险	0.42	2.78	0.07	0.00
中航安盟财险	0.41	26.87	0.07	0.01

续表

公司名称	保费收入(亿元)	同比增速(%)	市场份额(%)	份额增减(百分点)
珠峰保险	0.32	292.79	0.05	0.04
中原财险	0.31	258.12	0.05	0.04
黄河财险	0.22	475.78	0.04	0.03
中意财险	0.21	48.68	0.03	0.01
富邦财险	0.20	-33.75	0.03	-0.02
鑫安保险	0.17	-5.52	0.03	0.00
安联财险	0.16	-22.26	0.03	-0.01
海峡保险	0.16	6.11	0.03	0.00
中路财险	0.14	-75.01	0.02	-0.08
华海财险	0.08	-54.99	0.01	-0.02
众安财险	0.07	-71.37	0.01	-0.03
合众财险	0.04	-69.59	0.01	-0.02
安心保险	0.02	-66.22	0.00	-0.01
众诚保险	0.02	3.45	0.00	0.00
三星财险	0.01	-59.55	0.00	0.00
三井住友海上	0.01	-3.92	0.00	0.00
融盛财险	0.00	-95.59	0.00	-0.02
日本财险	0.00	-76.33	0.00	0.00
中铁财险	0.00	54.54	0.00	0.00
建信财险	0.00	99.73	0.00	0.00
东京海上日动	0.00	-36.41	0.00	0.00
现代财险	0.00	-89.27	0.00	0.00

资料来源：全国车险信息平台。

市场集中度方面，营业货车保费规模排名前三的人保财险、平安财险、太平洋财险的市场份额合计为57.6%，同比下降0.18个百分点；保费规模前五位的保险公司的市场份额合计为72.3%，同比上升1.3个百分点；保费规模前十位保险公司的市场份额合计为87.6%，同比上升1.09个百分点（见表1、图3）。

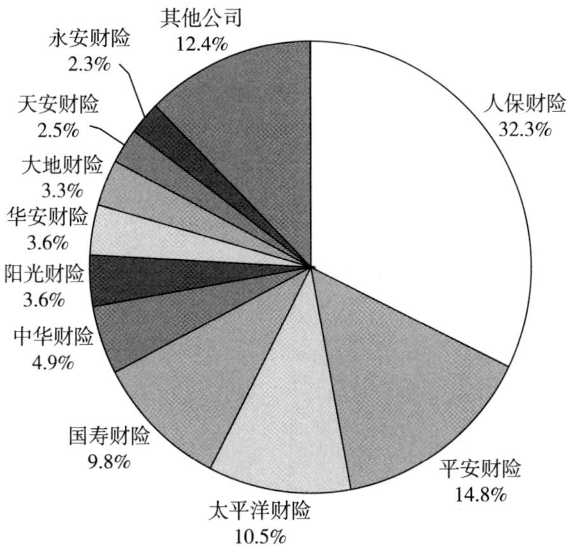

图3　2020 年上半年营业货车车险市场份额情况分析

资料来源：全国车险信息平台。

（四）业务渠道承保情况分析

2020 年上半年营业货车签单保费超过 100 亿元的业务渠道分别是：个人代理和专业代理，两个业务渠道累计占比为 78.4%；另外个人代理渠道、新渠道直销业务同比分别上升 28.7%、1182.2%；其余渠道业务均明显下降（见图 4）。

二　理赔情况分析

（一）车险理赔情况

2020 年上半年全国车险信息平台登记营业货车车险已结案赔款累计 251.33 亿元，同比下降 4.23%。2020 年上半年营业货车车险案均赔款① 15870 元，同比上升 2.47%（见图 5）。

① 本分析报告中案均赔款为剔除注销、拒赔和零赔付的案均赔款。

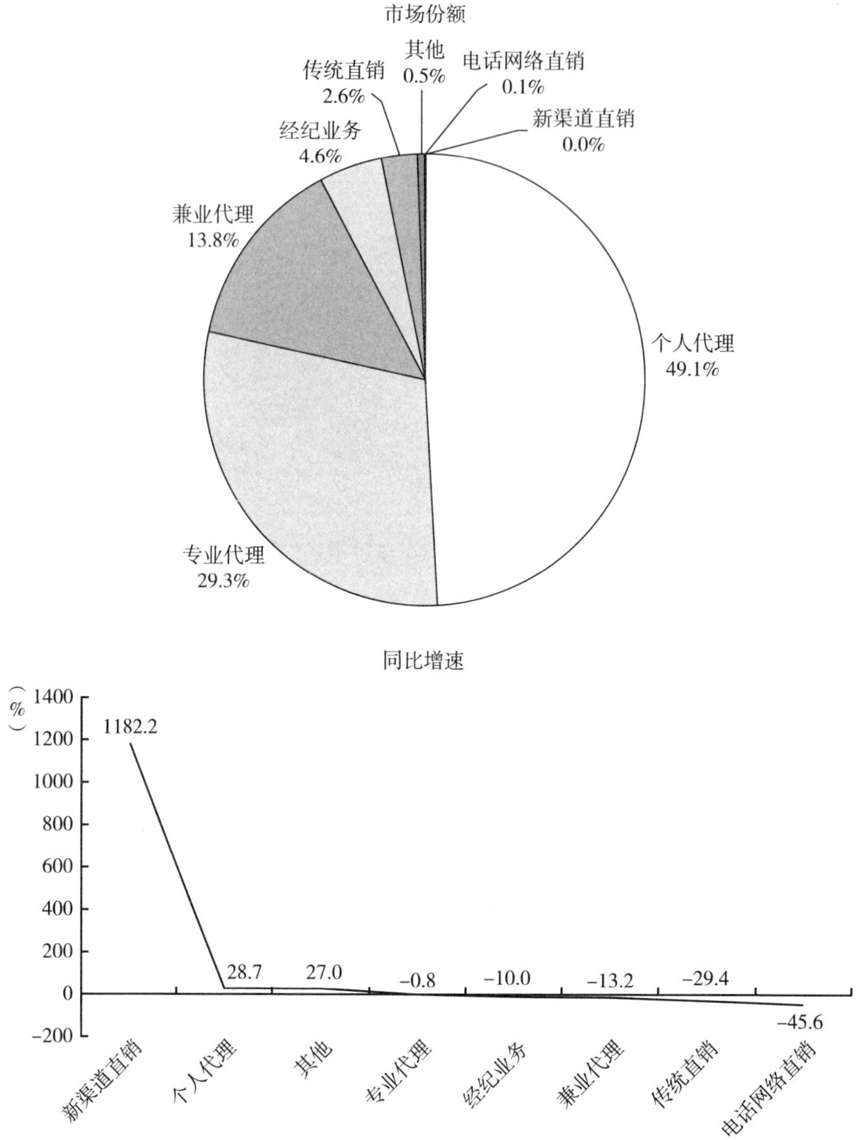

图4　2020年上半年各业务渠道签单保费市场份额及同比增速

资料来源：全国车险信息平台。

2020年上半年河南营业货车车险案均赔款最高，为23141元；深圳案均赔款最低，为7986元（见图6）。

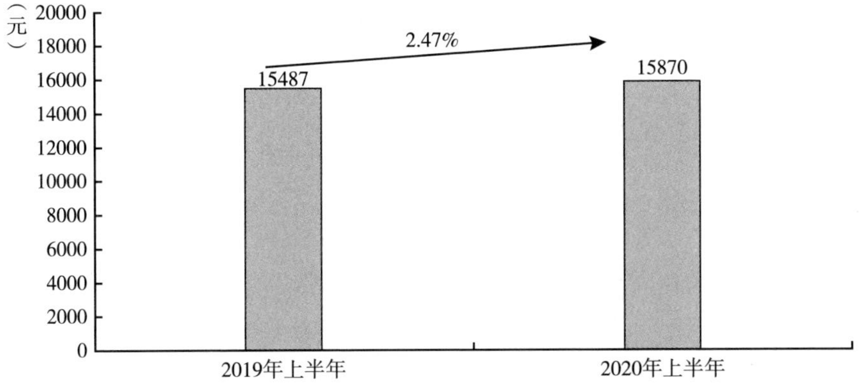

图5　2019 年上半年、2020 年上半年营业货车车险案均赔款情况

资料来源：全国车险信息平台。

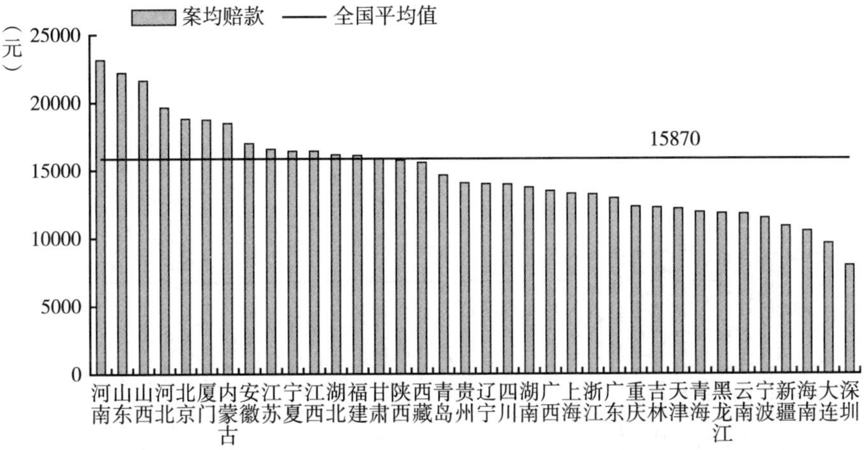

图6　2020 年上半年全国各地营业货车案均赔款情况

资料来源：全国车险信息平台。

（二）交强险理赔情况

2020 年上半年全国车险信息平台登记营业货车交强险已结案赔款累计 69.57 亿元，同比下降 8.00%。2020 年上半年营业货车交强险案均赔款 7060 元，同比下降 2.76%（见图 7）。

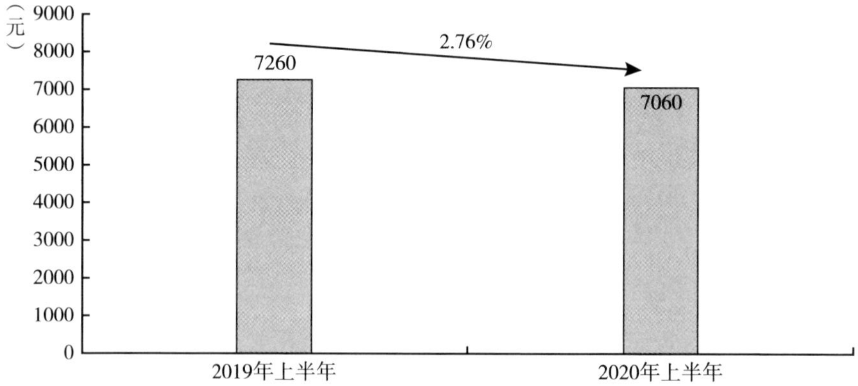

图 7　2019 年上半年、2020 年上半年营业货车交强险案均赔款情况

资料来源：全国车险信息平台。

2020 年上半年河南营业货车交强险案均赔款最高，为 10440 元（见图 8）。

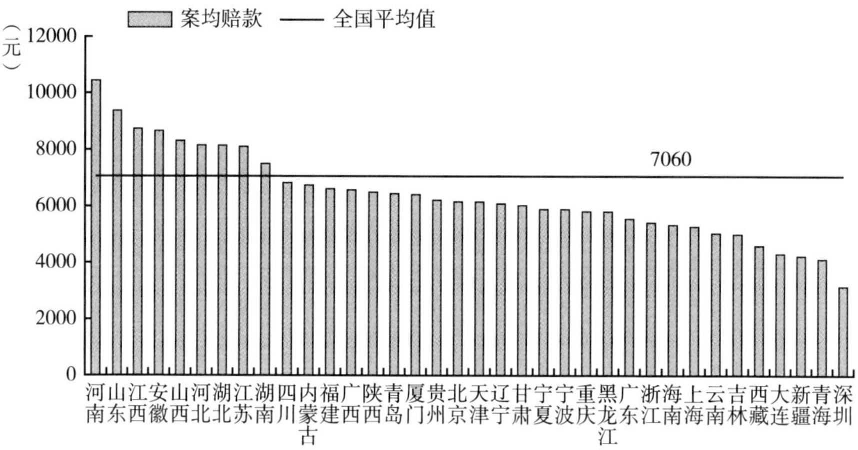

图 8　2020 年上半年全国各地营业货车交强险案均赔款情况

资料来源：全国车险信息平台。

（三）商业车险理赔情况

2020 年上半年全国车险信息平台登记营业货车商业车险已结案赔款累

计 181.76 亿元，同比下降 2.70%。2020 年上半年营业货车商业车险案均赔款 30384 元，同比上升 6.19%（见图 9）。

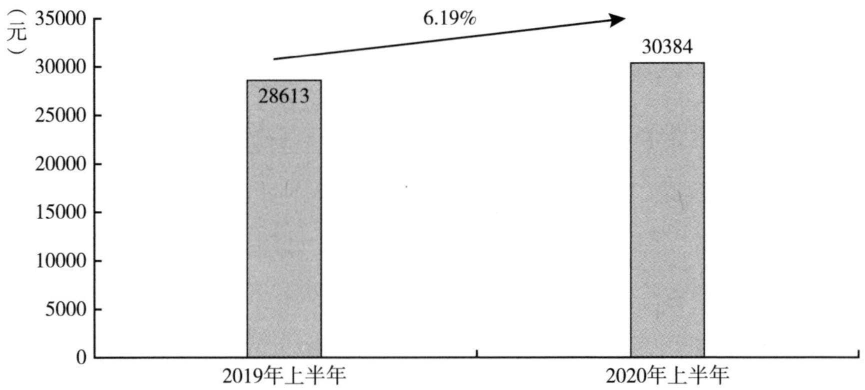

图 9　2019 年上半年、2020 年上半年营业货车商业车险案均赔款情况

资料来源：全国车险信息平台。

2020 年上半年河南营业货车商业车险案均赔款最高，为 44547 元（见图 10）。

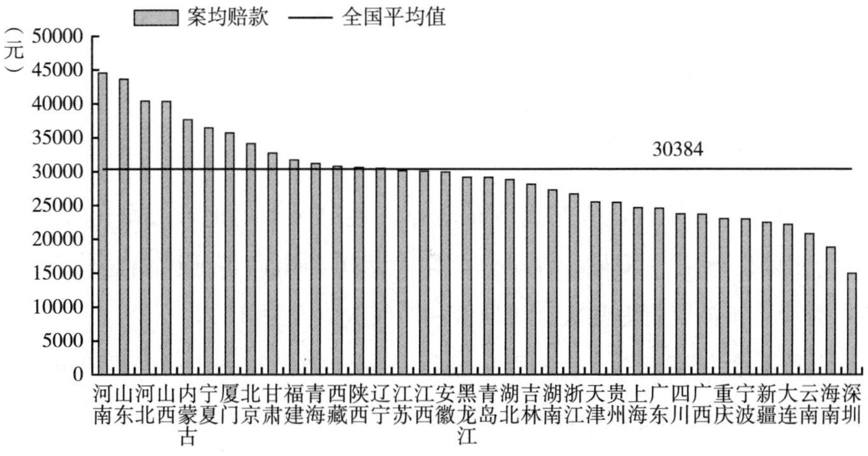

图 10　2020 年上半年全国各地营业货车商业车险案均赔款情况

资料来源：全国车险信息平台。

三　区域情况分析

（一）车险区域情况分析

2020 年上半年营业货车车险业务签单保费的地域分布比较集中，河北、山东、河南、安徽、江苏、广东、四川和山西等地区相对较多，西藏、青海、海南、宁波、大连和青岛等地区相对较少（见图 11）。

从平均折扣率来看，折扣率①的地区差异较大。2020 年上半年营业货车车险全国平均折扣率为 65.8%，青海的平均折扣率最高，为 77.7%，北京的平均折扣率最低，为 52.2%（见图 12）。

（二）交强险区域情况分析

2020 年上半年营业货车交强险业务签单保费的地域分布比较集中，河北、山东、河南、安徽、江苏、广东、四川、山西等地区相对较多，西藏、海南、宁波和青海等地区相对较少（见图 13）。

从平均折扣率来看，折扣率的地区差异较小。2020 年上半年营业货车交强险全国平均折扣率为 86.8%（见图 14）。

（三）商业车险区域情况分析

2020 年上半年营业货车商业车险业务签单保费的地域分布比较集中，河北、山东、河南、安徽、江苏、广东、四川和山西等地区相对较多；西藏、海南、宁波、青海和大连等地区相对较少（见图 15）。

从平均折扣率来看，折扣率的地区差异较大（见图 16）。2020 年上半年营业货车商业车险全国平均折扣率为 60.2%。

---

① 本分析报告中折扣率为剔除短期单的折扣率。

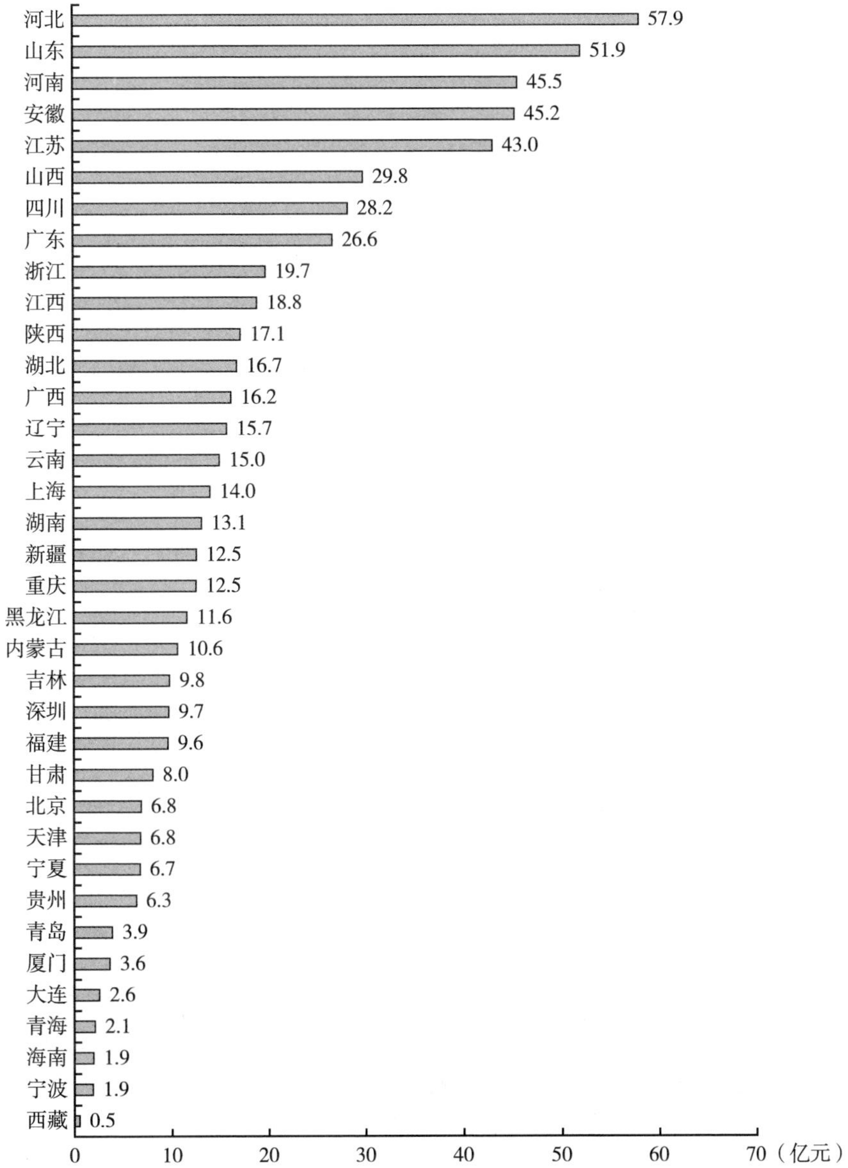

图 11　2020 年上半年全国各地营业货车车险签单保费情况

资料来源：全国车险信息平台。

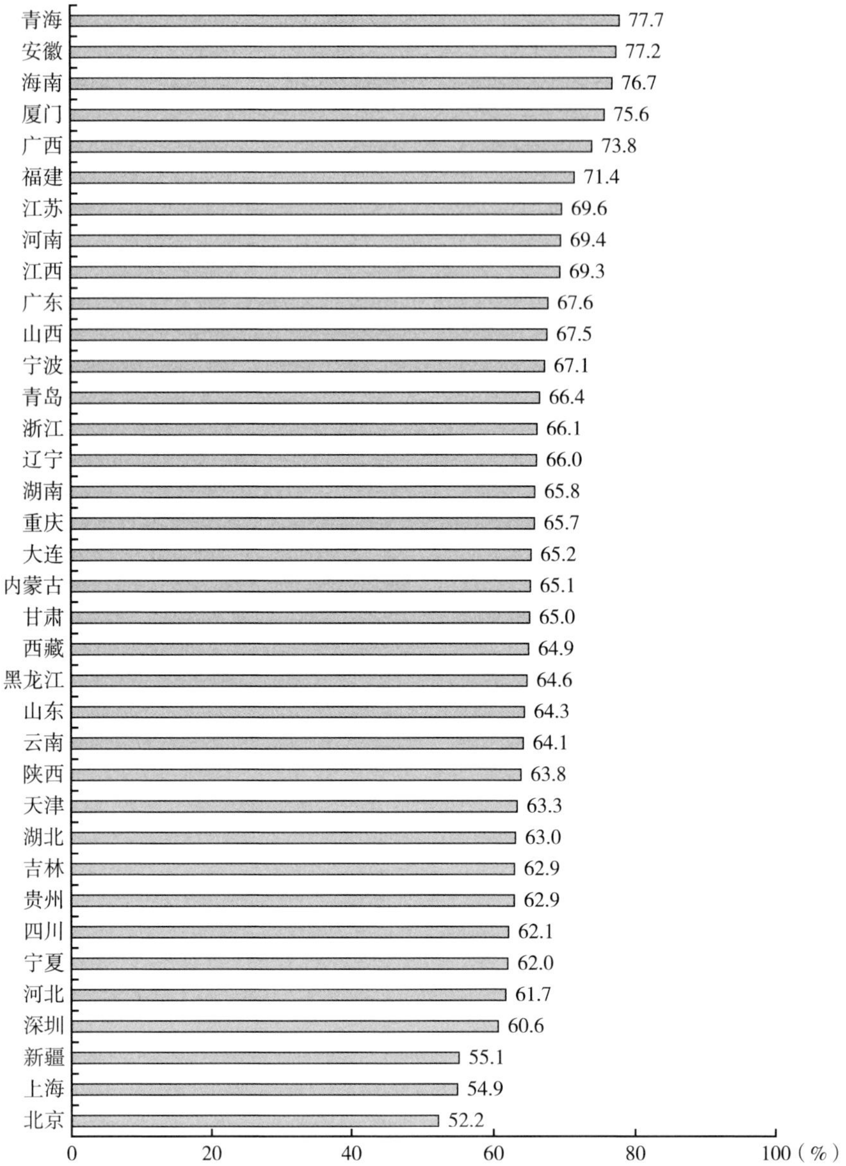

图 12　2020 年上半年全国各地营业货车车险折扣率情况

资料来源：全国车险信息平台。

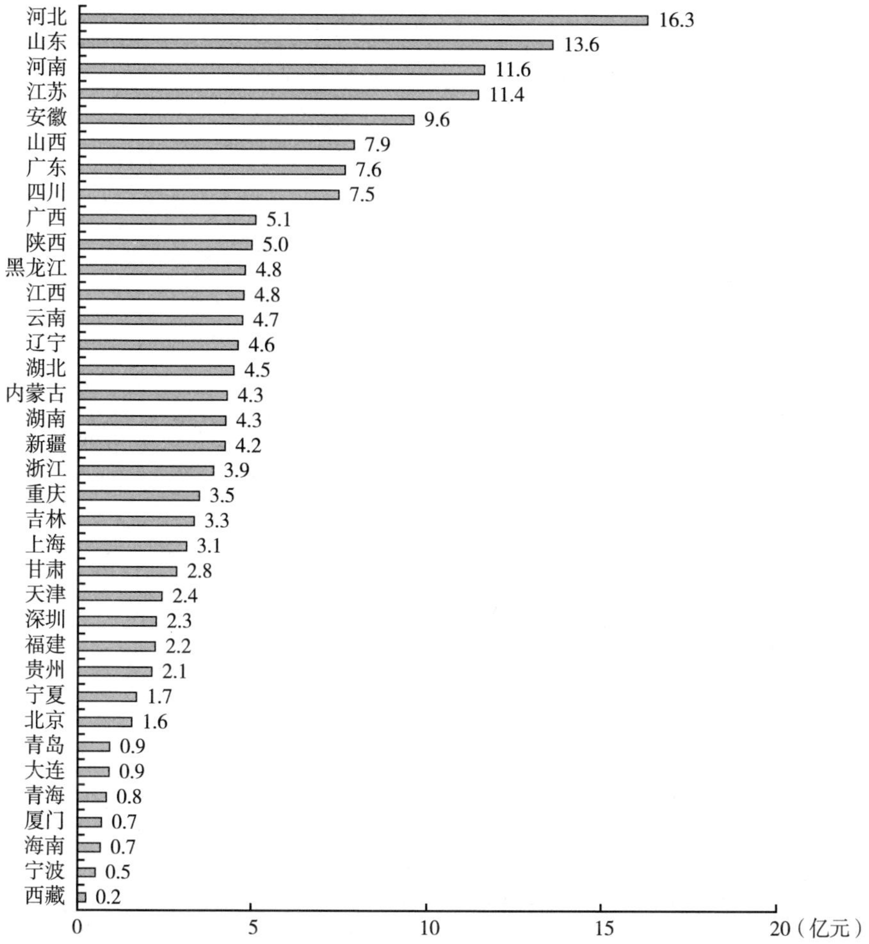

图 13　2020 年上半年全国各地营业货车交强险签单保费情况

资料来源：全国车险信息平台。

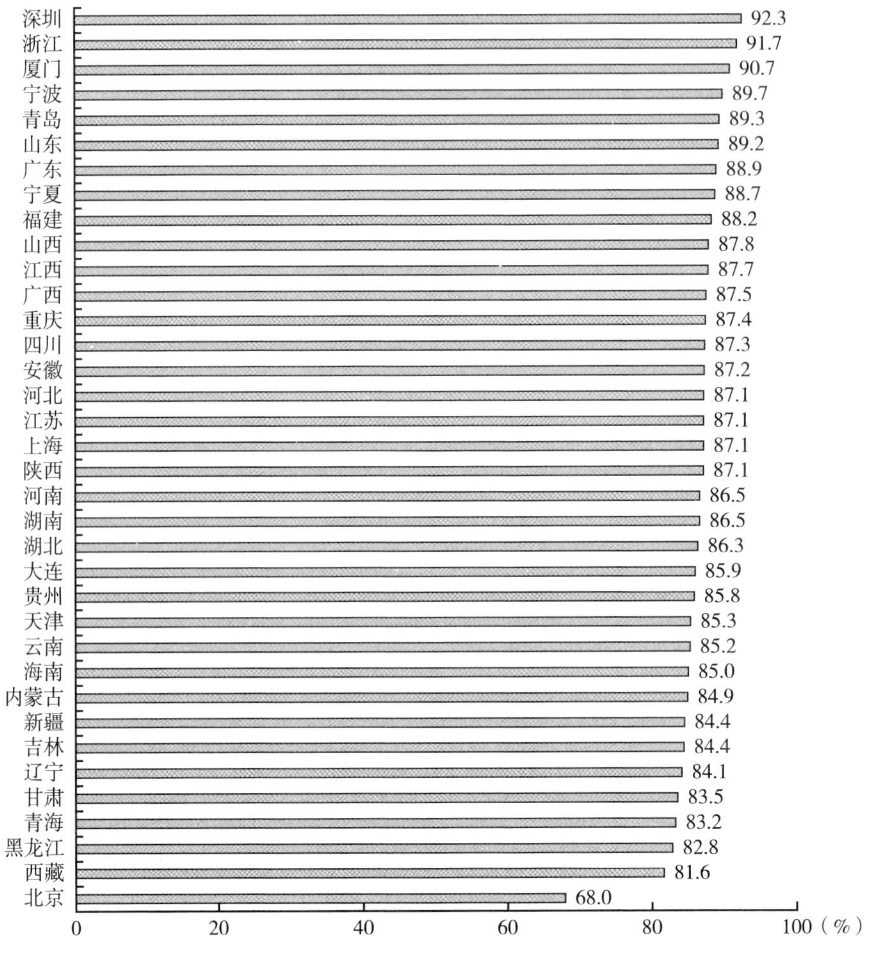

图 14　2020 年上半年全国各地营业货车交强险折扣率情况

资料来源：全国车险信息平台。

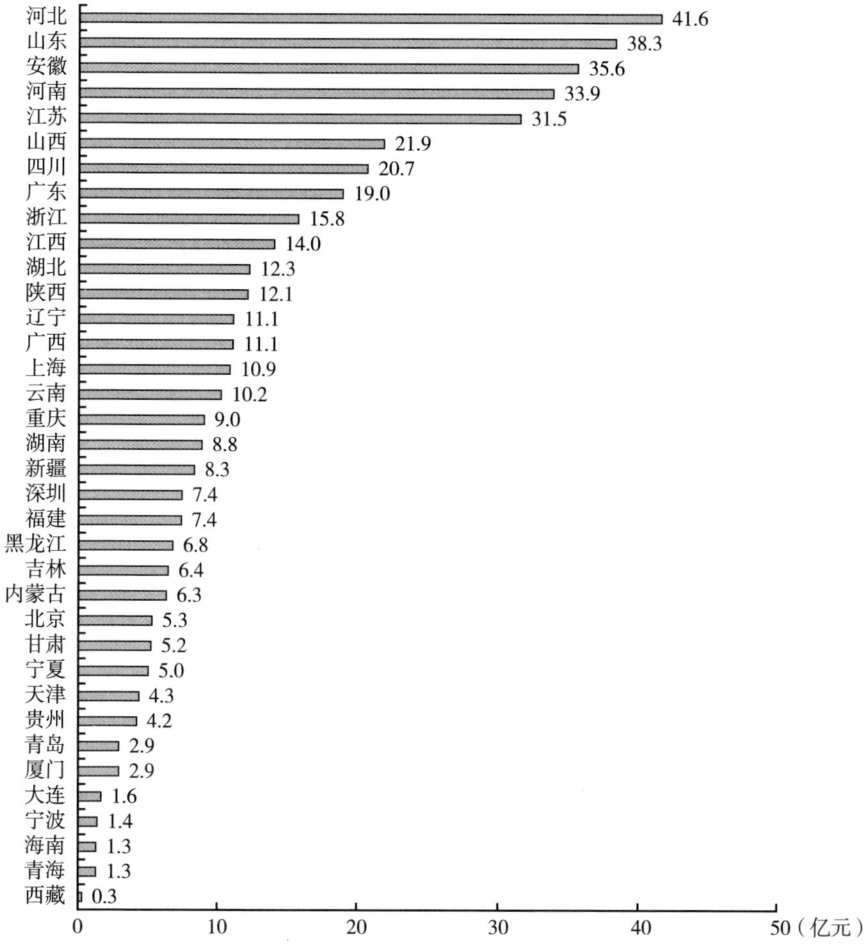

图 15　2020 年上半年营业货车商业车险签单保费情况

资料来源：全国车险信息平台。

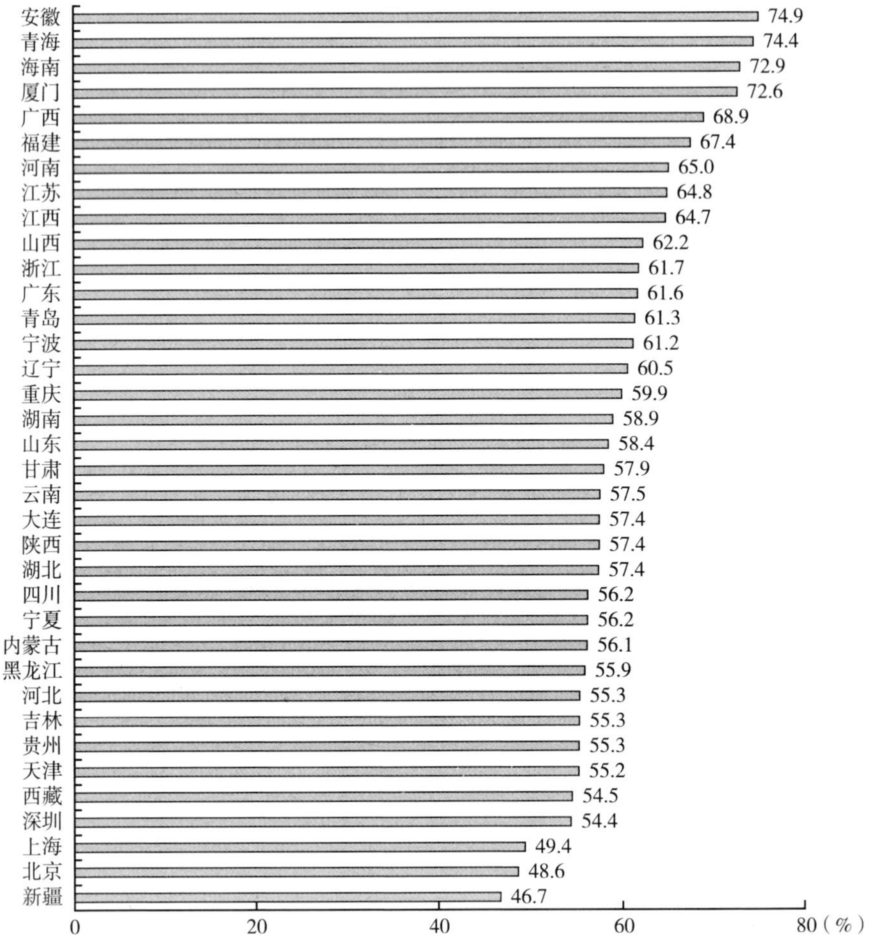

图 16　2020 年上半年营业货车商业车险折扣率情况

资料来源：全国车险信息平台。

B.17
2020年上半年全国家庭自用车新车保险研究

江绍莹*

摘　要： 家庭自用车新车保费大约占整个家庭自用车保费的25%，是家庭自用车市场非常重要的分类。本报告从不同维度分析家庭自用车新车保险的情况。在承保方面，分别从险种、地区、公司、业务渠道等维度分析；在理赔方面，分析了交强险和商业险的案均赔款情况；最后单独分析了商业车险的投保率及折扣率的地区差异。

关键词： 家庭自用车新车　承保　理赔

一　承保情况分析

（一）险种承保情况分析

2020年上半年全国车险信息平台登记家用车新车签单保费累计474亿元，同比下降23.05%；签单件数累计1475万件，同比下降24.09%。其中，交强险签单保费70.50亿元，同比下降24.69%；签单件数733万件，同比下降24.48%。商业车险签单保费403.54亿元，同比下降22.76%；签

* 江绍莹，中国银行保险信息技术管理有限公司。

单件数 742 万件，同比下降 23. 62% 。分险种签单保费与签单件数变化情况如图 1、图 2 所示。

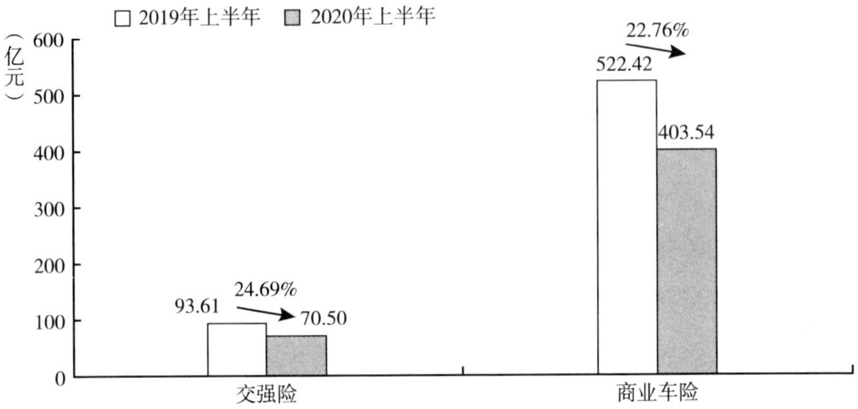

图 1　2019 年上半年、2020 年上半年家用车新车签单保费情况

资料来源：全国车险信息平台。

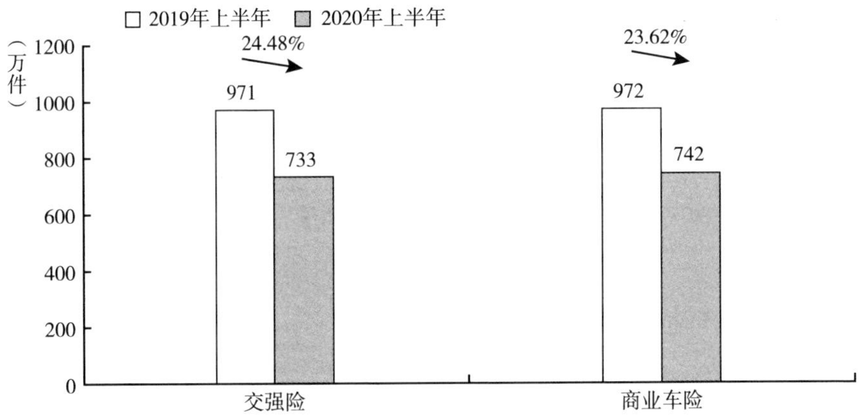

图 2　2019 年上半年、2020 年上半年家用车新车签单件数情况

资料来源：全国车险信息平台。

（二）地区承保情况分析

2020 年上半年家用车新车保费规模超过 25 亿元的地区有 5 个，分别是广东、江苏、浙江、四川和河南；保费规模处于 15 亿～25 亿元之间的地区有 7 个，分别是山东、河北、湖南、安徽、上海、湖北和北京；其他地区家用车新车保费少于 15 亿元。由于新冠肺炎疫情原因，35 个地区（除西藏地区）的保费收入均同比下降，下降幅度最大的为福建地区，同比下降 38.2%（见图 3）。

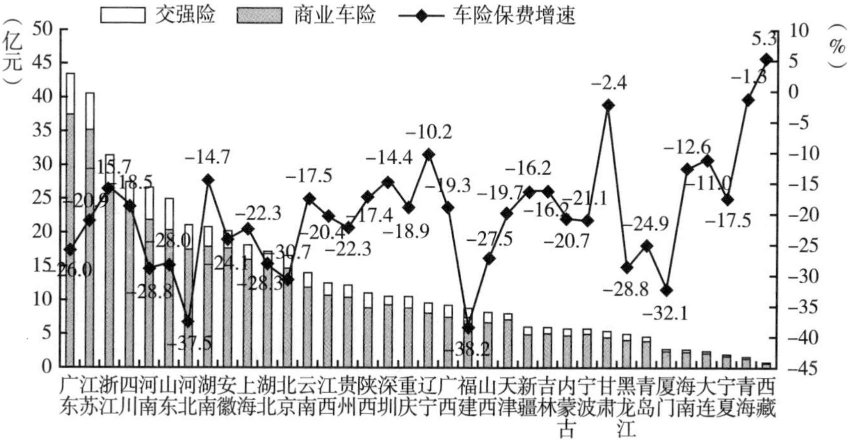

图 3　2020 年上半年全国各地区家用车新车签单保费情况

资料来源：全国车险信息平台。

（三）公司承保情况分析

2020 年上半年全国车险信息平台财险公司中家用车新车签单保费超过 50 亿元的有 3 家公司，分别是人保财险、平安财险和太平洋财险；10 亿～50 亿元的共有 5 家公司，分别是国寿财险、中华财险、太平财险、大地财险和阳光财险；5 亿～10 亿元的有 1 家公司，为天安财险（见表 1）。

表 1　2020 年上半年家用车新车保险市场份额

公司名称	保费收入(亿元)	同比增速(%)	市场份额(%)	份额增减(百分点)
人保财险	164.85	-20.51	34.78	1.04
平安财险	132.85	-18.00	28.03	1.67
太平洋财险	64.08	-22.02	13.52	0.15
国寿财险	28.37	-28.84	5.98	-0.50
中华财险	16.13	-32.63	3.40	-0.49
太平财险	12.27	-30.65	2.59	-0.29
大地财险	12.05	-20.80	2.54	0.07
阳光财险	10.03	-30.14	2.12	-0.22
天安财险	5.91	-24.56	1.25	-0.03
大家财险	2.73	—	0.58	0.58
众诚保险	2.28	-23.24	0.48	0.00
紫金财险	2.11	-36.38	0.44	-0.09
永安财险	1.89	-39.80	0.40	-0.11
安盛天平财险	1.67	-45.96	0.35	-0.15
华安财险	1.47	-42.24	0.31	-0.10
亚太财险	1.37	-25.24	0.29	-0.01
华泰财险	1.10	-38.31	0.23	-0.06
众安财险	0.99	-75.09	0.21	-0.44
浙商财险	0.97	-45.63	0.20	-0.09
长安责任保险	0.89	-39.79	0.19	-0.05
安诚财险	0.80	-39.48	0.17	-0.05
都邦财险	0.77	-24.04	0.16	0.00
永诚财险	0.76	-50.46	0.16	-0.09
富德财险	0.62	-66.88	0.13	-0.17
华海财险	0.56	-46.08	0.12	-0.05
国任财险	0.53	-59.56	0.11	-0.10
渤海财险	0.52	-51.13	0.11	-0.06
利宝保险	0.50	-36.88	0.11	-0.02
北部湾财险	0.44	-42.58	0.09	-0.03
锦泰财险	0.42	-51.12	0.09	-0.05
中煤财险	0.35	-19.91	0.07	0.00
鼎和财险	0.35	-46.10	0.07	-0.03
华农财险	0.33	-35.12	0.07	-0.01
中银保险	0.31	-74.31	0.07	-0.13

续表

公司名称	保费收入(亿元)	同比增速(%)	市场份额(%)	份额增减(百分点)
泰山财险	0. 29	-44. 65	0. 06	-0. 02
恒邦财险	0. 29	39. 35	0. 06	0. 03
英大财险	0. 21	-56. 25	0. 05	-0. 03
鑫安保险	0. 20	0. 21	0. 04	0. 01
国元农险	0. 20	-59. 44	0. 04	-0. 04
诚泰财险	0. 17	-39. 42	0. 03	-0. 01
安华农险	0. 15	-38. 86	0. 03	-0. 01
燕赵财险	0. 15	2. 97	0. 03	0. 01
中航安盟财险	0. 14	23. 80	0. 03	0. 01
三星财险	0. 14	-23. 80	0. 03	0. 00
前海财险	0. 12	-9. 09	0. 02	0. 00
长江财险	0. 09	-18. 81	0. 02	0. 00
东京海上日动	0. 09	-12. 88	0. 02	0. 00
富邦财险	0. 08	-64. 40	0. 02	-0. 02
中原财险	0. 08	580. 67	0. 02	0. 01
海峡保险	0. 06	-4. 20	0. 01	0. 00
泰康在线	0. 05	4. 93	0. 01	0. 00
黄河财险	0. 05	122. 21	0. 01	0. 01
珠峰保险	0. 04	-56. 30	0. 01	-0. 01
合众财险	0. 04	20. 71	0. 01	0. 00
中路财险	0. 03	-60. 53	0. 01	-0. 01
阳光农险	0. 03	-3. 83	0. 01	0. 00
国泰财险	0. 03	-38. 99	0. 01	0. 00
中意财险	0. 01	-50. 24	0. 00	0. 00
安心保险	0. 01	-90. 57	0. 00	-0. 01
建信财险	0. 01	-56. 98	0. 00	0. 00
融盛财险	0. 00	-68. 71	0. 00	0. 00
现代财险	0. 00	-52. 10	0. 00	0. 00
安联财险	0. 00	-98. 58	0. 00	0. 00
日本财险	0. 00	-94. 61	0. 00	0. 00

资料来源：全国车险信息平台。

市场集中度方面，2020 年上半年家用车新车保费规模排名前三的人保财险、平安财险、太平洋财险的市场份额合计为 76. 3%，同比上升 2. 87 个百分点；保费规模前五位的保险公司的市场份额合计为85.7%，同比上升1.88个百分点；保费规模前十位保险公司的市场份额合计为94.8%，同比上升1.99个百分点（见表1、图4）。

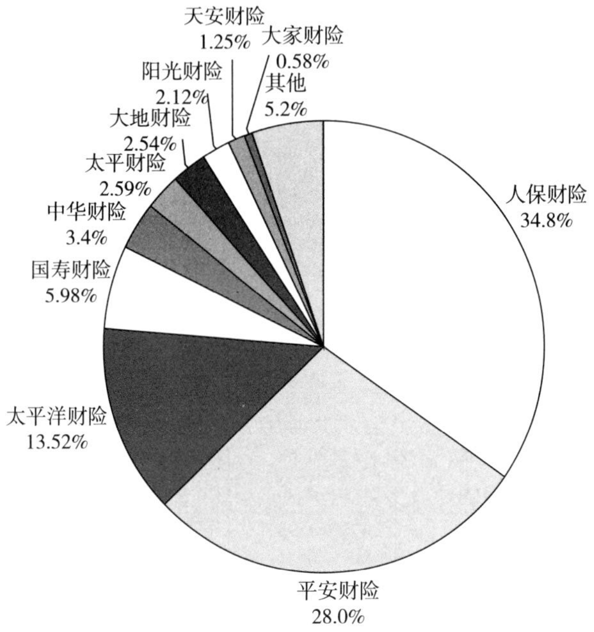

图4　2020年上半年家用车新车保险市场份额分析

资料来源：全国车险信息平台。

（四）业务渠道承保情况分析

2020年上半年家用车新车签单保费超过100亿元的业务渠道分别是：兼业代理和专业代理，两个业务渠道累计占比为74.2%（见图5），各业务渠道保费同比均呈现负增长，其中个人代理业务同比下降幅度最小，为8.4%，新渠道直销业务同比下降幅度最大，为85.0%。

（五）分新车购置价承保情况分析

2020年上半年新车购置价在10万~15万元这个区间承保件数最多，占比

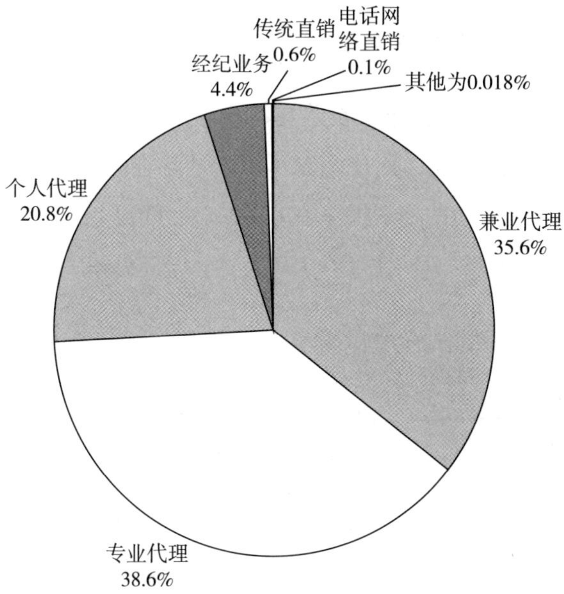

图5　2020年上半年各业务渠道签单保费占比

资料来源：全国车险信息平台。

35.2%，与上年同期相比上升3.0个百分点；在折扣率方面，2020年上半年家用车新车折扣率明显下降，但折扣率变化趋势与2019年保持一致（见图6）。

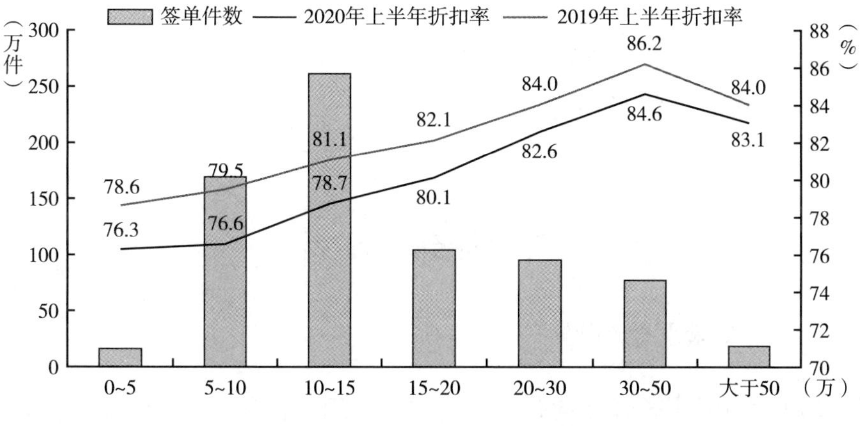

图6　2019年上半年、2020年上半年家用车新车购置价承保情况

资料来源：全国车险信息平台。

（六）分险别承保情况分析

2020 年上半年家用车新车三责险单均保额为 93 万元，同比上升 12.3%，车损险单均保额为 17 万元，同比上升 11.3%[①]。在险别投保率方面，2020 年上半年家用车新车三责险的险别投保率为99.2%，同比上升0.4 个百分点；车损险的险别投保率为97.2%，同比上升1.0 个百分点（见图7）。

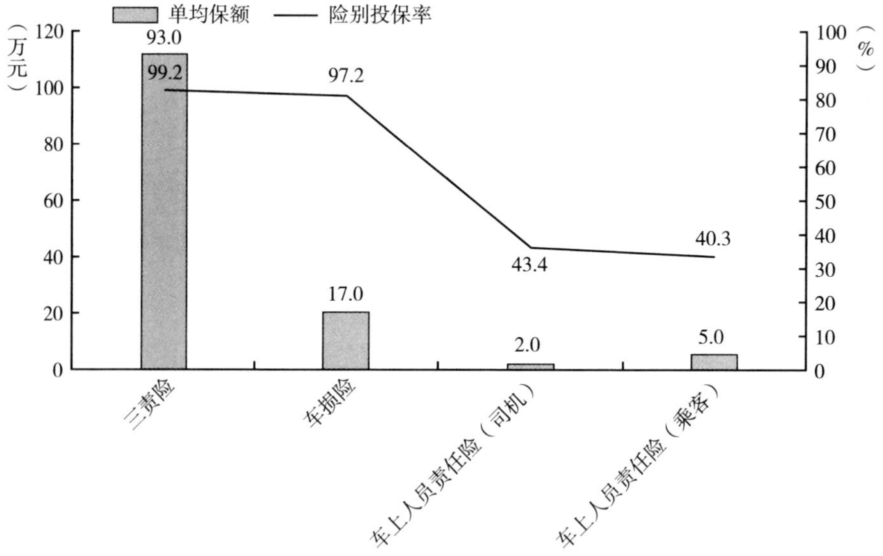

图 7　2020 年上半年家用车新车险别承保情况

资料来源：全国车险信息平台。

二　理赔情况分析

（一）车险理赔情况

2020 年上半年全国车险信息平台登记家用车新车车险已结案赔款累计

① 本分析报告中险别投保率为险别签单件数/商业险签单件数。

220.48 亿元，同比下降 20.53%。2020 年上半年家用车新车车险案均赔款[①] 7306 元，同比上升 10.13%（见图 8）。

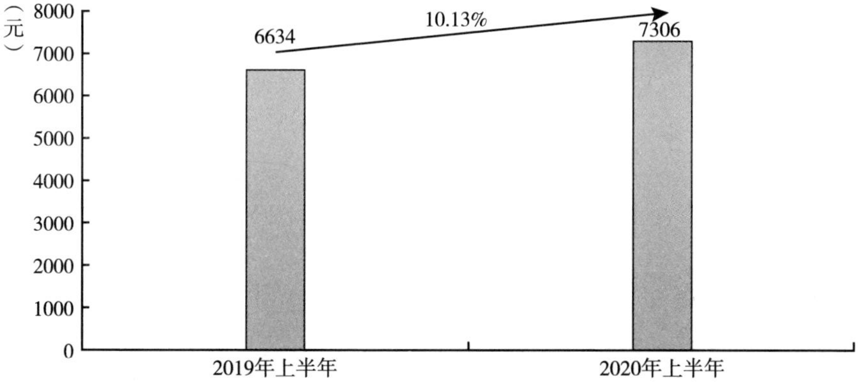

图 8　2019 年上半年、2020 年上半年家用车新车车险案均赔款情况

资料来源：全国车险信息平台。

2020 年上半年北京家用车新车车险案均赔款最高，为 9999 元；广西案均赔款最低，为 4819 元（见图 9）。

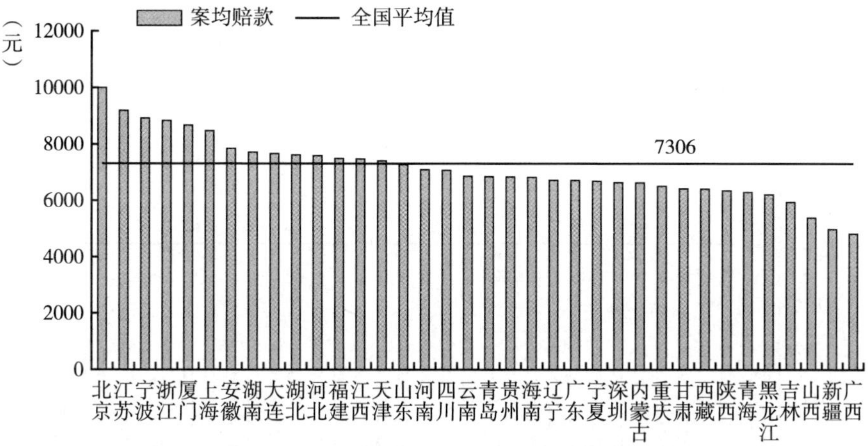

图 9　2020 年上半年全国各地家用车新车车险案均赔款情况

资料来源：全国车险信息平台。

① 本分析报告中案均赔款为剔除注销、拒赔和零赔付的案均赔款。

（二）交强险理赔情况

2020 年上半年全国车险信息平台登记家用车新车交强险已结案赔款累计 43.35 亿元，同比下降 19.66%。2020 年上半年家用车新车交强险案均赔款 4202 元，同比上升 6.12%（见图 10）。

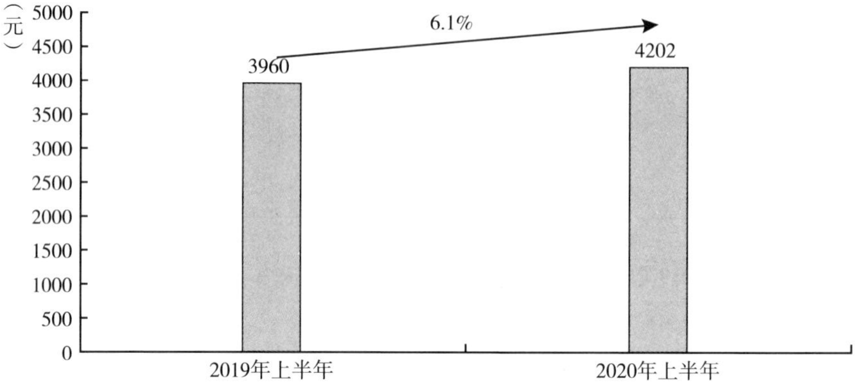

图 10　2019 年上半年、2020 年上半年家用车新车交强险案均赔款情况

资料来源：全国车险信息平台。

2020 年上半年江苏家用车新车交强险案均赔款最高，为 5796 元（见图 11）。

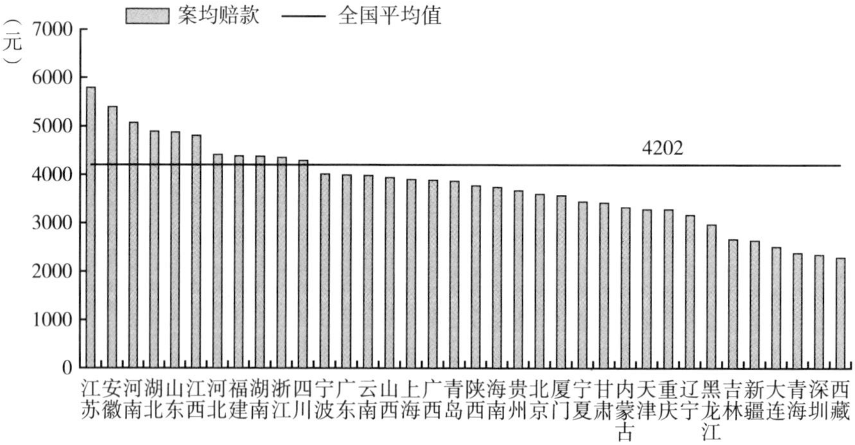

图 11　2020 年上半年全国各地家用车新车交强险案均赔款情况

资料来源：全国车险信息平台。

（三）商业车险理赔情况

2020 年上半年全国车险信息平台登记家用车新车商业车险已结案赔款累计 177.13 亿元，同比下降 24.72%。2020 年上半年家用车新车商业车险案均赔款 8917 元，同比增长 10.81%（见图 12）。

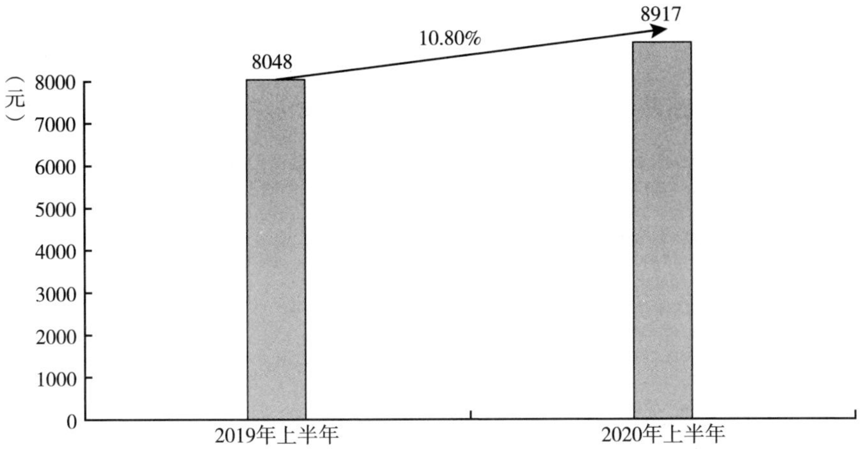

图 12　2019 年上半年、2020 年上半年家用车新车商业车险案均赔款情况

资料来源：全国车险信息平台。

2020 年上半年宁波家用车新车案均赔款最高，为 13171 元（见图 13）。

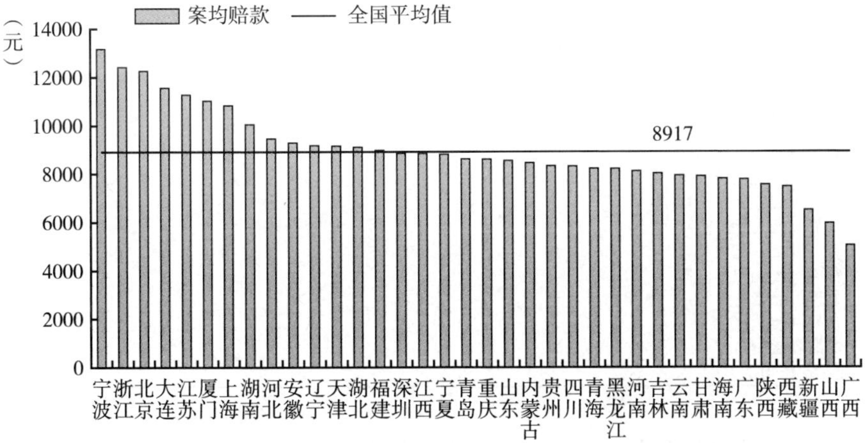

图 13　2020 年上半年全国各地家用车新车商业车险案均赔款情况

资料来源：全国车险信息平台。

三　商业车险投保、折扣情况分析

（一）商业车险投保分析

2020 年上半年家用车新车商业车险业务签单保费的地域分布比较集中，广东、江苏、浙江、河北、河南、四川和山东等地区相对较多，海南、大连、宁夏、青海和西藏等地区相对较少（见图 14）。

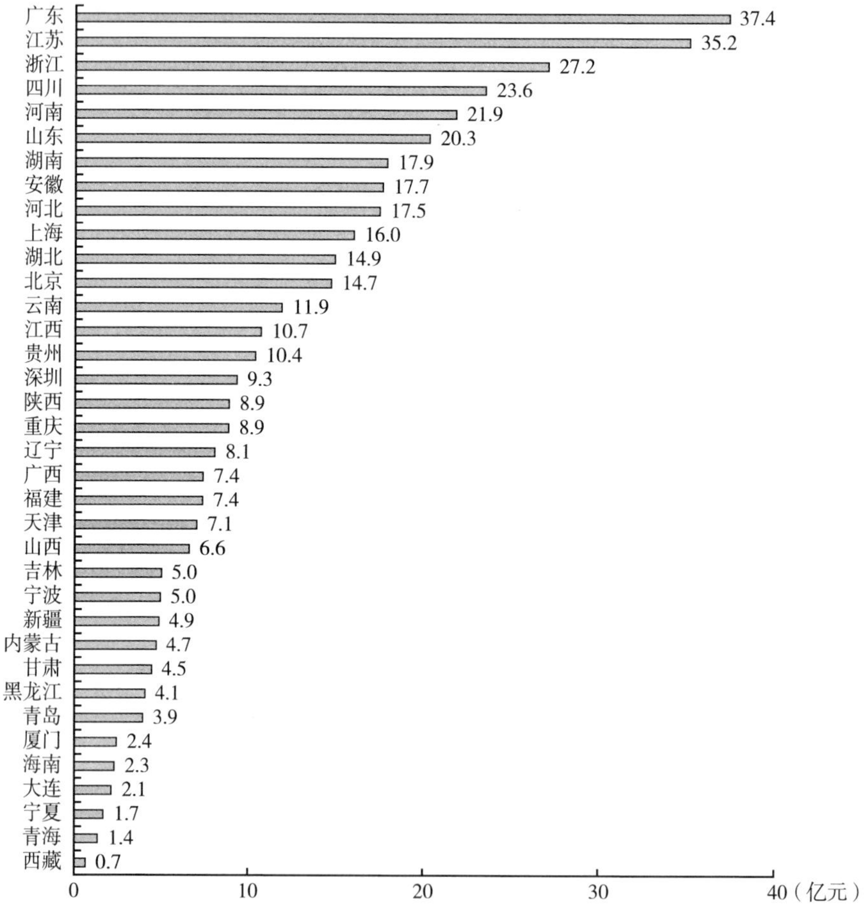

图 14　2020 年上半年全国各地家用车新车商业车险签单保费

资料来源：全国车险信息平台。

从投保率来看，2020 年上半年家用车新车商业车险投保率[①]为 101.3%，与上年同期投保率 100.1% 相比，上升 1.2 个百分点；但是投保率在地区之间有差异，其中青岛的投保率最高为 134.7%，西藏的投保率最低为 72.7%（见图 15）。

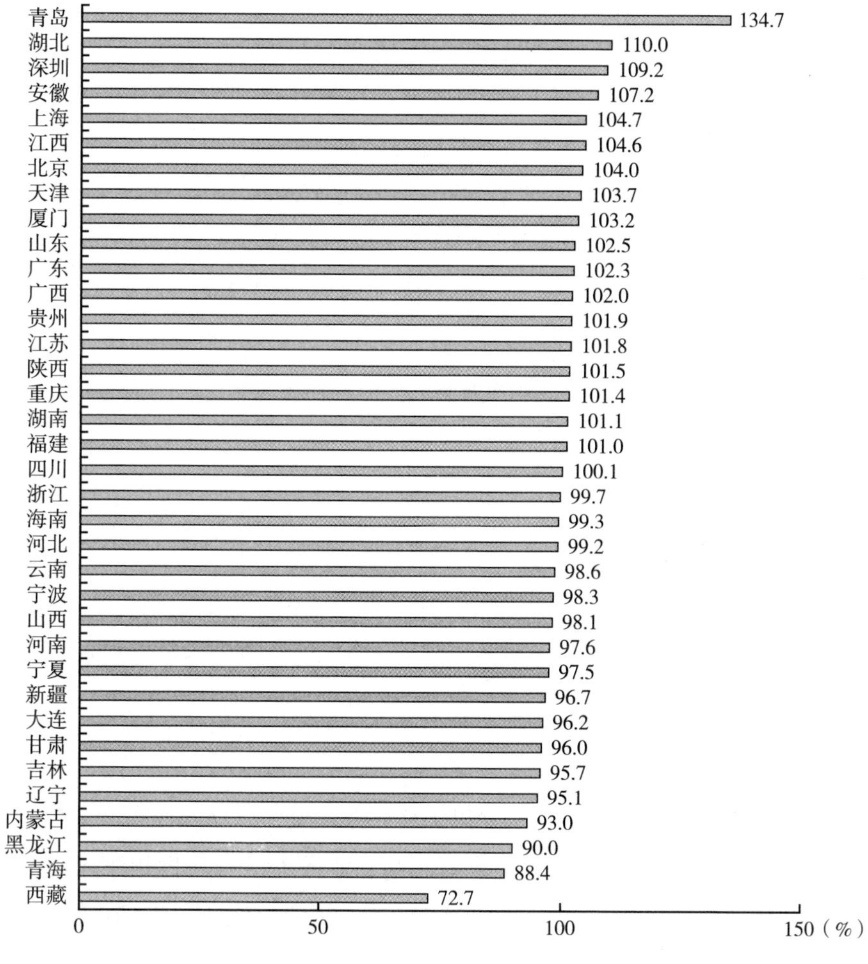

图 15　2020 年上半年全国各地家用车新车商业车险投保率情况

资料来源：全国车险信息平台。

① 本分析报告中投保率为商业险签单件数/交强险签单件数。

从业务渠道来看，家用车新车商业车险投保率在不同业务渠道也有明显差异。其中，经纪业务渠道的投保率最高，为107.1%；电话网络直销渠道的投保率最低，为73.5%（见图16）。

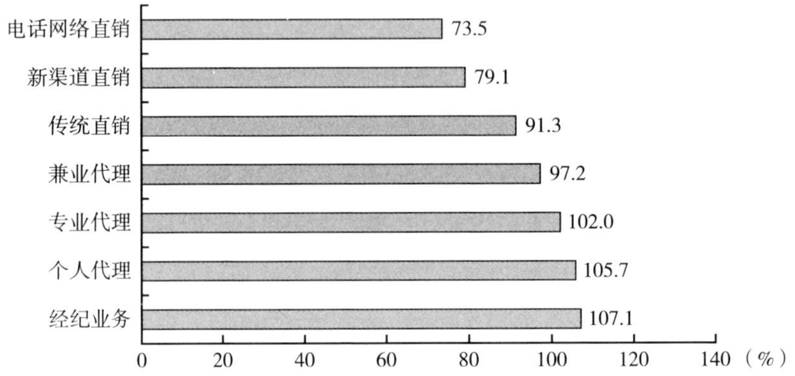

图16　家用车新车商业车险各渠道投保率情况

资料来源：全国车险信息平台。

（二）商业车险折扣分析

从平均折扣率来看，折扣率①的地区差异较明显。2020年上半年家用车新车商业车险全国平均折扣率为80.5%，同比下降1.75个百分点；海南的平均折扣率最高为94.3%，福建的平均折扣率最低为64.9%（见图17）。

从业务渠道方向看折扣率，折扣率和业务渠道保费收入之间呈正相关关系。2020年上半年业务渠道保费收入越高，业务渠道平均折扣率越高。其中，兼业代理渠道平均折扣率最高为83.7%，电话网络直销渠道的平均折扣率最低为65.3%（见图18）。

① 本分析报告中折扣率为剔除短期单的折扣率。

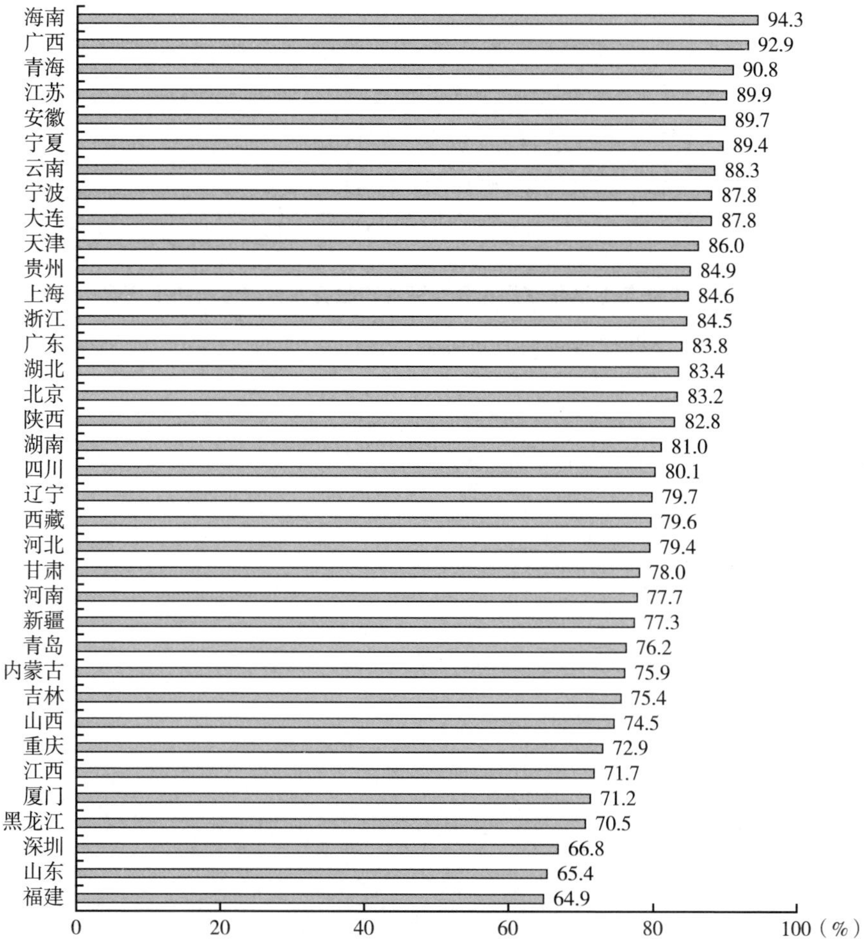

图17　2020年上半年全国各地家用车新车商业车险折扣率情况

资料来源：全国车险信息平台。

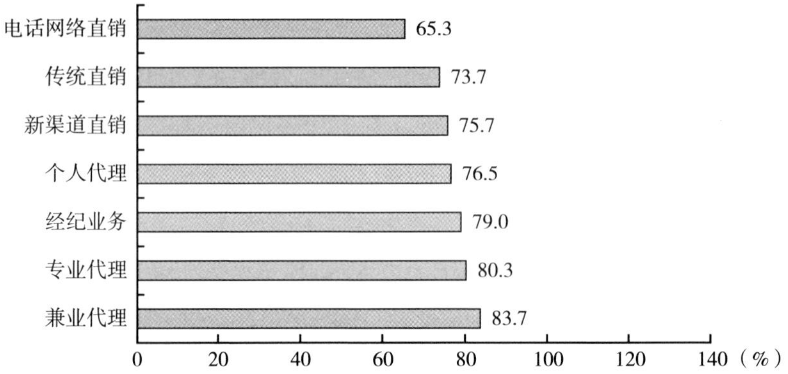

图 18 2020 年上半年家用车新车商业车险各业务渠道折扣率情况

资料来源：全国车险信息平台。

B.18
基于车联网数据的新能源车风险因子研究

刘　彬*

摘　要： 近年来，中国新能源车市场已经成为全球最为积极活跃的市场之一，对其特有风险因子的研究具有十分重要的意义。通过在车险定价中引入用户驾驶行为数据，对新能源车实行差异化定价，有助于提升保险行业新能源车风险管理水平，促进新能源车产业升级，并引导客户绿色出行，产生良好的社会影响。鉴于新能源车风险因子研究的应用价值，研究项目组基于保险业务数据、新能源车动态标签数据、传统静态定价因子数据，采用机器学习方法进行显著因子筛选及风险评分。研究结果显示，动态因子在风险分类中影响显著，该研究成果将应用于我国新能源车保险相关领域。

关键词： 新能源汽车　车联网　保险定价　风险分类　机器学习

一　项目流程

（一）项目研究历程

2019 年 8 月项目组成立，随后进行研究方案的讨论、样本数据的选择、

* 刘彬，中国银行保险信息技术管理有限公司。

研究方法的搭建等一系列工作；在同年 11 月完成项目 1.0 期，对家用车引入 30 个新能源动态标签数据进行了风险评价研究；在 2020 年 1 月完成项目 2.0 期，分别对家用车和营业出租租赁车引入 69 个新能源标签因子进行建模并与传统车险精准评分交互分析，形成成果报告。

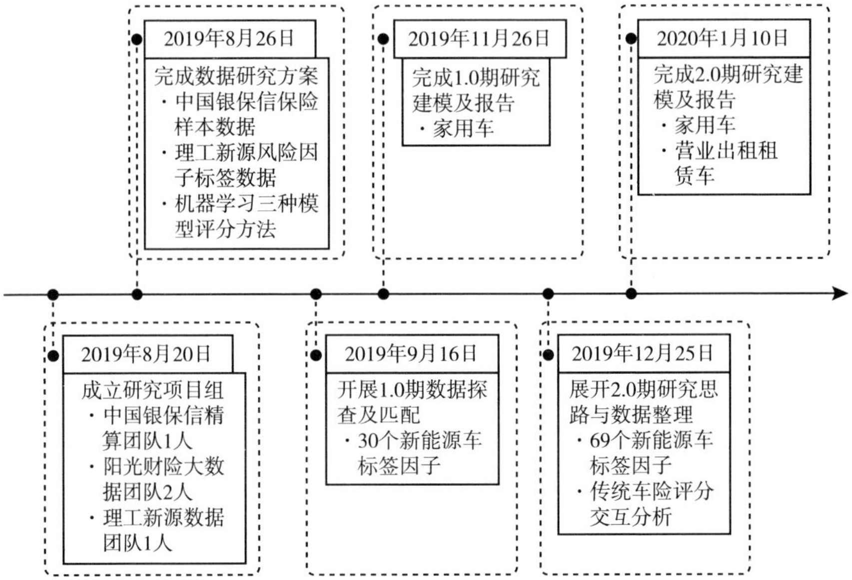

图 1　项目研究历程

资料来源：全国车险信息平台、北京理工新源信息科技有限公司。

（二）项目建模流程

我们的基本思路为：挖掘旧车过往一年的新能源车联网数据与其保险赔付金额之间的关系，建立研究模型。本次共从北理工新源导入 267 万辆新能源标识车辆，从中选取起保日期在 2018 年 1 月至 2019 年 6 月的旧车约 100 万辆，另外进一步基于全国新能源车业务分析，我们选择规模占比较大且渗透率①在逐年不断提高的家用车和营业出租租赁车主全投保组合②

① 某使用性质中新能源属性占所有能源属性的比例。

② 主全投保组合：指车辆当年度投保险类中须包含交强险和车损险。

车辆作为最终建模样本，其中家用车 32.5 万辆，营业出租租赁车 8.7 万辆。进行数据匹配、数据探查后确定 69 个有效字段，使用机器学习算法建模，并进行模型验证和优化。

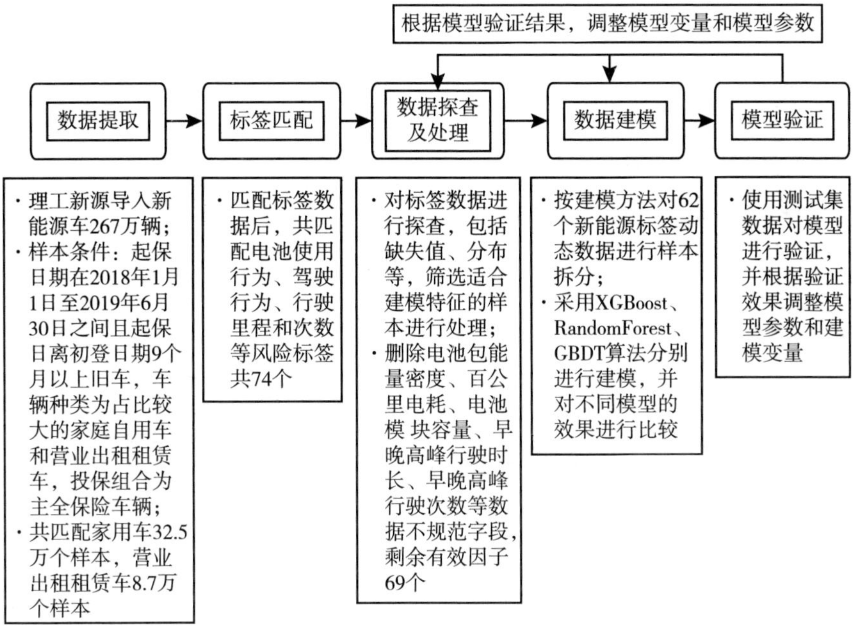

图 2　项目建模流程

资料来源：全国车险信息平台、北京理工新源信息科技有限公司。

（三）风险因子标签

本研究基于用户的电池使用行为、驾驶行为、行驶里程和次数等共加工风险标签 69 个，其中静态标签 7 个，动态标签 62 个，本研究仅研究动态车联网数据对风险定价的影响，所以只对 62 个动态标签数据进行机器学习并研究其影响的显著性。动态数据包括过往一年的平均充电次数、行驶里程、行驶时长、剩余电量 SOC① 等，可以看到动态数据种类覆盖比较全面（见表 1、图 3）。

① SOC 为当前电量占总体可容电量的比例。

表 1　静态数据标签名称

编号	静态数据标签名称
1	车辆生产企业
2	动力类型
3	电机类型
4	电池类型
5	电芯生产企业(简称)
6	行驶省份
7	行驶城市

资料来源：全国车险信息平台、北京理工新源信息科技有限公司。

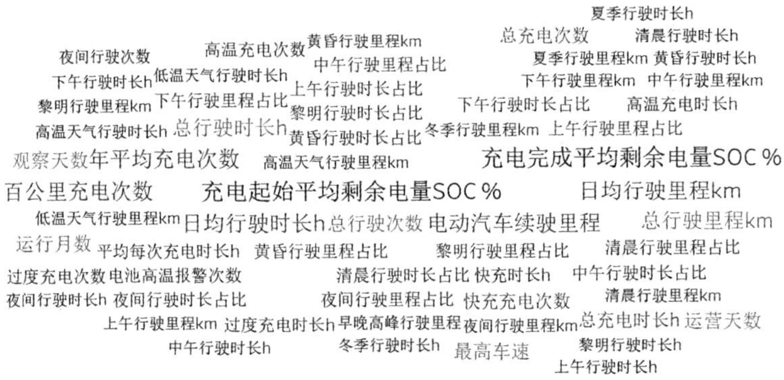

图 3　动态数据标签名称

资料来源：全国车险信息平台、北京理工新源信息科技有限公司。

（四）样本数据分组

按照经典机器学习的样本数据分组方法，将样本数据分为训练集、验证集和测试集，其中使用训练集来训练模型和估计参数等；使用验证集来验证模型和调优参数，以防止过拟合后预测效果较差等情况的发生，提高模型的泛化能力；使用测试集来检验所选模型对研究项目的性能，以及进行泛化结果的展示。在此按照经验的划分比例使用留出法随机抽取样本，家用车和营业出租租赁车的样本组成如下。

表 2　家用车样本数据分组

数据集名称	车架号尾数	保单量(万件)	占比(%)
训练集	1、4、5、6、7、A、B、D	14.2	43.7
验证集	2、8、E	6.1	18.8
测试集	0、3、6、9、C、F	12.2	37.5

资料来源：全国车险信息平台、北京理工新源信息科技有限公司。

表 3　营业出租租赁车样本数据分组

数据集名称	车架号尾数	保单量(万件)	占比(%)
训练集	1、4、5、6、7、A、B、D	3.8	43.7
验证集	2、8、E	1.6	18.4
测试集	0、3、6、9、C、F	3.3	37.9

资料来源：全国车险信息平台、北京理工新源信息科技有限公司。

二　研究方法

（一）基学习器模型

在此我们选择 CART[①] 决策树模型作为机器学习的基学习器，首先我们进行原理简介，假设我们将模型简化为三个因子变量和一个目标变量，采用最小方差的方法来进行属性的最优特征选择，以及叶节点等参数的选择。对电池类型属性有两类（纯电、混动）特征选择，对高峰行驶占比连续属性需要进行排序后取两两特征值的中位数，分别作为划分点（25.5，28.0，30.5，32.5，34.5，37.0，42.5）进行特征选择，对于地区属性每次取其中一个离散值作为划分点，如（北京，其他）或（山西，其他）等。分别计算上述每个属性的每个分类对数据集拆分后的方差，然后选择最小方差作为当前划分的特征选择，通过计算划分前后的方差的大小或是否继续拆分等来决定成为叶节点。

① CART 是 Classification and Regression Tree 的简称，一种著名的决策树学习算法。

基础数据集

电池类型	高峰期行驶占比（%）	地区	赔付金额（元）
纯电	25	山西	6802
纯电	26	北京	8928
混动	30	天津	2976
混动	31	山西	4464
……	……	……	……
纯电	34	北京	6448
纯电	35	山西	7192
纯电	39	天津	11656

切分标准

第一次切分前计算结果

切分节点			切分后方差
电池	纯电	混动	8612
高峰行驶占比（%）	x<25.5	25.5<x	4793
	x<28.5	28.5<x	8451
	x<30.5	30.5<x	9682
	x<32.5	32.5<x	4568
	x<34.5	34.5<x	8419
	x<37.5	37.0<x	6953
	x<42.5	42.5<x	6954
地区	山西	其他	6757
	天津	其他	5910
	北京	其他	7641

第二次切分前计算结果

切分节点			切分后方差
电池	纯电	混动	2912
高峰行驶占比（%）	x<25.5	25.5<x	4793
	x<30.5	30.5<x	5959
	x<28.5	28.5<x	6480
	x<30.5	30.5<x	6264
地区	山西	其他	4819
	天津	其他	3512
	北京	其他	5089

划分结果

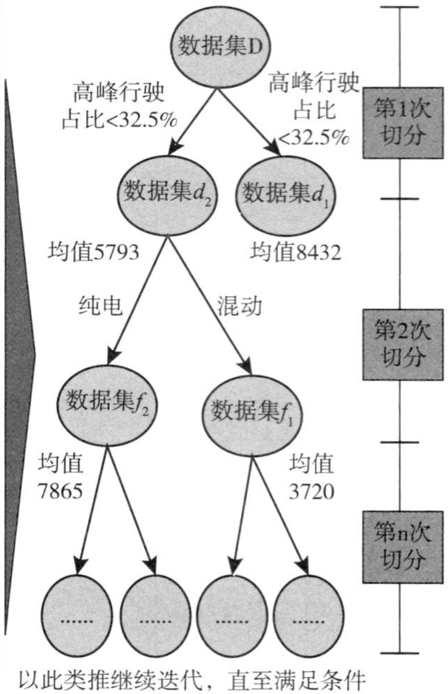

图4　CART决策树原理示意

资料来源：全国车险信息平台、北京理工新源信息科技有限公司。

（二）机器学习集成学习方法

面对海量数据和特征，提升单个模型的效果事倍功半，因此当前主流的做法是，通过构建多个不同的模型进行集成学习，并将这些模型融合起来从而提高最终模型的效果，提高模型泛化能力。目前融合模型主要有两类：Bagging 和 Boosting。Bagging 是并行运算，将原始数据分为 n 份，每份单独进行模型训练，并得到该数据集最优的基学习器。Boosting 是串行运算，本次模型学习依赖于前一次模型结果，基于前一次模型结果更新预测偏差较大的样本权重，并重新学习。无论是 Bagging，还是 Boosting，最终模型是 n 个基学习器的加权综合，对于回归模型取各个基学习器的均值作为最终预测结果。

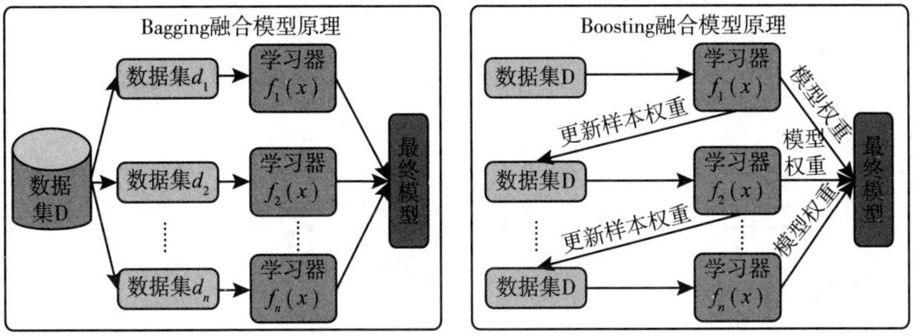

图 5　机器学习集成学习方法

资料来源：全国车险信息平台、北京理工新源信息科技有限公司。

（三）Bagging 随机森林算法

本项目选取随机森林（Random Forest）算法作为其中一种机器学习评分方法。随机森林算法是基于 Bagging 思想所改进的算法，在样本和特征上都体现了随机性，每个子集都采用自助法（bootstrap），有放回地随机抽取样本和特征。构建基学习器（CART），采用此种方法能够降低所构建的不同的决策树的相关度，增强模型的泛化能力，提高并行运算的效率等。

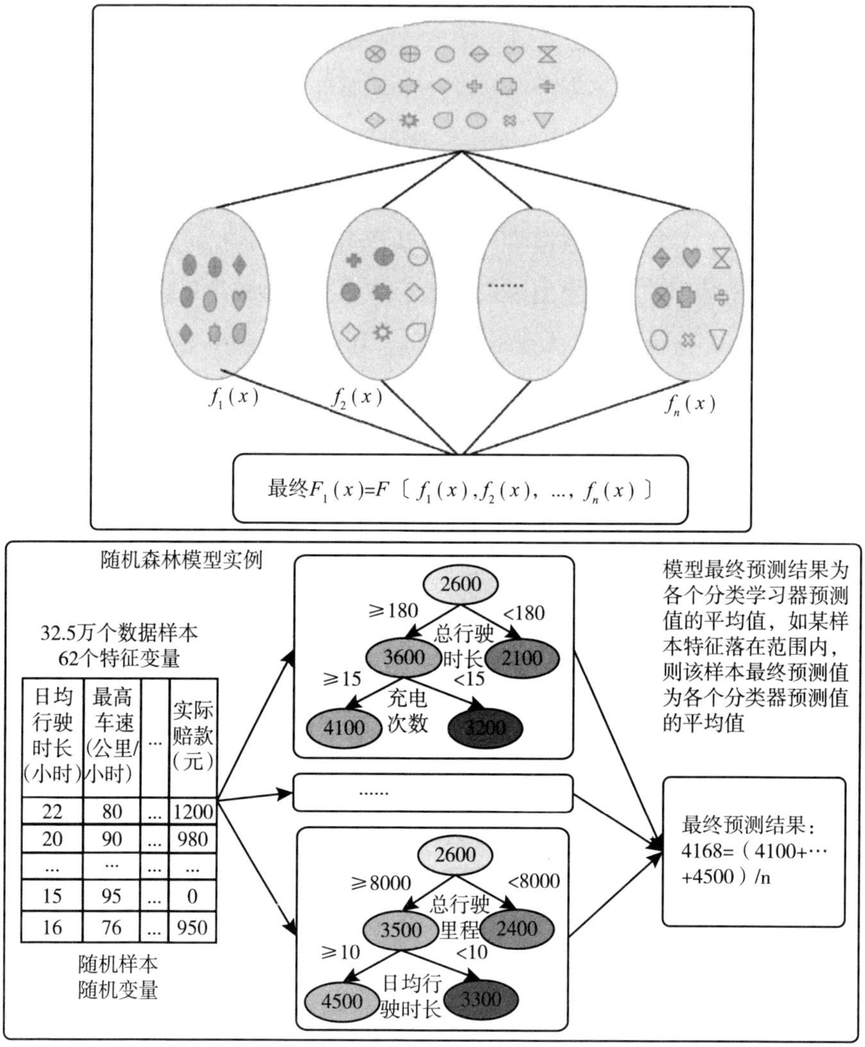

图6　随机森林算法示例

资料来源：全国车险信息平台、北京理工新源信息科技有限公司。

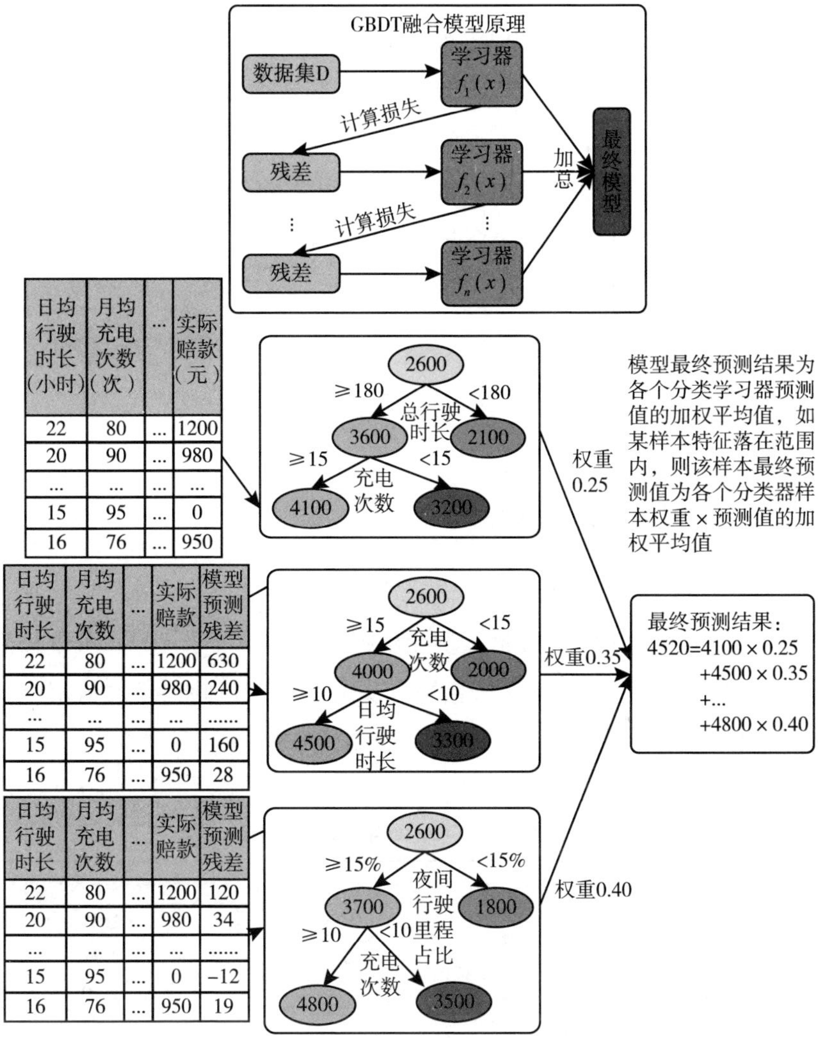

图 7　GBDT/Xgboost 算法示例

资料来源：全国车险信息平台、北京理工新源信息科技有限公司。

（四）GBDT/Xgboost 算法

本项目选取 Xgboost 与 GBDT 作为另外两种机器学习评分方法。GBDT 是基于 Boosting 的思想，基本原理是让样本的损失变得更小，即每次迭代是对上一次的损失进行学习，进而拟合一个 CART 回归树。目前比较流行的 Xgboost 框架与 GBDT 相比，对损失函数采用二阶泰勒展开进行优化，并且将树的复杂度和目标函数结合起来，此外在运算方面也做了很多优化，运算效率得到极大的提升。

三　成果发布

（一）单因子区分倍数分析

首先使用满期赔付率区分倍数进行单因子分析，从结果来看，家用车单因子风险区分度最高为 2.37 倍，营业出租租赁车单因子风险区分度最高为 1.69 倍。其中，满期赔付率区分倍数计算方法：按风险因子的值由小到大排序并等分 10 组后，区分倍数 = 第 10 组赔付率/第 1 组赔付率。

表 4　家用车单因子区分度

因子名称	满期赔付率区分倍数
日均行驶时长(小时)	2.37
日均行驶里程(公里)	2.31
总行驶时长(小时)	1.90
总行驶里程(公里)	1.86
低温天气行驶时长(小时)	1.80
低温天气行驶里程(公里)	1.79
电池高温报警次数(次)	1.76
最高车速(公里/小时)	1.66
高温充电次数(次)	1.64
高温充电时长(小时)	1.64
夜间行驶次数(次)	1.56

续表

因子名称	满期赔付率区分倍数
过度充电次数(次)	1.56
过度充电时长(小时)	1.56
百公里充电次数(次)	1.55
高温天气行驶里程(公里)	1.45
高温天气行驶时长(小时)	1.44
快充充电次数(次)	1.43
充电完成平均剩余电量 SOC(%)	1.30
电动汽车续驶里程(公里)	1.21
运营天数(天)	1.16
……	……

资料来源：全国车险信息平台、北京理工新源信息科技有限公司。

表 5　营业出租租赁车单因子区分度

因子名称	满期赔付率区分倍数
充电完成平均剩余电量 SOC(%)	1.69
日均行驶时长(小时)	1.68
日均行驶里程(公里)	1.57
平均每次充电时长(小时)	1.45
过度充电次数(次)	1.43
过度充电时长(小时)	1.43
总行驶里程(公里)	1.42
总行驶时长(小时)	1.41
高温充电次数(次)	1.40
高温天气行驶时长(小时)	1.38
高温天气行驶里程(公里)	1.37
低温天气行驶时长(小时)	1.31
最高车速(公里/小时)	1.28
高温充电时长(小时)	1.27
电池高温报警次数(次)	1.27
低温天气行驶里程(公里)	1.25
早晚高峰行驶里程(公里)	1.24
年平均充电次数(次)	1.21
总行驶次数(次)	1.18
电动汽车续驶里程(公里)	1.10
……	……

资料来源：全国车险信息平台、北京理工新源信息科技有限公司。

（二）典型单因子示例

首先对家用车分别选了两个静态因子和两个动态因子分组查看满期赔付率的差异，从而说明因子对风险差异的影响程度。从图 8 中可以看到家用车电池类型因子规模排名前三的磷酸铁锂电池的风险相对较高，行驶省市中规模排名前三的北京地区风险偏高。

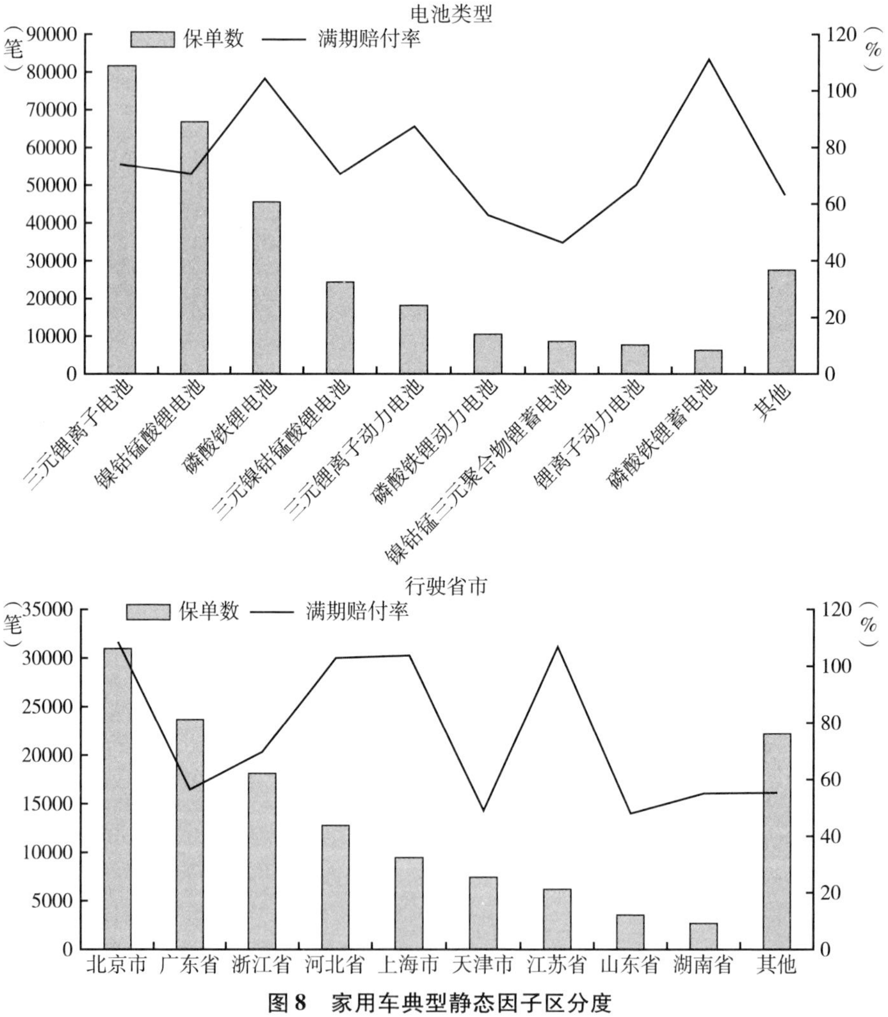

图 8　家用车典型静态因子区分度

资料来源：全国车险信息平台、北京理工新源信息科技有限公司。

从图 9 中可以看到，家用车日均行驶时长和日均行驶里程因子的满期赔付率区分倍数分别为 2.37 和 2.31，影响较为显著。

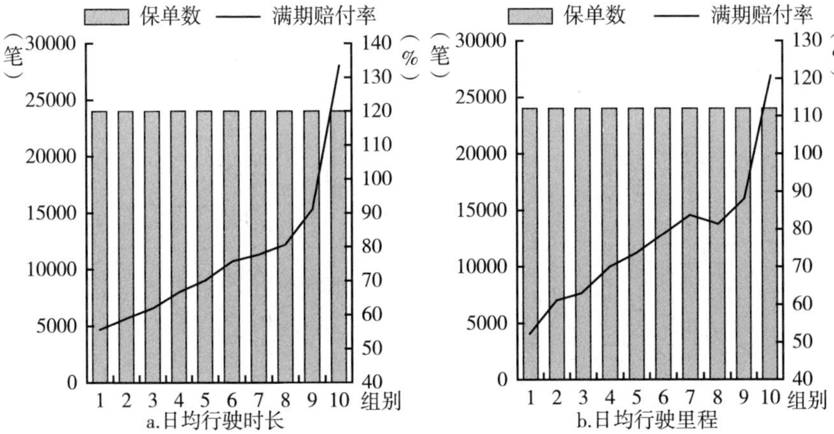

图 9　家用车典型动态因子区分度

资料来源：全国车险信息平台、北京理工新源信息科技有限公司。

从图 10 中可以看到营业出租租赁车电池类型风险差异和各行驶省（区、市）的风险差异。

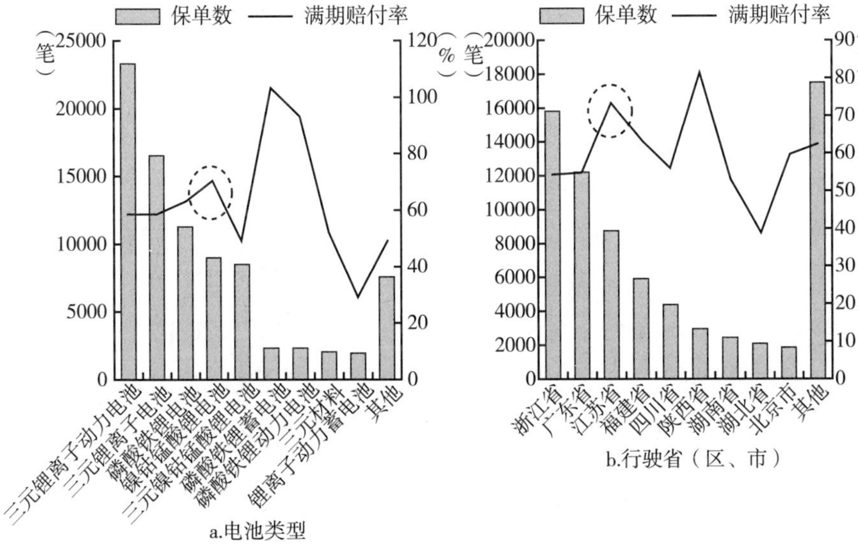

图 10　营业出租租赁车典型静态因子区分度

资料来源：全国车险信息平台、北京理工新源信息科技有限公司。

从图 11 中可以看到营业出租租赁车充电完成平均剩余电量 SOC（%）的满期赔付率区分倍数为 1.68，日均行驶里程的满期赔付率区分倍数为 1.56。

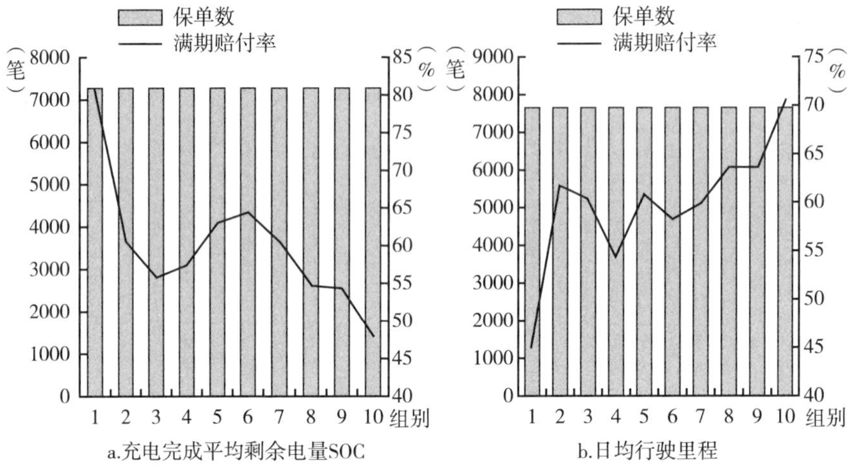

图 11　营业出租租赁车典型动态因子区分度

资料来源：全国车险信息平台、北京理工新源信息科技有限公司。

（三）家用车机器学习模型结果

对家用车数据集分别采用 XGBoost、RF、GBDT 三种算法建模训练后并应用于测试集，然后将测试集的风险评分从小到大排序并等分为 10 组，得到三种模型各自风险评分对满期赔付率区分能力，如图 12 所示。从满期赔付率区分倍数分析，使用模型的区分效果均好于单因子的区分效果，三种模型满期赔付率区分倍数分别为 XGBoost 3.23 倍、RF 3.20 倍、GBDT 3.07 倍，从满期赔付率区分倍数以及曲线波动性两方面评价，XGBoost 在家用车中表现最好，选为最终模型。

（四）家用车 XGBoost 风险区分结果

采用 XGBoost 算法建模后，将测试集建模后的风险评分从小到大排序并等

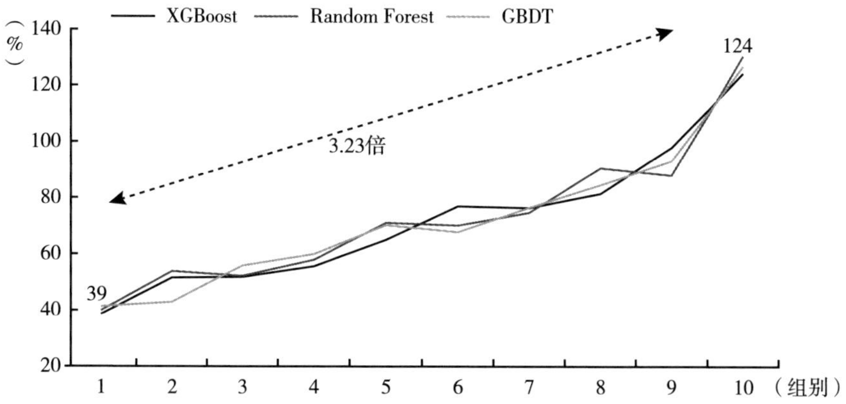

图 12　家用车三种模型风险区分能力对比

资料来源：全国车险信息平台、北京理工新源信息科技有限公司。

分为 10 组，得到风险评分对满期赔付率区分能力，如图 13 中深色线所示，可以看出随着高风险分组的递增，实际赔付率也呈现了递增趋势，说明测试集展示的模型训练效果很好，再将对应分组下使用传统定价因子进行预估的终极赔付率用浅色线来对比，可以看到在低风险组中，传统评分对部分保单高估了风险；在高风险组中，传统评分对部分保单低估了风险，而新的评分可以起到一个风险细分的提升作用，表 6 是本模型中重要性排名比较靠前的一些因子。

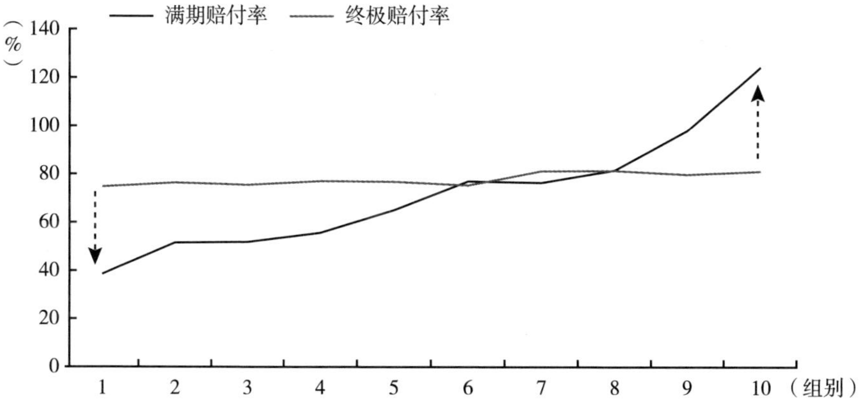

图 13　家用车 XGBoost 风险区分能力

资料来源：全国车险信息平台、北京理工新源信息科技有限公司。

表 6　家用车 XGBoost 重要风险因子排序

序号	因子名称
1	电动汽车续驶里程(公里)
2	日均行驶里程(公里)
3	充电起始平均剩余电量 SOC (%)
4	最高车速(公里/小时)
5	日均行驶时长(小时)
6	平均每次充电时长(小时)
7	充电完成平均剩余电量 SOC(%)
8	低温天气行驶里程(公里)
9	百公里充电次数(次)
10	低温天气行驶时长(小时)
11	总行驶次数(次)
12	冬季行驶里程(公里)

资料来源：全国车险信息平台、北京理工新源信息科技有限公司。

（五）家用车新评分对原评分的风险细分提升

将本项目中机器学习方法下的新评分和传统定价因子终极赔付率预估下的原评分放入二维表中可以更直观地看出风险细分的提升，将样本按照原评分分为十组，同时按照新评分分为十组（见表 7）。如图 14 所示，其中上部分为满期赔付率展示，下部分为相对应的保单数量展示，从右上角的部分可以看出，原评分低风险组中，存在实际赔付率比较高的样本，从左下角可以看出原评分风险比较高的组，也存在实际赔付率比较低的样本，通过新风险评分可以起到风险细分提升的作用（见图 14）。

表 7　营业出租租赁车 XGBoost 重要风险因子排序

序号	因子名称
1	充电起始平均剩余电量 SOC(%)
2	充电完成平均剩余电量 SOC(%)
3	日均行驶里程(公里)
4	日均行驶时长(小时)
5	电动汽车续驶里程(公里)
6	平均每次充电时长(小时)

续表

序号	因子名称
7	百公里充电次数(次)
8	总行驶次数(次)
9	年平均充电次数(次)
10	总充电时长(小时)

资料来源：全国车险信息平台、北京理工新源信息科技有限公司。

新模型风险评分

原模型风险评分

分组	1	2	3	4	5	6	7	8	9	10	合计
1	26%	52%	44%	61%	63%	59%	76%	59%	69%	96%	62%
2	41%	39%	44%	65%	52%	77%	89%	59%	87%	102%	66%
3	39%	32%	41%	41%	62%	55%	78%	92%	68%	122%	67%
4	26%	45%	67%	58%	51%	53%	113%	85%	97%	118%	73%
5	31%	57%	43%	48%	58%	74%	65%	79%	124%	149%	76%
6	42%	46%	51%	53%	73%	78%	63%	85%	100%	121%	76%
7	49%	78%	83%	58%	87%	80%	60%	76%	91%	117%	81%
8	48%	49%	47%	54%	69%	123%	69%	80%	122%	148%	91%
9	53%	43%	51%	58%	59%	95%	61%	81%	102%	128%	83%
10	56%	86%	50%	64%	83%	112%	97%	107%	115%	136%	103%
合计	39%	52%	52%	56%	65%	77%	76%	81%	98%	124%	

分组	1	2	3	4	5	6	7	8	9	10	总计
1	1341	1148	1219	1131	1724	1105	1038	934	1252	1340	12231
2	1433	1297	1403	1299	1371	1253	998	1031	1129	1017	12231
3	1485	1389	1406	1371	1231	1498	977	997	1005	872	12231
4	1408	1360	1464	1339	1142	1530	1034	1108	1012	834	12232
5	1396	1409	1380	1340	1131	1623	1049	1079	940	884	12231
6	1312	1287	1319	1292	1118	1422	1187	1138	1119	1037	12231
7	1208	1211	1153	1167	1127	1176	1307	1304	1332	1246	12231
8	995	1089	1084	1145	1112	970	1446	1437	1430	1523	12231
9	914	1042	923	1107	1127	850	1610	1558	1454	1646	12231
10	740	999	880	1040	1148	804	1585	1645	1558	1832	12231
总计	12231	12231	12231	12231	12231	12231	12231	12231	12231	12231	

图 14　家用车新模型风险评分对原模型风险评分的风险细分提升

资料来源：全国车险信息平台、北京理工新源信息科技有限公司。

（六）营业出租租赁车机器学习模型结果

对营业出租租赁车数据集分别采用 XGBoost、RF、GBDT 三种算法建模训练后应用于测试集，然后将测试集的风险评分从小到大排序并等分为 10 组，得到三种模型各自风险评分对满期赔付率区分能力，如图 15 所示。从满期赔付率区分倍数分析，使用模型的区分效果均好于单因子的区分效果，三种模型满期赔付率区分倍数分别为 XGBoost 2.30 倍、RF 1.97 倍、GBDT 2.28 倍，从区分倍数以及曲线波动性两方面评价，XGBoost 在营业出租租赁车风险评分中表现最好，选为最终模型。

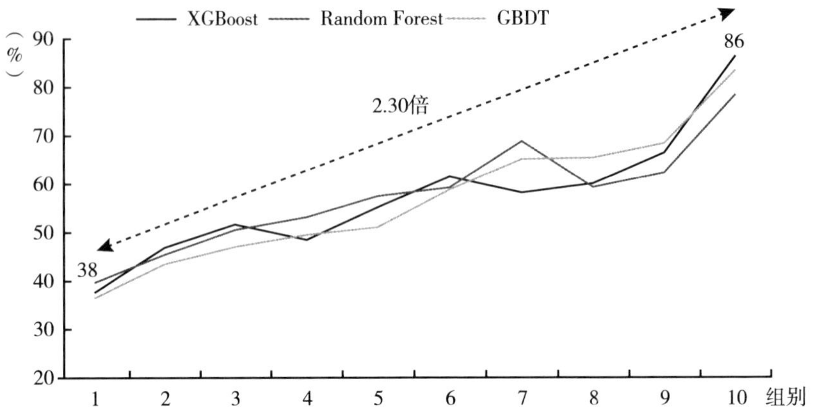

图 15　营业出租租赁车三种模型风险区分能力对比

资料来源：全国车险信息平台、北京理工新源信息科技有限公司。

（七）营业出租租赁车 XGBoost 风险区分结果

采用 XGBoost 算法建模后，将测试集建模后的风险评分从小到大排序并等分为 10 组，得到营业出租租赁车风险评分对满期赔付率区分能力，如图 16 所示。同家用车一样，XGBoost 模型对营业出租租赁车也可以起到风险区分的提升作用，表 8 是本模型中重要性排名比较靠前的一些因子。

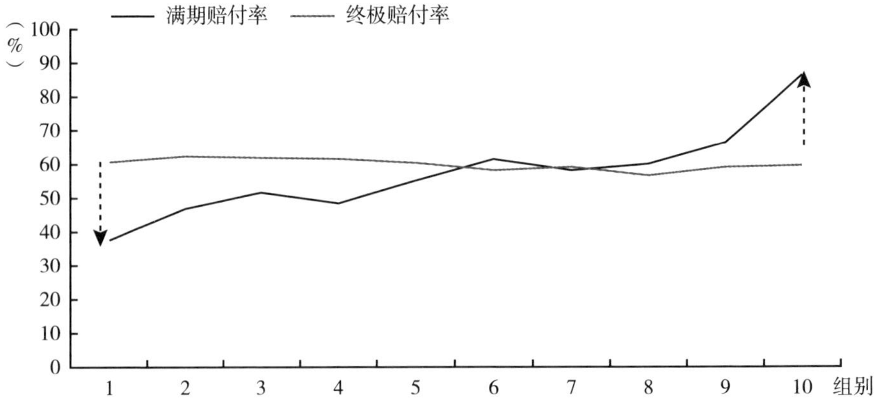

图 16　营业出租租赁车 XGBoost 风险区分能力

资料来源：全国车险信息平台、北京理工新源信息科技有限公司。

表 8　显著因子定价应用

序号	家用车显著因子名称	序号	营业出租租赁车显著因子名称
1	电动汽车续驶里程（公里）	1	充电起始平均剩余电量 SOC（%）
2	日均行驶里程（公里）	2	充电完成平均剩余电量 SOC（%）
3	充电起始平均剩余电量 SOC（%）	3	日均行驶里程（公里）
4	最高车速（公里/小时）	4	日均行驶时长（小时）
5	日均行驶时长（小时）	5	电动汽车续驶里程（公里）
6	平均每次充电时长（小时）	6	平均每次充电时长（小时）
7	充电完成平均剩余电量 SOC（%）	7	百公里充电次数（次）
8	总行驶次数（次）	8	总行驶次数（次）

资料来源：全国车险信息平台、北京理工新源信息科技有限公司。

（八）营业出租租赁车新评分对原评分的风险细分提升

从营业出租租赁车的二维表中也可以看出，同家用车一样，新风险评分可以起到风险细分提升的作用（见图 17）。

新模型风险评分（横向）；原模型风险评分（纵向）

分组	1	2	3	4	5	6	7	8	9	10	合计
1	25%	21%	39%	28%	56%	45%	61%	69%	68%	89%	54%
2	35%	76%	85%	64%	48%	53%	74%	45%	66%	101%	64%
3	35%	19%	48%	35%	54%	59%	39%	55%	63%	71%	52%
4	41%	53%	42%	46%	39%	46%	66%	67%	53%	103%	60%
5	25%	42%	76%	44%	52%	73%	72%	50%	69%	66%	59%
6	27%	51%	28%	35%	43%	70%	46%	56%	60%	83%	52%
7	51%	35%	45%	57%	55%	74%	61%	57%	69%	88%	61%
8	41%	61%	52%	56%	57%	59%	55%	58%	74%	108%	63%
9	42%	61%	41%	66%	58%	52%	43%	90%	79%	61%	61%
10	68%	40%	52%	52%	98%	95%	66%	69%	78%	106%	75%
合计	38%	47%	52%	48%	55%	61%	58%	60%	66%	86%	

分组	1	2	3	4	5	6	7	8	9	10	总计
1	264	205	238	260	358	478	428	519	335	212	3296
2	305	268	289	283	342	333	248	478	365	385	3297
3	322	272	268	331	262	394	308	318	429	392	3296
4	416	360	296	322	281	275	272	320	351	403	3297
5	334	328	323	304	372	280	359	259	307	430	3296
6	381	417	339	313	290	292	394	255	378	337	3296
7	284	310	341	305	342	339	485	308	312	270	3296
8	299	375	444	360	353	284	330	282	295	274	3296
9	363	419	414	477	342	289	206	272	256	258	3296
10	329	342	344	341	354	332	266	285	368	336	3296
总计	3296	3296	3296	3296	3297	3296	3297	3296	3296	3296	

图 17　营业出租租赁车新模型风险评分对原模型风险评分的风险细分提升

资料来源：全国车险信息平台、北京理工新源信息科技有限公司。

（九）项目应用输出建议

一方面可以将机器学习模型所得显著性因子评分结果应用于保险公司风险细分。

另一方面继续开展研究，将机器学习模型筛选所得显著性因子并入传统定价因子进行新能源车保险风险成本测算（见图18）。

客户	风险评分
1	40
2	45
3	52
4	53
5	60
6	61
7	62
8	63
9	64
10	67
11	70
12	72
13	75
14	80
15	82
16	84
17	85
18	86
19	90
……	……

⇦

序号	家用车显著因子名称	序号	营业出租租赁车显著因子名称
1	电动汽车续驶里程（公里）	1	充电起始平均剩余电量SOC（%）
2	日均行驶里程（公里）	2	充电完成平均剩余电量SOC（%）
3	充电起始平均剩余电量SOC（%）	3	日均行驶里程（公里）
4	最高车速（公里/小时）	4	日均行驶时长（小时）
5	日均行驶时长（小时）	5	电动汽车续驶里程（公里）
6	平均每次充电时长（小时）	6	夏季行驶里程（公里）
7	充电完成平均剩余电量SOC（%）	7	平均每次充电时长（小时）
8	夏季行驶里程（公里）	8	冬季行驶里程（公里）
9	夏季行驶时长（小时）	9	百公里充电次数（次）
10	低温天气行驶里程（公里）	10	总行驶次数（次）
11	冬季行驶时长（小时）	11	年平均充电次数（次）
12	夜间行驶里程（公里）	12	黎明行驶里程（公里）
13	早晚高峰行驶次数（次）	13	总充电时长（小时）
14	清晨行驶里程（公里）	14	夏季行驶时长（小时）
15	百公里充电次数（次）	15	清晨行驶时长（小时）
16	低温天气行驶时长（小时）	16	低温天气行驶时长（小时）
17	下午行驶里程占比（%）	17	夜间行驶里程（公里）
18	总行驶次数（次）	18	上午行驶里程（公里）
19	冬季行驶里程（公里）	19	冬季行驶时长（公里/小时）
20	总充电时长（小时）	20	最高车速
……	……	……	……

图18　因子评分应用示例

资料来源：全国车险信息平台、北京理工新源信息科技有限公司。

（十）项目应用建议思路

在应用思路方面，中国银保信可基于保险业务数据、传统定价因子，整合外部新能源动态、静态数据，进行应用层面技术加工，输出费率参考、风险评价等服务，为保险公司在风险成本定价、创新产品开发、核保业务风险识别与资源配置、理赔业务反欺诈成本控制、多维度用户画像增值服务等方面提供价值应用。

图 19　项目应用建议

资料来源：全国车险信息平台、北京理工新源信息科技有限公司。

B.19
重载货车车联网数据风控应用研究

黄 颖　李政达　吴善杰*

摘　要： 重载货车业务对于保险公司来说，长期处于缺乏风险评价能力和风险管理手段的境地。随着车联网技术的迅猛发展，利用车联网数据可以帮助保险公司解决重载货车业务中的上述痛点。因此，中国银保信联合中交兴路共同开展研究并向保险公司提供重载货车车联网数据，帮助保险公司提高风控水平，取得了显著的成效。

关键词： 重载货车　车联网　数据　保险

提起重载货车，各保险公司可谓爱恨交加。一方面，重载货车车均保费高，承保有助于保险公司迅速扩大保费规模、抢占市场份额；另一方面，重载货车赔付率居高不下，保险公司风险管控经验不足，承保面临亏损风险，盈利能力不能保证。鉴于长期以来保险行业普遍对重载货车缺乏有效的风险评价和管控手段，为有效提升重载货车风险评价和管理能力，中国银保信与北京中交兴路车联网科技有限公司（以下简称中交兴路）联合开展研究，在保险行业层面统一获取重载货车车联网数据资源、搭建跨行业数据交互通道，在2018年11月推出了重载货车车联网数据应用服务，目前已运行一年有余，成效显著。

* 黄颖，中国银行保险信息技术管理有限公司；李政达，中国银行保险信息技术管理有限公司；吴善杰，中国银行保险信息技术管理有限公司。

一　服务背景

重载货车多为跨省行驶、挂靠经营，驾驶员流动频繁，违规超载、疲劳驾驶情形多见，是高事故率、大案频发车辆的典型代表。在承保重载货车时，因无法掌握与事故风险密切相关的行驶里程、驾驶行为、运营线路、运营时间等动态信息，保险公司往往难以开展风险筛查和成本评估。

随着车联网技术的不断发展，车联网数据与事故风险的关联性愈加被行业主体关注，尤其是重载货车这类高风险车辆。如何利用车联网数据解决重载货车的风险管理痛点，成为中国银保信车联网研究的重点。鉴于此，中国银保信联合中交兴路，融合车险行业数据与全国道路货运车辆公共监管服务平台车联网数据，共同研发了重载货车车联网数据服务产品，并在保险行业层面搭建数据交互通道，帮助保险公司实时获取重载货车车联网数据，有力提升了重载货车风险评价和管理的能力。

二　服务内容

2018 年 11 月，中国银保信向保险行业正式推出了重载货车车联网数据应用服务，主要包括车辆入网验证、风险因子查询和风险评分查询等三项服务产品。

（一）车辆入网验证

通过该项服务，保险公司可验证车辆是否按照国家交通运输部的要求安装车联网设备、是否在全国道路货运车辆公共监管与服务平台办理合法的道路运输手续并实时上报定位数据，还可查询车辆最近一次上报定位数据的时间。

（二）风险因子查询

通过该项服务，保险公司可查询与风险最相关的 20 个车联网风险因子，包括运营数据因子、道路数据因子、驾驶数据因子和业务数据因子等。

接口2中的数据因子
▸20项数据因子 ▸运营率 ▸轨迹完整率 ▸日均行驶里程 ▸日均行驶时长 ▸夜间行驶里程占比 ▸高速公路行驶里程占比 ▸百公里危险路段经过次数 ▸第一常跑路线运营次数占比 ▸平均车速 ▸超速行驶里程占比 ▸日均疲劳时长 ▸常跑城市（大本营） ▸前三常跑路线 ▸前三常跑路线运营次数占比 ▸同城运营次数占比 ▸高速公路平均车速 ▸非高速公路平均车速 ▸日均严重疲劳时长 ▸日均超速时长 ▸日均严重超速时长

图 1　与风险最相关的 20 个车联网风险因子

资料来源：中国银保信重载货车车联网数据服务系统。

（三）风险评分查询

通过该项服务，保险公司可查询车辆整体风险评估结果，如全国风险评分、本省风险评分和三责险期望出险频率。风险评分使用回滚 12 个月的车辆实时行驶数据（平均车速、疲劳时长、严重疲劳时长、超速占比、严重超速占比）、道路数据（高速里程占比、经过危险路段次数、国省道占比）、运营数据（夜间行驶占比、日均行驶里程、常跑路线占比、运距、常跑路线等）、静态因子（车型）等，通过算法模型计算得出，每月更新一次。

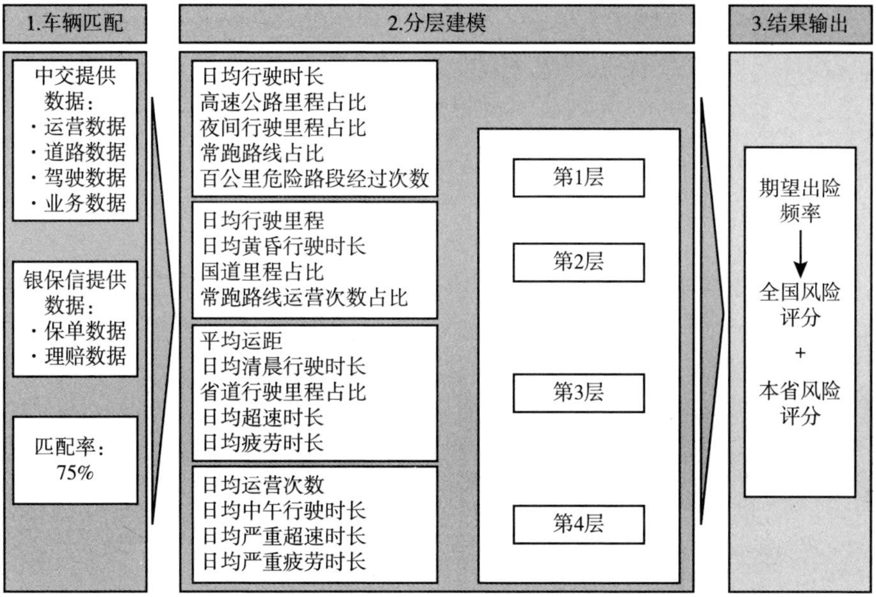

图2　车辆整体风险评估结果查询过程及内在逻辑

资料来源：中国银保信重载货车车联网数据服务系统。

与传统定价因子相比，采用车联网动态因子可以更加准确地衡量货车风险，帮助保险公司真正实现一车一价的精准定价。

目前，大多数保险公司已使用车辆入网验证和风险评分查询服务，具有较强建模能力的保险公司使用风险因子查询服务并依托风险因子自建核保定价模型。

三　服务优势

以“立足行业痛点、提升风控水平”为服务目标而推出的重载货车车联网数据应用服务，应时而生、应势而行、顺势而为，有着显著的服务优势。

（1）以重载货车全量车联网数据和行业保险数据为依托，数据资源丰富、种类齐全、覆盖率高。

（2）首次面向行业大范围、大规模输出车联网动态因子，研究成果转化应用好、拓展范围广、市场潜力大。

（3）可满足不同类型保险公司的多样化需求。风险评分和风险因子两种产品可分别满足保险公司直接判断风险和自行建模的需求。接口和网页两种服务方式可分别满足保险公司嵌入自身生产系统和低成本快速使用的需求。

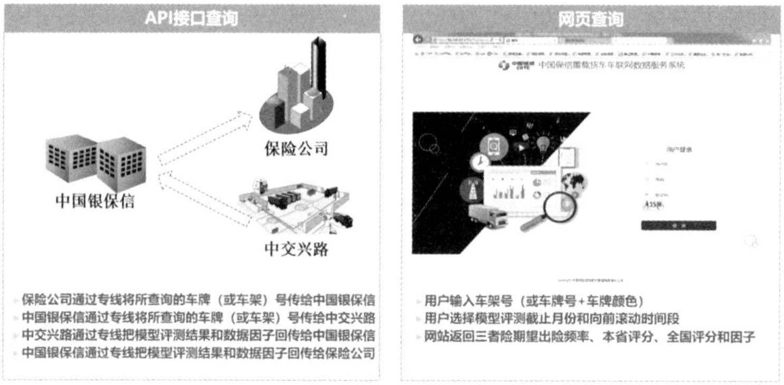

图 3　接口和网页两种服务方式

资料来源：中国银保信重载货车车联网数据服务系统。

四　应用价值及成效

（一）产品应用价值

1. 车辆入网验证服务有利于规避套牌车等不合规车辆的承保风险

案例 1：某公司拟承保一辆 2019 年 7 月出厂的新车，通过本服务发现车辆 2018 年 10 月已有车联网数据上传，经排查实际为套牌车。

案例 2：某公司拟承保行驶证上记录的总质量为 16 吨的重载货车，通过本服务发现车辆无入网记录，经排查实际为总质量 10 吨的改装车。

2. 风险因子查询服务可有效提升保险公司定价模型的风险解释度和准确度

保险公司可根据常跑路线、行驶里程等因子的取值，了解车辆风险来源、提示司机注意驾驶行为、分析车队营收能力、匹配相应定价和费用政策等。

3. 风险评分查询服务可帮助保险公司直接评估拟承保车辆风险，高效制定核保规则或费用政策

应用场景：如要求所承保车队的 A 类、B 类车辆占比高于 50%，对 D 类、E 类车辆占比较高的车队增加保费等。

（二）产品应用成效

某保险公司省级分公司使用本服务 6 个月后，重载货车业务中 A 类车辆占比由 18.8% 增加至 28.2%；E 类车辆占比由 22.1% 下降至 14.9%，所承保的 A 类、B 类车辆的实际出险频率为 7.5%，远低于当地平均出险频率 25%，业务结构优化成效显著。

本服务自 2018 年 11 月上线至今，已累计向保险行业提供有效查询 2000 万次，涉及 330 万辆重载货车，覆盖 56% 以上的行业重载货车业务。已有 20 余家保险公司与中国银保信签订服务合同或正在签订服务合同，如人保财险、平安财险、大地财险、国寿财险、华安财险、中华财险、阳光财险、太平财险等。

下一步，中国银保信将根据保险业务发展趋势和新的应用需求，联合中交兴路继续优化重载货车车联网数据应用服务，通过更新评分模型、优化风险因子、研发车队评级等举措，进一步挖掘服务价值、创新服务内容、提升服务品质，向保险行业提供更为及时、优质、高效的重载货车车联网数据应用服务，助力行业高质量发展。

B.20
车辆属性风险评价研究

申　颖*

摘　要： 汽车“新四化”的快速发展对车险行业开展车辆风险评估提出了更高要求。目前车险行业各公司在风险模型中使用的从车因子较少，不仅难以区分不同车型之间的风险差异，也难以准确评估小车系、新车系的风险水平。针对以上不足，本研究开展了基于车险承保理赔数据和车辆配置数据的车辆属性风险评价研究，挖掘得到了20项显著的从车风险因子，建立了全新的风险评估模型，弥补了传统模型的不足。在此基础上，本研究又设计了面向车险行业应用的“车辆风险评分”和面向社会公布的“车型风险评级”，并正式启动了车险行业的应用测试。

关键词： 车辆风险评估　从车风险因子　车型风险评级

一　背景与意义

汽车行业近几年发展的主流趋势是电动化、智能化、网联化、共享化，即“新四化”。不断涌现的新车型，加入越来越多的电子模块、控制芯片，可以实现更多智能驾驶、辅助操控、主动安全等功能，深刻地改变着汽车的驾驶性能和安全性。汽车“新四化”的不断发展带来了车辆风险特征的不断变化，对车险行业的风险识别、风险评估提出了更高要求。

* 申颖，中国银行保险信息技术管理有限公司。

目前，车险行业各公司在风险建模中使用的从车因子较少，以车系、车价这两个因子为主。同一车系下的不同款型，在车身配置、辅助驾驶功能、安全操控上存在较大差别，对应着不同的风险水平，仅采用这两个因子难以有效区分。此外，对于小车系、新车系而言，目前主要采用合并分组后的风险均值进行预测，难以有效识别风险差异。参考国外车险行业经验，在车险发展较成熟的德国、英国等，早已使用相比车系因子更细化的车型因子开展风险评估。

针对目前车险行业在风险评估方面存在的几点不足，开展更为深入的从车风险研究具有重要意义。车辆配置数据是对车辆物理属性、配置情况进行详细刻画的数据，从中筛选出具有风险解释力的维度，可进一步丰富从车风险因子，提升模型预测精度。为此，中国银保信联合中汽中心、财险行业多家公司开展了基于车险保单数据和车辆配置数据的车辆属性风险评价研究。

二　数据情况

（一）车辆配置数据

本研究以全国车险信息平台的全量车险保单数据为基础，引入中国汽车技术研究中心提供的车辆配置数据，其主要分为两个部分：VIN 码层级数据和车型层级数据。VIN 码层级数据以 VIN 码为主键，字段内容为每个 VIN 码对应的颜色、长、宽、高、轴距等参数，共计 47 个字段。车型层级数据以车型为主键，字段内容为每个车型对应的具体配置参数，共计 254 个字段。在数据完备性方面，2013 年 7 月之后制造的乘用车数据较完备，平行进口车数据暂时缺失；在数据质量方面，除车型数据中个别字段缺失较严重外，其余字段缺失率低于 5%，数据质量较好，满足建模测算的需要。

依据汽车行业的车辆功能组件分类方式，可将上述合计 301 个字段分为车辆基本信息、主/被动安全、辅助操控、底盘配置、灯光等 14 个大类（见图 1），每类包含 6 ~ 26 个字段，表 1 列出了其中 4 类的部分字段。

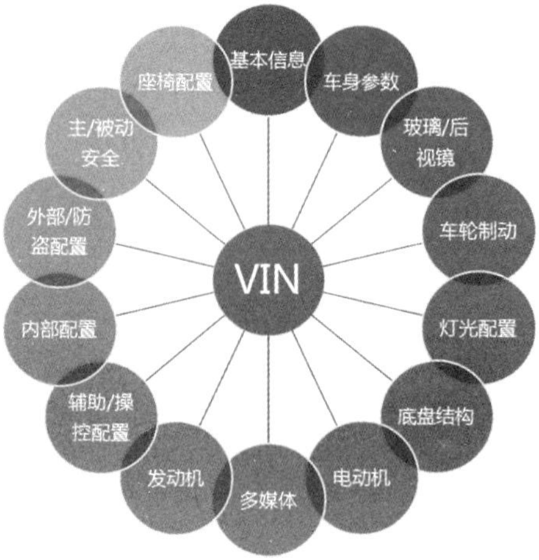

图1　车辆配置数据分类

表1　车辆配置数据部分字段

基本信息	车身参数	主/被动安全	辅助/操作配置
• 产品型号	• 车身颜色	• 安全带未系警告	• 侧摄像头
• 车辆类型	• 电动行李箱	• 并线辅助	• 倒车影像系统
• 车辆名称	• 行李架	• 车道偏离报警系统	• 定速巡航系统
• 车辆品牌	• 行李箱容积(L)	• 车身电子稳定系统(ESP)	• 陡坡缓降控制系统(HDC)
• 额定载客	• 后轮距	• 电子制动力分配系统	• 发动机启停功能
• 额定载质量	• 驾驶室准乘人数	• 驾驶员座正面气囊	• 后泊车雷达
• 是否进口	• 前轮距	• 紧急制动辅助系统(EBABA)	• 可变速比转向
• 载质量利用系数	• 外廓高	• 零压续航	• 前泊车雷达
• 整备质量	• 外廓宽	• 疲劳驾驶提示系统	• 全景摄像头
• 整车质保	• 外廓长	• 牵引力控制系统(TCS)	• 上坡辅助
• 整车质保里程	• 油箱容积(L)	• 前排头部气囊(气帘)	• 中央差速器结构
• 整车质保时间	• 轴距	• 胎压监测	• 自动泊车系统
• 准牵引总质量	• 货箱内部高	• 膝部气囊	• 自动驻车功能
• 总质量	• 货箱内部宽	• 夜视系统	• 自适应巡航带自动刹车功能
	• 货箱内部长	• 制动防抱死系统(ASS)	• 自适应巡航控制(ACC)
		• 自动刹车	• 自适应远近光

（二）建模数据

本研究以车损险纯风险损失为建模目标，以制造日期在 2015 年 1 月之后的家庭自用车为研究对象。从全国车险信息平台提取了中国大陆 34 个地区（除北京、上海）上述车辆在 2016 年 6 月 30 日至 2019 年 6 月 30 日起保的车损险承保数据，以及截至 2020 年 3 月 31 日的理赔数据，匹配关联后共计得到 1.6 亿条清单数据。进一步匹配上述车辆对应的车辆配置数据，匹配率达 99%。未成功匹配的车辆，主要原因为保单中的 VIN 码不规范、平行进口车的车辆配置数据缺失、VIN 码对应的车型缺失。

三 建模内容

基于匹配后的清单数据，首先对车辆配置数据中的各个维度进行了初步因子筛选。笔者以车辆配置数据的每个大类作为分析单位，开展类内的单因素分析及类内因子相关性分析，从各个大类中选出了单维分析等级间差异显著、类内相关性低的 71 个维度。随后，分析这 71 个维度的类间因子相关性，剔除相关性较高的维度，筛选得到 60 个显著维度。

在初步筛选的基础上，笔者采用建模筛选的方式对 60 个维度进行复筛。如图 2 所示，首先以车损险纯风险损失为建模目标，以品牌、车价、非车因子（商业险 NCD、地区、起保年、车龄、车主年龄性别、附加险投保情况）为自变量，采用国际通用的 GLM 精算模型，建立“品牌车价车参模型”；其次放入 60 个车参因子，建立模型 1，分析该模型中各车参因子的风险解释度；再剔除模型 1 中 T3 检验中贡献度较低、等级系数差异小、可解释性差的因子，保留风险解释能力强的前 30 个车参因子，建立模型 2；再调整 30 个车参因子中部分因子的分组方式，建立模型 3；以此类推，重复上述建模筛选过程，最终筛选得到 20 个显著的车参因子，建立全新的“品牌车价车参模型”。

在建模中，笔者使用品牌因子替代了传统的车系因子，原因是比车系因子更高一层级的品牌因子可以使新车系、小车系对应到一个明确的品牌风险

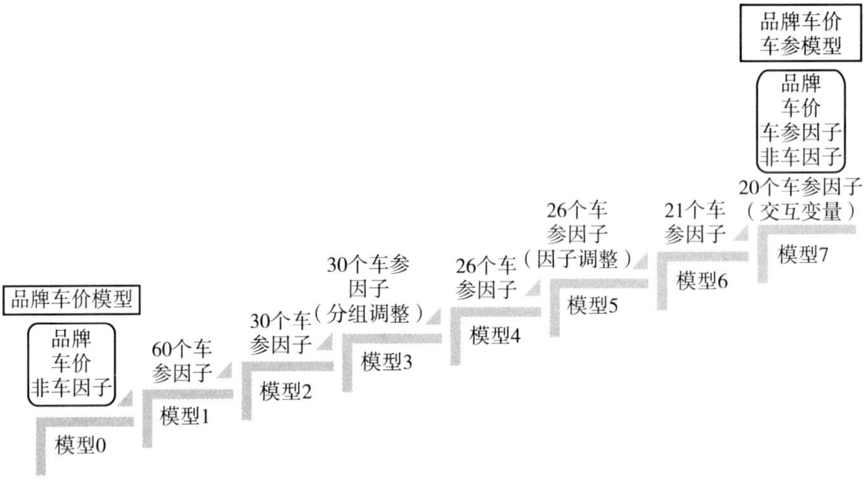

图 2　品牌车价车参模型建模过程

水平下，再结合车型和 VIN 层级的车辆配置参数，可以实现风险的逐层细分，相比于车系因子的合并分组方式更加准确。在对品牌因子进行分组时，笔者采用品牌 + 车辆种类、品牌、国产进口 + 车辆种类的层级进行分组，以车年数大于 8 万或赔案数大于 2.5 万为单独分组要求。

四　模型结果

（一）模型检验

对品牌车价车参模型进行 TYPE3 卡方检验，所有因子通过显著性检验。图 3 给出了各因子的 TYPE3 卡方占比，可以看出：从车因子合计解释 28% 的风险，其中品牌因子占比 21%、20 个车参因子合计占比 5%、车价因子占比 2%。20 个车参因子按风险解释能力排序（见表 2）。需要强调的是：随着汽车“新四化”的快速发展，车参因子中车身稳定系统、自适应巡航、并线辅助、疲劳驾驶提醒等辅助操控、主/被动安全功能的普及度将逐年提高，笔者预测这些因子的解释力将逐年增强。

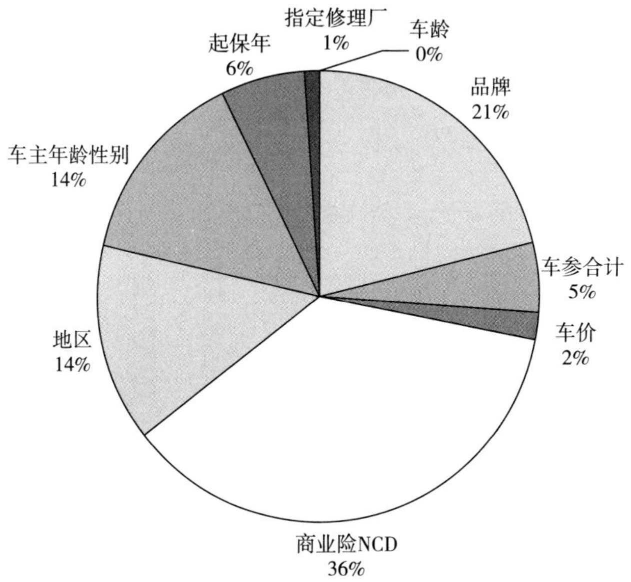

图 3　TYPE3 卡方占比

表 2　车参因子风险解释能力排序

N	选定车参因子	N	选定车参因子
1	大灯及清洗功能	11	后悬架
2	颜色	12	驻车制动
3	燃料类型	13	驱动形式
4	高	14	助力形式
5	车身稳定系统	15	主动降噪
6	长	16	最高车速
7	车辆类别	17	自适应巡航
8	轴距	18	并线辅助
9	变速器	19	疲劳驾驶提醒
10	方向盘换挡拨片	20	LED 日间行车灯

十分位数检验是根据模型预测成本大小，将样本从低到高排序并划为十等分组，进而检验每个组样本的模型预测成本和真实成本的匹配程度。如图4所示，品牌车价车参模型预测成本与真实成本非常接近，十分位曲线几乎重合，表明模型拟合效果较好。

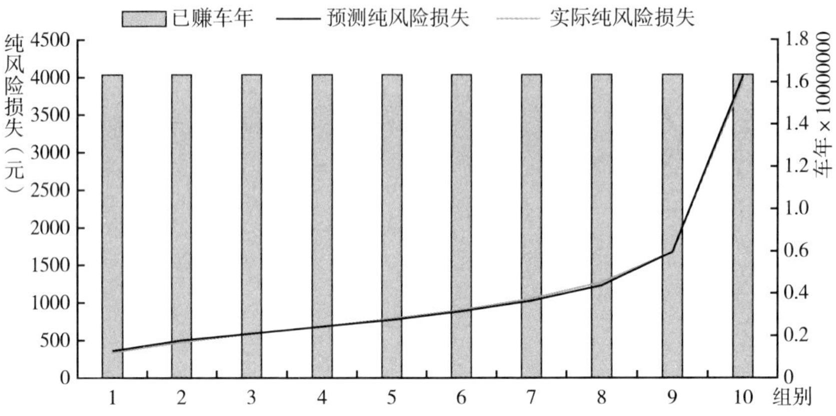

图4　十分位检验

（二）模型对比

为验证新模型相比传统车系车价模型带来的提升效果，我们在原数据基础上同时建立了传统车系车价模型，进而分析两个模型的预测结果差异。首先计算每张保单在两个模型中预测成本的差异率，依据差异率将样本划分为33个组，每组的预测差异率分别为<-31%［-31%，-29%）［-29%，-27%）…［27%，29%）［29%，31%）>=31%，进而统计每组保单的车年、两个模型各自的预测成本、真实成本进行对比。如图5所示，在各个差异率组别下，品牌车价车参模型预测值比传统车系车价模型预测值更接近实际成本，且当两个模型的预测差异率越大时，新模型的优势越明显。差异率大于10%和小于-10%的车年数占总车年数的20%。从整体上看，品牌车价车参模型相比传统车系车价模型具有压倒性优势。

上述有显著提升的20%车年（差异率大于10%与小于-10%的车年

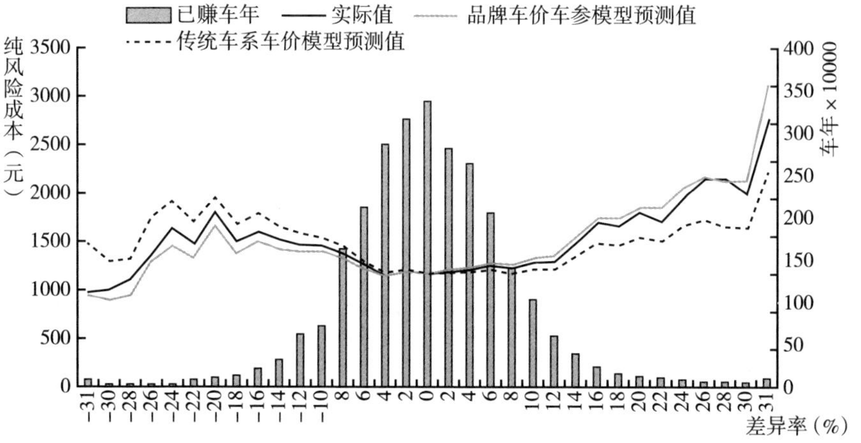

图 5　品牌车价车参模型与传统车系车价模型比较

数）主要对应两方面业务。一是小车系、新车系。直观上讲，在车系模型中，对于车年数和案件数较少的车系不进行独立分组，而是将这些小车系、新车系进行合并分组。我们在分析中发现，合并的车系分组包含了几十到上百个小车系（例如：“合资轿车”这一车系分组包含 68 个小车系，“国产越野汽车”这一车系分组包含 130 个小车系）、上千个款型，采用合并分组的风险均值对组内车辆进行预测，无法区分组内的风险差异。然而，品牌车价车参模型从品牌到车参，可以实现对每辆车从粗到细的逐层拆分，故而可以更准确地识别风险。以车系模型中“国产轿车”“合资轿车”“进口轿车”这三个车系分组的车辆为例，对比品牌车价车参模型和传统车系车价模型在这些车辆上的预测结果差异。如图 6 所示，在大部分差异率组别下，新模型预测值更接近实际值，说明新模型能够对在车系模型中被合并的车辆给出更准确的风险评估。

二是款型配置差异明显的大车系。例如传统车系模型中的“丰田卡罗拉”车系分组包含一百多个车型，其中高配款型配置 LED 大灯、其他款型配置卤素大灯，风险差异显著，然而传统车系车价模型对此难以区分。新模型中加入 20 项车参因子，可以明确刻画同一车系下的款型差异，具有更好的风险区分能力。以“丰田卡罗拉”车系分组内的车辆为例，对比品牌车

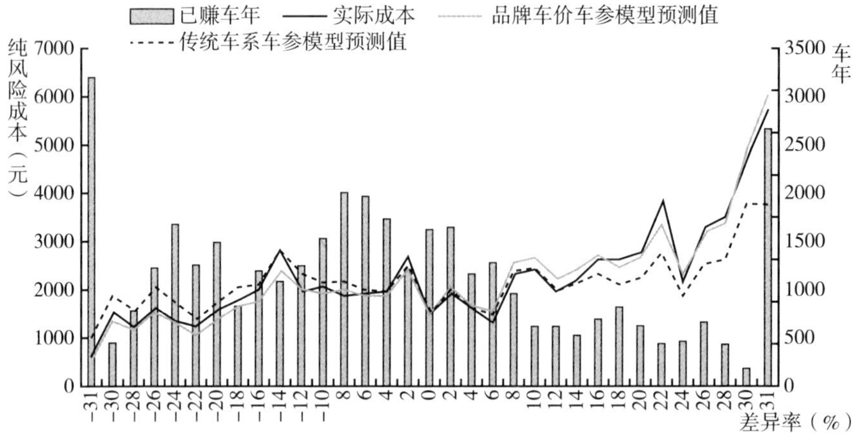

图 6　合资轿车、国产轿车、进口轿车新模型与传统模型预测结果对比

价车参模型及传统车系车价模型在这些车辆上的预测差异，如图 7 所示，在大部分差异率组别下，新模型预测值更接近实际值，特别是对于该车系下高风险成本的车辆，新模型的优势更加明显。

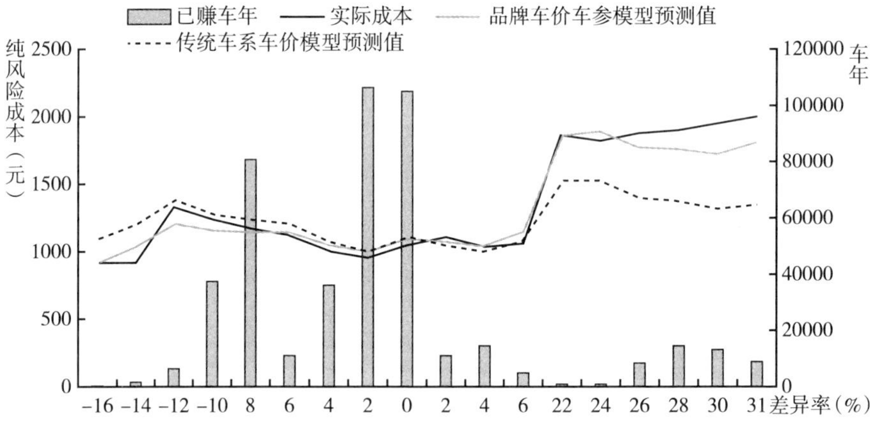

图 7　车系分组中合并车系的车辆对比

综上所述，品牌车价车参模型比传统车系车价模型有更强的风险区分能力且弥补了传统车系车价模型的不足，模型结果具有较高的行业应用价值。

五　模型评分及行业应用

（一）车辆风险评分

为便于在保险行业内应用模型结果，提升行业在评估从车风险方面的精细化水平，我们面向家庭自用车，以每个 VIN 码为一个评估单位，设计了两种模型评分。第一种是将每辆车的从车风险预测值转化为 1～100 分的“从车风险评分”，该评分是对从车风险的绝对值进行评估。第二种是将每辆车的从车风险预测值除以车损险基准保费，计算得到从车赔付预测值后，再将其转化为 1～100 分的“从车赔付评分”，该评分是对从车风险相对于基准保费的相对值进行评估。评分转换示例如表 3 所示。

表 3　模型评分示例

示例	VIN 码	从车风险（预测值）	从车风险评分	从车赔付（预测值）	从车赔付评分
家自车 1	LY *****	1.12	30	46.2%	40
家自车 2	LS *****	3.52	65	53.9%	50

在评分应用方式上，对于“从车风险评分”，建议规模较大的公司将该评分放入残差建模中使用，对基础定价模型进行优化；建议规模较小的公司将该评分作为从车因子直接放入定价模型中使用。对于“从车赔付评分”，保险公司可将其应用于前端核保管控、业务筛选、调整保费浮动等环节，规模较小的公司可直接基于该评分及商业险 NCD，结合其他考量因素，制定车损险折扣费用方案。图 8 和图 9 分别给出了两个评分的车年分布情况。

（二）车型风险评级

“一个车型对应一个风险等级”的表现形式简单直观，更容易被行业外的人士理解和接受。因此，我们对一个车型下的所有车辆，按照加权平均的

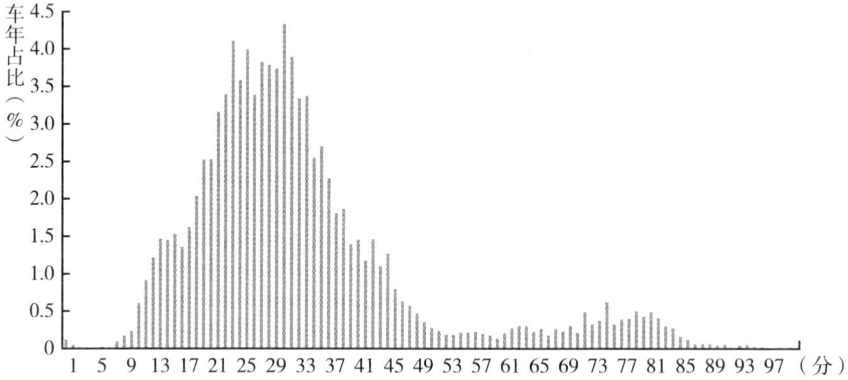

图8　从车风险评分车年分布

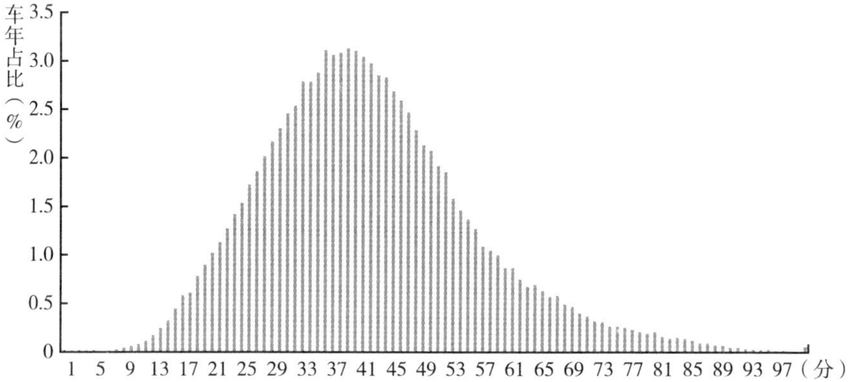

图9　从车赔付评分车年分布

方式汇总从车风险，得到该车型的从车风险，进而转换为100个等级的“车型风险评级”。以本次研究使用的数据为基础，可得到1.3万个车型的风险评级结果，表4给出了车年数排名前16的车型对应的风险评级，图10给出了1.3万个款型的风险评级分布情况。

对于车险行业内，“车型风险评级”为销售、核保、精算、理赔、IT、战略、机构等经营参与方提供了基础对话平台；对于车险行业外，“车型风险评级”为消费者理性购车、生产厂商改进汽车安全性能提供了直观的判断标准，也为保险业与汽车行业对话提供了桥梁。

表 4　车型风险评级

序号	车型(车年数排名前 16)	评级
1	宝骏 5102017 款 1.5LMT 豪华型	7
2	宝骏 7302016 款 1.5LMT 舒适型 7 座	8
3	五菱宏光 S2014 款 1.5LMT 标准型	9
4	朗逸 2017 款 1.6LAT 舒适型	19
5	现代 ix252015 款 1.6LAT 智能型	20
6	英朗 GT2017 款 1.5LAT 精英型 15	21
7	英朗 GT2016 款 1.5LAT 精英型	22
8	朗逸 2015 款 1.6LAT 舒适型	22
9	领动 2016 款 1.6LAT 智炫精英型	23
10	福睿斯 2015 款 1.5LAT 时尚型	23
11	卡罗拉 2017 款 1.2TCVTGL 改款	24
12	轩逸 2016 款 1.6LCVT 豪华型	25
13	途胜 2015 款 1.6TDCT 智能型	26
14	奇骏 2014 款 2.0LCVT 舒适型	27
15	卡罗拉 2014 款 1.6LCVTGL	28
16	思域 2016 款 1.5TCVT 豪华型	32

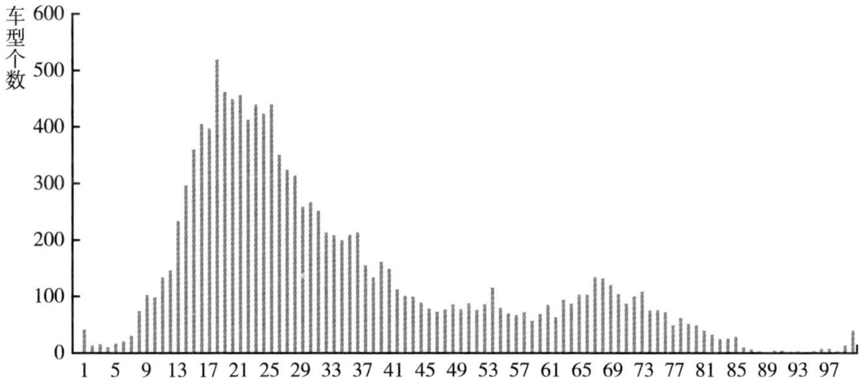

图 10　车型风险评级分布

六　总结与展望

（一）充分挖掘从车风险因子，弥补传统模型的不足

本研究依托全国车险信息平台保单数据，引入中汽中心车辆配置数据，以车损险纯风险损失为建模目标，运用特征工程及GLM建模等方法，筛选得到20项风险解释度较高的车参因子，联合8项基础因子，建立了全新的“品牌车价车参模型”。新模型相比传统模型，在微观细分上改善明显，准确度显著提升，特别是在新车系、小车系、款型配置差异明显的大车系上有更好的风险区分能力，弥补了传统车系车价模型在这方面的不足，新模型预测结果具有较高的行业应用价值。

（二）启动试点公司验证，根据反馈意见改进模型

中国银保信在12家试点财险公司启动了模型评分验证工作。各试点单位将中国银保信加工生成的评分结果与本公司的保单数据进行匹配，开展模型实测及有效性验证。后续我们将根据试点公司的反馈意见，对模型、评分转换方式进行优化调整。

（三）模型评分落地应用及公开发布

在完成模型评分有效性验证及模型优化后，我们将加工截至最新时点全国36个地区的车辆风险评分数据，同步完成中国银保信与保险公司的交互接口开发，随后向保险公司开放评分查询功能。此外，加工完成车型风险评级，向社会及消费者公开发布。

大数据产业融合篇

The Convergence of Big Data

B.21

汽车产业大数据建模与分析发展现状及未来趋势研究

朱 悦　张永嘉　方祥毅*

摘　要： 随着数字化进程的加快，汽车行业积累了海量数据，这些数据中蕴涵着大量信息，是企业与行业的重要资产。作为传统制造业的代表，汽车行业尤其注重利用大数据相关技术助力自身的数字化转型升级，并不断探索融合发展新方向。本文首先介绍了汽车产业大数据的组成和主要特征，分析了汽车产业大数据建模与分析发展现状；接着提出为了更好地实现汽车产业大数据的建模、分析、挖掘，建设汽车产业大数据建模与分析平台；最后指出汽车产业大数据建模与分析未来

* 朱悦，中汽数据有限公司数据技术部专员；张永嘉，中汽数据有限公司数据技术部专员；方祥毅，中汽数据有限公司数据技术部高级技术经理。

发展趋势，使汽车产业大数据价值最大化。

关键词： 汽车行业 大数据 建模与分析

一 引言

在数字经济时代背景下，互联网、物联网、5G、大数据等不同种类的信息技术呈爆炸式增长，使得数据以令人难以设想的速度高速增长。这些数据暗藏着大量的有价值的法则和信息，是企业的重要资产，经过对数据的搜集、存储、再组织和分析建模，客观地发掘展现暗藏在数据中的重要价值及法则，推动企业和社会升级及可持续发展。

汽车产业作为代表性的传统制造业，也处在数字化转型升级的重要时期，而大数据在汽车产业的发展过程中扮演着越来越重要的角色。研究汽车产业大数据建模与分析其发展现状及未来趋势，更好地将大数据技术应用于汽车全生命周期管理当中，是引领汽车行业走向数字化、智能化、网联化的关键。[1]

二 汽车产业大数据的构成与特征

（一）汽车大数据构成

随着企业信息化的逐步深入，汽车产业各环节的大数据被收集并存储，按照汽车产业链环节，汽车产业大数据主要包括以下几个部分。

1. 设计研发大数据

汽车设计研发大数据包括车辆部件属性、技术、性能、设计、NVH、匹配等方面的数据参数；海量的设计研发数据可以支持工程师快速掌握国际先进的研发经验，找到自主品牌与先进水平的差距与不足，提升汽车行业的竞争力与权威性。

2. 生产制造大数据

汽车生产制造大数据是指整个工厂制造现场的所有数据，包括物料流转、人员调配、产品数量、标准型号等数据；将信息和数据进行整合分析，以反映生产线运转的真实情况，这是汽车制造业走向智能化至关重要的一步。

3. 销售大数据

汽车产品销售大数据是指不同车型在各区域不同时间段的销量数据；掌握汽车产品销售大数据有助于整车企业及各大经销商对各自产品采取更加精准的营销策略。

4. 运营大数据

汽车运营大数据是汽车大数据最重要的组成部分，占有最大的体量，主要包括汽车运行过程中各传感器采集的数据、驾驶员相关数据、汽车维修保养置换数据、舆情数据等。

5. 其他大数据

在汽车全生命周期中，还存在着来源于汽车产业之外，但与汽车息息相关的数据，例如天气数据、道路数据等。

（二）汽车大数据特征

与其他大数据相同，汽车产业大数据也拥有规模性（Volume）、高速性（Velocity）、多样性（Variety）、价值性（Value）——4V 特征。[2]

1. 规模性

随着信息化技术的高速发展，数据开始爆发性增长。大数据中的数据不再以几个 GB 或几个 TB 为单位来衡量，2019 年中国汽车销量达到 2576.9 万辆，保有量突破 2.6 亿辆。如果将车辆的行为数字化，每年产生的数据量可达 350PB。

2. 高速性

大数据对处理数据的响应速度有更严格的要求，需要实时分析而非批量分析，数据输入、处理与丢弃立刻见效，几乎无延迟。以新能源汽车大数据为例，汽车运行数据采集频率几十至几百赫兹不等，这就要求大数据技术对信息进行实时有效的处理。

3. 多样性

多样性主要体现在数据来源多、数据类型多两方面。

汽车大数据的数据来源众多。车辆物理数据通过企业数字化管理系统获得；车辆状态信息通过内外部传感器、摄像头等获得；车辆位置信息通过GPS、RFID等装置采集；车辆评价数据通过网络信息抓取获取。

汽车大数据数据类型众多，包含文本、语音、图像、视频等形式，不再是传统数据库的结构化数据。

4. 价值性

在大数据领域，有价值的数据占数据总量的比重很小。[3]相比于之前对产销量等小数据进行分析，汽车大数据最大的价值在于，通过从大量不相关的各种类型的数据中，挖掘出对未来趋势与模式预测分析有价值的数据，从而达到改善社会治理、提高生产效率、推进科学研究的效果。

三 汽车产业大数据建模与分析发展现状

大数据在多个国家上升为国家战略，已然成为各行业争相关注的焦点，并通过多种方式渗透在企业运营的各个环节，影响、颠覆着很多特别是传统行业的管理和经营模式。在这一大背景下，汽车行业也加入大数据的浪潮中，企业的掌舵人因为大数据的到来，改变了原来的管理思维与方式；同时，大数据因其蕴藏的惊人潜力以及在汽车行业释放的巨大价值，吸引着越来越多汽车及相关行业的关注。

（一）汽车制造业公司推动大数据技术落地

汽车行业拥有庞大的产业链，其中包括汽车的设计、生产、销售以及服务等业务，在当今世界经济活动中占有重要地位。面对日益激烈的竞争，汽车行业希望借助大数据相关技术降低成本，增强竞争力。

通用汽车通过对大量的原始汽车零件设计图进行分析建模，学习后的计算机会根据现有的条件、重量、需要、材料等提供上百种不同设计，供设计师选择。该步骤可以减轻零件重量，优化安装流程，增加零件耐用性。

吉利汽车借助基于语音大数据的自然语言处理技术，将语言识别率提高到98%以上。该语音助手可以把大量需要触控的操作转换成语音操作，让驾驶员在驾驶时更加安全，不需要转移视线即可完成众多命令。同时，由于语音助手的灵活性，车主也可以更方便地接入其他汽车服务，连通车内空间与车外世界。

（二）第三方服务企业加快汽车大数据挖掘进程

汽车行业第三方服务企业立足自身特点，整合汽车产业多环节大数据，通过分析挖掘等技术手段，实现基于汽车大数据的对外服务。

中国汽车技术研究中心紧跟数字“新基建”潮流，不断创新大数据存储、管理、融合、挖掘等技术与产品，持续开发大数据创新性应用场景，推进汽车大数据应用产品化、平台化、智能化。确立并完善以汽车OEM 为核心的覆盖数据、技术、系统、平台、咨询的全方位大数据服务体系。

汽车之家紧跟国家大数据战略，发布了基于汽车大数据的产品——车智云。作为一款为行业人士打造的大数据产品，“车智云”为整车企业提供多种产品与服务，包括销量预测、竞争格局、营销漏斗、传播监测、线索分析、产品规划、配置策略、产品改款等业务方向，覆盖企业发展全生命周期的数据服务。[4]

（三）整车企业与互联网企业合作共同推进汽车大数据发展

整车企业坐拥汽车产品大数据，互联网企业拥有最先进的技术及资源，双方发挥各自的优势，深度挖掘汽车大数据的价值，推动汽车智能化发展。

跨界联盟，早已成为汽车产业常态化的现象。在当今技术与信息日新月异的时代里，“封闭”会死，开放才能发展和进步。国内整车企业与互联网巨头如腾讯、阿里、百度，三大通信运营商如中国电信、中国联通、中国移动，以及高科技公司华为等开展跨行业的生态合作，组建全域智慧生态联盟，共同探索汽车的未来发展新方向。

长城汽车与BAT公司都建立了深入的合作。长城汽车联合腾讯围绕智能座舱、数据中台、数字化用户运营、共享出行等领域展开全方位深度合作；与百度就小度车载OS进行深度联合运营；将自身大数据与阿里LBS大数据融合，基于高德导航打造长城汽车的用户运营能力。[5]

四　汽车产业大数据建模与分析平台建设

伴随汽车新四化发展的不断深入，在电动汽车、共享出行、智能网联、无人驾驶乃至市场、后市场研究等诸多领域，数据体量正呈爆发式增长态势，尤其是以视频、语音、文本等为代表的非结构化数据与日俱增，但目前，对于海量、多源、异构大数据的处理与挖掘一直是阻碍汽车行业数字化转型的难题，制约智能网联、共享出行等各类新兴业务的深入开展。为解决汽车行业核心痛点，赋能汽车行业新四化发展，建立自主可控、云端实时在线、高效率、低成本的汽车大数据建模与分析平台将成为必由之路。

汽车大数据建模与分析平台主要功能如图1所示，主要包含算法、数据、算力以及平台四大部分。

（一）算法开发层面

建立行业全面的通用型、专用型算法资源池及用例库，构建基于全要素自动配置的算法训练引擎，实现便捷化算法训练开发与复用。

各类基础算法作为应用级算法开发的底层框架，是必不可少的工具类资源要素，因此通用算法库的建设是算法平台构建的重要环节；此外，为了满足行业应用级算法产品的归档沉淀与复用需求，提升算法的快速产品化能力，打造行业级专用算法具有重要意义。

算法训练是算法开发的核心环节，需要数据、算力及其他诸多资源要素

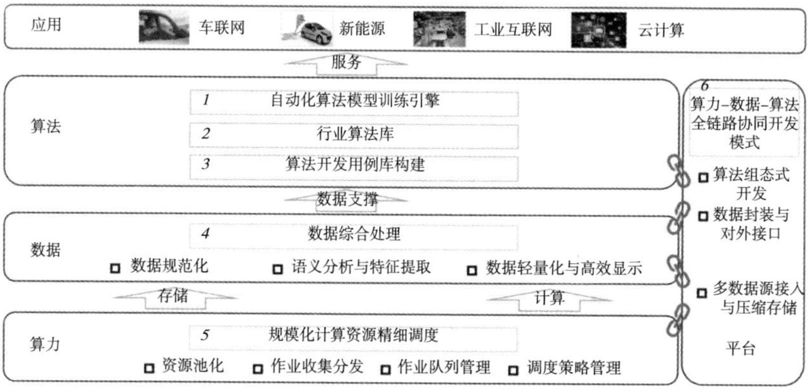

图1 汽车大数据建模与分析平台主要功能

资料来源：中汽数据有限公司。

的共同支撑，将具备特定功能的算法成品打造成型。因此，在各类要素配置下，实现“选数据、定模型、配参数、训练评价”全流程“一站式”算法训练开发是构建算法训练引擎的核心任务。

（二）数据处理层面

建立结构化及非结构化数据预处理全流程技术链，为算法开发提供高质量数据保障。

数据处理是实现数据规范化、标准化、特征化的必要手段，有效处理后的数据方能支持高质量、高效率数据查询、分析与挖掘工作。对于结构化、非结构化等异构数据的综合处理技术展开研究，是平台功能完善的必要环节。

在数据处理技术的支撑下，面向汽车行业，构建汽车行业算法开发通用数据集库，形成特定场景算法性能测评的行业标尺。

（三）算力提升层面

建立规模化计算资源精细调度技术，为不同场景提供最优化资源保障。

伴随汽车行业超融合、边缘计算等模式的兴起，智能应用规模化、多样化发展，业务模式也朝向计算密集型、内存密集型、存储密集型等不同方向不断分化，对处理器、内存、I/O 资源的依赖各有侧重，传统服务器的统一化资源调度架构势必会带来资源浪费、效率低下等问题。因此，如何从多个维度实现规模化集群计算资源的精细调度，成为平台构建过程中必须面对的重点议题。

（四）平台建设层面

集成与贯通算法、数据、算力三大功能模块，满足行业需求。

硬件系统、数据系统、算法系统是该平台实现智能化开发的三大核心系统，在技术层面将三大系统进行有机串联与打通，实现数据从采集、存储、处理，再到算法构建、应用封装全链路的一体化开发服务，是平台需要重点构建的核心能力。硬件系统承载了存储与计算两项职能，需要满足海量异构数据的存储需求，并为后续数据挖掘与算法开发提供算力支撑。数据系统架构在硬件系统之上，满足多种网络数据源、传感设备的离线及实时异构数据的平台接入，形成平台大数据资源池。算法系统架构于数据系统之上，利用数据封装与接口技术，打通系统壁垒，实现算法系统对数据系统中大数据资源的字段级、表级、库级直接调用，并实现基础算法组件的拖拽式调用与连线式级联，满足复杂智能应用的快速构建。

五　汽车产业大数据建模与分析未来发展趋势

（一）产业内数据开发共享

国务院印发《促进大数据发展行动纲要》，从国家战略层面部署促进大数据发展。该《纲要》提出三大任务：加快政府数据的开放共享，推动资源整合，提升治理能力；推动产业创新发展，培育新兴业态，助力经济转型；强化安全保障，提高管理水平，促进健康发展。[6] 除了政府数据的共享和开放，企业和企业之间的数据更加需要进行共享和开放，使大数据价值最大化。

随着国内车辆保有量的不断上升以及汽车数字化的不断推广，汽车将会成为数据量名列前茅的行业。然而，目前汽车产业大数据分布在车企、服务公司、数据公司、维修零部件商等汽车相关的机构，海量数字化信息分散在不同类型企业组成的数据孤岛上，庞大的数据量无法互相连接成为推动汽车全产业链发展的基石。为了将汽车大数据的价值最大化，在保护好公民隐私的前提下，鼓励数据开发、利用和共享，以充分发挥信息的效用。通过打通汽车产业上下游相关企业大数据，建立汽车产业大数据体系，实现汽车大数据价值的深度挖掘。

（二）跨产业大数据融合

国务院在《促进大数据发展行动纲要》中明确提出了对企业完善大数据产业链的要求。

汽车作为重要的交通工具，已参与到人们的生产、生活、工作当中，与各行业建立了紧密的联系。加快汽车产业大数据与其他产业大数据的融合，形成多产业的大数据生态链，有利于宏观分析整个汽车产业的相关数据，为整个汽车产业链提供行业内车辆参数变化趋势、汽车技术发展趋势、汽车产业市场发展趋势、竞争对手市场动态等信息，从而有效支持企业、政府决策。同时，其他行业通过对汽车产业大数据的分析，可以探索新的业务方向，推动技术创新与企业创收，实现双赢。

汽车产业通过同保险公司的合作，可以将保险数据与汽车行业内的数据整合起来，实现汽车保险行业“承保－定损－理赔”全方位数据服务。与金融公司协作，通过汽车大数据与金融大数据分析整体市场和细分市场特征，快捷准确地做出投资与风险分析。对于通信行业，通过整合汽车位置、人员定位、路况环境等数据，为车辆提供个性化服务。

（三）前沿技术融合

目前，我国大数据发展处于应用落地阶段，在加快推进汽车产业内及产业间大数据融合的同时，也要积极跟进大数据前沿技术发展趋势，建设“A（人工智能）－B（区块链）－C（云计算）－D（大数据）－E（边缘计算）”全方位多领域的汽车大数据分析挖掘技术能力，推动汽车产业数字化转型。

将机器学习及深度学习等人工智能算法应用于智能网联、车路协同、智能定损、智能嗅辨等汽车业务新方向；建设区块链技术基础设施以及服务于汽车行业的公链基础链，推动其在汽车大数据确权等领域的应用，以区块链技术强化数据流通交易等环节的安全保障；[7]将超大规模分布式存储、新型虚拟化等云计算技术应用于汽车大数据领域，积极推进不同场景的应用落地；应用大数据技术架构，解决汽车大数据采集、存储、管理等关键问题；[8]以边缘计算支撑汽车大数据发展，实现数据本地化实时处理，提高数据处理的时效和精度。[9]

深挖工业互联网、智能网联汽车、新能源汽车、汽车工业云等汽车领域技术需求，从算法、算力、共享等多方面探索汽车产业大数据与前沿技术的融合点，构建与新技术相适应的汽车产业应用能力。

六　小结

伴随着大数据、云计算、5G、人工智能等新兴技术快速发展及其与传统产业的深度融合，一场由数字化、智能化转型带来的产业变革正在如火如荼地进行中。

在此背景下，汽车产业在传统产业中拥有独特的数据优势和广阔的发展空间，企业应把握发展要点，有效转型，紧跟时代浪潮，赢取一席之地。

参考文献

［1］徐婷、张志顺、李洪庆：《5G 背景下的智能网联汽车》，《摩托车技术》2019

年第 10 期。
[2] Viktor Mayer-Schnberger, Kenneth Cukier: A REVOLUTION: THAT WILL TRANSFORM HOW WE LIVE, WORK, AND THINK, *Houghton Mifflin Harcourt*, 2013.
[3] 王忠杰、文乐、杨新民:《大数据在智能化电厂中的应用研究与展望》,《中国电力》2019 年第 3 期。
[4] 汽车之家:《新能源汽车消费洞察蓝皮书》,社会科学文献出版社,2018。
[5]《与 BAT 以及三大通信运营商同时签署合作协议,长城汽车告别传统功能车时代?》,《中国机电工业》2019 年第 8 期。
[6]《中国青年报》,《国务院发文促进大数据发展数据开放共享成亮点》2015 年第 8 期。
[7] 马昂、潘晓、吴雷、郭景峰、黄倩文:《区块链技术基础及应用研究综述》,《信息安全研究》2017 年第 11 期。
[8] 吴良:《基于大数据平台的信令数据采集技术研究》,《电子科技》2019 年第 5 期。
[9] 梁洋洋:《面向并行计算的仪器内数据管理的研究》,哈尔滨工业大学硕士学位论文。

B.22
基于 DCMM 的汽车大数据治理研究与实践

楚思思　吴淑月　王英资*

摘　要： 以数据作为核心要素的数字经济正引领新经济发展，如何对汽车行业全生命周期的全量数据进行有效治理成为亟待解决的难题。本文以国家大数据战略为指导，以 DCMM 为模型，通过对汽车大数据治理的需求、框架及未来展望做初步探究，提出了“One Data”数据体系、“One Model”算法体系、“四化”闭环应用体系的核心思想及“组织、管理、技术、执行”四大体系的顶层设计，旨在构建符合汽车行业特性的大数据治理解决方案，支撑汽车产业新业态发展。

关键词： DCMM　汽车大数据治理　数据要素　数字基建　汽车数字化转型

目前，我国数字经济已步入快速增长时期，数据作为核心生产要素的基础性、战略性资源作用愈发突出。数据治理能力已成为促进数字经济深入发展和两化融合走深走实的重要支撑。2018 年 4 月，国家大数据标准化工作组正式发布了国家标准《数据管理能力成熟度评估模型 GB/T 36073－2018》（以下简称 DCMM），并在 2018 年 10 月 1 日起正式实施。DCMM 定义了数据

* 楚思思，中汽数据有限公司数据技术部大数据工程师；吴淑月，中汽数据有限公司数据技术部大数据工程师；王英资，中汽数据有限公司数据技术部部长。

能力成熟度评价的八大能力域，分别是数据战略、数据治理、数据架构、数据标准、数据质量、数据安全、数据应用、数据生命周期管理，为全国各组织单位提高数据管理能力提供重要指引。

汽车作为国民经济的传统支柱性产业，数字化变革在即，亟须构建面向汽车全生命周期的全量数据资源体系，形成有效的大数据治理解决方案。因此，汽车行业 DCMM 贯标工作的重要性不断凸显，基于 DCMM 的汽车大数据治理研究与实践将加速汽车大数据治理体系与数据治理能力建设，为夯实国家汽车数字基建基础、加速汽车行业数据应用与产业转型、加快建设汽车制造强国、推动我国汽车产业高质量发展提供有力支撑。

一　汽车大数据治理的时代特征

（一）数据治理作为数字经济发展的关键一招，成为重要引擎

在全球经济下行压力不断加大的形势下，以数据作为核心要素的数字经济正引领新经济发展，已成为全球经济增长的关键动力，是大国博弈的新高地。数字经济具有数据化、智能化、生态化等特点，其制度需求与传统工业经济截然不同。伴随数据量的急剧增长和大数据在经济社会各领域应用的不断深入，数据治理作用日益凸显。一方面，伴随人工智能、大数据、云计算等数字技术的不断发展与融合应用，全球数据量呈现爆炸式增长，根据 IDC 统计，2025 年全球数据量与 2016 年相比将增加近十倍，达到 175ZB①。海量数据“管不了、流不动、用不好”成为数据应用面临的普遍难题，需要在数据标准化、数据确权、数据质量、数据安全、隐私保护、流通管控、开放共享等领域创建新的规则体系，更有效率地释放数据价值。另一方面，数字技术与智能制造、新能源等领域相互渗透，交叉融合，新产业、新业态、新技术和新模式加速涌现，网络经济、智能经济、平台经济、共享经济等新

① ZB，即十万亿亿字节，相当于 2^{40} GB。

兴经济形态层出不穷，带来生产方式智能化、产业形态数字化、产业组织生态化、资源交互平台化等全新变革。由此带来数字基础设施建设、数据要素供给、数字化公共产品（服务）供给、包容审慎监管、数字信用体系建设等公共服务新诉求。

（二）全球数据治理竞争日益激烈，路径建设仍有待探索

当下，全球数字经济治理体系变革的话语权博弈日益激烈，填补数据治理规则体系空白、建立健全有序竞争的数据要素市场体系成为关注焦点。欧盟、美国等地区与国家正加快形成本国数字经济治理体系，力推建立数字经济治理的国际规则，如英国启动“数据权”运动、德国实施“工业数据空间”（IDS）项目、美国发布《大数据研究与发展计划》等。各国行业组织加快推进数据管理理论与模型的研究，目前行业最权威的数据管理理论模型是国际数据管理协会 2009 年发布的 DAMA 数据管理理论框架模型。此外，行业认可度较高的数据管理模型还包括数据管控协会 2012 年提出的 DGL 数据管控框架模型、软件工程研究所（SEI）2014 年提出的数据能力成熟度模型（DMM）、麻省理工学院提出的全面数据质量管理框架（TDQM）、IBM 的企业数据管理能力成熟度模型等。

（三）以 DCMM 为重点，我国数据治理工作正在有序开展

我国数据治理工作尚处于起步阶段。政府高度重视数据治理，已出台一系列政策文件为数据治理工作开展提出指导意见和推进措施，加快建立数字经济发展制度性优势，为数字经济高质量发展保驾护航。2020 年 4 月，工信部印发《关于工业大数据发展的指导意见》，系统部署了我国数据治理三大工作，分别是数据管理能力评估贯标、标准研制和应用、工业数据分类分级管理，加快推广 DCMM 国家标准，构建工业大数据管理能力评估体系，引导企业提升数据管理能力。2020 年 7 月，国务院印发《关于支持新业态新模式健康发展　激活消费市场带动扩大就业的意见》，强调激发数据要素流通新活力，建立完善跨部门、跨区域的数据资源流通应用机制，强化数据

安全保障能力，优化数据要素流通环境。

我国数据治理工作已形成数据治理、标准研制等主要板块。大数据标准研制方面进展较快，在全国信标委大数据标准工作组统筹下，30 余个省区市已出台大数据地方标准，下一步将持续推动大数据国家标准、行业大数据标准的研制与实施。数据治理方面，以 2018 年国家大数据标准化工作组正式发布的 DCMM 国家标准（见表 1）为标志。2019 年，在工信部信发司指导下，中国电子信息行业联合会成立 DCMM 工作指导委员会，并相继在全国范围内组织开展了十余场 DCMM 宣贯会。2020 年 6 月，DCMM 评估工作推进会在京召开，北京、天津、河北等 9 个省市入选首批 DCMM 试点地区，中汽数据（天津）、软通动力、贝壳技术等 6 家企业入选首批 DCMM 贯标企业。下一步，DCMM 将以数据评估标准化、数据标准行业应用、行业数据管理能力提升为重点，开展五方面的工作，包括：①持续建设完善 DCMM 评估体系，全国范围内开展 DCMM 标准系列宣贯活动，面向制造、能源、金融等领域开展评估试点示范；②围绕 DCMM 完善数据治理标准体系，积极吸纳地方企事业单位参与数据治理标准研制和实验验证；③鼓励试点地区加大对 DCMM 的政策支持，引导属地企业做好 DCMM 贯标应用，进一步提升数据治理水平；④鼓励评估机构加快打造 DCMM 评估和咨询服务工具，为企业提供准确、有益的评估结论和提升方案；⑤鼓励评估企业同步开展数据治理能力评估和建设，提升数据治理能力。DCMM 将在试点城市、试点行业率先落地应用，形成一批可复制、可借鉴、可推广的经验，推动建立有中国特色的数据标准体系及行之有效的数据分类分级管理机制。

表 1　DCMM 八大能力域

能力域	能力项	能力域	能力项
数据战略	数据战略规划	数据安全	数据安全策略
	数据战略实施		数据安全管理
	数据战略评估		数据安全审计

续表

能力域	能力项	能力域	能力项
数据治理	数据治理组织	数据应用	数据分析
	数据制度建设		数据开放共享
	数据治理沟通		数据服务
数据架构	数据模型	数据质量	数据质量需求
	数据分布		数据质量检查
	数据集成与共享		数据质量分析
	元数据管理		数据质量提升
数据标准	业务术语	数据生存周期	数据需求
	参考数据和主数据		数据设计和开发
	数据元		数据运维
	指标数据		数据退役

（四）基于DCMM的汽车大数据治理工作意义重大

在人工智能、大数据等数字技术的融合推动下，汽车电动化、智能化、网联化、共享化转型进程不断加快，行业数据急速增长导致数据治理的紧迫性日益增强，基于DCMM的汽车大数据治理工作意义重大且任务艰巨。首先，相较于能源、金融、消费等产业，工业数据治理面临数据体量庞大、数据系统众多、数据标准分散、各环节数据关联性强、实时数据高频变化等难点，迫切需要结合各行业特点构建工业数据治理体系，提升企业的数据分级管理能力，促使数据充分使用、全局流动和有序共享。其次，汽车工业具有产业体量庞大、产业链长且供应链分散、各环节关联度高、节点企业众多、生产工艺精密等特征，亟须加强对海量数据整合、流通、共享机制的建设，搭建涵盖汽车研发、生产、销售、使用、置换、报废等各个环节的数据体系，推动研发制造环节数字化升级。再次，新能源汽车、智能网联汽车、共享汽车、车路协同、汽车后市场等新业态的发展迅速，汽车越来越具有移动智能终端属性，产生车载智能化功能、全属性车况跟踪、全生命周期养护、全产业链追溯等新功能，汽车大数据体系将拓展至人员、路况、环境、能源、金融保险等关联数据领域，亟须更新数据标准化、数据解析、数据安全等领域的制度设计与管理工具，为汽车产业新模式新业态的发展提供强有力支撑。

二　基于 DCMM 的汽车大数据治理框架研究

越来越复杂的业务创新需求和越来越紧迫的数字化转型需求正在驱动着大数据治理生态的构建，而如何做好大数据治理工作，成为大数据产业的研究新热点。汽车行业作为制造业的重要一环，正在面临着数字化基础建设的机遇，基于 DCMM 的汽车大数据治理框架研究必要性显著，驱动汽车产业转型升级。

从汽车全生命周期来看，从产品设计、技术研发、测试评价到生产制造、销售维保再到应用体验、回收利用，每个阶段都产生了大量的数据信息，且数据类型复杂、体量大、种类多，尤其在运营数据、流通数据、产品数据等核心数据的整合及共享方面存在较大挑战。伴随着汽车行业数据体量和数据复杂度的不断提升，海量、多源、异构数据存在数据分散、标准不一、缺乏挖掘、安全隐患、利用率低等问题，同时缺少完善的数据管理机制，使底层数据资源无法驱动上层业务决策，数据“管不了、流不动、用不好”成为汽车行业在数据应用上面临的普遍难题。

从汽车企业推动数据治理工作来看，主要面临着业务数据分散建设、数据资源多头管理、数据全生命周期管理不完整三方面的痛点，进而导致数据散乱无序、共享性差、转化率低、资源浪费等普遍性难题。其中，业务数据分散建设方面，由于业务部门站在各自立场建设、使用和管理数据，使数据分布较为分散，进而使企业层面缺乏统一可靠的数据标准、数据规范和数据来源，出现数据不一致、无法共享等问题；数据资源多头管理方面，数据建设和管理职能分散在各部门，使数据管理职责分散，权责不明确，进而使企业层面缺乏全局视角的数据管理，出现无法实现统一的数据管理规程、标准等，全局性数据管理体系难以推行，无法保障数据管理制度的有效执行；数据全生命周期管理不完整方面，数据从采集、接入、传输、使用、备份到报废等过程缺乏完善的管理规范和标准，同时无大数据平台等信息化工具支撑数据状态查询，进而使元数据管理的有效利用率降低。

DCMM 作为大数据管理领域首个国家标准，从数据战略、治理、安全等八大过程域进行评定，使汽车大数据治理有据可依，有效促进数据的使用、流动与共享，打通数据壁垒，释放数据潜在价值，支撑汽车行业的数字化转型升级。基于国家标准 DCMM 模型，汽车企业可评估数据管理能力、识别业务发展痛点，在此基础上，如何利用大数据治理形成汽车大数据治理框架，成为汽车行业亟待解决的问题，而这就需要从核心思想、顶层设计、实施方案等多个层面对关键要素进行梳理和解读，围绕数据全连接、数据敏捷服务、数据共建共享共治，形成可复制、可推广的大数据治理先进经验和统一的方法论，更好地构建汽车行业大数据治理体系，积淀汽车大数据治理解决方案。

（一）汽车大数据治理核心思想

汽车大数据治理的重点内容在于对数据、算法、应用及服务四大方面的综合治理（见图 1）。数据资产管理层面，通过构建“全”“统”“通”的“唯一性”综合大数据体系，规范管理汽车大数据，形成统一口径的数据对外服务机制；智能算法开发层面，通过构建“全”“统”“专”的“权威性”智能算法模型体系，形成价值最大化的算法模型沉淀复用机制。在此基础上，通过构建汽车大数据的应用封装和平台服务，形成以“融合、协同、智能、安全、开放”为特征的汽车行业大数据治理体系，实现汽车大数据的存储智能化、管理简单化和价值最大化。

总体来说，汽车大数据治理的核心思想是通过构建“One Data”大数据体系形成“One Service”的服务机制，通过构建“One Model”算法体系形成“Multi Use”的复用机制，最终通过构建“数据知识化、知识软件化、软件平台化、平台数据化”全链路形成“四化”闭环应用体系，使汽车大数据治理顶层设计及实施方案在统一原则指导下展开，形成强有力的规范，确保效率与质量。

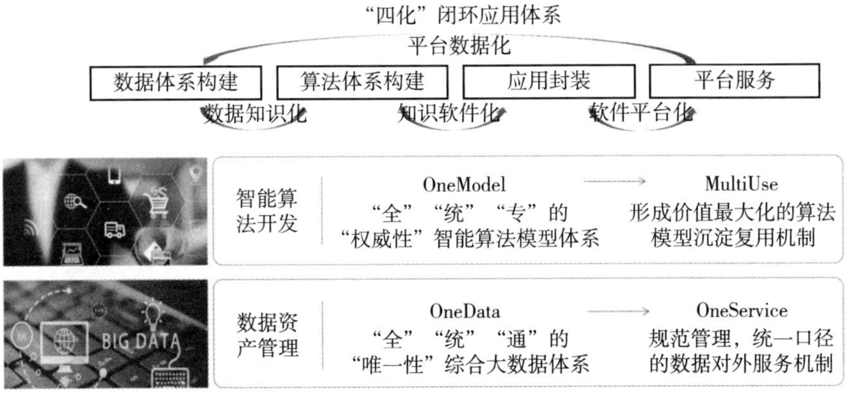

图 1　汽车大数据治理核心思想

（二）汽车大数据治理顶层设计

聚焦大数据治理，以核心思想为主线，围绕数据连接、数据可视、数据透明、数据处理、数据自助、安全可控、模式拓展等多个方面，通过数据分级分类管理、数据全生命周期处理、数据标准研究等方式，从组织体系、管理体系、技术体系、执行体系四大体系，加速汽车大数据治理的顶层设计及落地实施，支撑采集 - 存储 - 计算 - 管理 - 使用等数据全生命周期的高效管理，打造全领域的数据安全保障体系，构建开放共享的大数据产业生态，释放数据潜在价值。

一方面，围绕汽车行业数据全生命周期，对数据进行全面的标准化规范化管理，促进数据的使用、流动与共享，将数据资源转变为数据资产，释放数据潜在价值；另一方面，保障数据流通使用时的信息安全，做到数据易用、可控、便捷、安全，并以数据为中心，打破数据孤岛，最大化数据价值提升数据应用创新能力。

（三）汽车大数据治理实施方案

汽车大数据治理实施方案以顶层设计为依据，通过建立并完善组织、管理、技术、执行四大体系，有效降低成本、提高数据复用能力、提升业务效

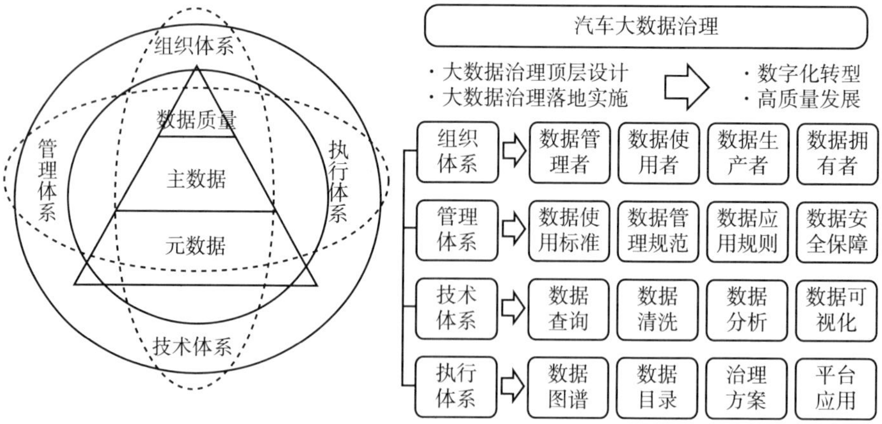

图2　汽车大数据治理顶层设计

率、挖掘融合数据的衍生价值，进一步实现知识和资产的沉淀。

组织体系建设方面，通过构建数据治理管理委员会－数据治理委员会－数据治理执行小组三层架构，形成数据治理组织，并明确数据治理组织的架构、角色及职责。其中，数据治理管理委员会即为决策者，数据治理委员会即为统筹管理者，数据治理执行小组即包括数据生产者、数据使用者、数据拥有者和数据管理者，同时清晰定义组织架构内的角色边界及各自职责，以数据推动组织体系的创新和发展。

管理体系建设方面，从核心业务出发，围绕关键能力和数据价值两方面，通过制定数据标准、管理机制、应用规则及数据安全保障，形成数据产生、数据整合、数据分析与数据应用的全价值流规则。其中，数据产生过程需构建数据分类及设计规范和数据质量管理规范；数据整合过程需构建数据资产建设流程及规范和数据资产编码规范；数据分析过程需构建数据分析技术指导书和数据分析流程；数据应用过程需构建数据服务管理流程和数据共享与安全管理规定。

技术体系建设方面，以元数据管理为基础，以数据标准为关键点，以主数据管理为核心，以提升数据质量为目标，围绕数据质量、主数据管理、数据标准、元数据管理四大方向展开工作。其中，元数据是“关于数据的数据”，即对数据的描述信息，对数据不同方面的描述形成不同类型的元数据，主要包括业务、技术、操作和管理四个方面。数据标准是基准数据，为各业务的数据提供规范化、标准化的依据。主数据管理是通过运用相关的流程、技术和解决方案，对核心数据进行管理，涉及业务全部流程，需要保持核心数据的一致性、完整性、关联性和正确性。建立数据质量管理体系，明确数据质量管理目标、控制对象和指标、定义数据质量检验规则，持续提升数据质量。

执行体系建设方面，以绩效的方式促进数据质量管理，将数据生产者、拥有者、管理者、使用者关联起来，形成一套可持续有效执行的执行体系，保障持续的高质量数据供应，同时推动数据治理体系的优化改进。通过梳理核心业务流、数据流，制定数据管控目标，以标准对数据进行质量探查、处理和分析，集成高质量数据并形成数据池，按规则对数据流进行监控和预警，最终以绩效的形式保障数据管控机制的持续有效运行，实现数据全生命周期管理。

（四）汽车大数据治理未来展望

未来在汽车“新四化”的趋势带动下，汽车大数据治理的应用需求与发展潜力巨大。围绕汽车行业大数据治理能力建设，治理能力提升、服务能力建设、行业标准研制、行业宣贯推广等重点工作亟须开展。面向行业主管部门、汽车制造企业、行业应用开发者等不同客户，以研究咨询、评测认证为重点，形成汽车行业数据治理全方位整体解决方案，建设汽车行业大数据治理服务能力。构建以“融合、协同、智能、安全、开放”为特征的汽车行业大数据治理体系，形成包含数据、算法及应用的适用于汽车行业的大数据治理解决方案，提升汽车行业大数据治理能力；同时重点研制汽车大数据关键共性标准、大数据市场交易标准体系、大数据统计监测指标体系等，完善汽车行业大数据标准研制。

总之，在数字经济大背景下，面向高质量发展的需求侧新要求和爆发式发展的供给端新技术，汽车产业更应把握机遇，深入数字化转型升级。基于 DCMM 的汽车大数据治理研究与实践，是大数据与传统产业深度融合的有效路径，是现代化经济体系的基石，是大势所趋。

B.23

基于大数据的 MaaS 系统发展趋势和展望

李冰阳　王　芳　袁义欣*

摘　要： MaaS（Mobility as a Service，出行即服务）理念的提出，正为交通行业、汽车行业带来一场新的变革，如何利用各类大数据资源，发展 MaaS 系统成为众多企业的重点关注点。本文从交通出行困境、国家政策及数据中心建设、数据开放共享、应用场景等方面入手，分析了基于大数据的 MaaS 系统的发展现状，并对重点城市的 MaaS 系统发展进行深入研究，探寻基于大数据的 MaaS 系统的未来发展趋势，为企业未来战略规划提供一定思路。

关键词： MaaS 系统　出行即服务　大数据

随着城市化进程的加快，交通拥堵、停车难等问题日益突出，城市交通压力激增，居民的出行需求也日趋多样化，加之互联网、大数据、电子支付等技术的快速发展，MaaS 理念应运而生，并成为可持续交通发展的关键途径，共享出行、短途接驳、一站式出行等 MaaS 应用相继出现，为居民的出行提供极大方便。涵盖各类出行数据的城市交通大数据作为 MaaS 系统建设的基础，正成为各方竞相争夺的资源。基于交通大数据，探究数据融合模

* 李冰阳，中汽数据有限公司市场数据部部长；王芳，中汽数据有限公司市场数据部研发工程师；袁义欣，中汽数据有限公司市场数据部研发工程师。

式，打造多种 MaaS 应用场景，掌握 MaaS 系统发展趋势，是当今 MaaS 系统建设的重点内容，也是企业重点关注点。基于大数据开展 MaaS 系统研究，有助于为企业制定发展战略提供借鉴。

一　MaaS 系统发展与交通出行

（一）MaaS 系统简介

MaaS 理念最早起源于 Hietanen 向芬兰交通部提交的“一揽子计划”，2014 年在芬兰赫尔辛基举办的欧洲 ITS（智能交通）大会上，MaaS 概念被明确提出并广泛讨论。此后，MaaS 系统在欧洲得到快速发展，芬兰赫尔辛基、瑞典哥德堡、德国汉诺威等城市先后开启 MaaS 试点，得益于 MaaS 联盟和欧盟的作用，欧洲成为 MaaS 发展最迅速、试点最多、系统最完善的区域。

MaaS 系统建设涉及交通运营商、MaaS 运营商、数据提供商、支付服务提供商等多个参与方，众多参与方之间的数据开放共享与融合是 MaaS 系统建设成功的根基，同时也是难题之一。MaaS 系统需要集成出行方式、票务预订、支付服务等服务，多种服务之间的整合水平一定程度上反映了 MaaS 系统数据融合的发展阶段。目前行业内比较认可的划分方法是 Sochor 等人提出的 5 等级方法（见表 1）。

表 1　MaaS 系统发展等级

等级	整合内容	主要融合数据
Level 0	无整合，各出行方式通过单独的平台提供服务	传统交通中的数据融合
Level1	出行信息整合，将多种出行信息整合到统一的平台中，为用户提供出行规划查询及价格预估服务	重点是公交、地铁、出租等多领域的数据融合
Level2	预约、支付整合，统一的服务平台提供出行信息查询、路径规划、票务预订及支付服务	在 Level 1 的基础上融合支付平台、票务预订平台的数据

续表

等级	整合内容	主要融合数据
Level3	服务供给的整合，除上述整合外，还根据用户需求提供出行套餐和按需服务	在 Level 2 的基础上，重点融合用户需求、偏好、习惯等数据
Level4	社会目标整合，与社会各个层面的整合，包括政策、激励机制等	实现整体大系统之间的数据融合，涵盖保险等数据

资料来源：根据公开资料整理。

（二）交通出行整体困境

1. 汽车保有量快速增长，加剧居民出行难的困境

随着经济社会的快速发展和居民消费水平的持续提升，居民购车需求增长，中国汽车保有量呈现持续增长趋势。2019 年，中国汽车保有量达到 2.6 亿辆，其中私人汽车保有量达 2.07 亿辆，占比 79.6%。汽车保有量的不断增加，导致城市交通拥堵、停车难、环境污染等问题日益突出。数据显示，2019 年全国 50 个主要城市的平均高峰拥堵延时指数为 1.65，同比下降 3.6%，比 2017 年下降 5.8%，虽然主要城市交通拥堵情况有所缓解，但整体仍处于较为拥堵的状态，特别是大中城市交通拥堵严重，会大大增加人们的出行成本。以一线城市为例，2018 年其中心城区平均通勤时间达 42 分钟，平均通勤距离 9.4 公里，如果交通拥堵问题得不到缓解，将进一步加剧居民出行难的困境，这与人们追求美好生活的诉求是矛盾的。

2. 现有的公共交通发展水平难以支撑居民日益增长的出行需求

为了解决日益增长的交通量带来的交通拥堵、环境污染等问题，国家层面早在 2005 年就出台了《关于优先发展城市公共交通的意见》，提倡优先发展公共交通。随着多年的发展，公共交通整体水平有所提高，但与居民日益增长的出行需求及个性化出行需求相比，还远远不足。特别是近年来，居民消费水平整体提高，呈现消费升级的趋势，居民出行更注重时间成本、舒适性和安全性。由于公共交通出行时间长、换乘距离远等问题，公交出行吸引力不足。数据显示，一线城市公共交通出行平均步行距离 1.1 公里左右，

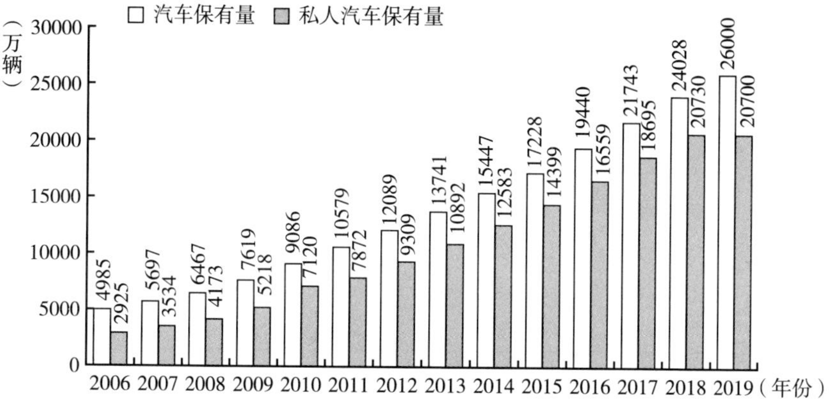

图 1　2006～2019 年中国汽车保有量

资料来源：公安部。

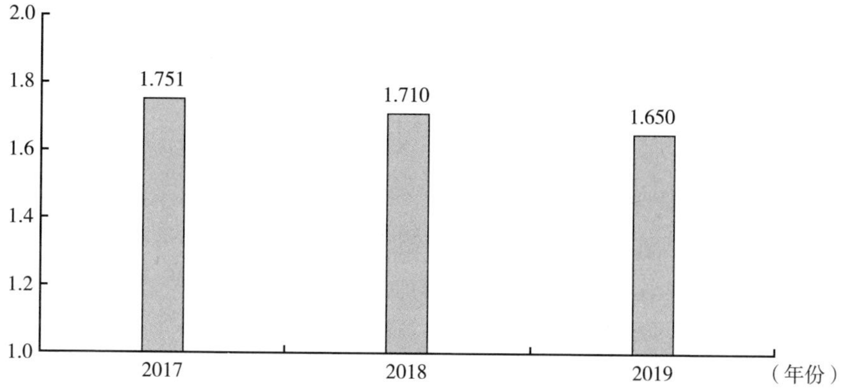

图 2　2017～2019 年中国 50 个主要城市平均高峰拥堵延时指数同比变化

资料来源：高德《2019 年中国主要城市交通分析报告》。

平均换乘步行距离 290 米，而二三线城市的公共交通平均出行时长则更长，给居民出行带来极大不便。加之共享出行、分时租赁等发展业态的兴起，公共交通的发展正面临严峻挑战，阻碍了国家倡导发展绿色交通的进程。

现阶段，国家提倡“以人为本”，倡导发展绿色交通，但日益突出的交通问题正逐步影响人们对于出行效率、出行质量和个性化出行的追求。MaaS 理念的提出对于解决以上矛盾提供了良好的思路，通过建立 MaaS 系统

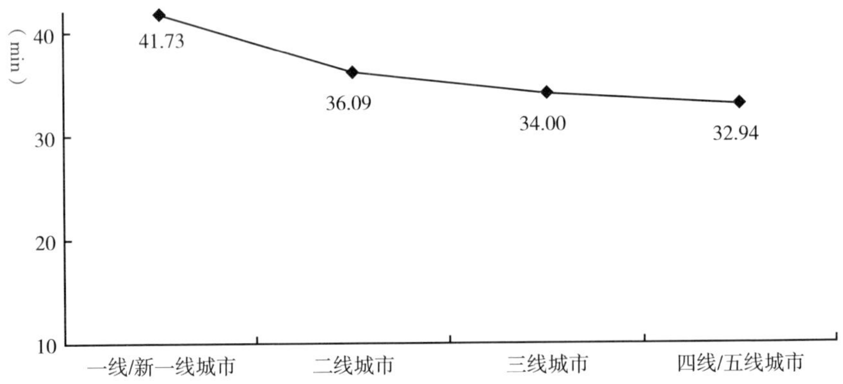

图3 2018年各线城市中心城区平均通勤时间

资料来源：《2018年度中国城市交通报告》，百度地图。

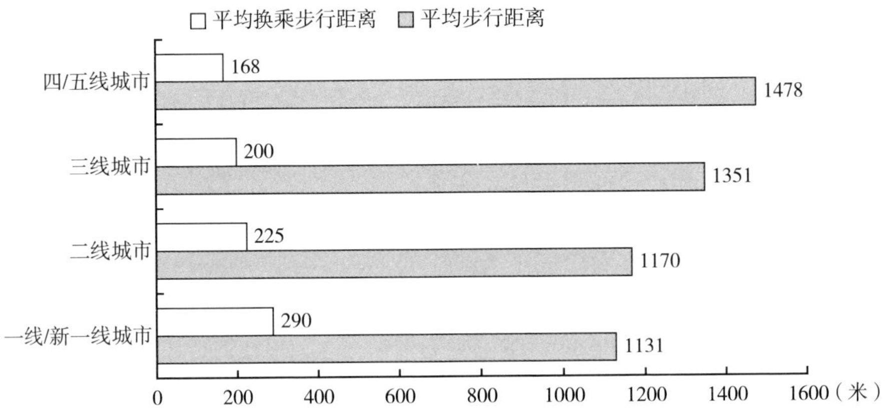

图4 公共交通出行平均步行/换乘步行距离

资料来源：《2018年度中国城市交通报告》，百度地图。

整合多方社会资源，实现效用最大化，在降低成本的同时，最大限度满足人们的出行需求。

（三）国家政策层面发展现状

MaaS系统的发展受政策影响比较明显，特别是随着近年来大数据、人工智能等技术的飞速发展，数据开放共享、MaaS发展在国家政策中多次出现，国家层面在早期就出台了一系列促进数据开放共享的政策，MaaS 发展理念在 2019 年首次被纳入国家政策后更是频频出现在规划文件中。可以看出，大力发展基于大数据的 MaaS 系统是当今行业的重点工作之一。

表 2　国家政策汇总

时间	发文机构	文件名称	关注点	政策主要内容
2015 年 8 月 31 日	国务院	《促进大数据发展行动纲要》	政务数据共享	加快政府数据开放共享,推动资源整合
2016 年 8 月 25 日	交通运输部办公厅	《关于推进交通运输行业数据资源开放共享的实施意见》	交通行业数据开放共享	建立健全行业数据资源开放共享体制机制,完善行业数据资源开放共享技术体系
2016 年 12 月 8 日	工信部	《大数据产业发展规划(2016－2020 年)》	大数据	“十三五”期间大数据发展规划
2018 年 3 月 17 日	国务院	《科学数据管理办法》	数据管理	加强和规范科学数据管理,保障科学数据安全
2019 年 7 月 25 日	交通运输部	《数字交通发展规划纲要》	MaaS 理念	倡导“出行即服务”(MaaS)理念
2019 年 9 月 12 日	中共中央、国务院	《交通强国建设纲要》	MaaS 理念	大力发展共享交通,实现出行即服务
2019 年 12 月 9 日	交通运输部	《推进综合交通运输大数据发展行动纲要(2020－2025 年)》	MaaS 理念	鼓励各类市场主体培育“出行即服务”(MaaS)新模式,以数据衔接出行需求与服务资源
2019 年 12 月 3 日	工信部	《新能源汽车产业发展规划(2021－2035)》(征求意见稿)	MaaS + 新能源	推动新能源汽车与交通融合发展,引导汽车生产企业和出行服务企业共建“一站式”服务平台
2020 年 2 月 10 日	发改委、工信部等十一部委	《智能汽车创新发展战略》	MaaS + 智能网联	重点加强智能汽车在数据增值、出行服务、金融保险领域的开发利用,培育新商业模式,优先在封闭区域探索开展智能出行服务

资料来源：根据公开资料整理而得。

二　基于大数据的 MaaS 系统发展水平

1. 重点城市交通大数据中心基本建成，为开展 MaaS 试点提供坚实基础

数据是 MaaS 系统建设的基础，而 MaaS 系统建设的重点是要融合公交、

地铁、出租车、共享出行、停车等交通大数据。在交通信息化和智能化建设的推进下，各地正逐步构建交通行业大数据中心，北上广深等重点城市的城市级交通大数据中心已相对完善，其中以北京和深圳最为完善。

北京交通行业大数据中心作为省级数据中心，于2009年在市交通委指导下，由北京交通信息中心、北京交通运行监测与调度中心牵头建设，现已整合接入北京综合交通41个应用系统、8000多项静动态数据、6万多路视频，构建了涵盖城市路网、普通公路、高速公路、地面公交、轨道交通、出租汽车、公路客运、民航客运、铁路客运、交通枢纽、慢行交通、静态交通数据的综合交通大数据体系，同时融合交管层面的执法处罚数据、卡口数据、气象数据以及手机信令、高德、百度、滴滴等社会化数据，形成全方位的数据体系，这也是在省级层面数据建设相对完善的。深圳市综合交通运行指挥中心也在市交通委指导下，建立综合交通大数据中心，通过自建、整合、共享等方式，整合公交、轨道、出租车、民航、公路、水运等交通多系统数据，涵盖30大类75项交通运输行业的动静态信息数据，并基于已建的数据中心，应用大数据挖掘技术，开展多种应用分析，为建立融合多种出行方式的MaaS平台奠定坚实的数据基础。

表3　北京市交通大数据一览

数据领域	主要数据内容
城市路网	交通指数，运行速度，固定交通检测器数据，各等级道路早晚高峰平均运行速度，重点区域交通指数，主要公交通道路网运行速度
高速公路	交通量数据，高速公路事件，高速公路断面检测器数据，各公路基本信息
普通公路	交调设备检测数据，公路事件信息
轨道交通	刷卡数据，客流信息，断面满载率，列车运行信息，影响行车情况，限流信息，动态事件信息
地面公交	日客运量、车次信息，运行速度，实时公交数据，公交刷卡数据，公交运营信息
出租汽车	审批数据，计价数据，GPS数据，执法数据，运营特征数据，电召数据，运营车辆数，电动出租车信息
交通枢纽	公联枢纽客流量
慢行交通	公共自行车网点信息，公租自行车运营数据，网点运行状态
民航客运	客运量、班次，未来1小时航班架次及人数，机场巴士数据

续表

数据领域	主要数据内容
铁路客运	铁路运行数据
省际客运	省际客运实时数据,客运站客运量、发车班次数据
超限治理	超限车检测车辆数据,基础信息表
停车数据	停车静态信息,停车动态数据
信令数据	手机信令数据
气象数据	实时气象信息,历史气象信息

资料来源：根据公开资料整理而得。

2. 国内数据开放共享水平逐步提升，但与国外相比仍存在差距

数据开放共享是建设统一 MaaS 平台的先决条件。近年来，我国正逐步加强数据开放共享相关法律法规和体制的建设，重点集中在以政府主导的政务数据开放与共享层面，各地城市级大数据开放平台正加紧建设，但大部分城市的数据开放共享平台还处于以政府数据共享交换为主要功能的“政务平台”建设阶段，具体应用到城市管理和服务方面的还较少。交通领域的数据开放共享水平也逐步提升，北京、上海、广州、深圳、杭州等城市都制定了相应的数据开放制度，推动交通领域的大数据发展。随着 MaaS 理念逐渐成为交通领域的热点，交通出行大数据的开放与共享也越来越受到关注。在交通运输部指导下，交通运输部公路科学研究院和百度地图以政企合作的模式共同建立全国首个出行数据开放与应用平台——综合交通出行大数据开放云平台，目前已接入北京、天津、河北、辽宁、浙江等 15 个省市的交通行业数据，涵盖路网、地面公交、轨道交通、出租车、客运、航空、水路、枢纽、公路等类别数据，为政府、交通运输企业、互联网企业、科研机构等提供数据资源开放与共享的平台，为公众提供更完善的交通出行信息服务。北京市为进一步深化大数据在城市交通治理中的应用，促进交通行业与互联网等其他行业的深度融合，由市交通委出台了《北京市交通出行数据开放管理办法（试行）》，为推动北京市 MaaS 系统的建设提供有利条件。

表 4　重点城市交通大数据开放共享制度

城市	制度名称	开放内容	开放及获取方式
北京	《北京市交通出行数据开放管理办法(试行)》	地面公交、轨道交通、静态交通、路网运行四大类数据,包括6 小类静态数据,8 小类动态数据	分无条件开放和依申请开放两种方式 数据获取方式包括网站下载和数据接口访问两种
上海	《上海市公共数据开放暂行办法》	公共充电车桩、公共交通、公共泊位数、交通执法四大类数据	分无条件开放和依申请开放两种方式 数据获取方式包括网站下载和数据接口访问两种
广州	《关于促进大数据发展的实施意见》	只开放了部分静态数据	无条件开放,通过广州市政府大数据统一开放平台直接下载
深圳	《深圳市电子政务公共资源管理暂行办法》	包含多种动静态数据	主动开放和依申请开放两种方式,其中主动开放数据可通过深圳市政府数据开放平台直接下载
杭州	《杭州交通数据开放制度》	长途客运、轨道交通、公交线路、出租车 GPS 点位、路况信息、治堵重点道路信息等	分无条件开放和依申请开放两种方式 申请开放方式包括信函、来访和电子邮件申请

资料来源：根据公开资料整理而得。

由上述内容可看出，国内正在逐步推动交通大数据开放共享，但是目前开放的数据以静态数据为主，MaaS 系统建立更多地需要融合出行及运营过程中的动态数据，现阶段还难以满足建立 MaaS 平台的需求，与欧美等国家的全方位、多领域数据开放程度相比，我国还有较大差距。美国作为数据开放最成熟的国家，2009 年美国联邦政府发布《开放政府指令》，开始建设美国国家级政府数据开放平台 DataGov，实现对用户与政府的数据开放共享与互动交流，双方可以基于数据开展多方式的创新合作，通过公众的专业素养与知识协助政府解决公共事务，通过对开放数据的再利用创造出新的经济价值，激发社会创新。欧盟也早在 2010 年便开始推动大数据发展战略，2017 年，欧盟委员会、欧洲各国政府、汽车制造商和服务提供商等机构共同成立了欧盟数据工作组（简称“DTF”），推进汽车和基础设施数据的安全共享，重点通过车企、科技企业的通力合作实现实时交通数据的匿名共享，助力新时代下的交通安全建设。中国还应基于现有的数据开放水平，拓展数据开放广度和深度，为 MaaS 系统建设奠定数据基础。

3. 已形成多种基于大数据的 MaaS 应用场景

虽然现阶段国内还未建成成熟的统一 MaaS 平台，但是基于大数据，开展数据应用分析，已形成多种 MaaS 应用场景，重点体现在面向公众出行服务的应用场景和面向政府及行业的交通管理应用场景。

（1）面向公众出行服务的应用场景

从用户需求出发，为公众提供多样化的出行服务，重点包括共享出行、短途接驳、定制公交、“最后一公里出行”、出行路径规划、出行信息查询等多种应用场景，其中共享出行作为当前阶段重要应用，正在国内快速发展，主要表现在以滴滴、高德、美团为主的互联网企业和以吉利、上汽等为主的整车企业突飞猛进。短途出行、“最后一公里出行”，作为公众出行痛点，成为众多 MaaS 先行者的初期探索方向，通过融合公交、地铁、短途巴士、共享汽车、共享单车等数据，打造短途接驳、最后一公里无缝出行服务，有效解决公众出行难题。

（2）面向政府及行业的交通管理应用场景

从政府及行业管理需求出发，打造交通指数系统、客流预测、OD 分析、路网动态优化等多种应用场景，支撑主管部门的交通管理。交通指数系统作为城市交通综合治理的重要手段，已在北上广深等许多主要城市得到应用。通过融合出租车、公交车的浮动车数据，高速收费站过车数据，网约车、交通事件、固定检测器、视频、道路施工、手机信令以及互联网、气象等多源数据，实现海量异构数据汇聚。基于数据分析，对交通运行状态进行识别，实现常态化、精细化监测，并对未来交通态势进行预测，实现交通预警功能，为交通管理部门精细化管理及处理偶发性拥堵事件等问题提供依据，同时还可支撑交通管理部门及时掌握交通政策落地效果，为公众提供及时的交通信息服务和出行引导，提升行业管理能力和公众服务水平。未来

MaaS 发展除了面向公众提供良好的出行服务，也要支撑政府及行业实现全方位、精细化的管理。

三　重点城市 MaaS 系统发展现状

由于国内 MaaS 发展起步较晚，现阶段以理论研究为主，实践应用探索呈现以政府为主导的公共出行领域的服务平台建设和以互联网、整车企业为主的共享出行服务平台建设两种模式。共享出行服务平台在各地区建设主要集中在滴滴、美团、首汽约车、曹操出行等企业中，公共交通领域的平台作为政府主导开展的试点研究，在数据开放共享及应用探索方面具有资源优势。中国现阶段 MaaS 系统的实践主要集中在北京、深圳等一线城市，并且还处于初级探索阶段。

1. 北京

（1）北京市交通出行困境

北京市作为国家的政治、经济和文化中心，城市人口规模庞大，2018 年常住人口已达 2154 万，交通拥堵一直以来是其交通领域的最大痛点。为了解决日益严重的交通问题，北京市从 20 世纪 90 年代就实施了一系列包含停车管理、限号、限行及严格限购的政策。在政策影响下，机动车保有量增速放缓（见图 5），机动车销量有所降低（见图 6），交通拥堵情况有所缓解，但其中交通拥堵缓解主要依赖于“限购”等缓堵政策的影响，并且现阶段拥堵问题仍比较严重。要想更好地解决交通拥堵问题，还需要通过信息化手段解决。

随着居民生活水平的提高，居民出行总量快速增长，2018 年北京市中心城区居民出行总量达 3924 万人次，较 2017 年增加 0.8%，未来仍将呈现增长趋势（见图 7）。绿色出行比例为 73%，其中公共交通出行（轨道交通、常规公交）比例仅为 32.3%（见图 8）。另外，据调查，2018 年北京市中心城区平均通勤距离 12.6 公里，平均通勤时间 53.1 分钟，是一线城市中通勤距离和时间最长的，如何通过建设信息化的管理平台和出行服务平台，

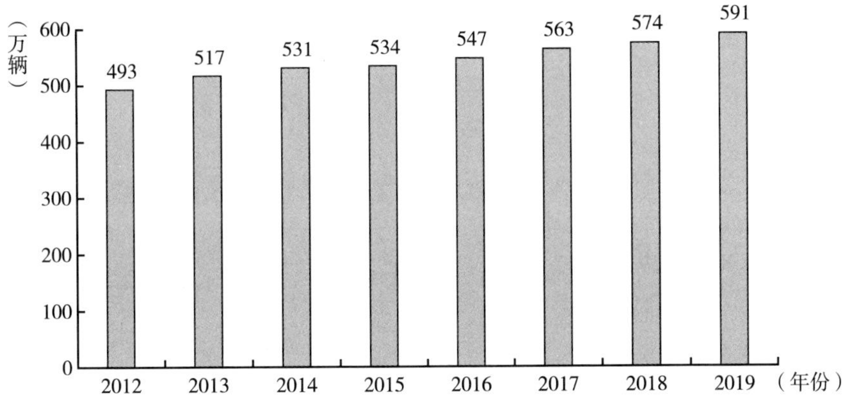

图 5　2012～2019 年北京市汽车保有量

资料来源：国家统计局、北京市统计局。

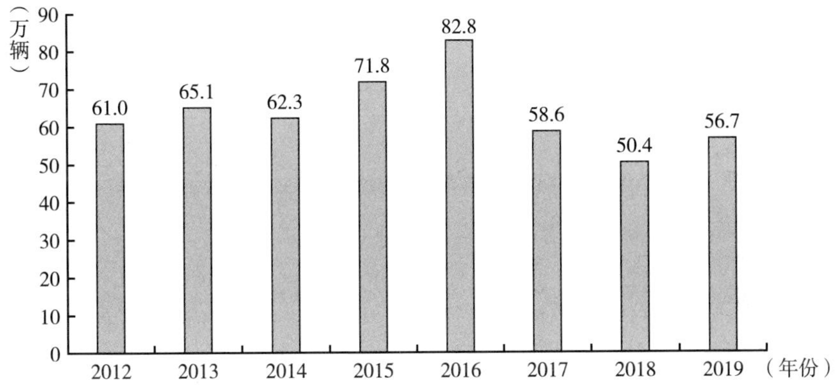

图 6　2012～2019 年北京市乘用车销量

资料来源：中汽数据有限公司零售数据。

实现公共交通和其他出行方式的融合，打造以公共交通为主体的一体化出行服务体系，提高公共交通的出行比例、居民出行便捷程度和舒适度，更好地满足居民出行的需求，是未来北京交通行业建设的重要内容。

（2）北京市 MaaS 发展现状

北京市 MaaS 平台建设在北京市交通委指导下进行，2019 年市交通委与高德地图签订战略合作框架协议，双方借助北京市交通委的交通行业大数据

图7　2017～2018年北京市中心城区工作日出行总量变化

资料来源：《北京市交通发展年度报告（2018～2019年）》。

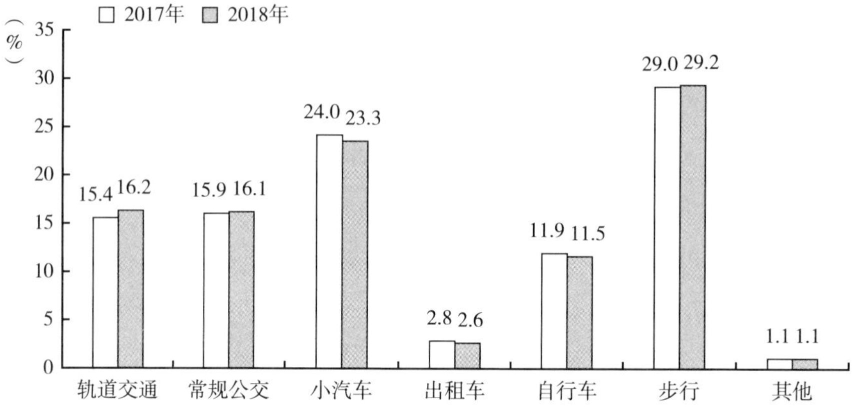

图8　2017～2018年北京市中心城区工作日出行方式变化

资料来源：《北京市交通发展年度报告（2018～2019年）》。

资源优势、高德庞大的C端客户群和阿里巴巴生态下完善的场景化服务闭环优势，采用政企合作模式，依托最新升级的高德地图App，打造国内首个落地实施的一体化出行平台应用试点，为市民提供整合多种交通方式的一体化、全流程的智慧出行服务。政策层面，北京市坚持以人为本、公交优先、慢行优先的发展理念，鼓励绿色出行，减少私家车出行，这也为打造MaaS一体化绿色出行平台提供契机。

北京MaaS平台整合了公交、地铁、市郊铁路、步行、骑行、网约车、航空、铁路、长途大巴、自驾等全品类的交通出行服务数据，能够为市民提供行前智慧决策、行中全程引导、行后绿色激励等全流程、一站式“门到门”的出行智能诱导以及城际出行全过程规划服务。未来平台将会基于MaaS平台打造多元化的应用场景，包括北京大兴国际机场智慧诱导、北京

2022 年冬奥会交通服务保障、救护消防车辆“一路护航”、公交线网优化，助力首都北京的城市精细管理和交通综合治理。

2. 深圳

（1）深圳市交通出行困境

改革开放以后，深圳市迅速崛起。近年来，受深圳市人才吸引、户籍政策放开影响，2018 年深圳市常住人口突破 1300 万，同比增长 4%。虽然深圳常住人口总数低于北上广，但受地形限制，其人口密度大，按建设用地面积计算，2018 年深圳人口密度约 2.0 万人/平方公里，仅次于台湾，并且人口还在不断流入（见图 9）。数据显示，2019 年深圳市人口净流入 41.22 万，在人口净流入最多的城市中排名第二，仅次于杭州。未来随着深圳的快速发展，深圳人口规模还将不断提升。随之而来的是机动车保有量的不断增加，进而加剧交通拥堵、出行难等问题。现阶段深圳市人口出行密度 3.5 万人次/平方公里，仅次于台湾和东京都，加之深圳市地形狭长，交通繁忙时段，拥堵情况日益严峻，难以满足快节奏下居民出行高效率的需求。

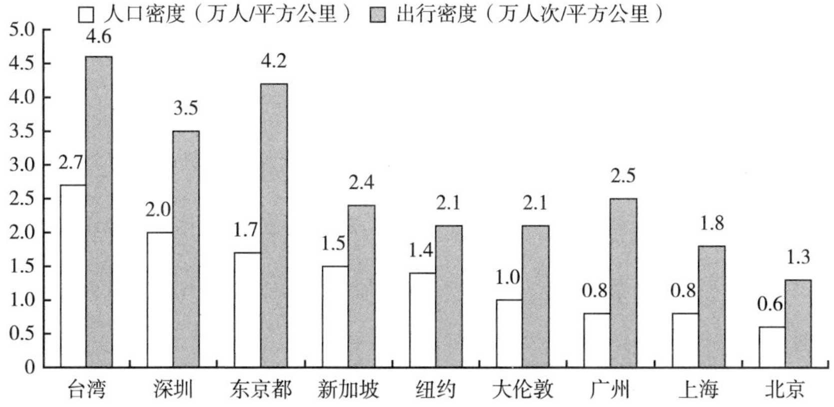

图 9　2018 年世界各大城市人口/出行密度

资料来源：根据公开资料整理而得。

再者，深圳市小汽车出行占比过高，在北上广深四城中，深圳的千人小汽车保有量仅次于北京，达 258 辆/千人（见图 10），造成的拥堵、事故及污染等“负社会成本”，平均达到 48.4 元/人次，其中拥堵造成的时间价值损失占比 80%以上。同时，小汽车享有的交通基建沉没成本较高，却未能正确传递给用户，导致小汽车出行使用强度持续增加，而地面公交及步行、自行车享有的沉没成本较低，道路资源使用效率较高，使用成本低，却未能充分发挥优势，实现高利用率。这主要是以公共交通为主体的多模式一体化服务体系存在一系列的痛点，常规公交需求响应滞后、运速较低，线网层次单一造成线路绕行、换乘不便等问题，导致常规公交竞争力日趋下降，而小汽车、网约车等私人交通方式在运行速度、时间、可达性、舒适性上普遍优于常规公交，因此居民出行更愿意选择私人交通方式。

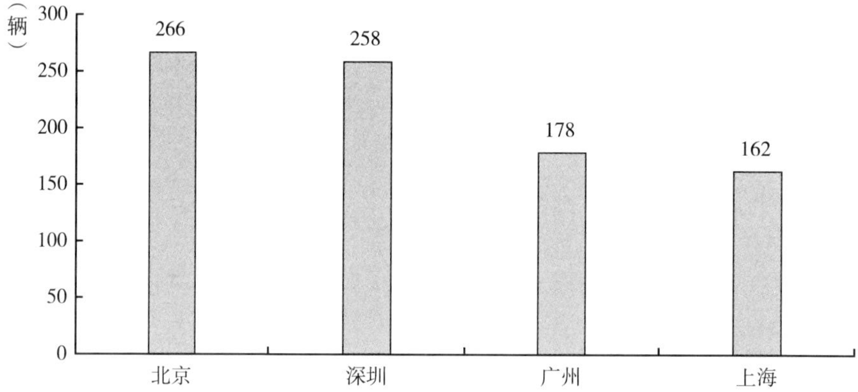

图 10　2018 年北上广深四城汽车千人保有量

资料来源：国家统计局、各地区统计局。

当前，优化交通资源配置和多方式之间的衔接以满足用户多样化出行的需求和效率，解决交通供需匹配的效率问题是深圳市交通建设中面临的严峻挑战，同时提高公共交通出行效率，降低私家车、网约车使用率，打造以公共交通为核心的交通运输体系，减少交通拥堵，也是政府部门关心的问题。

（2）深圳 MaaS 发展现状

深圳市在开展 MaaS 研究与实践过程中注重理论体系与实践应用的结合，在深圳市交通委指导下，重点由深圳城市交通规划设计研究中心主导研究，提出了深圳的 MaaS 发展路径，即“从上而下（政府指导），从下而上

（企业主导）”的发展思路，以公共交通为核心进行 MaaS 顶层设计，从场景入手，由“单一场景、单一目的、多种模式”到“多种场景、多种目的、多种模式”，实现以顶层设计为指导、试点实践为抓手的推进路线。现阶段深圳市的 MaaS 试点应用重点探索区域内多场景应用，包括深圳湾科技生态园、福田中心区两大试点区，通过试点应用，探索多方式融合和用户按需出行，为 MaaS 在深圳市的应用推广奠定了良好基础。

➢深圳湾科技生态园“最后一公里”无缝接驳

针对科技生态园距离地铁站远、人流量大、最后一公里出行难的问题，开展用户需求调研，基于用户动态需求，打造地铁与公交无缝接驳服务，由交通中心基于交通大数据进行站点和线路规划，由深圳巴士集团负责运营管理。平台上线使用后总用户数接近 8000，用户平均通行时间减少 15%，极大缓解了轨交站点的客流压力，实现轨交站点平衡的效果。

➢福田中心城区动态按需响应巴士

福田中心片区位于 CBD 区域，短途出行困难，高峰时期换乘枢纽压力大，针对以上问题，开展以动态响应的片区微循环对片区公交线网服务优化的测试，通过打造“动态需求响应的福田小巴”，将周边的地铁、福田小巴、慢行交通结合起来，满足短距离出行的动态需求，缓解交通枢纽压力，提高持续经营效率。

四　未来展望

（一）多行业、跨行业数据融合成为趋势

随着需求的增长和行业的发展，未来交通行业与其他行业之间的数据融合将越来越紧密，特别是与汽车、互联网、科技企业的跨界融合创新将成为未来的趋势，基于政府主管部门的交通大数据，融合滴滴、高德等互联网企业交通出行大数据、整车企业的共享出行及私家车数据及各类支付平台数据，将成为发展 MaaS 的重要手段。

（二）基于自动驾驶的 MaaS 应用场景将会成为未来的重要应用场景

自动驾驶的快速发展为解决 MaaS 最后一公里出行提供重要途径，特别是如今 Robtaxi 的出现为打造特定区域的 MaaS 出行提供有力的基础。

附　录

Appendices

B.24

附录一　2019年及2020年1~6月国产乘用车销量

单位：辆

企业	品牌	车型	2019 年	2020 年 1 ~6 月
爱驰汽车	企业汇总		8	309
	爱驰	品牌汇总	8	309
		爱驰 U5	8	309
宝沃汽车	企业汇总		50365	4208
	宝沃	品牌汇总	50365	4208
		宝沃 BX5	34791	3072
		宝沃 BX7	15189	1043
		宝沃 BX3	1	90
		宝沃 BX6	356	3
		宝沃 BXi7	28	

续表

企业	品牌	车型	2019 年	2020 年 1～6 月
北京奔驰	企业汇总		564595	273016
	奔驰	品牌汇总	564595	273016
		奔驰 GLC 级	140551	75055
		奔驰 C 级	160437	71636
		奔驰 E 级	155443	71485
		奔驰 A 级	61937	32613
		奔驰 GLB 级	989	20161
		奔驰 GLA 级	44921	1022
		奔驰 A 级 AMG	216	697
		奔驰 EQC 级	98	347
		奔驰 GLK 级	3	
北京汽车	企业汇总		91004	31052
	北京	品牌汇总	38929	18486
		北京 X3	8331	7454
		北京 40L	18911	6579
		北京 U7	7110	2231
		北京 U5		723
		北京 80	1130	682
		北京 20	3360	614
		北京 X7		100
		北京 90	73	98
		北京 40	13	5
		北汽 E 系列	1	
	绅宝	品牌汇总	45139	12352
		绅宝 X35	13938	6265
		绅宝 D50	13954	3267
		绅宝智行	11434	2099
		绅宝 D70	4019	675
		绅宝 X65	624	27
		绅宝 X25	1011	17
		绅宝 X55	145	1
		绅宝 D60	5	1
		绅宝 D20	2	
		绅宝 D80	7	

续表

企业	品牌	车型	2019 年	2020 年 1~6 月
北京汽车	威旺	品牌汇总	6936	214
		威旺 M50F	5116	190
		威旺 S50	459	19
		威旺 M20	1326	5
		威旺 307	22	
		威旺 205	1	
		威旺 M60	7	
		威旺 306	5	
北京汽车制造	企业汇总		2961	1222
	北京	品牌汇总	2961	1222
		北京 212	1250	609
		勇士	712	261
		战旗	860	211
		北京 K7	86	56
		大猫	1	28
		豹 200		21
		北京 BW007	21	12
		豹 100	5	11
		小猫		11
		威骏	26	2
北京现代	企业汇总		694064	225774
	现代	品牌汇总	694064	225774
		领动	151722	44976
		现代 ix35	132822	35491
		悦动	90057	30553
		菲斯塔	80827	29919
		现代 ix25	52386	18281
		名图	46623	15588
		途胜	35983	15220
		悦纳	35423	14556

续表

企业	品牌	车型	2019 年	2020 年 1 ~6 月
北京现代	现代	瑞纳	48381	13739
		胜达	10766	4685
		现代 ENCINO	3627	2217
		索纳塔九	2847	328
		逸行	1172	157
		伊兰特 EV	764	30
		索纳塔		29
		朗动	19	3
		悦纳 RV	617	1
		瑞奕	12	1
		名驭	10	
		伊兰特	2	
		索纳塔八	4	
北汽福田	企业汇总		10207	2787
	福田	品牌汇总	10207	2787
		蒙派克 E	6273	2526
		萨瓦纳	263	72
		伽途 ix7	946	56
		伽途 ix5	1419	40
		伽途 im6	524	37
		伽途 im8	622	31
		风景 V5	121	23
		风景 V3	39	2
北汽瑞丽	企业汇总		21	5
	道达	品牌汇总	21	5
		道达 V8	21	5
北汽泰普	企业汇总		40	3
	北京	品牌汇总	40	3
		北京 80 TAP	40	3

续表

企业	品牌	车型	2019 年	2020 年 1～6 月
北汽新能源	企业汇总		84682	14459
	ARCFOX	品牌汇总	154	401
		北汽 ARCFOX Lite	154	401
	北京	品牌汇总	84528	14058
		北汽 EU 系列	68347	8242
		北汽 EC5	1932	1698
		北汽 EC 系列	7500	1530
		北汽 EX3	2020	1386
		北汽 EU7	665	930
		北汽 EX5	2817	228
		北汽 ET3	123	42
		北汽 EX 系列	1119	2
		北汽 EV 系列	5	
北汽银翔	企业汇总		8219	64
	幻速	品牌汇总	8219	64
		幻速 S3L	2402	24
		幻速 S6	374	15
		幻速 S5	2314	7
		幻速 H5	306	6
		幻速 S7	1037	5
		幻速 H2	51	3
		幻速 H2E	217	2
		幻速 H3	336	2
		幻速 H3F	351	
		幻速 S2	210	
		幻速 H2V	22	
		幻速 S3	599	
比速汽车	企业汇总		2328	15
	比速	品牌汇总	2328	15
		比速 T3	1334	9
		比速 M3	179	4
		比速 T5	815	2

续表

企业	品牌	车型	2019 年	2020 年 1 ~6 月
比亚迪汽车	企业汇总		399143	127579
	比亚迪	品牌汇总	399143	127579
		比亚迪宋	87483	52849
		比亚迪秦	40616	20149
		比亚迪 F3	47010	13354
		比亚迪宋 MAX	53772	12018
		比亚迪唐	54661	11908
		比亚迪 E2	7142	6827
		比亚迪元	40569	5712
		比亚迪 E3	774	1720
		比亚迪 E5	57884	1096
		比亚迪 E1	3311	987
		比亚迪 S2	2176	527
		比亚迪 G6	364	240
		比亚迪 M3	217	84
		速锐	2043	81
		比亚迪 S7	396	16
		比亚迪 F0	298	7
		比亚迪 L3	24	4
		比亚迪 G3	1	
		比亚迪 G5	16	
		比亚迪商	89	
		比亚迪 E6	288	
		比亚迪 S6	9	
昌河铃木	企业汇总		4120	903
	铃木	品牌汇总	4120	903
		北斗星 X5	1597	789
		北斗星	2518	114
		利亚纳 A6	4	
		浪迪	1	

续表

企业	品牌	车型	2019 年	2020 年 1～6 月
昌河汽车	企业汇总		17763	4374
	昌河	品牌汇总	17763	4374
		昌河 Q7	4360	2223
		昌河 A6	2546	1249
		福瑞达 M50S	3152	811
		昌河 Q35	4498	77
		昌河 Q25	1134	12
		昌河 M70	2073	2
成功汽车	企业汇总		108	17
	成功	品牌汇总	108	17
		成功 V2	96	17
		成功 V1	12	
大运汽车	企业汇总		92	273
	大运	品牌汇总	92	273
		悦虎 ES3		248
		帅虎 ES3	92	24
		驰虎 EM6		1
东风本田	企业汇总		828529	275420
	本田	品牌汇总	828295	272966
		本田 CR－V	223013	81452
		思域	244808	79608
		本田 XR－V	152906	58433
		本田 INSPIRE	56252	16712
		享域	45477	15765
		艾力绅	34792	14407
		本田 UR－V	30049	4824
		杰德	19673	1756
		竞瑞	11504	7
		哥瑞	9805	2
		思铂睿	16	
	思铭	品牌汇总	234	2454
		思铭 X－NV	234	2454

续表

企业	品牌	车型	2019年	2020年1~6月
东风乘用车	企业汇总		76320	26351
	东风风神	品牌汇总	76320	26351
		奕炫	14123	14168
		风神 AX7	37551	9814
		奕炫 GS		830
		风神 A60	2130	495
		风神 E70	15503	440
		风神 AX5	2051	378
		风神 AX3	1740	157
		风神 EX1		27
		风神 AX4	2121	20
		风神 A30	243	10
		风神 L60	558	5
		风神 E60		4
		东风 A9	297	3
		风神 H30Cross	1	
		风神 S30	2	
东风雷诺	企业汇总		19744	4377
	雷诺	品牌汇总	19744	4377
		科雷嘉	6016	1452
		科雷傲	11233	1282
		e诺	1901	875
		科雷缤	594	768
东风柳汽	企业汇总		109992	39794
	东风风行	品牌汇总	109992	39794
		菱智	46995	18175
		风行 T5	27026	10938
		风行 SX6	5774	4097
		风行 T5L	8347	4062
		景逸 S50	5315	871

续表

企业	品牌	车型	2019 年	2020 年 1～6 月
东风柳汽	东风风行	景逸 X5	8199	615
		风行 CM7	2930	480
		风行 F600	1648	324
		景逸 X6	2875	206
		景逸 X5L	212	21
		景逸 X3	275	3
		风行 S500	370	2
		风行 T7	26	
东风汽车	企业汇总		7976	682
	东风	品牌汇总	6652	629
		俊风 E11K	5310	585
		俊风 EV30	99	44
		俊风 E17	17	
		俊风 ER30	1226	
	东风御风	品牌汇总	143	52
		御风 S16	143	52
	富康	品牌汇总	1181	1
		富康 ES500	1181	1
东风日产	企业汇总		1296637	474426
	启辰	品牌汇总	121342	34074
		启辰 D60	74134	17613
		启辰 T60	14428	7566
		启辰 T70	18139	3322
		星		2956
		启辰 T90	11999	2259
		启辰 E30	32	183
		启辰 M50V	2602	175
		启辰 D50	3	
		启辰 R50	5	

续表

企业	品牌	车型	2019 年	2020 年 1~6 月
东风日产	日产	品牌汇总	1175295	440352
		轩逸	483553	202934
		奇骏	214622	68394
		逍客	182272	58950
		天籁	94054	44867
		骐达	76130	27596
		蓝鸟	48721	15543
		劲客	45847	15497
		楼兰	25040	6562
		西玛	208	5
		阳光	3668	3
		骊威	1180	1
东风小康	企业汇总		186621	59550
	东风小康	品牌汇总	186621	59550
		风光 580	73814	24407
		风光 S560	55606	16878
		风光	20377	6631
		东风小康 K07S	11045	4584
		风光 ix5	18331	2845
		东风小康 C36	1815	1692
		风光 ix7	144	1557
		风光 370	3085	670
		东风小康 C37	2398	263
		风光 E1	2	23
		东风小康 K07II	2	
		东风小康 V27	2	
东风英菲尼迪	企业汇总		33392	10748
	英菲尼迪	品牌汇总	33392	10748
		英菲尼迪 QX50	20943	6919
		英菲尼迪 Q50L	12449	3829

续表

企业	品牌	车型	2019 年	2020 年 1～6 月
东风裕隆	企业汇总		3496	163
	纳智捷	品牌汇总	3491	163
		优 6 SUV	1263	67
		纳智捷 URX	8	43
		纳智捷 U5 SUV	1760	26
		锐 3	125	17
		大 7 MPV	311	7
		大 7 SUV	21	2
		纳 5	3	1
	裕路	品牌汇总	5	0
		裕路 EV2	5	
东风悦达起亚	企业汇总		303217	90392
	华骐	品牌汇总	751	0
		华骐 300E	751	
	起亚	品牌汇总	302466	90392
		智跑	91614	27397
		起亚 KX3	4900	16029
		起亚 K3	47154	15602
		奕跑	38720	9328
		焕驰	45914	6869
		福瑞迪	9058	5502
		起亚 KX5	6754	4458
		起亚 KX Cross	31108	2793
		起亚 K5	10600	1168
		凯绅	8276	777
		起亚 K2	3424	322
		起亚 KX7	266	92
		赛拉图	4662	54
		狮跑	5	1
		秀尔	1	
		起亚 K4	8	
		起亚 K3S	2	

续表

企业	品牌	车型	2019 年	2020 年 1～6 月
东南汽车	企业汇总		35703	7713
	电咖	品牌汇总	687	5
		电咖 EV10	687	5
	东南	品牌汇总	35006	7708
		东南 DX5	2354	3242
		东南 DX3	16685	2089
		A5 翼舞	8950	1639
		东南 DX7	6541	665
		V3 菱悦	213	42
		V5 菱致	262	30
		V6 菱仕	1	1
	三菱	品牌汇总	10	0
		蓝瑟	1	
		君阁	1	
		翼神	8	
枫盛汽车	企业汇总		0	164
	枫叶	品牌汇总	0	164
		枫叶 30X		164
福迪汽车	企业汇总		823	136
	福迪	品牌汇总	823	136
		揽福	823	136
福建奔驰	企业汇总		25286	10152
	奔驰	品牌汇总	25286	10152
		奔驰 V 级	14643	5666
		威霆	10643	4486
福建新龙马	企业汇总		323	31
	启腾	品牌汇总	323	31
		启腾 V60	217	24
		启腾 M70	46	4
		启腾 EX80	59	3
		启腾 EX7	1	

续表

企业	品牌	车型	2019年	2020年1～6月
观致汽车	企业汇总		49449	6737
	观致	品牌汇总	49449	6737
		观致 5	28434	4584
		观致 3	20935	2153
		观致 3 都市 SUV	80	
广汽本田	企业汇总		794280	289754
	本田	品牌汇总	777238	283494
		雅阁	226217	81125
		皓影	6716	54446
		缤智	122568	51922
		凌派	157278	40537
		冠道	75637	20815
		飞度	117438	17887
		奥德赛	47012	16159
		锋范	24369	603
		歌诗图	3	
	理念	品牌汇总	666	828
		理念 VE1	664	828
		理念 S1	2	
	讴歌	品牌汇总	14851	5324
		讴歌 RDX	6145	2636
		讴歌 CDX	7179	2630
		讴歌 TLX－L	1527	58
	世锐	品牌汇总	1525	108
		世锐	1525	108

续表

企业	品牌	车型	2019年	2020年1~6月
广汽乘用车	企业汇总		412420	126952
	传祺	品牌汇总	412420	126952
		传祺 GS4	134238	46085
		传祺 AION. S	18746	15593
		传祺 GS3	76583	15446
		传祺 GM6	33201	12937
		传祺 GM8	25196	10777
		传祺 GS5	51121	7749
		传祺 GS8	30873	7115
		传祺 GA6	11873	5948
		传祺 AION LX	790	1485
		传祺 GS7	7876	1423
		传祺 GS8 S		889
		传祺 GS4 Coupe		732
		传祺 GE3	7359	429
		传祺 GA8	1625	145
		传祺 GA4	12339	139
		传祺 AION V		55
		传祺 GA5	15	2
		传祺 GS5 速博	33	2
		传祺 GA3S	549	1
		传祺 GA3	3	
广汽菲克	企业汇总		80641	19082
	菲亚特	品牌汇总	67	8
		菲翔	51	7
		致悦	16	1
	吉普	品牌汇总	80473	19074
		指南者	38871	8852
		自由光	18626	4866
		大指挥官	10566	2712
		自由侠	7976	1691
		指挥官	4434	953
	悦界	品牌汇总	101	0
		悦界	101	

续表

企业	品牌	车型	2019 年	2020 年 1～6 月
广汽丰田	企业汇总		677075	313474
	丰田	品牌汇总	675974	310559
		雷凌	211826	97428
		凯美瑞	183616	73994
		致炫	70419	40309
		汉兰达	102974	39944
		丰田 C－HR	60940	26277
		威兰达		18329
		致享	46199	14278
	广汽	品牌汇总	1101	2915
		广汽 iA5	817	2913
		广汽 ix4	284	2
广汽吉奥	企业汇总		2	0
	吉奥	品牌汇总	2	0
		E 美	1	
		星旺 CL	1	
广汽三菱	企业汇总		134467	34584
	祺智	品牌汇总	1886	83
		祺智 EV	899	76
		祺智	987	7
	三菱	品牌汇总	132581	34501
		欧蓝德	84761	24715
		奕歌	27262	5314
		劲炫 ASX	20558	4472
广汽蔚来	企业汇总		0	65
	合创	品牌汇总	0	65
		合创 007		65
国机智骏	企业汇总		606	904
	智骏	品牌汇总	606	904
		智骏 GX5	216	475
		智骏 GC1	350	415
		智骏 GC2	40	14

续表

企业	品牌	车型	2019 年	2020 年 1 ~6 月
国金汽车	企业汇总		60	14
	国金	品牌汇总	60	14
		国金 GM3	60	14
国能汽车	企业汇总		4	0
	国能	品牌汇总	4	0
		国能 93	4	
海马汽车	企业汇总		21741	3596
	海马	品牌汇总	21741	3596
		海马 8S	4673	2818
		海马 S5	5797	348
		福美来 MPV	2298	210
		福美来	1957	95
		海马 7X		39
		海马 E1	1160	29
		海马 S5 Young	3080	23
		海马 M6	556	14
		海马 S7	723	12
		海马 M8	80	4
		海马 M3	1385	4
		爱尚	15	
		福仕达	9	
		海马 E3	7	
		普力马	1	
汉龙汽车	企业汇总		32	205
	汉龙	品牌汇总	32	205
		旷世	32	205
汉腾汽车	企业汇总		19152	1611
	汉腾	品牌汇总	19152	1611
		汉腾 X5	10600	706
		汉腾 X7	7976	689
		汉腾 V7	513	194
		幸福 e +	61	22
		小幸福	2	

续表

企业	品牌	车型	2019 年	2020 年 1~6 月
合众新能源	企业汇总		8965	4823
	哪吒	品牌汇总	8965	4823
		哪吒 N01	8965	3937
		哪吒 U		886
河北御捷	企业汇总		188	66
	御捷马	品牌汇总	188	66
		御捷 E 行	174	64
		御捷 E 骋	6	2
		御捷 E 驰	8	
红星汽车	企业汇总		1	4
	红星	品牌汇总	1	4
		红星 X2	1	4
湖南恒润	企业汇总		28	33
	恒润	品牌汇总	28	33
		恒润 HR-S1	28	33
华晨宝马	企业汇总		545144	254821
	宝马	品牌汇总	545095	254798
		宝马 5 系	161926	65912
		宝马 3 系	111250	61739
		宝马 X3	121660	57496
		宝马 X1	97843	41018
		宝马 1 系	44486	16698
		宝马 X2	2304	11908
		宝马 2 系	5626	27
	之诺	品牌汇总	49	23
		之诺 60H	48	18
		之诺 100H	1	5

续表

企业	品牌	车型	2019 年	2020 年 1～6 月
华晨雷诺金杯	企业汇总		20062	6930
	华颂	品牌汇总	1218	794
		华颂 7	1218	794
	金杯	品牌汇总	18844	6136
		阁瑞斯	16657	5906
		金杯 F50	1762	183
		观境	425	47
华晨汽车	企业汇总		31796	4897
	金杯	品牌汇总	337	1
		金杯 S70	265	1
		智尚 S35	69	
		智尚 S30	3	
	中华	品牌汇总	31459	4896
		中华 V3	15186	2308
		中华 H530	3732	1202
		中华 V7	8751	1017
		中华 V6	2938	350
		中华 H3	735	17
		中华 H330		1
		中华 V5	24	1
		尊驰	1	
		骏捷 FSV	70	
		中华 H230	22	
华晨鑫源	企业汇总		42959	16350
	金杯	品牌汇总	25107	10230
		小海狮 X30L	15985	5785
		小海狮 X30	7706	4435
		金杯 750	1416	10
	斯威	品牌汇总	17852	6120
		斯威 G05	2615	2836
		斯威 X3	3373	1499
		斯威 G01	5640	1155
		斯威 X7	6224	630

续表

企业	品牌	车型	2019 年	2020 年 1～6 月
华泰汽车	企业汇总		1524	141
	华泰	品牌汇总	1524	141
		圣达菲	1258	84
		宝利格	9	28
		圣达菲 7	187	14
		路盛 E80	11	11
		华泰 XEV260	9	2
		经典圣达菲	32	2
		路盛 E70	18	
吉利汽车	企业汇总		1326897	493312
	吉利	品牌汇总	1189639	429989
		博越	173872	77041
		帝豪	192847	60457
		远景 X3	126439	40712
		缤越	119675	37283
		远景	108086	37205
		远景 SUV	86220	36847
		帝豪 GS	104164	35585
		帝豪 GL	84602	26209
		缤瑞	73334	22153
		嘉际	24547	13521
		星越	19104	13061
		吉利 icon	330	12155
		博瑞 GE	18285	7674
		远景 S1	31647	7180
		帝豪 GSe	10292	1957
		豪越		499
		博瑞	1118	209
		金刚	7228	134
		经典帝豪	3510	96

续表

企业	品牌	车型	2019 年	2020 年 1 ~6 月
吉利汽车	吉利	远景 X1	4311	8
		熊猫	8	1
		吉利 GX7	5	1
		吉利 TX		1
		吉利 EC8	3	
		英伦 SC6	1	
		海景	1	
		吉利 GC7	3	
		豪情 SUV	4	
		吉利 SX7	3	
	几何	品牌汇总	9729	1624
		几何 A	9729	1624
	领克	品牌汇总	127529	61699
		领克 03	51214	30078
		领克 01	46536	14113
		领克 02	29772	11694
		领克 05	7	5814
吉麦新能源	企业汇总		0	31
	凌宝	品牌汇总	0	31
		凌宝 BOX		31
江淮大众	企业汇总		1195	15
	思皓	品牌汇总	1195	156
		思皓 E20X	1195	156

续表

企业	品牌	车型	2019 年	2020 年 1 ~6 月
江淮汽车	企业汇总		102278	35002
	江淮	品牌汇总	102278	35002
		嘉悦 A5	2973	15730
		瑞风 M3	24624	9817
		瑞风 S4	19612	2993
		瑞风 M4	11662	2891
		嘉悦 X7		1201
		江淮 iEV6E	17769	632
		江淮 iEVS4	4061	436
		瑞风 S3	2894	336
		江淮 iEVA50	2797	271
		瑞风 R3	2215	212
		瑞风 S7	3018	178
		江淮 iC5		125
		江淮 iEV7	4073	74
		瑞风 M5	1153	55
		江淮 iEVA60	23	24
		江淮 iEV7S	3738	13
		瑞风 M6	138	6
		瑞风 S2	581	4
		瑞风 S5	17	3
		江淮 iEV4	4	1
		和悦 A30	2	
		瑞风 S2 mini	3	
		瑞风 A60	912	
		瑞风 M2	1	
		和悦	3	
		瑞风	4	
		江淮 iEV5	1	

续表

企业	品牌	车型	2019 年	2020 年 1～6 月
江铃集团新能源	企业汇总		12382	572
	江铃	品牌汇总	12382	572
		易至 EV3	2815	367
		易至 EX5	42	134
		易至 EV2	28	63
		江铃 E200	8927	5
		江铃 E100	8	3
		江铃 E400	556	
		江铃 E160	3	
		江铃 E500	3	
江铃控股	企业汇总		12123	646
	陆风	品牌汇总	12123	646
		荣曜	330	557
		逍遥	3875	32
		陆风 X7	4019	22
		陆风 X2	2638	21
		陆风 X5	843	7
		陆风 X8	418	7
江铃汽车	企业汇总		50898	14722
	福特	品牌汇总	47933	13917
		领界	42620	12890
		途睿欧	2079	537
		撼路者	3234	490
	江铃	品牌汇总	2965	805
		驭胜	2902	787
		驭胜 S330	63	18
江西大乘	企业汇总		5387	773
	大乘	品牌汇总	5387	773
		大乘 G60	3576	740
		大乘 G70	1760	33
		大乘 E20	51	

续表

企业	品牌	车型	2019 年	2020 年 1～6 月
江西五十铃	企业汇总		1820	670
	五十铃	品牌汇总	1820	670
		五十铃 mu－X	1820	670
金康新能源汽车	企业汇总		245	660
	东风小康	品牌汇总	220	449
		风光 E3	220	449
	金康	品牌汇总	24	0
		瑞驰	23	
		金康 S513	1	
	赛力斯	品牌汇总	1	211
		赛力斯 SF5	1	211
九龙汽车	企业汇总		851	65
	九龙	品牌汇总	851	65
		艾菲	811	65
		九龙 EM5	9	
		九龙 EM3	31	
君马汽车	企业汇总		14518	517
	君马	品牌汇总	14518	517
		君马 SEEK 5	10661	451
		君马 MEET 5	19	34
		君马 MEET 3	1035	17
		君马 S70	2803	15
卡威汽车	企业汇总		35	10
	卡威	品牌汇总	35	10
		卡威 W1	35	10

续表

企业	品牌	车型	2019 年	2020 年 1～6 月
凯翼汽车	企业汇总		15269	4350
	凯翼	品牌汇总	15269	4350
		凯翼 X3	5487	2533
		凯翼 X5	3482	727
		凯翼 E3	6055	689
		炫界		399
		凯翼 C3	217	1
		凯翼 V3	25	1
		凯翼 C3R	3	
康迪汽车	企业汇总		217	2
	康迪	品牌汇总	217	2
		康迪 K27	5	1
		康迪 K12	1	1
		康迪 K23	1	
		康迪 K22	2	
		康迪 EX3	208	
莱姆斯特汽车	企业汇总		4	0
	莱姆斯特	品牌汇总	4	0
		莱姆斯特 EVJ300	4	
理想智造汽车	企业汇总		1283	9666
	理想	品牌汇总	1283	9666
		理想 ONE	1283	9666
力帆乘用车	企业汇总		8764	75
	力帆	品牌汇总	8764	75
		迈威	3175	37
		轩朗	4621	23
		力帆 X80	419	9
		力帆 620	62	3
		力帆 820	339	2
		力帆 330	10	1

续表

企业	品牌	车型	2019 年	2020 年 1～6 月
力帆乘用车	力帆	力帆 X50	64	
		力帆 650	34	
		鹏飞	16	
		力帆 320	18	
		力帆 X60	5	
		力帆 720	1	
力帆汽车	企业汇总		219	9
	力帆	品牌汇总	219	9
		力帆乐途 S	135	5
		力帆乐途	83	4
		丰顺	1	
猎豹汽车	企业汇总		28516	1923
	猎豹	品牌汇总	28516	1923
		猎豹 CS9	14133	772
		迈途	5703	710
		猎豹 CS10	6799	389
		猎豹 Q6	1873	52
		猎豹 Coupe	1	
		飞腾 C5	2	
		黑金刚	3	
		飞腾	2	
零跑汽车	企业汇总		1086	937
	零跑	品牌汇总	1086	937
		零跑 S01	1086	550
		零跑 T03		387
领途汽车	企业汇总		485	13
	领途	品牌汇总	485	4
		领途 V3S	3	2
		领途 K－ONE	482	2
	朋克	品牌汇总	0	9
		朋克 Ipick		9

续表

企业	品牌	车型	2019 年	2020 年 1～6 月
敏安汽车	企业汇总		0	4
	敏安	品牌汇总	0	4
		敏安 MX－6		3
		敏安 ET－5		1
南京金龙	企业汇总		848	48
	开沃	品牌汇总	848	47
		开沃 D07	848	47
	天美	品牌汇总	0	1
		天美 ET5		1
奇点汽车	企业汇总		8	3
	奇点	品牌汇总	8	3
		奇点 iS6	8	3
奇瑞捷豹路虎	企业汇总		54744	19684
	捷豹	品牌汇总	20424	7754
		捷豹 XEL	11242	4757
		捷豹 XFL	6051	2230
		捷豹 E－PACE	3131	767
	路虎	品牌汇总	34320	11930
		发现运动版		5369
		揽胜极光	6068	4872
		发现神行	28252	1689
奇瑞汽车	企业汇总		384382	150270
	捷途	品牌汇总	91177	38940
		捷途 X70	55443	19443
		捷途 X90	23707	7396
		捷途 X70M	394	6877
		捷途 X95	1351	4570
		捷途 X70S	10282	654

续表

企业	品牌	车型	2019 年	2020 年 1～6 月
奇瑞汽车	开瑞	品牌汇总	5061	277
		开瑞 K60	2992	188
		开瑞 K50	2067	89
		开瑞优优	1	
		开瑞优胜Ⅱ	1	
	奇瑞	品牌汇总	277272	105602
		瑞虎 8	80338	32966
		瑞虎 5X	32835	16608
		艾瑞泽 EX	46328	16574
		奇瑞 eQ1	31085	11044
		瑞虎 7	7052	9593
		艾瑞泽 GX	29374	7742
		瑞虎 3X	23085	5483
		瑞虎 3	14104	2629
		艾瑞泽 5	2014	1411
		瑞虎 E	1308	729
		奇瑞 E3	2850	457
		艾瑞泽 5e	3444	305
		奇瑞 QQ3	200	24
		奇瑞 eQ2		15
		瑞虎 3Xe	1902	10
		瑞虎 5	526	4
		艾瑞泽 7	797	3
		风云 2	6	2
		艾瑞泽 3	7	2
		旗云 2		1
		奇瑞 eQ	6	
		奇瑞 QQ	11	
	星途	品牌汇总	10872	5451
		星途 TXL	7849	2486
		星途 LX	2237	2229
		星途 TX	786	736

续表

企业	品牌	车型	2019 年	2020 年 1 ~6 月
前途汽车	企业汇总		95	3
	前途	品牌汇总	95	3
		前途 K50	95	3
青年莲花	企业汇总		183	392
	青年莲花	品牌汇总	183	392
		云雀 Q1	183	392
青年汽车	企业汇总		259	0
	迈迪	品牌汇总	5	0
		迈迪 i3	5	
	欧联	品牌汇总	254	0
		欧联 M1	254	
庆铃汽车	企业汇总		1	0
	五十铃	品牌汇总	1	0
		竞技者	1	
赛麟汽车	企业汇总		20	9
	赛麟	品牌汇总	20	9
		迈迈	20	9
山东梅拉德	企业汇总		559	356
	比德文	品牌汇总	1	2
		比德文 E3	1	2
	雷丁	品牌汇总	558	354
		雷丁 i5	492	184
		雷丁 i3	66	93
		雷丁 i9		77
上汽乘用车	企业汇总		585143	176390
	科莱威	品牌汇总	0	477
		上汽 Clever		477

续表

企业	品牌	车型	2019 年	2020 年 1～6 月
上汽乘用车	名爵	品牌汇总	157345	41353
		MG6	58737	18467
		MG ZS	57695	15600
		MG HS	29666	6987
		锐腾	2980	268
		锐行	7245	29
		MG3	1021	2
		MG5	1	
	荣威	品牌汇总	427798	134560
		荣威 i5	121245	43541
		荣威 RX5	133688	31840
		荣威 RX5 MAX	26698	25997
		荣威 RX3	41103	10267
		荣威 i6	33796	8401
		荣威 Ei5	23077	4702
		荣威 ei6	15453	3843
		荣威 RX8	10357	2388
		荣威 eRX5	9999	1892
		荣威 RX5 eMAX	129	1109
		荣威 Marvel X	2035	396
		荣威 ERX5 EV	1870	66
		荣威 e950	1202	45
		荣威 W5	93	32
		荣威 350	216	21
		荣威 360	6670	16
		荣威 950	115	2
		荣威 e550	2	1
		荣威 750		1
		荣威 E50	1	
		荣威 550	49	

续表

企业	品牌	车型	2019 年	2020 年 1 ~ 6 月
上汽大通	企业汇总		47369	16424
	上汽大通	品牌汇总	47369	16424
		上汽大通 G50	22582	7768
		上汽大通 G10	16293	3390
		上汽大通 G20	2837	2554
		上汽大通 D60	1833	1915
		上汽大通 D90	3427	608
		上汽大通 EUNIQ 5	166	117
		上汽大通 EG10	222	66
		上汽大通 EUNIQ 6		6
		上汽大通 EG50	9	
上汽大众	企业汇总		1960024	596834
	大众	品牌汇总	1681375	522239
		朗逸	488339	161440
		途观 L	204518	70125
		桑塔纳尚纳	247668	69817
		帕萨特	222060	56580
		途岳	122939	54129
		途昂	81558	29782
		凌渡	102034	27969
		途铠	28662	23071
		大众 Polo	86350	18230
		途安	20963	4274
		辉昂	14216	3670
		威然		1907
		桑塔纳浩纳	4357	1224
		途观	44794	16
		大众 Viloran		4
		朗行	2913	1
		桑塔纳 Cross	4	
		朗境	57	
		大众 T - CROSS	9943	

续表

企业	品牌	车型	2019 年	2020 年 1～6 月
上汽大众	斯柯达	品牌汇总	278648	74595
		明锐	75402	16325
		柯米克	45640	13816
		昕锐	48404	12336
		柯珞克	31865	9469
		柯迪亚克	25272	7451
		速派	24441	5835
		柯米克 GT	457	4194
		柯迪亚克 GT	9779	2464
		昕动	7423	2086
		明锐旅行车	2787	573
		晶锐	5261	45
		Yeti	1917	1
	天越	品牌汇总	1	0
		天越	1	
上汽通用	企业汇总		1467561	521951
	别克	品牌汇总	838071	319301
		英朗 GT	250355	103895
		君威	124773	55815
		别克 GL8	144870	53570
		昂科威	104287	40444
		君越	43138	19195
		威朗	91064	15014
		昂科拉 GX	5600	7562
		昂科旗	2323	6956
		别克 GL6	28839	6072
		昂科拉	11908	5642
		凯越	11014	2428
		别克 Velite 6	7329	1903
		阅朗	10463	775

续表

企业	品牌	车型	2019 年	2020 年 1 ~6 月
上汽通用	别克	昂科威 S		12
		威朗轿跑	1205	8
		别克 Velite 5	258	6
		别克 Velite 7		3
		威朗 GS	645	1
	凯迪拉克	品牌汇总	214106	81384
		凯迪拉克 XT5	57845	26569
		凯迪拉克 XT4	44994	22198
		凯迪拉克 CT5	1412	11639
		凯迪拉克 CT6	21470	9834
		凯迪拉克 XT6	5583	8155
		凯迪拉克 XTS	49117	1440
		凯迪拉克 CT4		1316
		凯迪拉克 ATS – L	33685	233
	雪佛兰	品牌汇总	415384	121266
		科鲁泽	101747	55802
		迈锐宝 XL	48601	19128
		探界者	54140	16146
		科沃兹	118395	15019
		沃兰多	29098	5914
		创酷	8271	5093
		创界	1645	2416
		开拓者		1333
		畅巡	6	386
		赛欧	7029	10
		科鲁兹	16183	10
		迈锐宝	29343	9
		乐风 RV	919	
		爱唯欧	1	
		科帕奇	6	

续表

企业	品牌	车型	2019 年	2020 年 1 ~6 月
上汽通用五菱	企业汇总		1180183	394304
	宝骏	品牌汇总	603972	181224
		宝骏 510	182391	38144
		宝骏 730	97675	25373
		宝骏 RS –3	9347	21682
		宝骏 530	82923	20391
		宝骏 RM –5	18087	15673
		宝骏 360	77918	12874
		宝骏 E100	24116	12168
		宝骏 310W	38069	7455
		宝骏 RC –6	10331	7315
		宝骏 310	22314	7149
		宝骏 E200	22476	6649
		宝骏 RS –5	17458	5829
		宝骏 E300		489
		宝骏 560	860	32
		宝骏 RS –7		1
		宝骏 630	5	
		宝骏乐驰	1	
		宝骏 330	1	
	五菱	品牌汇总	576211	213080
		五菱宏光 S	268477	88233
		五菱宏光 V	30526	38576
		五菱宏光 S3	87267	23384
		五菱之光	45683	20917
		五菱宏光 PLUS	11440	17447
		五菱荣光 V	98041	8984
		五菱荣光	17279	8096
		五菱荣光 S	16547	6222
		五菱 730	498	788

续表

企业	品牌	车型	2019 年	2020 年 1 ~6 月
上汽通用五菱	五菱	宏光 mini		430
		五菱之光 V	1	1
		五菱之光 S	403	1
		五菱宏光 S1	44	1
		五菱宏光	4	
		五菱征程	1	
神龙汽车	企业汇总		128736	21245
	标致	品牌汇总	69294	12787
		标致 408	13206	4315
		标致 4008	16923	3613
		标致 508L	4239	1817
		标致 5008	8390	1579
		标致 308	15121	1127
		标致 2008	1737	270
		标致 3008	3047	27
		标致 301	6587	24
		标致 e2008		12
		标致 508	16	2
		标致 308S	28	1
	雪铁龙	品牌汇总	59442	8458
		天逸	16285	4611
		爱丽舍	24406	1667
		雪铁龙 C3 - XR	6212	1085
		雪铁龙 C6	2148	756
		云逸	3303	126
		雪铁龙 C4L	1623	110
		雪铁龙 C5	1118	50
		雪铁龙 C3L		44
		C4 世嘉	4345	9
		世嘉	2	

续表

企业	品牌	车型	2019 年	2020 年 1～6 月
速达纯电动汽车	企业汇总		386	1210
	速达	品牌汇总	386	1210
		速达 SA01	386	1161
		速达 SD01		49
特斯拉汽车	企业汇总		30	46510
	特斯拉	品牌汇总	30	46510
		特斯拉 Model 3	30	46510
腾势汽车	企业汇总		2752	1458
	腾势	品牌汇总	2752	1458
		腾势 X		1458
		腾势	2752	
天际汽车	企业汇总		0	4
	天际	品牌汇总	0	4
		天际 ME7		4
天津一汽	企业汇总		8426	151
	夏利	品牌汇总	12	0
		夏利 N3	1	
		夏利 N5	5	
		夏利 N7	6	
	一汽	品牌汇总	8414	151
		骏派 D80	1619	94
		骏派 CX65	1702	22
		骏派 A50	2889	20
		骏派 D60	1998	10
		骏派 A70	204	5
		威志 V5	2	
威马汽车	企业汇总		16810	5770
	威马	品牌汇总	16810	5770
		威马 EX5	16670	5358
		威马 EX6	140	412

续表

企业	品牌	车型	2019 年	2020 年 1 ~6 月
潍柴汽车	企业汇总		4620	4312
	潍柴	品牌汇总	702	3934
		潍柴 U70	702	3934
	英致	品牌汇总	3918	378
		英致 737	2699	319
		英致 G5	862	43
		英致 G3	354	16
		英致 EX1	3	
蔚来汽车	企业汇总		20749	14046
	蔚来	品牌汇总	20749	14046
		蔚来 ES6	11490	11611
		蔚来 ES8	9259	2435
沃尔沃汽车	企业汇总		130535	59345
	极星	品牌汇总	0	8
		极星 1		8
	沃尔沃	品牌汇总	130535	59337
		沃尔沃 XC60	62274	25949
		沃尔沃 S90	43969	14903
		沃尔沃 XC40	9774	9566
		沃尔沃 S60L	14518	8919
小鹏汽车	企业汇总		14187	5662
	小鹏	品牌汇总	14187	5662
		小鹏 G3	14187	5185
		小鹏 P7		477
新特汽车	企业汇总		1765	87
	新特	品牌汇总	1765	87
		新特 DEV 1	495	58
		启能 GEV1	1270	29

续表

企业	品牌	车型	2019 年	2020 年 1～6 月
野马汽车	企业汇总		9508	2003
	野马	品牌汇总	9508	2003
		博骏	3268	1659
		野马 T70	3439	122
		斯派卡	1288	122
		野马 T80	1073	60
		野马 EC60	62	23
		野马 EC30	115	10
		野马 EC70	244	7
		野马 T60	19	
一汽－大众	企业汇总		2082647	829472
	奥迪	品牌汇总	626809	281144
		奥迪 A6L	130600	74005
		奥迪 Q5L	139655	59715
		奥迪 A4L	165295	51660
		奥迪 A3	87183	41504
		奥迪 Q3	64661	31767
		奥迪 Q2L	38701	21574
		奥迪 Q3 轿跑		916
		奥迪 Q5	714	3
	大众	品牌汇总	1411852	485164
		宝来	319672	120774
		速腾	312620	113571
		探岳	162329	75581
		迈腾	176613	58866
		探歌	124715	48493
		高尔夫	106655	44158
		大众 CC	24313	12954
		探影	487	6224
		高尔夫嘉旅	18328	2657

续表

企业	品牌	车型	2019 年	2020 年 1 ~6 月
一汽-大众	大众	蔚领	16759	1075
		捷达	149361	733
		探岳 X		78
	捷达	品牌汇总	43986	63164
		捷达 VS5	34619	34412
		捷达 VA3	9367	16850
		捷达 VS7		11902
一汽丰田	企业汇总		759289	324778
	丰田	品牌汇总	759289	324778
		卡罗拉	361752	152882
		丰田 RAV4	138384	72584
		亚洲龙	58759	38549
		威驰	61711	21134
		普拉多	35897	14322
		奕泽	61352	13316
		威驰 FS	28403	9777
		皇冠	13027	2214
		兰德酷路泽	3	
		花冠	1	
一汽吉林	企业汇总		12549	355
	一汽	品牌汇总	12549	355
		森雅 R9	5921	241
		森雅 R7	6609	60
		森雅 R8	6	54
		佳宝 V80	13	
一汽轿车	企业汇总		300071	137143
	红旗	品牌汇总	98583	60290
		红旗 HS5	27145	32844
		红旗 H5	49435	21984
		红旗 H7	10673	3061

续表

企业	品牌	车型	2019 年	2020 年 1～6 月
一汽轿车	红旗	红旗 HS7	3160	2261
		红旗 E－HS3	8154	124
		红旗 H9		15
		红旗 L5	16	1
	马自达	品牌汇总	93878	40938
		马自达 CX－4	50821	23584
		马自达 6 阿特兹	43031	17352
		马自达 6	13	2
		马自达 CX－7	7	
		马自达 8	1	
		睿翼	5	
	一汽	品牌汇总	107610	35915
		奔腾 X40	44904	14000
		奔腾 T77	44563	12074
		奔腾 T99	2389	5043
		奔腾 T33	4740	2915
		奔腾 B30	9170	1589
		奔腾 B50	1154	206
		奔腾 X80	480	69
		奔腾 B90	5	19
		奔腾 B70	204	
		欧朗	1	
永源汽车	企业汇总		8	0
	永源	品牌汇总	8	0
		永源 A380	8	
云度汽车	企业汇总		639	104
	云度	品牌汇总	639	104
		云度 π3	244	56
		云度 π1	395	48

续表

企业	品牌	车型	2019 年	2020 年 1 ~6 月
长安标致雪铁龙	企业汇总		2867	234
	DS	品牌汇总	2867	234
		DS7	1960	135
		DS6	511	73
		DS 4S	133	15
		DS 5LS	110	10
		DS5	153	1
长安福特	企业汇总		214051	91296
	福特	品牌汇总	214042	83407
		福睿斯	72570	21334
		福克斯	59653	15940
		锐际	18	14003
		蒙迪欧	21818	11386
		锐界	35388	11085
		翼虎	13171	3774
		金牛座	5973	2866
		福克斯 Active	1615	1766
		探险者		717
		翼搏	3831	535
		嘉年华	1	1
		经典福克斯	4	
	林肯	品牌汇总	9	7889
		冒险家	9	7780
		飞行家		109
长安铃木	企业汇总		19468	8185
	铃木	品牌汇总	19468	8185
		启悦	12371	7736
		维特拉	4482	309
		锋驭	2111	136
		雨燕	487	2
		天语尚悦	10	1
		奥拓	6	1
		天语 SX4	1	

续表

企业	品牌	车型	2019 年	2020 年 1～6 月
长安马自达	企业汇总		136465	56330
	马自达	品牌汇总	136465	56330
		马自达 3 昂克赛拉	98719	39103
		马自达 CX－5	35772	15071
		马自达 CX－30		1801
		马自达 CX－8	1972	355
		马自达 3 星骋	2	
长安汽车	企业汇总		800457	370290
	长安	品牌汇总	800457	370290
		长安 CS75	177747	103168
		逸动	86621	51800
		长安 CS35	130884	46336
		长安 CS55	119509	41361
		欧尚 X7	8824	35768
		欧尚 X70A	48989	15891
		锐程 CC	8505	10764
		逸动 DT	34103	10482
		欧诺 S	30055	8588
		长安 UNI－T		7284
		长安 CS85	18715	6542
		长安 CS15	18471	4660
		睿行 M60	3927	4051
		悦翔	13991	3721
		欧尚 COS1	13339	2474
		长安 V3	5288	1733
		欧尚 A800	9777	1640
		欧尚 A600	11213	1565
		长行	1690	1563
		睿行 S50	6132	1531
		长安 CS95	5420	1528

续表

企业	品牌	车型	2019 年	2020 年 1 ~6 月
长安汽车	长安	奔奔	5273	1519
		长安之星 9	3740	1491
		长安 CX70	4573	1188
		科赛 5	1596	1055
		科尚	3440	997
		科赛 3	1133	779
		科赛 GT	483	548
		逸动 XT	6563	120
		长安之星 5	5	97
		睿骋	435	11
		逸动 ET	272	11
		奔奔 mini	159	8
		长安 CX20	8	7
		睿行 S50T	197	5
		尼欧 II	108	2
		欧诺	28	1
		悦翔 V3	1244	1
		欧尚	3992	
		长安之星 2	2	
		悦翔 V7	33	
		欧力威	13	
		睿行 ES30	41	
		长安之星	5	
		金牛星	1	
		长安之星 3	5	
		长安 CS35 mini	29	
		欧尚 A500	631	
		睿骋 CC	12575	
		凌轩	673	

续表

企业	品牌	车型	2019 年	2020 年 1～6 月
长城汽车	企业汇总		857793	313056
	哈弗	品牌汇总	726792	273174
		哈弗 H6	281343	112794
		哈弗 M6	141506	64220
		哈弗 F7	109968	42902
		哈弗 H6 Coupe	45653	14492
		哈弗 H4	29782	9775
		哈弗 F5	30650	9155
		哈弗 H2	40463	8021
		哈弗 H9	10895	6319
		哈弗 H7	12185	4042
		哈弗 H5	5904	1400
		哈弗 H2S	16048	34
		哈弗 H7L	1889	12
		哈弗 H8	404	7
		哈弗 H1	102	1
	欧拉	品牌汇总	35246	10659
		欧拉 R1	23728	10266
		欧拉 iQ	11518	393
	魏派	品牌汇总	95153	29221
		魏派 VV6	36660	11484
		魏派 VV5	31677	10878
		魏派 VV7	24712	6827
		魏派 P8	2104	32
	长城	品牌汇总	602	2
		长城 C30	600	2
		长城 C50	2	
长江乘用车	企业汇总		20	15
	长江	品牌汇总	20	15
		逸酷	20	15

续表

企业	品牌	车型	2019 年	2020 年 1 ~6 月
郑州日产	企业汇总		19404	5758
	东风	品牌汇总	1402	31
		帅客	1401	31
		俊风	1	
	东风风度	品牌汇总	849	0
		风度 MX6	801	
		风度 MX5	48	
	日产	品牌汇总	17153	5727
		途达	11800	5362
		日产 NV200	5352	365
		帕拉丁	1	
知豆汽车	企业汇总		149	161
	知豆	品牌汇总	149	161
		知豆 D2	137	159
		知豆 D1	2	1
		知豆 D3	8	1
		知豆	2	
中恒天越野汽车	企业汇总		57	1
	天马	品牌汇总	57	1
		天马 L4600	57	1
中兴汽车	企业汇总		3	0
	中兴	品牌汇总	3	0
		无限 V3	1	
		中兴 C3	2	
众泰汽车	企业汇总		36060	2283
	江南	品牌汇总	58	3
		江南 TT	53	3
		江南 T11	5	
	众泰	品牌汇总	36002	2280
		众泰 T600 Coupe	4503	489

续表

企业	品牌	车型	2019 年	2020 年 1~6 月
众泰汽车	众泰	众泰 E200	1666	381
		众泰 T700	4823	355
		大迈 X7	3127	185
		众泰 SR7	1934	173
		众泰 T500	3950	153
		众泰 T300	6987	138
		大迈 X5	2339	111
		众泰 SR9	3043	106
		众泰 Z700	672	62
		众泰 T800	1133	50
		众泰 T600	772	36
		众泰 Z300	472	20
		众泰 Z500	523	12
		众泰云 100	25	9
		众泰 Z100	23	
		众泰 M300	2	
		众泰 Z200	1	
		芝麻	7	

B.25
附录二　2019年及2020年1~6月二手乘用车交易量

单位：辆

省(区、市)	城市	2019 年	2020 年 1~6 月
安徽	安庆市	20853	9933
	蚌埠市	25425	13164
	亳州市	24032	12501
	池州市	5812	2897
	滁州市	29181	14825
	阜阳市	32396	15778
	合肥市	99651	48148
	淮北市	18381	8842
	淮南市	23656	11292
	黄山市	9168	4824
	六安市	24031	10970
	马鞍山市	14814	7245
	铜陵市	11672	5241
	芜湖市	28803	13754
	宿州市	28365	13997
	宣城市	25740	12767
	合　计	421980	206178
北京	北京市	180147	84479
	合　计	180147	84479
福建	福州市	67064	34815
	龙岩市	27801	14200
	南平市	19125	10406

续表

省(区、市)	城市	2019 年	2020 年 1～6 月
福建	宁德市	28936	15344
	莆田市	20552	11044
	泉州市	85373	44211
	三明市	21759	11417
	厦门市	63276	30300
	漳州市	44017	22963
	合　计	377903	194700
甘肃	白银市	13953	7252
	定西市	13034	6919
	甘南藏族自治州	5050	2546
	嘉峪关市	2293	1139
	金昌市	3365	1782
	酒泉市	9045	4637
	兰州市	42023	20100
	临夏回族自治州	16639	9887
	陇南市	8559	4879
	平凉市	11353	5887
	庆阳市	17310	8910
	天水市	13383	7237
	武威市	9215	5309
	张掖市	8015	4345
	合　计	173237	90829
广东	潮州市	25915	12225
	东莞市	137015	59789
	佛山市	108735	52564
	港澳入出境车号牌	23	8
	广州市	84824	38626
	河源市	38099	18065
	惠州市	62657	31645
	江门市	37033	18728

续表

省(区、市)	城市	2019 年	2020 年 1 ~6 月
广东	揭阳市	55615	27800
	茂名市	77049	39163
	梅州市	52256	25129
	清远市	48687	24541
	汕头市	50533	27976
	汕尾市	39220	17769
	韶关市	28090	14949
	深圳市	86603	37699
	阳江市	31897	15376
	云浮市	40033	19107
	湛江市	77888	38670
	肇庆市	26644	14004
	中山市	49432	23174
	珠海市	32260	15630
	合　计	1190508	572637
广西	百色市	23270	12210
	北海市	18067	9375
	崇左市	16568	7528
	防城港市	14128	7122
	贵港市	40097	21980
	桂林市	40948	20802
	河池市	17959	9603
	贺州市	15475	8272
	来宾市	17857	8497
	柳州市	46089	25020
	南宁市	143757	79409
	钦州市	28349	14924
	梧州市	21735	11576
	玉林市	70541	34749
	合　计	514840	271067

续表

省(区、市)	城市	2019 年	2020 年 1 ~6 月
贵州	安顺市	15197	7756
	毕节市	28837	16386
	贵阳市	113217	59625
	六盘水市	24969	12156
	黔东南苗族侗族自治州	16881	9507
	黔南布依族苗族自治州	21834	10804
	黔西南布依族苗族自治州	20185	10384
	铜仁市	12782	6632
	遵义市	46343	23743
	合　计	300245	156993
海南	海口市	21027	10991
	琼北	12809	7835
	琼南	4493	2759
	三沙市	3075	1685
	三亚市	4605	2288
	洋浦经济开发区	225	145
	合　计	46234	25703
河北	保定市	96026	47862
	沧州市	86739	45197
	承德市	28571	14346
	邯郸市	58811	28966
	衡水市	39276	20654
	廊坊市	57584	26312
	秦皇岛市	45772	23356
	石家庄市	143694	70647
	唐山市	119811	58379
	邢台市	55937	30184
	张家口市	43678	22015
	合　计	775899	387918

续表

省(区、市)	城市	2019 年	2020 年 1 ~6 月
河南	安阳市	52538	27555
	鹤壁市	15563	7892
	济源市	7160	3565
	焦作市	23308	12423
	开封市	26805	13717
	洛阳市	56801	29146
	漯河市	14314	7604
	南阳市	49376	26013
	平顶山市	30625	16373
	濮阳市	44324	23782
	三门峡市	15622	8468
	商丘市	39072	20602
	新乡市	47054	25502
	信阳市	23074	12024
	许昌市	30694	16229
	郑州市	166639	83745
	周口市	30770	15987
	驻马店市	26104	12950
	合　计	699843	363577
黑龙江	大庆市	56147	30241
	大兴安岭地区	4016	2012
	哈尔滨市	146782	66863
	鹤岗市	9318	4516
	黑河市	9498	5571
	鸡西市	19236	9132
	佳木斯市	24179	12734
	垦区	3434	1633
	牡丹江市	22417	11255
	七台河市	9418	4535
	齐齐哈尔市	43797	23146

续表

省(区、市)	城市	2019 年	2020 年 1～6 月
黑龙江	双鸭山市	14906	7576
	绥化市	35878	20015
	伊春市	7314	3885
	合　计	406340	203114
湖北	鄂州市	3105	1315
	恩施土家族苗族自治州	21021	10375
	黄冈市	15836	7265
	黄石市	9977	4718
	荆门市	19764	9428
	荆州市	28176	12718
	潜江市	5024	2199
	神农架林区	356	185
	十堰市	17053	8395
	随州市	9241	4259
	天门市	3314	1438
	武汉市	155959	66921
	仙桃市	6077	2868
	咸宁市	12520	5697
	襄阳市	32317	15539
	孝感市	11491	5136
	宜昌市	35498	16682
	合　计	386729	175138
湖南	常德市	29898	16067
	郴州市	22737	12659
	衡阳市	20937	11759
	怀化市	19971	10554
	娄底市	17309	9383
	邵阳市	28719	15143
	湘潭市	15834	8599
	湘西土家族苗族自治州	8180	4319

续表

省(区、市)	城市	2019 年	2020 年 1 ~6 月
湖南	益阳市	24196	13424
	永州市	21444	11491
	岳阳市	33423	17688
	张家界市	7309	4245
	长沙市	108798	56291
	株洲市	23463	12294
	合　计	382218	203916
吉林	白城市	25777	12860
	白山市	13189	6395
	吉林市	43598	22359
	辽源市	14663	6982
	四平市	38648	19185
	松原市	49479	25024
	通化市	22223	11027
	延边朝鲜族自治州	23414	11389
	长白山保护开发区	678	352
	长春市	123375	60034
	合　计	355044	175607
江苏	常州市	63388	29666
	淮安市	27284	13116
	连云港市	38095	18709
	南京市	102410	47765
	南通市	65665	31054
	苏州市	127662	27808
	泰州市	32541	15515
	无锡市	91235	41733
	宿迁市	31745	16982
	徐州市	73033	38251
	盐城市	43250	21108
	扬州市	29787	13753
	镇江市	24488	11240
	合　计	750583	326700

续表

省(区、市)	城市	2019 年	2020 年 1 ~6 月
江西	抚州市	17747	9010
	赣州市	62237	31606
	吉安市	23835	12467
	景德镇市	10681	5496
	九江市	26099	13750
	南昌市	45004	22600
	萍乡市	13194	6773
	上饶市	29478	15709
	新余市	9398	5092
	宜春市	34351	17908
	鹰潭市	4576	2590
	合　计	276600	143001
辽宁	鞍山市	51384	28904
	本溪市	15584	8442
	朝阳市	34076	18987
	大连市	125099	56309
	丹东市	35176	17917
	抚顺市	20860	12045
	阜新市	21621	12417
	葫芦岛市	44595	25716
	锦州市	50582	26988
	辽阳市	20209	11405
	盘锦市	32741	16525
	沈阳市	170050	81156
	铁岭市	28655	16465
	营口市	39602	22193
	合　计	690234	355469
内蒙古	阿拉善盟	4265	2401
	巴彦淖尔市	25048	12515
	包头市	49749	25613

续表

省(区、市)	城市	2019 年	2020 年 1 ~6 月
内蒙古	赤峰市	74356	37571
	鄂尔多斯市	45127	22817
	呼和浩特市	91883	42405
	呼伦贝尔市	22532	12014
	通辽市	43501	24256
	乌海市	11038	5329
	乌兰察布市	16354	8237
	锡林郭勒盟	24396	11486
	兴安盟	24979	12784
	合　计	433228	217428
宁夏	固原市	11984	6473
	石嘴山市	5504	3240
	吴忠市	10314	5759
	银川市	72368	33390
	中卫市	6227	3447
	合　计	106397	52309
青海	果洛藏族自治州	1628	785
	海北藏族自治州	2635	1346
	海东地区	10475	5564
	海南藏族自治州	4477	2078
	海西蒙古族藏族自治州	3983	2274
	黄南藏族自治州	1971	802
	西宁市	32210	17718
	玉树藏族自治州	4302	1796
	合　计	61681	32363
山东	滨州市	48161	25077
	德州市	62694	38441
	东营市	38078	21001
	菏泽市	66395	38028
	济南市	123703	61368

续表

省(区、市)	城市	2019 年	2020 年 1～6 月
山东	济宁市	84597	44911
	莱芜市	12827	3776
	聊城市	62601	33984
	临沂市	152780	83699
	青岛市	155835	81394
	日照市	47929	24059
	泰安市	48335	25689
	威海市	63173	32727
	潍坊市	159350	84631
	烟台市	116414	59223
	枣庄市	89598	42454
	淄博市	66157	33663
	合　计	1398627	734125
山西	大同市	48519	24112
	晋城市	18466	9180
	晋中市	34693	17183
	临汾市	38761	20961
	吕梁市	21607	12640
	朔州市	17125	8838
	太原市	89915	45191
	忻州市	21334	10631
	阳泉市	19070	9810
	运城市	46191	23508
	长治市	20863	11026
	合　计	376544	193080
陕西	安康市	7771	4129
	宝鸡市	17648	9215
	汉中市	11450	6547
	商洛市	3088	1681
	铜川市	3656	1857

续表

省(区、市)	城市	2019 年	2020 年 1 ~6 月
陕西	渭南市	17700	8992
	西安市	154468	73526
	咸阳市	16178	7892
	延安市	17655	10206
	杨凌	2052	661
	榆林市	33472	17995
	合　计	285138	142701
上海	上海市	144898	63052
	合　计	144898	63052
四川	阿坝藏族羌族自治州	5509	2846
	巴中市	11958	6121
	成都市	232126	113501
	达州市	17656	9043
	德阳市	29022	14459
	甘孜藏族自治州	3758	1822
	广安市	13839	7145
	广元市	11133	5814
	乐山市	24201	12195
	凉山彝族自治州	22732	11562
	泸州市	24313	12147
	眉山市	20551	10441
	绵阳市	40504	19815
	南充市	24892	12655
	内江市	18696	9225
	攀枝花市	10096	5352
	遂宁市	14097	7248
	雅安市	9257	4889
	宜宾市	28311	13939
	资阳市	10569	5424
	自贡市	20171	9538
	合　计	593391	295181

续表

省(区、市)	城市	2019 年	2020 年 1～6 月
天津	天津市	123985	53821
	合　计	123985	53821
西藏	阿里地区	961	539
	昌都地区	1540	910
	拉萨市	14848	7112
	林芝地区	2275	1119
	那曲地区	3906	1819
	日喀则地区	1783	1094
	山南地区	1622	883
	合　计	26935	13476
新疆	阿克苏地区	34686	19063
	阿勒泰地区	6549	3921
	巴音郭楞蒙古自治州	28335	15689
	博尔塔拉蒙古自治州	6419	3243
	昌吉回族自治州	17802	8992
	哈密地区	8444	4641
	和田地区	34068	18955
	喀什地区	40144	22926
	克拉玛依市	5825	2952
	克孜勒苏柯尔克孜自治州	7316	3548
	石河子市	6782	3491
	塔城地区	10838	6048
	吐鲁番地区	7148	3579
	乌鲁木齐市	68011	34949
	伊犁哈萨克自治州	47917	23707
	合　计	330284	175704
云南	保山市	12717	7092
	楚雄彝族自治州	11183	6028
	大理白族自治州	23709	12092
	德宏傣族景颇族自治州	10198	5711

续表

省(区、市)	城市	2019 年	2020 年 1 ~6 月
云南	迪庆藏族自治州	4369	2435
	红河哈尼族彝族自治州	29796	16491
	昆明市	137602	63562
	丽江市	11361	5908
	临沧市	9245	5825
	怒江傈僳族自治州	2614	1399
	普洱市	13103	7320
	曲靖市	39511	21338
	文山壮族苗族自治州	27753	14404
	西双版纳傣族自治州	8767	4778
	玉溪市	23153	11602
	昭通市	18903	9923
	合　计	383984	195908
浙江	杭州市	80590	37003
	湖州市	31852	15524
	嘉兴市	57625	28042
	金华市	88362	43263
	丽水市	24232	12552
	宁波市	115103	55151
	衢州市	23671	12272
	绍兴市	69858	34463
	台州市	67742	32969
	温州市	109427	51167
	舟山市	8149	3733
	合　计	676611	326139
重庆	重庆市	217352	110090
	合　计	217352	110090
总计		13087639	6542403

B.26
附录三　2020年1～6月乘用车系别流转矩阵

单位：辆

类别		换购后车型系别							
		德系	自主	日系	美系	韩系	法系	英系	其他
换购前车型系别	德系	49.5%	11.3%	21.8%	8.5%	2.7%	0.9%	2.0%	3.1%
	自主	21.7%	40.0%	20.2%	9.1%	5.1%	1.5%	0.5%	1.9%
	日系	32.9%	13.2%	37.4%	8.7%	3.0%	1.0%	1.3%	2.4%
	美系	34.4%	15.5%	24.0%	17.1%	3.5%	1.4%	1.1%	3.1%
	韩系	32.3%	16.8%	26.4%	10.9%	8.8%	1.4%	0.8%	2.6%
	法系	31.2%	17.1%	25.2%	11.6%	3.7%	6.8%	0.7%	3.7%
	英系	45.8%	4.7%	21.4%	6.6%	0.9%	0.2%	17.1%	3.3%
	其他	38.6%	12.0%	21.6%	9.8%	2.3%	1.3%	1.5%	12.9%
	总计	32.8%	22.2%	25.4%	10.1%	4.1%	1.4%	1.2%	2.7%

Abstract

"*Report on Development of Chinese Automobile and Insurance Big Data (2020)*" was jointly organized and edited by China Automotive Technology Research Center Co., Ltd. (CATARC) and China Banking and Insurance Information Technology Management Co., Ltd. (CBIT). A number of senior practitioners in the automobile and insurance industry have jointly written authoritative works on the development status and trend of China's automobile and insurance big data through big data analysis.

The book includes five parts: the general report, the automobile big data, the insurance big data, the big data industry integration, and the appendix.

Since the implementation of China's national big data strategy, the big data industry has experienced explosive development, and the automobile and insurance big data industry has made great progress. Under this background, this book takes "the Status and Prospect of China's Automobile and Insurance Big Data" as the theme, discusses in detail the development process, development status, problems and challenges faced by China's automobile and insurance big data, and puts forward future development suggestions combined with the current situation. Based on the background of big data integration of the whole automobile industry chain, the chapter focuses on the big data of automobile products, market and post market, and makes a comprehensive and in-depth analysis from the perspectives of product innovation, market leading and quality improvement on post market. The insurance big data chapter focuses on the practical application of big data in the automobile insurance industry, covering new energy automobile insurance, operating fleet risk, truck driving behavior, automobile extended insurance, etc., and based on big data research, it released the 2019 national commercial vehicle insurance risk map, providing a reference for big data application in various business fields of the automobile insurance industry. The chapter of big data industry integration puts forward new ideas for the future application of big data, combining with the important innovation achievements and application cases of big data, and combining with the current development situation.

Throughout the book, starting with the case study based on big data application, this paper analyzes the application of big data in various subdivision fields of automobile industry and insurance industry, and objectively analyzes the problems and challenges existing in the development of big data in China, and puts forward corresponding suggestions. This book has important reference value and research significance for the construction and application of big data in automobile industry, insurance industry and other related industries.

Keywords: Big Data; National Strategy; Automobile Industry; Insurance Industry

Contents

Ⅰ General Report

Abstract: The 2020's government work report pointed out that "focus on supporting the construction of ' two new and one heavy ' which not only promotes consumption and benefits people's livelihood, but also adjusts the structure and enhances the stamina" . "New infrastructure" is based on high-tech, mainly involving information technology and new energy fields, focusing on seven major fields, such as 5G base station construction, new energy vehicle charging pile and big data center. Among them, big data is the direction of national key construction in the future and the foundation of information digitization. From national government affairs to major industries, the future development of emerging industries will rely heavily on data resources. Strengthening the in-depth application of big data in automobile, insurance and other industries, and promoting the integration and innovation of cross industry big data is a strong power to promote the realization of data value, digital industrialization and industrial digitization. Based on the relevant policies of big data industry, this report focuses on the automobile and insurance industry. On the one hand, it combs the development status of big data, automobile big data and insurance big data in China. On the other hand, combined with the development experience of big data at home and abroad, this paper forecasts the future development direction of China's automobile and insurance big data industry and puts forward development suggestions.

Keywords: Big Data; Automobile Industry; Insurance Industry; New Infrastructure

Ⅱ The Automobile Big Data

Abstract: Since 2018, China's PV market has been under downward pressure and is shifting from the incremental market to the stock market. In the first half of 2020, due to the COVID −19 epidemic, the economic downward pressure has increased, and consumers' purchasing power and willingness have significantly decreased. Thus, the demand for PV has been greatly restrained. Based on big data, this paper deeply analyzed the development trend of China's PV market, excavated the structural highlights of the market, studied and evaluated the development environment of the future market, analyzed the impact of various factors on the future trend and finally predicted the sales volume of the PV market in 2020.

Keywords: China's PV Market; Big Data; Automotive Aftermarket

Abstract: With China's economic development into the middle and late stage of industrialization, the CV market has also transited from the period of rapid growth to the period of structural adjustment. Capacity supplement and structural adjustment are the main characteristics of the development of China's CV market at this stage. Based on the data performance of the CV market over the years, and the market development environment in 2020, this report studies the development characteristics of the CV market through data analysis, and predicts the future development trend by integrating the changes of economic environment, policy environment, market environment and other factors, so as to provide valuable reference for the development of CV market and the business decision-making of various entities.

Keywords: CV Market; Big Data; Development Environment; Structural Optimization

Abstract: The development of new energy vehicles is not only the national strategy but also the only path for China automotive industry to achieve the overtaking on cure. It will provide great help to the government, the industry and the OEM to take measures basing on the circumstances and times, and therefore promote the healthy and long-term development of the overall industry. This article is going to figure out the vital factors that would affect the development of new energy vehicles, also determine the current market trends and internal driving forces via insurance big-data analyzation. At the same time, it is going to clarify the consumer decision-making path and figure out the focus and pain points of consumers through further analyzation of the survey data. Finally, after parsing the product definition of the BYD Han EV, it will discuss that satisfying needs by products and solve the pain points by technology is the only way to guarantee the long-term development for new energy vehicle.

Keywords: New Energy Vehicles; Insurance Big-data; Consumer Insight; Han; Product Definition

Abstract: With the continuous expansion of the number of retained users, China's passenger car market is moving from an incremental era to a stock era. The importance of the replacement market has become increasingly prominent, and replacement users will become an important target of the retail market. In addition, the consumption upgrade trend of replacement users is obvious, which means that compared with new buyers, replacement users will bring greater market benefits to auto companies. Therefore, how to meet the needs of replacement users has become an important issue for auto companies. This report believes that in the era of stock competition, auto companies should commit to increase the loyalty of users, attract users of other products, shorten the replacement cycle, deploy long-term development strategies to welcome a new round of opportunities.

Keywords: Replacement; Brand Loyalty; Consumption Upgrades

Abstract: Under the background of accelerating the formation of a new development pattern with domestic major economic circulation as the main body, and domestic and international circulation promoting each other, combined with the impact of epidemic factors in the first half of 2020, China's passenger vehicle market is facing new changes and challenges from enterprise strategies to marketing tactics, from competitive situation to regional market structure. Based on the analysis of the basic data of the passenger car market in the past five years, this paper analyzes the trends of China's regional market structure, and conducts in-depth research on the market characteristics of key areas. Combined with the changes of customers' consumption habits, terminal consumption environment and channel marketing models, this paper also predicts the future opportunities for China's regional passenger vehicle market.

Keywords: Passenger Vehicle; Regional Market; Big data

Abstract: With the development of automotive intelligence and connectivity, under the influence of multiple factors such as cost, supply, market, and consumption, the smart cockpit industry has brought new opportunities to the automotive value chain. In this context, automotive human-machine interaction (HMI) is facing new challenges. How to ensure the uniqueness of your design under the general trend has become the focus in the larger environment. This article will study the development status of human-computer interaction system based on the intelligent cockpit environment, summarize the research hotspots, explore the experience of vehicle-computer interaction interface, look forward to the future development model of human-computer interaction, and help the development of industry, education and research.

Keywords: Smart Cockpit; Human-computer Interaction; Iterface Exerience Design

Abstract: With the rapid development of automobile intelligence, the popularization of mobile Internet and the arrival of experience economy era, we turn our attention to automobile human-computer interaction (HMI) — the window for users to communicate with intelligent cars. It will determine the first impression of users on the intelligent level of automobile intelligent system, and directly affect the decision-making of users to purchase. In recent years, a lot of new concepts of black technology have emerged for automobile interaction, such as gesture control, holographic projection and even brain computer. It is a great challenge for automobile enterprises to determine the development trend of HMI and then carry out research and development. China Automotive Technology Research Center has published the intelligent interactive classification system of China automobile HMI, which aims to clarify the development direction and development strategy of industry HMI. The classification system divides the development of intelligent interaction into five stages, namely, non intelligent, preliminary intelligent, partially intelligent, highly intelligent and fully intelligent, and summarizes the characteristics of each stage into three aspects: interaction mode, interaction ecology, and EQ & IQ.

Keywords: HMI; Development Stage; Development Trend

Abstract: With the continuous development of China's auto insurance business and the continuous deepening of the reform of commercial vehicles, the quality of auto insurance claims service has become an important focus of property insurance companies' claims management. Problems in the auto insurance claims service gradually became apparent with the development of the business, mainly manifested in the slow timeliness of claims, the inability to reach an agreement on the amount of claims, disputes in the determination of insurance liability, and failure to explain obligations when underwriting, which seriously affected the brand awareness of property insurance companies and the improvement of economic efficiency. In response to the above problems, although the industry and insurance companies have formulated a series of claims assessment indicators, due to the lack of scientific methods to effectively analyze and manage the claims indicators, it is difficult for insurance companies to fundamentally find and solve specific claims management in auto insurance. The problem has affected the targeted improvement of the auto insurance claims business by insurance companies, and affected the improvement of management efficiency and service quality .

Keywords: Automobile Insurance Claims; Fine Management; High Quality Management

B. 10 Research on Risk Management and Control of Fine Management of Auto Insurance Claims

Abstract: With the increase in car ownership year by year, it has driven the continuous increase of premiums in the auto insurance industry. As insurance companies generally focus on business and neglect claims, the development of anti-fraud and anti-leakage work for auto insurance claims has been slow. In recent years, competition in the auto insurance market has become increasingly fierce. With the increase in the comprehensive loss ratio, the risk control of auto insurance claims has received more and more attention from insurance companies. At present, when auto insurance claims are carried out for risk management and control in claim cases, the method adopted is to invest manpower and combine risk control rules and data to carry out claims work. Therefore, insurance companies urgently need a set of excellent auto insurance claim risk management methods to control claims cost and improve claims efficiency.

Keywords: Auto Insurance Claims; Risk Score; Analytic Hierarchy Process; DEMATEL

Abstract: In the world, it is common for cars with quality problems to be recalled. The purpose of vehicle recall is to eliminate the hidden danger of defective vehicles. In recent years, the implementation of recall has become a normal activity of automobile production enterprises. More and more automobile enterprises are willing to take the initiative to undertake social responsibility and carry out the recall of defective automobile products. By the end of 2019, China had carried out a total of 1992 vehicle recalls, involving 75. 7801 million defective vehicles, and the total direct cost of manufacturers for recall is about 58 billion yuan. There are many difficulties in the implementation of vehicle recall management regulations by automobile manufacturers, among which the most important is the tracking of defective vehicles. How to effectively transfer the recall information to customers has become the key factor to improve the success rate of recall implementation .

Keywords: Defective Vehicle Recall; The Situation of Recall; Institution of Recall; Innovate Between Automobile Industry and Insurance Industry

B. 12 Research and Judgment on the Development Trend of Auto Parts Market under the Profound Industrial Reform

Li Puchao, Yang Ou and Wang Yao / 172

Abstract: Under the global layout background of automobile supply chain, Auto-parts companies have exploited and grown emerging markets by deepening the localized operation. While the transformation of the intelligent network-connection in automotive industry is updating, the policy orientations are also boosting the development progress of core components and confidence of the automotive market. In order to improve the stability, diversity and adaptability of the supply chain by providing data supports and strategy recommendations, this research, that is based on the segment market of the automotive industry, have not only deeply analyzed the relationship between Auto-parts and OEM, but also predicted the development trend of Auto-parts market by the interpretation of current policy, market hot-spots and technological evolution.

Keywords: Automotive Component; Market Analysis; Energy Storage Device; Tire; Trend Prediction

Ⅲ The Insurance Big Data

B. 13 Analysis Report on the Degree of Guarantee of National Traffic Accident Liability Insurance in 2019

Jiang Shaoying / 191

Abstract: Motor vehicle insurance, especially the third party liability insurance for motor vehicles, plays an important role in ensuring that victims of traffic accidents to receive compensation according to law and promote traffic safety. Using CBIT's insurance big data to track and analyze the national traffic accident liability insurance coverage, it is helpful to objectively evaluate the development trend of China's traffic accident liability insurance, timely discover the problems existing in the localities, and the insurance company's business behavior and consumption. The person's insurance behavior provides reference suggestions .

Keywords: Traffic Accident Liability Insurance; Degree of Protection; Insurance

B. 14 Nationl Commercial Auto Insurance Risk Map (2019)

Jiang Shaoying / 201

Abstract: Based on the production data of the national automobile insurance platform, starting from vehicle insurance, traffic compulsory insurance, commercial insurance and family owned cars, this paper focuses on seven underwriting indicators, namely, the number of insurance companies, the scale of premium, the concentration of premium, the average premium, the Average Insured amount, the insurance rate, the average discount coefficient, as well as the case closure rate, the amount of claims settled, the frequency of occurrence, and the full payment of compensation. This report is a brief excerpt of 2019 commercial vehicle insurance risk map.

Keywords: Vehicle Insurance Map; Underwriting; Claim

B. 15 National Family Car Analysis Report (First half of 2020)

He Xiyi / 214

Abstract: The family car insurance premium accounts for about 70% of the total vehicle insurance premium, which is the most important vehicle classification in the car insurance market. In terms of underwriting, it reviewed on the aspects of insurance types, regions, companies and channels respectively. In terms of claim settlement, this paper also concerned the circumstances of payments per claim of mandatory traffic liability insurance and commercial insurance. Lastly, in terms of discount rates, the regional differences are shown in the form of charts.

Keywords: Family Car ; Underwriting; Claims

B. 16 National Business Truck Analysis (First Half of 2020)

Jiang Shaoying / 230

Abstract: Business truck premium accounts for about 15% of the total vehicle insurance premium, which is a very important vehicle classification in the vehicle insurance market. In order to give full play to the data sharing value of CBIT's Auto Insurance Platform and improve the management level of business trucks in the auto insurance industry, this report analyzes the situation of business trucks from different dimensions; in terms of underwriting, it analyzes from the perspective of insurance, region, company, channel, etc. ; In the case of the insurance coverage rate and the discount rate, the difference between the regions was displayed in the form of maps to help the industry understand the underwriting claims of the business truck market.

Keywords: Business Truck; Underwriting; Claim

B. 17 National New Family Car Analysis Report (First Half of 2020)

Jiang Shaoying / 247

Abstract: The premium for new home-used car accounts for about 25% of the total family car premium. It is a very important classification of the family car market. This report analyzes the situation of new cars for home use vehicles from different dimensions; in terms of underwriting, it analyzes from the perspectives of insurance, region, company, channel, etc. ; in the aspect of claims, analyzes the case of claims for insurance and commercial insurance; Regional differences in the

time. With the rapid development of Internet of vehicles technology, the use of Internet of vehicles data can help to solve the above pain points in heavy haul truck business of insurance companies. Therefore, the CBIT and SINOIOV carried out research and provided heavy haul truck Internet data to insurance companies to help insurance companies improve their risk control level and achieved remarkable results.

Keywords: Heavy Haul Freight Car; Internet of Vehicles; Data; Insurance

B. 20 A Study on Vehicle Risks Based on Vehicle Configuration Data

Shen Ying / 290

Abstract: New automotive technologies such as vehicle electrification, automated driving, Internet-connected vehicles and shared mobility have developed rapidly, which put forward higher requirements for risk assessment in motor insurance industry. At present, insurance companies use few vehicle-related factors in their risk models. As a result, it is difficult to distinguish the risk difference between different vehicle models and accurately assess the risk level of new vehicle models and vehicle models with limited production. In order to solve this problem, this paper carries out a risk assessment study on vehicle attributes and builds a new risk assessment model by selecting 20 vehicle-related factors based on motor insurance data and vehicle configuration data. On this basis, a vehicle risk score for motor insurance industry as well as a rating system of vehicle models for the public is designed and the application test is officially launched.

Keywords: Vehicle Risk Assessment; Vehicle-related Risk Factors; Risk Rating of Vehicle Models

Ⅳ The Convergence of Big Data

Abstract: With the acceleration of digital process, the automobile industry has accumulated a large amount of data, which is an important asset of enterprises and industries. As a representative of the traditional manufacturing industry, the automotive industry pays special attention to using big data related technologies to help its own digital transformation and upgrading, and constantly explore new directions of integration and development. This paper first introduces the composition and main characteristics of the automobile industry big data, analyzes the development status of the automobile industry big data modeling and analysis; then puts forward the future better realization of the automobile industry big data modeling, analysis, mining, building the automobile industry big data modeling and analysis platform; finally, points out the future development trend of the automobile industry big data modeling and analysis, so as to make the automobile industry Maximize the value of big data.

Keywords: Automotive Industry; Big Data; Modeling and Analysis

Abstract: The digital economy with data as its core is leading the development of the new economy. How to effectively manage the full amount of data in the whole life cycle of the automobile industry has become an urgent problem to be solved. In this paper, guided by the national strategy of big Data and DCMM, through the demand for car big Data management, framework and future outlook makes a preliminary exploration, put forward the "One Data" Data system, "One Model" algorithm system, the core of the "four modernizations" closed-loop system and the organization, management, technology, implement "at the top of four system design, aims to build in line with the feature Data management solution of auto industry, support the development of new forms of the auto industry.

Keywords: DCMM; Automobile Big Data Governance; Data Elements; Digital Infrastructure; Digital Transfomation of Automobile

B. 23 Development Trend and Prospect of MaaS Based on Big Data

Abstract: The concept of Maas (mobility as a service) is bringing a new revolution to the transportation and automobile industry. How to use diversity of big data resources to develop Maas system has become the focus of many enterprises. This paper analyzes development status of Maas system based on big data from the aspects of transportation difficulties, national policies data center construction, data open sharing, application scenarios, etc.. Furthermore, the development of Maas system in key cities is studied in depth. Based on the above research, this paper explores the future development trends of Maas system based on big data, and provides some ideas for the future strategic planning of enterprises.

Keywords: MaaS System; Mobility as a Service; Big Data

Ⅴ Appendices

皮书

智库报告的主要形式
同一主题智库报告的聚合

皮书定义

皮书是对中国与世界发展状况和热点问题进行年度监测，以专业的角度、专家的视野和实证研究方法，针对某一领域或区域现状与发展态势展开分析和预测，具备前沿性、原创性、实证性、连续性、时效性等特点的公开出版物，由一系列权威研究报告组成。

皮书作者

皮书系列报告作者以国内外一流研究机构、知名高校等重点智库的研究人员为主，多为相关领域一流专家学者，他们的观点代表了当下学界对中国与世界的现实和未来最高水平的解读与分析。截至 2020 年，皮书研创机构有近千家，报告作者累计超过 7 万人。

皮书荣誉

皮书系列已成为社会科学文献出版社的著名图书品牌和中国社会科学院的知名学术品牌。2016 年皮书系列正式列入“十三五”国家重点出版规划项目；2013~2020 年，重点皮书列入中国社会科学院承担的国家哲学社会科学创新工程项目。

S 基本子库
SUB DATABASE

中国社会发展数据库（下设 12 个子库）

整合国内外中国社会发展研究成果，汇聚独家统计数据、深度分析报告，涉及社会、人口、政治、教育、法律等 12 个领域，为了解中国社会发展动态、跟踪社会核心热点、分析社会发展趋势提供一站式资源搜索和数据服务。

中国经济发展数据库（下设 12 个子库）

围绕国内外中国经济发展主题研究报告、学术资讯、基础数据等资料构建，内容涵盖宏观经济、农业经济、工业经济、产业经济等 12 个重点经济领域，为实时掌控经济运行态势、把握经济发展规律、洞察经济形势、进行经济决策提供参考和依据。

中国行业发展数据库（下设 17 个子库）

以中国国民经济行业分类为依据，覆盖金融业、旅游、医疗卫生、交通运输、能源矿产等 100 多个行业，跟踪分析国民经济相关行业市场运行状况和政策导向，汇集行业发展前沿资讯，为投资、从业及各种经济决策提供理论基础和实践指导。

中国区域发展数据库（下设 6 个子库）

对中国特定区域内的经济、社会、文化等领域现状与发展情况进行深度分析和预测，研究层级至县及县以下行政区，涉及地区、区域经济体、城市、农村等不同维度，为地方经济社会宏观态势研究、发展经验研究、案例分析提供数据服务。

中国文化传媒数据库（下设 18 个子库）

汇聚文化传媒领域专家观点、热点资讯，梳理国内外中国文化发展相关学术研究成果、一手统计数据，涵盖文化产业、新闻传播、电影娱乐、文学艺术、群众文化等 18 个重点研究领域。为文化传媒研究提供相关数据、研究报告和综合分析服务。

世界经济与国际关系数据库（下设 6 个子库）

立足“皮书系列”世界经济、国际关系相关学术资源，整合世界经济、国际政治、世界文化与科技、全球性问题、国际组织与国际法、区域研究 6 大领域研究成果，为世界经济与国际关系研究提供全方位数据分析，为决策和形势研判提供参考。

法律声明